中 共 中 央
關於黨的百年奮鬥重大成就和
歷史經驗的決議

輔導讀本

文件起草組　編

本書編寫人員

習近平　王滬寧　趙樂際

（以下按姓氏筆畫為序）

丁薛祥	王　晨	王曉輝	田培炎	曲青山
任　瓏	任志連	江金權	李　珍	李志農
李君鵬	李炎溪	李書磊	李鴻忠	肖　捷
肖　培	吳　濤	何立峰	冷　溶	沈遠新
沈春耀	宋　濤	林小波	林尚立	周愛兵
周新群	孟祥鋒	施芝鴻	姜信治	紀偉昕
秦洪良	馬　慧	徐春生	唐方裕	唐建軍
婁勤儉	郭聲琨	梁言順	張　力	張又俠
張來明	張慶黎	陳　希	陳　理	陳江華
黃一兵	黃守宏	黃坤明	傅　華	舒啟明
楊潔篪	楊曉渡	蔣永清	歐陽淞	劉　鵬
劉　鶴	劉延統	鄭炳林	穆　虹	韓文秀
韓冰潔	鍾紹軍	謝伏瞻	譚鑫炎	蘇　靜

目　錄

中國共產黨第十九屆中央委員會
第六次全體會議公報

（2021 年 11 月 11 日中國共產黨第十九屆中央委員會第六次
全體會議通過）

中國共產黨第十九屆中央委員會第六次全體會議，於 2021 年 11 月 8 日至 11 日在北京舉行。

出席這次全會的有，中央委員 197 人，候補中央委員 151 人。中央紀律檢查委員會常務委員會委員和有關方面負責同志列席會議。黨的十九大代表中部分基層同志和專家學者也列席會議。

全會由中央政治局主持。中央委員會總書記習近平作了重要講話。

全會聽取和討論了習近平受中央政治局委託作的工作報告，審議通過了《中共中央關於黨的百年奮鬥重大成就和歷史經驗的決議》，審議通過了《關於召開黨的第二十次全國代表大會的決議》。習近平就《中共中央關於黨的百年奮鬥重大成就和歷史經驗的決議（討論稿）》向全會作了說明。

全會充分肯定黨的十九屆五中全會以來中央政治局的工作。一致認為，一年來，世界百年未有之大變局和新冠肺炎疫情全球大流行交織影響，外部環境更趨複雜嚴峻，國內新冠肺炎疫情防控和經濟社會發展各項任務極為繁重艱巨。中央政治局高舉中國特色社會主義偉大旗幟，堅持以馬克思列寧主義、毛澤東思想、鄧小平理論、"三個代表"重要思想、科學發展觀、習近平新時代中國特色社會主義思想為指導，全面貫徹黨的十九大和十九屆二中、三中、四中、五中全會精神，統籌國內國際兩個大局，統籌疫情防控和經濟社會發展，統籌發展和安全，堅持穩中求進工作總基調，全面貫徹新發展理念，加快構建新發展格局，經濟保持較好發展態勢，科技自立自強積極推進，改革開放不斷深化，脫貧攻堅戰如期打贏，民生保障有效改善，社會大局保持穩定，國防和軍隊現代化紮實推進，中國特色大國外交全面推進，黨史學習教育紮實有效，戰勝多種嚴重自然災害，黨和國家各項事業取得了新的重大成就。成功舉辦慶祝中國共產黨成立 100 週年系列活動，中共中央總書記習近平發表重要講話，正式宣佈全面建成小康社會，激勵全黨全國各族人民意氣風發踏上向第二個百年奮鬥目標進軍的新征程。

全會認為，總結黨的百年奮鬥重大成就和歷史經驗，是在建黨百年歷史條件下開啟全面建設社會主義現代化國家新征程、在新時代堅持和發展中國特色社會主義的需要；是增強政治意識、大局意識、核心意識、看齊意識，堅定道路自信、理論自信、制度自信、文化自信，做到堅決維護習近平同志黨中央的核心、全黨的核心地位，堅決維護黨中央權威和集中統一領導，確保全黨步調一致向前進的需要；是推進黨的自我革命、提高全黨鬥爭本領和應對風險挑戰能力、永葆黨的生機活力、團結帶領全國各族人民為實現中華民族偉大復興的中國夢而繼續奮鬥的需要。全黨要堅持唯物史觀和正確黨史觀，從黨的百年奮鬥中看清楚過去我們為什麼能夠成功、弄明白未來我們怎樣才能繼續成功，從而更加堅定、更加自覺地踐行初心使命，在新時代更好堅持和發展中國特色社會主義。

全會提出，中國共產黨自一九二一年成立以來，始終把為中國人民謀幸福、為中華民族謀復興作為自己的初心使命，始終堅持共產主義理想和社會主義信念，團結帶領全國各族人民為爭取民族獨立、人民解放和實現國家富強、人民幸福而不懈奮鬥，已經走過一百年光輝歷程。黨和人民百年奮鬥，書寫了中華民族幾千年歷史上最恢宏的史詩。

全會提出，新民主主義革命時期，黨面臨的主要任務是，反對帝國主義、封建主義、官僚資本主義，爭取民族獨立、人民解放，為實現中華民族偉大復興創造根本社會條件。在革命鬥爭中，以毛澤東同志為主要代表的中國共產黨人，把馬克思列寧主義基本原理同中國具體實際相結合，對經過艱苦探索、付出巨大犧牲積累的一系列獨創性經驗作了理論概括，開闢了農村包圍城市、武裝奪取政權的正確革命道路，創立了毛澤東思想，為奪取新民主主義革命勝利指明了正確方向。黨領導人民浴血奮戰、百折不撓，創造了新民主主義革命的偉大成就，成立中華人民共和國，實現民族獨立、人民解放，徹底結束了舊中國半殖民地半封建社會的歷史，徹底結束了極少數剝削者統治廣大勞動人民的歷史，徹底結束了舊中國一盤散沙的局面，徹底廢除了列強強加給中國的不平等條約和帝國主義在中國的一切特權，實現了中國從幾千年封建專制政治向人民民主的偉大飛躍，也極大改變了世界政治格局，鼓舞了全世界被壓迫民族和被壓迫人民爭取解放的鬥爭。中國共產黨和中國人民以英勇頑強的奮鬥向世界莊嚴宣告，中國人民從此站起來了，中華民族任人宰割、飽受欺凌的時代一去不復返了，中國發展從此開啟了新紀元。

全會提出，社會主義革命和建設時期，黨面臨的主要任務是，實現從新民主主義到社會主義的轉變，進行社會主義革命，推進社會主義建設，為實現中華民族偉大復興奠定根本政治前提和制度基礎。在這個時期，以毛澤東同志為主要代表的中國共產黨人提出關於社會主義建設的一系列重要思想。毛澤東思想是馬克思列寧主義在中國的創造性運用和發展，是被實踐證明了的關於中國革命和建設的正確的理論原則和經驗總結，是馬克思主義中國化的第一次歷史性飛躍。黨領導人民自力更生、發憤圖強，創造了社會主義革命和建設的偉大成就，實現了中華民族有史以來最為廣泛而深刻的社會變革，實現了一窮二白、人口眾多的東方大國大步邁進社會主義社會的偉大飛躍。我國建立起獨立的比較完整的工業體系和國民經濟體系，農業生產條件顯著改變，教育、科學、文化、衛生、體育事業有很大發展，人民解放軍得到壯大和提高，徹底結束了舊中國的屈辱外交。中國共產黨和中國人民以英勇頑強的奮鬥向世界莊嚴宣告，中國人民不但善於破壞一個舊世界、也善於建設一個新世界，只有社會主義才能救中國，只有社會主義才能發展中國。

全會提出，改革開放和社會主義現代化建設新時期，黨面臨的主要任務是，繼續探索中國建設社會主義的正確道路，解放和發展社會生產力，使人民擺脫貧困、盡快富裕起來，為實現中華民族偉大復興提供充滿新的活力的體制保證和快速發展的物質條件。黨的十一屆三中全會以後，以鄧小平同志為主要代表的中國共產黨人，團結帶領全黨全國各族人民，深刻總結新中國成立以來正反兩方面經驗，圍繞什麼是社會主義、怎樣建設社會主義這一根本問題，借鑒世界社會主義歷史經驗，創立了鄧小平理論，解放思想，實

3

事求是，作出把黨和國家工作中心轉移到經濟建設上來、實行改革開放的歷史性決策，深刻揭示社會主義本質，確立社會主義初級階段基本路線，明確提出走自己的路、建設中國特色社會主義，科學回答了建設中國特色社會主義的一系列基本問題，制定了到二十一世紀中葉分三步走、基本實現社會主義現代化的發展戰略，成功開創了中國特色社會主義。

全會提出，黨的十三屆四中全會以後，以江澤民同志為主要代表的中國共產黨人，團結帶領全黨全國各族人民，堅持黨的基本理論、基本路線，加深了對什麼是社會主義、怎樣建設社會主義和建設什麼樣的黨、怎樣建設黨的認識，形成了“三個代表”重要思想，在國內外形勢十分複雜、世界社會主義出現嚴重曲折的嚴峻考驗面前捍衛了中國特色社會主義，確立了社會主義市場經濟體制的改革目標和基本框架，確立了社會主義初級階段公有制為主體、多種所有制經濟共同發展的基本經濟制度和按勞分配為主體、多種分配方式並存的分配制度，開創全面改革開放新局面，推進黨的建設新的偉大工程，成功把中國特色社會主義推向二十一世紀。

全會提出，黨的十六大以後，以胡錦濤同志為主要代表的中國共產黨人，團結帶領全黨全國各族人民，在全面建設小康社會進程中推進實踐創新、理論創新、制度創新，深刻認識和回答了新形勢下實現什麼樣的發展、怎樣發展等重大問題，形成了科學發展觀，抓住重要戰略機遇期，聚精會神搞建設，一心一意謀發展，強調堅持以人為本、全面協調可持續發展，著力保障和改善民生，促進社會公平正義，推進黨的執政能力建設和先進性建設，成功在新形勢下堅持和發展了中國特色社會主義。

全會強調，在這個時期，黨從新的實踐和時代特徵出發堅持和發展馬克思主義，科學回答了建設中國特色社會主義的發展道路、發展階段、根本任務、發展動力、發展戰略、政治保證、祖國統一、外交和國際戰略、領導力量和依靠力量等一系列基本問題，形成中國特色社會主義理論體系，實現了馬克思主義中國化新的飛躍。黨領導人民解放思想、銳意進取，創造了改革開放和社會主義現代化建設的偉大成就，我國實現了從高度集中的計劃經濟體制到充滿活力的社會主義市場經濟體制、從封閉半封閉到全方位開放的歷史性轉變，實現了從生產力相對落後的狀況到經濟總量躍居世界第二的歷史性突破，實現了人民生活從溫飽不足到總體小康、奔向全面小康的歷史性跨越，推進了中華民族從站起來到富起來的偉大飛躍。中國共產黨和中國人民以英勇頑強的奮鬥向世界莊嚴宣告，改革開放是決定當代中國前途命運的關鍵一招，中國特色社會主義道路是指引中國發展繁榮的正確道路，中國大踏步趕上了時代。

全會提出，黨的十八大以來，中國特色社會主義進入新時代。黨面臨的主要任務是，實現第一個百年奮鬥目標，開啟實現第二個百年奮鬥目標新征程，朝著實現中華民族偉大復興的宏偉目標繼續前進。黨領導人民自信自強、守正創新，創造了新時代中國特色社會主義的偉大成就。

全會強調，以習近平同志為主要代表的中國共產黨人，堅持把馬克思主義基本原理同中國具體實際相結合、同中華優秀傳統文化相結合，堅持毛澤東思想、鄧小平理論、"三個代表"重要思想、科學發展觀，深刻總結並充分運用黨成立以來的歷史經驗，從新的實際出發，創立了習近平新時代中國特色社會主義思想。習近平同志對關係新時代黨和國家事業發展的一系列重大理論和實踐問題進行了深邃思考和科學判斷，就新時代堅持和發展什麼樣的中國特色社會主義、怎樣堅持和發展中國特色社會主義，建設什麼樣的社會主義現代化強國、怎樣建設社會主義現代化強國，建設什麼樣的長期執政的馬克思主義政黨、怎樣建設長期執政的馬克思主義政黨等重大時代課題，提出一系列原創性的治國理政新理念新思想新戰略，是習近平新時代中國特色社會主義思想的主要創立者。習近平新時代中國特色社會主義思想是當代中國馬克思主義、二十一世紀馬克思主義，是中華文化和中國精神的時代精華，實現了馬克思主義中國化新的飛躍。黨確立習近平同志黨中央的核心、全黨的核心地位，確立習近平新時代中國特色社會主義思想的指導地位，反映了全黨全軍全國各族人民共同心願，對新時代黨和國家事業發展、對推進中華民族偉大復興歷史進程具有決定性意義。

全會指出，以習近平同志為核心的黨中央，以偉大的歷史主動精神、巨大的政治勇氣、強烈的責任擔當，統籌國內國際兩個大局，貫徹黨的基本理論、基本路線、基本方略，統攬偉大鬥爭、偉大工程、偉大事業、偉大夢想，堅持穩中求進工作總基調，出台一系列重大方針政策，推出一系列重大舉措，推進一系列重大工作，戰勝一系列重大風險挑戰，解決了許多長期想解決而沒有解決的難題，辦成了許多過去想辦而沒有辦成的大事，推動黨和國家事業取得歷史性成就、發生歷史性變革。

　　全會強調，黨的十八大以來，在堅持黨的全面領導上，黨中央權威和集中統一領導得到有力保證，黨的領導制度體系不斷完善，黨的領導方式更加科學，全黨思想上更加統一、政治上更加團結、行動上更加一致，黨的政治領導力、思想引領力、群眾組織力、社會號召力顯著增強。在全面從嚴治黨上，黨的自我淨化、自我完善、自我革新、自我提高能力顯著增強，管黨治黨寬鬆軟狀況得到根本扭轉，反腐敗鬥爭取得壓倒性勝利並全面鞏固，黨在革命性鍛造中更加堅強。在經濟建設上，我國經濟發展平衡性、協調性、可持續性明顯增強，國家經濟實力、科技實力、綜合國力躍上新台階，我國經濟邁上更高質量、更有效率、更加公平、更可持續、更為安全的發展之路。在全面深化改革開放上，黨不斷推動全面深化改革向廣度和深度進軍，中國特色社會主義制度更加成熟更加定型，國家治理體系和治理能力現代化水平不斷提高，黨和國家事業煥發出新的生機活力。在政治建設上，積極發展全過程人民民主，我國社會主義民主政治制度化、規範化、程序化全面推進，中國特色社會主義政治制度優越性得到更好發揮，生動活潑、安定團結的政治局面得到鞏固和發展。在全面依法治國上，中國特色社會主義法治體系不斷健全，法治中國建設邁出堅實步伐，黨運用法治方式領導和治理國家的能力顯著增強。在文化建設上，我國意識形態領域形勢發生全局性、根本性轉變，全黨全國各族人民文化自信明顯增強，全社會凝聚力和向心力極大提升，為新時代開創黨和國家事業新局面提供了堅強思想保證和強大精神力量。在社會建設上，人民生活全方位改善，社會治理社會化、法治化、智能化、專業化水平大幅度提升，發展了人民安居樂業、社會安定有序的良好局面，續寫了社會長期穩定奇跡。在生態文明建設上，黨中央以前所未有的力度抓生態文明建設，美麗中國建設邁出重大步伐，我國生態環境保護發生歷史性、轉折性、全局性變化。在國防和軍隊建設上，人民軍隊實現整體性革命性重塑、重整行裝再出發，國防實力和經濟實力同步提升，人民軍隊堅決履行新時代使命任務，以頑強鬥爭精神和實際行動捍衛了國家主權、安全、發展利益。在維護國家安全上，國家安全得到全面加強，經受住了來自政治、經濟、意識形態、自然界等方面的風險挑戰考驗，為黨和國家興旺發達、長治久安提供了有力保證。在堅持“一國兩制”和推進祖國統一上，黨中央採取一系列標本兼治的舉措，堅定落實“愛國者治港”、“愛國者治澳”，推動香港局勢實現由亂到治的重大轉折，為推進依法治港治澳、促進“一國兩制”實踐行穩致遠打下了堅實基礎；堅持一個中國原則和“九二共識”，堅決反對“台獨”分裂行徑，堅決反對外部勢力干涉，牢牢把握兩岸關係主導權和主動權。在外交工作上，中國特色大國外交全面推進，構建人類命運共同體成為引領時代潮流和人類前進方向的鮮明旗幟，我國外交在世界大變局中開創新局、在世界亂局中化危為機，我國國際影響力、感召力、塑造力顯著提升。中國共產黨和中國人民以英勇頑強的奮鬥向世界莊嚴宣告，中華民族迎來了從站起來、富起來到強起來的偉大飛躍。

全會指出了中國共產黨百年奮鬥的歷史意義：黨的百年奮鬥從根本上改變了中國人民的前途命運，中國人民徹底擺脫了被欺負、被壓迫、被奴役的命運，成為國家、社會和自己命運的主人，中國人民對美好生活的嚮往不斷變為現實；黨的百年奮鬥開闢了實現中華民族偉大復興的正確道路，中國僅用幾十年時間就走完發達國家幾百年走過的工業化歷程，創造了經濟快速發展和社會長期穩定兩大奇跡；黨的百年奮鬥展示了馬克思主義的強大生命力，馬克思主義的科學性和真理性在中國得到充分檢驗，馬克思主義的人民性和實踐性在中國得到充分貫徹，馬克思主義的開放性和時代性在中國得到充分彰顯；黨的百年奮鬥深刻影響了世界歷史進程，黨領導人民成功走出中國式現代化道路，創造了人類文明新形態，拓展了發展中國家走向現代化的途徑；黨的百年奮鬥鍛造了走在時代前列的中國共產黨，形成了以偉大建黨精神為源頭的精神譜系，保持了黨的先進性和純潔性，黨的執政能力和領導水平不斷提高，中國共產黨無愧為偉大光榮正確的黨。

全會提出，一百年來，黨領導人民進行偉大奮鬥，積累了寶貴的歷史經驗，這就是：堅持黨的領導，堅持人民至上，堅持理論創新，堅持獨立自主，堅持中國道路，堅持胸懷天下，堅持開拓創新，堅持敢於鬥爭，堅持統一戰線，堅持自我革命。以上十個方面，是經過長期實踐積累的寶貴經驗，是黨和人民共同創造的精神財富，必須倍加珍惜、長期堅持，並在新時代實踐中不斷豐富和發展。

全會提出，不忘初心，方得始終。中國共產黨立志於中華民族千秋偉業，百年恰是風華正茂。過去一百年，黨向人民、向歷史交出了一份優異的答卷。現在，黨團結帶領中國人民又踏上了實現第二個百年奮鬥目標新的趕考之路。全黨要牢記中國共產黨是什麼、要幹什麼這個根本問題，把握歷史發展大勢，堅定理想信念，牢記初心使命，始終謙虛謹慎、不驕不躁、艱苦奮鬥，不為任何風險所懼，不為任何干擾所惑，決不在根本性問題上出現顛覆性錯誤，以咬定青山不放鬆的執著奮力實現既定目標，以行百里者半九十的清醒不懈推進中華民族偉大復興。

全會強調，全黨必須堅持馬克思列寧主義、毛澤東思想、鄧小平理論、"三個代表"重要思想、科學發展觀，全面貫徹習近平新時代中國特色社會主義思想，用馬克思主義的立場、觀點、方法觀察時代、把握時代、引領時代，不斷深化對共產黨執政規律、社會主義建設規律、人類社會發展規律的認識。必須堅持黨的基本理論、基本路線、基本方略，增強"四個意識"，堅定"四個自信"，做到"兩個維護"，堅持系統觀念，統籌推進"五位一體"總體佈局，協調推進"四個全面"戰略佈局，立足新發展階段、貫徹新發展理念、構建新發展格局、推動高質量發展，全面深化改革開放，促進共同富裕，推進科技自立自強，發展全過程人民民主，保證人民當家作主，堅持全面依法治國，堅持社會主義核心價值體系，堅持在發展中保障和改善民生，堅持人與自然和諧共生，統籌發展和安全，加快國防和軍隊現代化，協同推進人民富裕、國家強盛、中國美麗。

全會強調，全黨必須永遠保持同人民群眾的血肉聯繫，踐行以人民為中心的發展思想，不斷實現好、維護好、發展好最廣大人民根本利益，團結帶領全國各族人民不斷為美好生活而奮鬥。全黨必須銘記生於憂患、死於安樂，常懷遠慮、居安思危，繼續推進新時代黨的建設新的偉大工程，堅持全面從嚴治黨，堅定不移推進黨風廉政建設和反腐敗鬥爭，做到難不住、壓不垮，推動中國特色社會主義事業航船劈波斬浪、一往無前。

全會決定，中國共產黨第二十次全國代表大會於 2022 年下半年在北京召開。全會認為，黨的二十大是我們黨進入全面建設社會主義現代化國家、向第二個百年奮鬥目標進軍新征程的重要時刻召開的一次十分重要的代表大會，是黨和國家政治生活中的一件大事。全黨要團結帶領全國各族人民攻堅克難、開拓奮進，為全面建設社會主義現代化國家、奪取新時代中國特色社會主義偉大勝利、實現中華民族偉大復興的中國夢作出新的更大貢獻，以優異成績迎接黨的二十大召開。

黨中央號召，全黨全軍全國各族人民要更加緊密地團結在以習近平同志為核心的黨中央周圍，全面貫徹習近平新時代中國特色社會主義思想，大力弘揚偉大建黨精神，勿忘昨天的苦難輝煌，無愧今天的使命擔當，不負明天的偉大夢想，以史為鑒、開創未來，埋頭苦幹、勇毅前行，為實現第二個百年奮鬥目標、實現中華民族偉大復興的中國夢而不懈奮鬥。我們堅信，在過去一百年贏得了偉大勝利和榮光的中國共產黨和中國人民，必將在新時代新征程上贏得更加偉大的勝利和榮光！

中共中央關於黨的百年奮鬥重大成就和歷史經驗的決議

（2021 年 11 月 11 日中國共產黨第十九屆中央委員會第六次
全體會議通過）

序　言

　　中國共產黨自一九二一年成立以來，始終把為中國人民謀幸福、為中華民族謀復興作為自己的初心使命，始終堅持共產主義理想和社會主義信念，團結帶領全國各族人民為爭取民族獨立、人民解放和實現國家富強、人民幸福而不懈奮鬥，已經走過一百年光輝歷程。

　　一百年來，黨領導人民浴血奮戰、百折不撓，創造了新民主主義革命的偉大成就；自力更生、發憤圖強，創造了社會主義革命和建設的偉大成就；解放思想、銳意進取，創造了改革開放和社會主義現代化建設的偉大成就；自信自強、守正創新，創造了新時代中國特色社會主義的偉大成就。黨和人民百年奮鬥，書寫了中華民族幾千年歷史上最恢宏的史詩。

　　總結黨的百年奮鬥重大成就和歷史經驗，是在建黨百年歷史條件下開啟全面建設社會主義現代化國家新征程、在新時代堅持和發展中國特色社會主義的需要；是增強政治意識、大局意識、核心意識、看齊意識，堅定道路自信、理論自信、制度自信、文化自信，做到堅決維護習近平同志黨中央的核心、全黨的核心地位，堅決維護黨中央權威和集中統一領導，確保全黨步調一致向前進的需要；是推進黨的自我革命、提高全黨鬥爭本領和應對風險挑戰能力、永葆黨的生機活力、團結帶領全國各族人民為實現中華民族偉大復興的中國夢而繼續奮鬥的需要。全黨要堅持唯物史觀和正確黨史觀，從黨的百年奮鬥中看清楚過去我們為什麼能夠成功、弄明白未來我們怎樣才能繼續成功，從而更加堅定、更加自覺地踐行初心使命，在新時代更好堅持和發展中國特色社會主義。

一九四五年黨的六屆七中全會通過的《關於若干歷史問題的決議》、一九八一年黨的十一屆六中全會通過的《關於建國以來黨的若干歷史問題的決議》，實事求是總結黨的重大歷史事件和重要經驗教訓，在重大歷史關頭統一了全黨思想和行動，對推進黨和人民事業發揮了重要引領作用，其基本論述和結論至今仍然適用。

一、奪取新民主主義革命偉大勝利

新民主主義革命時期，黨面臨的主要任務是，反對帝國主義、封建主義、官僚資本主義，爭取民族獨立、人民解放，為實現中華民族偉大復興創造根本社會條件。

中華民族是世界上古老而偉大的民族，創造了綿延五千多年的燦爛文明，為人類文明進步作出了不可磨滅的貢獻。一八四〇年鴉片戰爭以後，由於西方列強入侵和封建統治腐敗，中國逐步成為半殖民地半封建社會，國家蒙辱、人民蒙難、文明蒙塵，中華民族遭受了前所未有的劫難。為了拯救民族危亡，中國人民奮起反抗，仁人志士奔走吶喊，進行了可歌可泣的鬥爭。太平天國運動、洋務運動、戊戌變法、義和團運動接連而起，各種救國方案輪番出台，但都以失敗告終。孫中山先生領導的辛亥革命推翻了統治中國幾千年的君主專制制度，但未能改變中國半殖民地半封建的社會性質和中國人民的悲慘命運。中國迫切需要新的思想引領救亡運動，迫切需要新的組織凝聚革命力量。

十月革命一聲炮響，給中國送來了馬克思列寧主義。五四運動促進了馬克思主義在中國的傳播。在中國人民和中華民族的偉大覺醒中，在馬克思列寧主義同中國工人運動的緊密結合中，一九二一年七月中國共產黨應運而生。中國產生了共產黨，這是開天闢地的大事變，中國革命的面貌從此煥然一新。

黨深刻認識到，近代中國社會主要矛盾是帝國主義和中華民族的矛盾、封建主義和人民大眾的矛盾。實現中華民族偉大復興，必須進行反帝反

11

封建鬥爭。

　　建黨之初和大革命時期，黨制定民主革命綱領，發動工人運動、青年運動、農民運動、婦女運動，推進並幫助國民黨改組和國民革命軍建立，領導全國反帝反封建偉大鬥爭，掀起大革命高潮。一九二七年國民黨內反動集團叛變革命，殘酷屠殺共產黨人和革命人民，由於黨內以陳獨秀為代表的右傾思想發展為右傾機會主義錯誤並在黨的領導機關中佔了統治地位，黨和人民不能組織有效抵抗，致使大革命在強大的敵人突然襲擊下遭到慘重失敗。

　　土地革命戰爭時期，黨從殘酷的現實中認識到，沒有革命的武裝就無法戰勝武裝的反革命，就無法奪取中國革命勝利，就無法改變中國人民和中華民族的命運，必須以武裝的革命反對武裝的反革命。南昌起義打響武裝反抗國民黨反動派的第一槍，標誌著中國共產黨獨立領導革命戰爭、創建人民軍隊和武裝奪取政權的開端。八七會議確定實行土地革命和武裝起義的方針。黨領導舉行秋收起義、廣州起義和其他許多地區起義，但由於敵我力量懸殊，這些起義大多數失敗了。事實證明，在當時的客觀條件下，中國共產黨人不可能像俄國十月革命那樣通過首先佔領中心城市來取得革命在全國的勝利，黨迫切需要找到適合中國國情的革命道路。

　　從進攻大城市轉為向農村進軍，是中國革命具有決定意義的新起點。毛澤東同志領導軍民在井岡山建立第一個農村革命根據地，黨領導人民打土豪、分田地。古田會議確立思想建黨、政治建軍原則。隨著鬥爭發展，黨創建了中央革命根據地和湘鄂西、海陸豐、鄂豫皖、瓊崖、閩浙贛、湘鄂贛、湘贛、左右江、川陝、陝甘、湘鄂川黔等根據地。黨在國民黨統治下的白區也發展了黨和其他革命組織，開展了群眾革命鬥爭。然而，由於王明"左"傾教條主義在黨內的錯誤領導，中央革命根據地第五次反"圍剿"失敗，紅軍不得不進行戰略轉移，經過艱苦卓絕的長征轉戰到陝北。"左"傾路線的錯誤給革命根據地和白區革命力量造成極大損失。

　　一九三五年一月，中央政治局在長征途中舉行遵義會議，事實上確立了毛澤東同志在黨中央和紅軍的領導地位，開始確立以毛澤東同志為主要代表的馬克思主義正確路線在黨中央的領導地位，開始形成以毛澤東同志為核心的黨的第一代中央領導集體，開啟了黨獨立自主解決中國革命實際問題新階段，在最危急關頭挽救了黨、挽救了紅軍、挽救了中國革命，並且在這以後使黨能夠戰勝張國燾的分裂主義，勝利完成長征，打開中國革命新局面。這在黨的歷史上是一個生死攸關的轉折點。

抗日戰爭時期，九一八事變後，中日民族矛盾逐漸超越國內階級矛盾上升為主要矛盾。在日本帝國主義加緊侵略我國、民族危機空前嚴重的關頭，黨率先高舉武裝抗日旗幟，廣泛開展抗日救亡運動，促成西安事變和平解決，對推動國共再次合作、團結抗日起了重大歷史作用。七七事變後，黨實行正確的抗日民族統一戰線政策，堅持全面抗戰路線，提出和實施持久戰的戰略總方針和一整套人民戰爭的戰略戰術，開闢廣大敵後戰場和抗日根據地，領導八路軍、新四軍、東北抗日聯軍和其他人民抗日武裝英勇作戰，成為全民族抗戰的中流砥柱，直到取得中國人民抗日戰爭最後勝利。這是近代以來中國人民反抗外敵入侵第一次取得完全勝利的民族解放鬥爭，也是世界反法西斯戰爭勝利的重要組成部分。

解放戰爭時期，面對國民黨反動派悍然發動的全面內戰，黨領導廣大軍民逐步由積極防禦轉向戰略進攻，打贏遼瀋、淮海、平津三大戰役和渡江戰役，向中南、西北、西南勝利進軍，消滅國民黨反動派八百萬軍隊，推翻國民黨反動政府，推翻帝國主義、封建主義、官僚資本主義三座大山。黨領導的人民軍隊在人民支持下，以一往無前的英雄氣概同窮凶極惡的敵人進行殊死鬥爭，為奪取新民主主義革命勝利建立了歷史功勳。

在革命鬥爭中，以毛澤東同志為主要代表的中國共產黨人，把馬克思列寧主義基本原理同中國具體實際相結合，對經過艱苦探索、付出巨大犧牲積累的一系列獨創性經驗作了理論概括，開闢了農村包圍城市、武裝奪取政權的正確革命道路，創立了毛澤東思想，為奪取新民主主義革命勝利指明了正確方向。

在革命鬥爭中，黨弘揚堅持真理、堅守理想，踐行初心、擔當使命，不怕犧牲、英勇鬥爭，對黨忠誠、不負人民的偉大建黨精神，實施和推進黨的建設偉大工程，提出著重從思想上建黨的原則，堅持民主集中制，堅持理論聯繫實際、密切聯繫群眾、批評和自我批評三大優良作風，形成統一戰線、武裝鬥爭、黨的建設三大法寶，努力建設全國範圍的、廣大群眾性的、思想上政治上組織上完全鞏固的馬克思主義政黨。黨從一九四二年開始在全黨進行整風，這場馬克思主義思想教育運動收到巨大成效。黨制定《關於若干歷史問題的決議》，使全黨對中國革命基本問題的認識達到一致。黨的七大為建立新民主主義的新中國制定了正確路線方針政策，使全黨在思想上政治上組織上達到空前統一和團結。

經過二十八年浴血奮鬥，黨領導人民，在各民主黨派和無黨派民主人士積極合作下，於一九四九年十月一日宣告成立中華人民共和國，實現民族獨立、人民解放，徹底結束了舊中國半殖民地半封建社會的歷史，徹底結束了極少數剝削者統治廣大勞動人民的歷史，徹底結束了舊中國一盤散沙的局面，徹底廢除了列強強加給中國的不平等條約和帝國主義在中國的一切特權，實現了中國從幾千年封建專制政治向人民民主的偉大飛躍，也極大改變了世界政治格局，鼓舞了全世界被壓迫民族和被壓迫人民爭取解放的鬥爭。

實踐充分說明，歷史和人民選擇了中國共產黨，沒有中國共產黨領導，民族獨立、人民解放是不可能實現的。中國共產黨和中國人民以英勇頑強的奮鬥向世界莊嚴宣告，中國人民從此站起來了，中華民族任人宰割、飽受欺凌的時代一去不復返了，中國發展從此開啟了新紀元。

二、完成社會主義革命和推進社會主義建設

社會主義革命和建設時期，黨面臨的主要任務是，實現從新民主主義到社會主義的轉變，進行社會主義革命，推進社會主義建設，為實現中華民族偉大復興奠定根本政治前提和制度基礎。

新中國成立後，黨領導人民戰勝政治、經濟、軍事等方面一系列嚴峻挑戰，肅清國民黨反動派殘餘武裝力量和土匪，和平解放西藏，實現祖國大陸完全統一；穩定物價，統一財經工作，完成土地改革，進行社會各方面民主改革，實行男女權利平等，鎮壓反革命，開展"三反"、"五反"運動，蕩滌舊社會留下的污泥濁水，社會面貌煥然一新。中國人民志願軍雄赳赳、氣昂昂跨過鴨綠江，同朝鮮人民和軍隊並肩戰鬥，戰勝武裝到牙齒的強敵，打出了國威軍威，打出了中國人民的精氣神，贏得抗美援朝戰爭偉大勝利，

捍衛了新中國安全，彰顯了新中國大國地位。新中國在錯綜複雜的國內國際環境中站穩了腳跟。

黨領導建立和鞏固工人階級領導的、以工農聯盟為基礎的人民民主專政的國家政權，為國家迅速發展創造了條件。一九四九年，中國人民政治協商會議第一屆全體會議制定《中國人民政治協商會議共同綱領》。一九五三年，黨正式提出過渡時期的總路線，即在一個相當長的時期內，逐步實現國家的社會主義工業化，並逐步實現國家對農業、手工業和資本主義工商業的社會主義改造。一九五四年，召開第一屆全國人民代表大會第一次會議，通過了《中華人民共和國憲法》。一九五六年，我國基本上完成對生產資料私有制的社會主義改造，基本上實現生產資料公有制和按勞分配，建立起社會主義經濟制度。黨領導確立人民代表大會制度、中國共產黨領導的多黨合作和政治協商制度、民族區域自治制度，為人民當家作主提供了制度保證。黨領導實現和鞏固了全國各族人民的大團結，形成和發展各民族平等互助的社會主義民族關係，實現和鞏固全國工人、農民、知識分子和其他各階層人民的大團結，加強和擴大了廣泛統一戰線。社會主義制度的建立，為我國一切進步和發展奠定了重要基礎。

黨的八大根據我國社會主義改造基本完成後的形勢，提出國內主要矛盾已經不再是工人階級和資產階級的矛盾，而是人民對於經濟文化迅速發展的需要同當前經濟文化不能滿足人民需要的狀況之間的矛盾，全國人民的主要任務是集中力量發展社會生產力，實現國家工業化，逐步滿足人民日益增長的物質和文化需要。黨提出努力把我國逐步建設成為一個具有現代農業、現代工業、現代國防和現代科學技術的社會主義強國，領導人民開展全面的大規模的社會主義建設。經過實施幾個五年計劃，我國建立起獨立的比較完整的工業體系和國民經濟體系，農業生產條件顯著改變，教育、科學、文化、衛生、體育事業有很大發展。"兩彈一星"等國防尖端科技不斷取得突破，國防工業從無到有逐步發展起來。人民解放軍得到壯大和提高，由單一的陸軍發展成為包括海軍、空軍和其他技術兵種在內的合成軍隊，為鞏固新生人民政權、確立中國大國地位、維護中華民族尊嚴提供了堅強後盾。

黨堅持獨立自主的和平外交政策，倡導和堅持和平共處五項原則，堅定維護國家獨立、主權、尊嚴，支持和援助世界被壓迫民族解放事業、新獨立國家建設事業和各國人民正義鬥爭，反對帝國主義、霸權主義、殖民主義、種族主義，徹底結束了舊中國的屈辱外交。黨審時度勢調整外交戰略，推動恢復我國在聯合國的一切合法權利，打開對外工作新局面，推動形成國際社會堅持一個中國原則的格局。黨提出劃分三個世界的戰略，作出中國永遠不稱霸的莊嚴承諾，贏得國際社會特別是廣大發展中國家尊重和讚譽。

黨充分預見到在全國執政面臨的新挑戰，早在解放戰爭取得全國勝利前夕召開的黨的七屆二中全會就向全黨提出，務必繼續保持謙虛、謹慎、不驕、不躁的作風，務必繼續保持艱苦奮鬥的作風。新中國成立後，黨著重提出執政條件下黨的建設的重大課題，從思想上組織上作風上加強黨的建設、鞏固黨的領導。黨加強幹部理論學習和知識培訓，提高黨的領導水平，要求全黨特別是黨的高級幹部增強維護黨的團結統一的自覺性。黨開展整風整黨，加強黨內教育，整頓基層黨組織，提高黨員條件，反對官僚主義、命令主義和貪污浪費。黨高度警惕並著力防範黨員幹部腐化變質，堅決懲治腐敗。這些重要舉措，增強了黨的純潔性和全黨的團結，密切了黨同人民群眾的聯繫，積累了執政黨建設的初步經驗。

在這個時期，毛澤東同志提出把馬克思列寧主義基本原理同中國具體實際進行“第二次結合”，以毛澤東同志為主要代表的中國共產黨人，結合新的實際豐富和發展毛澤東思想，提出關於社會主義建設的一系列重要思想，包括社會主義社會是一個很長的歷史階段，嚴格區分和正確處理敵我矛盾和人民內部矛盾，正確處理我國社會主義建設的十大關係，走出一條適合我國國情的工業化道路，尊重價值規律，在黨與民主黨派的關係上實行“長期共存、互相監督”的方針，在科學文化工作中實行“百花齊放、百家爭鳴”的方針等。這些獨創性理論成果至今仍有重要指導意義。

毛澤東思想是馬克思列寧主義在中國的創造性運用和發展，是被實踐證明了的關於中國革命和建設的正確的理論原則和經驗總結，是馬克思主義中國化的第一次歷史性飛躍。毛澤東思想的活的靈魂是貫穿於各個組成部分的立場、觀點、方法，體現為實事求是、群眾路線、獨立自主三個基本方面，為黨和人民事業發展提供了科學指引。

遺憾的是，黨的八大形成的正確路線未能完全堅持下去，先後出現"大躍進"運動、人民公社化運動等錯誤，反右派鬥爭也被嚴重擴大化。面對當時嚴峻複雜的外部環境，黨極為關注社會主義政權鞏固，為此進行了多方面努力。然而，毛澤東同志在關於社會主義社會階級鬥爭的理論和實踐上的錯誤發展得越來越嚴重，黨中央未能及時糾正這些錯誤。毛澤東同志對當時我國階級形勢以及黨和國家政治狀況作出完全錯誤的估計，發動和領導了"文化大革命"，林彪、江青兩個反革命集團利用毛澤東同志的錯誤，進行了大量禍國殃民的罪惡活動，釀成十年內亂，使黨、國家、人民遭到新中國成立以來最嚴重的挫折和損失，教訓極其慘痛。一九七六年十月，中央政治局執行黨和人民的意志，毅然粉碎了"四人幫"，結束了"文化大革命"這場災難。

從新中國成立到改革開放前夕，黨領導人民完成社會主義革命，消滅一切剝削制度，實現了中華民族有史以來最為廣泛而深刻的社會變革，實現了一窮二白、人口眾多的東方大國大步邁進社會主義社會的偉大飛躍。在探索過程中，雖然經歷了嚴重曲折，但黨在社會主義革命和建設中取得的獨創性理論成果和巨大成就，為在新的歷史時期開創中國特色社會主義提供了寶貴經驗、理論準備、物質基礎。

中國共產黨和中國人民以英勇頑強的奮鬥向世界莊嚴宣告，中國人民不但善於破壞一個舊世界、也善於建設一個新世界，只有社會主義才能救中國，只有社會主義才能發展中國。

三、進行改革開放和社會主義現代化建設

改革開放和社會主義現代化建設新時期，黨面臨的主要任務是，繼續探索中國建設社會主義的正確道路，解放和發展社會生產力，使人民擺脫貧困、盡快富裕起來，為實現中華民族偉大復興提供充滿新的活力的體制保證和快速發展的物質條件。

"文化大革命"結束以後，在黨和國家面臨何去何從的重大歷史關頭，黨深刻認識到，只有實行改革開放才是唯一出路，否則我們的現代化事業和

社會主義事業就會被葬送。一九七八年十二月，黨召開十一屆三中全會，果斷結束"以階級鬥爭為綱"，實現黨和國家工作中心戰略轉移，開啟了改革開放和社會主義現代化建設新時期，實現了新中國成立以來黨的歷史上具有深遠意義的偉大轉折。黨作出徹底否定"文化大革命"的重大決策。四十多年來，黨始終不渝堅持這次全會確立的路線方針政策。

黨的十一屆三中全會以後，以鄧小平同志為主要代表的中國共產黨人，團結帶領全黨全國各族人民，深刻總結新中國成立以來正反兩方面經驗，圍繞什麼是社會主義、怎樣建設社會主義這一根本問題，借鑒世界社會主義歷史經驗，創立了鄧小平理論，解放思想，實事求是，作出把黨和國家工作中心轉移到經濟建設上來、實行改革開放的歷史性決策，深刻揭示社會主義本質，確立社會主義初級階段基本路線，明確提出走自己的路、建設中國特色社會主義，科學回答了建設中國特色社會主義的一系列基本問題，制定了到二十一世紀中葉分三步走、基本實現社會主義現代化的發展戰略，成功開創了中國特色社會主義。

黨的十三屆四中全會以後，以江澤民同志為主要代表的中國共產黨人，團結帶領全黨全國各族人民，堅持黨的基本理論、基本路線，加深了對什麼是社會主義、怎樣建設社會主義和建設什麼樣的黨、怎樣建設黨的認識，形成了"三個代表"重要思想，在國內外形勢十分複雜、世界社會主義出現嚴重曲折的嚴峻考驗面前捍衛了中國特色社會主義，確立了社會主義市場經濟體制的改革目標和基本框架，確立了社會主義初級階段公有制為主體、多種所有制經濟共同發展的基本經濟制度和按勞分配為主體、多種分配方式並存的分配制度，開創全面改革開放新局面，推進黨的建設新的偉大工程，成功把中國特色社會主義推向二十一世紀。

黨的十六大以後，以胡錦濤同志為主要代表的中國共產黨人，團結帶領全黨全國各族人民，在全面建設小康社會進程中推進實踐創新、理論創新、制度創新，深刻認識和回答了新形勢下實現什麼樣的發展、怎樣發展等重大問題，形成了科學發展觀，抓住重要戰略機遇期，聚精會神搞建設，一心一意謀發展，強調堅持以人為本、全面協調可持續發展，著力保障和改善民生，促進社會公平正義，推進黨的執政能力建設和先進性建設，成功在新形勢下堅持和發展了中國特色社會主義。

為了推進改革開放，黨重新確立馬克思主義的思想路線、政治路線、組織路線，徹底否定"兩個凡是"的錯誤方針，正確評價毛澤東同志的歷史地位和毛澤東思想的科學體系。黨明確我國社會的主要矛盾是人民日益增長的物質文化需要同落後的社會生產之間的矛盾，解決這個主要矛盾就是我們的中心任務，提出小康社會目標。黨在各方面工作中恢復並制定一系列正確政策，調整國民經濟。黨領導全面開展思想、政治、組織等領域撥亂反正，大規模平反冤假錯案和調整社會關係。黨制定《關於建國以來黨的若干歷史問題的決議》，標誌著黨在指導思想上的撥亂反正勝利完成。

黨深刻認識到，開創改革開放和社會主義現代化建設新局面，必須以理論創新引領事業發展。鄧小平同志指出，一個黨，一個國家，一個民族，如果一切從本本出發，思想僵化，迷信盛行，那它就不能前進，它的生機就停止了，就要亡黨亡國。黨領導和支持開展真理標準問題大討論，從新的實踐和時代特徵出發堅持和發展馬克思主義，科學回答了建設中國特色社會主義的發展道路、發展階段、根本任務、發展動力、發展戰略、政治保證、祖國統一、外交和國際戰略、領導力量和依靠力量等一系列基本問題，形成中國特色社會主義理論體系，實現了馬克思主義中國化新的飛躍。

黨的十二大、十三大、十四大、十五大、十六大、十七大，根據國際國內形勢發展變化，從我國發展新要求出發，一以貫之對推進改革開放和社會主義現代化建設作出全面部署，並召開多次中央全會專題研究部署改革發展穩定重大工作。我國改革從農村實行家庭聯產承包責任制率先突破，逐步轉向城市經濟體制改革並全面鋪開，確立社會主義市場經濟的改革方向，更大程度更廣範圍發揮市場在資源配置中的基礎性作用，堅持和完善基本經濟制度和分配制度。黨堅決推進經濟體制改革，同時進行政治、文化、社會等各領域體制改革，推進黨的建設制度改革，不斷形成和發展符合當代中國國情、充滿生機活力的體制機制。黨把對外開放確立為基本國策，從興辦深圳等經濟特區、開發開放浦東、推動沿海沿邊沿江沿線和內陸中心城市對外開放到加入世界貿易組織，從"引進來"到"走出去"，充分利用國際國內兩個市場、兩種資源。經過持續推進改革開放，我國實現了從高度集中的計劃經濟體制到充滿活力的社會主義市場經濟體制、從封閉半封閉到全方位開放的歷史性轉變。

為了加快推進社會主義現代化，黨領導人民進行經濟建設、政治建設、文化建設、社會建設，取得一系列重大成就。黨堅持以經濟建設為中心，堅持發展是硬道理，提出科學技術是第一生產力，實施科教興國、可持續發展、人才強國等重大戰略，推進西部大開發，振興東北地區等老工業基地，促進中部地區崛起，支持東部地區率先發展，促進城鄉、區域協調發展，推進國有企業改革和發展，鼓勵和支持發展非公有制經濟，加快轉變經濟發展方式，加強生態環境保護，推動經濟持續快速發展，綜合國力大幅提升。黨堅持黨的領導、人民當家作主、依法治國有機統一，發展社會主義民主政治，建設社會主義政治文明，積極穩妥推進政治體制改革，堅持依法治國和以德治國相結合，制定新憲法，建設社會主義法治國家，形成中國特色社會主義法律體系，尊重和保障人權，鞏固和發展最廣泛的愛國統一戰線。黨加強理想信念教育，推進社會主義核心價值體系建設，建設社會主義精神文明，發展社會主義先進文化，推動社會主義文化大發展大繁榮。黨加快推進以改善民生為重點的社會建設，改善人民生活，取消農業稅，不斷推進學有所教、勞有所得、病有所醫、老有所養、住有所居，促進社會和諧穩定。黨提出建設強大的現代化正規化革命軍隊的總目標，把軍事鬥爭準備的基點放在打贏信息化條件下的局部戰爭上，推進中國特色軍事變革，走中國特色精兵之路。

面對風雲變幻的國際形勢，黨毫不動搖堅持四項基本原則，堅決排除各種干擾，從容應對關係我國改革發展穩定全局的一系列風險考驗。二十世紀八十年代末九十年代初，蘇聯解體、東歐劇變。由於國際上反共反社會主義的敵對勢力的支持和煽動，國際大氣候和國內小氣候導致一九八九年春夏之交我國發生嚴重政治風波。黨和政府依靠人民，旗幟鮮明反對動亂，捍衛了社會主義國家政權，維護了人民根本利益。黨領導人民成功應對亞洲金融危機、國際金融危機等經濟風險，成功舉辦二○○八年北京奧運會、殘奧會，戰勝長江和嫩江、松花江流域嚴重洪澇、汶川特大地震等自然災害，戰勝非典疫情，彰顯了黨抵禦風險和駕馭複雜局面的能力。

　　黨把完成祖國統一大業作為歷史重任，為此進行不懈努力。鄧小平同志創造性提出“一個國家，兩種制度”科學構想，開闢了以和平方式實現祖國統一的新途徑。經過艱巨工作和鬥爭，我國政府相繼對香港、澳門恢復行使主權，洗雪了中華民族百年恥辱。香港、澳門回歸祖國後，中央政府嚴格按照憲法和特別行政區基本法辦事，保持香港、澳門長期繁榮穩定。黨把握解決台灣問題大局，確立“和平統一、一國兩制”基本方針，推動兩岸雙方達成體現一個中國原則的“九二共識”，推進兩岸協商談判，實現全面直接雙向“三通”，開啟兩岸政黨交流。制定反分裂國家法，堅決遏制“台獨”勢力、促進祖國統一，有力挫敗各種製造“兩個中國”、“一中一台”、“台灣獨立”的圖謀。

　　黨科學判斷時代特徵和國際形勢，提出和平與發展是當今時代的主題。黨堅持維護世界和平、促進共同發展的外交政策宗旨，調整同主要大國的關係，發展同周邊國家的睦鄰友好關係，深化同廣大發展中國家的友好合作，積極參與國際和地區事務，建立起全方位多層次的對外關係新格局。黨積極促進世界多極化和國際關係民主化，推動經濟全球化朝著有利於共同繁榮的方向發展，旗幟鮮明反對霸權主義和強權政治，堅定維護廣大發展中國家利益，推動建立公正合理的國際政治經濟新秩序，促進世界持久和平、共同繁榮。

　　黨始終強調，治國必先治黨，治黨務必從嚴，聚精會神抓好黨的建設，開創和推進黨的建設新的偉大工程。黨制定關於黨內政治生活的若干準則，健全民主集中制，發揚黨內民主，實現黨內政治生活正常化；有計劃有步驟進行整黨，著力解決黨內思想不純、作風不純、組織不純問題；按照革命化、年輕化、知識化、專業化方針加強幹部隊伍建設，大力選拔中青年幹部，促進幹部隊伍新老交替。黨圍繞解決好提高黨的領導水平和執政水平、提高拒腐防變和抵禦風險能力這兩大歷史性課題，以執政能力建設和先進性建設為主線，先後就加強黨同人民群眾聯繫、加強和改進黨的作風建設、加強黨的執政能力建設等重大問題作出決定，組織開展“講學習、講政治、講正氣”教育、“三個代表”重要思想學習教育活動、保持共產黨員先進性教育活動、學習實踐科學發展觀活動等集中性學習教育。黨把黨風廉政建設和反腐敗鬥爭提高到關係黨和國家生死存亡的高度，推進懲治和預防腐敗體系建設。

改革開放四十週年之際，黨中央隆重舉行慶祝大會，習近平同志發表重要講話，全面總結四十年改革開放取得的偉大成就和寶貴經驗，強調改革開放是黨的一次偉大覺醒，是中國人民和中華民族發展史上一次偉大革命，發出將改革開放進行到底的偉大號召。改革開放和社會主義現代化建設的偉大成就舉世矚目，我國實現了從生產力相對落後的狀況到經濟總量躍居世界第二的歷史性突破，實現了人民生活從溫飽不足到總體小康、奔向全面小康的歷史性跨越，推進了中華民族從站起來到富起來的偉大飛躍。

中國共產黨和中國人民以英勇頑強的奮鬥向世界莊嚴宣告，改革開放是決定當代中國前途命運的關鍵一招，中國特色社會主義道路是指引中國發展繁榮的正確道路，中國大踏步趕上了時代。

四、開創中國特色社會主義新時代

黨的十八大以來，中國特色社會主義進入新時代。黨面臨的主要任務是，實現第一個百年奮鬥目標，開啟實現第二個百年奮鬥目標新征程，朝著實現中華民族偉大復興的宏偉目標繼續前進。

以習近平同志為核心的黨中央統籌把握中華民族偉大復興戰略全局和世界百年未有之大變局，強調中國特色社會主義新時代是承前啟後、繼往開來、在新的歷史條件下繼續奪取中國特色社會主義偉大勝利的時代，是決勝全面建成小康社會、進而全面建設社會主義現代化強國的時代，是全國各族人民團結奮鬥、不斷創造美好生活、逐步實現全體人民共同富裕的時代，是全體中華兒女勠力同心、奮力實現中華民族偉大復興中國夢的時代，是我國不斷為人類作出更大貢獻的時代。中國特色社會主義新時代是我國發展新的歷史方位。

以習近平同志為主要代表的中國共產黨人，堅持把馬克思主義基本原理同中國具體實際相結合、同中華優秀傳統文化相結合，堅持毛澤東思想、鄧小平理論、"三個代表"重要思想、科學發展觀，深刻總結並充分運用黨成立以來的歷史經驗，從新的實際出發，創立了習近平新時代中國特色社會主義思想，明確中國特色社會主義最本質的特徵是中國共產黨領導，中國特色社會主義制度的最大優勢是中國共產黨領導，中國共產黨是最高政治領導力量，全黨必須增強"四個意識"、堅定"四個自信"、做到"兩個維護"；明確堅持和發展中國特色社會主義，總任務是實現社會主義現代化和中華民族偉大復興，在全面建成小康社會的基礎上，分兩步走在本世紀中葉建成富強民主文明和諧美麗的社會主義現代化強國，以中國式現代化推進中華民族偉大復興；明確新時代我國社會主要矛盾是人民日益增長的美好生活需要和不平衡不充分的發展之間的矛盾，必須堅持以人民為中心的發展思想，發展全過程人民民主，推動人的全面發展、全體人民共同富裕取得更為明顯的實質性進展；明確中國特色社會主義事業總體佈局是經濟建設、政治建設、文化建設、社會建設、生態文明建設五位一體，戰略佈局是全面建設社會主義現代化國家、全面深化改革、全面依法治國、全面從嚴治黨四個全面；明確全面深化改革總目標是完善和發展中國特色社會主義制度、推進國家治理體系和治理能力現代化；明確全面推進依法治國總目標是建設中國特色社會主義法治體系、建設社會主義法治國家；明確必須堅持和完善社會主義基本經濟制度，使市場在資源配置中起決定性作用，更好發揮政府作用，把握新發展階段，貫徹創新、協調、綠色、開放、共享的新發展理念，加快構建以國內大循環為主體、國內國際雙循環相互促進的新發展格局，推動高質量發展，統籌發展和安全；明確黨在新時代的強軍目標是建設一支聽黨指揮、能打勝仗、作風優良的人民軍隊，把人民軍隊建設成為世界一流軍隊；明確中國特色大國外交要服務民族復興、促進人類進步，推動建設新型國際關係，推動構建人類命運共同體；明確全面從嚴治黨的戰略方針，提出新時代黨的建設總要求，全面推進黨的政治建設、思想建設、組織建設、作風建設、紀律建設，把制度建設貫穿其中，深入推進反腐敗鬥爭，落實管黨治黨政治責任，以偉大自我革命引領偉大社會革命。這些戰略思想和創新理念，是黨對中國特色社會主義建設規律認識深化和理論創新的重大成果。

習近平同志對關係新時代黨和國家事業發展的一系列重大理論和實踐問題進行了深邃思考和科學判斷，就新時代堅持和發展什麼樣的中國特色社會主義、怎樣堅持和發展中國特色社會主義，建設什麼樣的社會主義現代化強國、怎樣建設社會主義現代化強國，建設什麼樣的長期執政的馬克思主義政黨、怎樣建設長期執政的馬克思主義政黨等重大時代課題，提出一系列原創性的治國理政新理念新思想新戰略，是習近平新時代中國特色社會主義思想的主要創立者。習近平新時代中國特色社會主義思想是當代中國馬克思主義、二十一世紀馬克思主義，是中華文化和中國精神的時代精華，實現了馬克思主義中國化新的飛躍。黨確立習近平同志黨中央的核心、全黨的核心地位，確立習近平新時代中國特色社會主義思想的指導地位，反映了全黨全軍全國各族人民共同心願，對新時代黨和國家事業發展、對推進中華民族偉大復興歷史進程具有決定性意義。

改革開放以後，黨和國家事業取得重大成就，為新時代發展中國特色社會主義事業奠定了堅實基礎、創造了有利條件。同時，黨清醒認識到，外部環境變化帶來許多新的風險挑戰，國內改革發展穩定面臨不少長期沒有解決的深層次矛盾和問題以及新出現的一些矛盾和問題，管黨治黨一度寬鬆軟帶來黨內消極腐敗現象蔓延、政治生態出現嚴重問題，黨群幹群關係受到損害，黨的創造力、凝聚力、戰鬥力受到削弱，黨治國理政面臨重大考驗。

以習近平同志為核心的黨中央，以偉大的歷史主動精神、巨大的政治勇氣、強烈的責任擔當，統籌國內國際兩個大局，貫徹黨的基本理論、基本路線、基本方略，統攬偉大鬥爭、偉大工程、偉大事業、偉大夢想，堅持穩中求進工作總基調，出台一系列重大方針政策，推出一系列重大舉措，推進一系列重大工作，戰勝一系列重大風險挑戰，解決了許多長期想解決而沒有解決的難題，辦成了許多過去想辦而沒有辦成的大事，推動黨和國家事業取得歷史性成就、發生歷史性變革。

（一）在堅持黨的全面領導上

改革開放以後，黨為加強和改善黨的領導進行持續努力，為黨和國家事業發展提供了根本政治保證。同時，黨內也存在不少對堅持黨的領導認識模糊、行動乏力問題，存在不少落實黨的領導弱化、虛化、淡化、邊緣化問題，特別是對黨中央重大決策部署執行不力，有的搞上有政策、下有對策，甚至口是心非、擅自行事。以習近平同志為核心的黨中央旗幟鮮明提出，黨的領導是黨和國家的根本所在、命脈所在，是全國各族人民的利益所繫、命運所繫，全黨必須自覺在思想上政治上行動上同黨中央保持高度一致，提高科學執政、民主執政、依法執政水平，提高把方向、謀大局、定政策、促改革的能力，確保充分發揮黨總攬全局、協調各方的領導核心作用。

黨明確提出，黨的領導是全面的、系統的、整體的，保證黨的團結統一是黨的生命；黨中央集中統一領導是黨的領導的最高原則，加強和維護黨中央集中統一領導是全黨共同的政治責任，堅持黨的領導首先要旗幟鮮明講政治，保證全黨服從中央。黨的十八屆六中全會通過關於新形勢下黨內政治生活的若干準則，黨中央出台中央政治局加強和維護黨中央集中統一領導的若干規定，嚴明黨的政治紀律和政治規矩，防止和反對個人主義、分散主義、自由主義、本位主義、好人主義等，發展積極健康的黨內政治文化，推動營造風清氣正的良好政治生態。黨中央要求黨的領導幹部提高政治判斷力、政治領悟力、政治執行力，胸懷“國之大者”，對黨忠誠、聽黨指揮、為黨盡責。黨健全黨的領導制度體系，完善黨領導人大、政府、政協、監察機關、審判機關、檢察機關、武裝力量、人民團體、企事業單位、基層群眾性自治組織、社會組織等制度，確保黨在各種組織中發揮領導作用。黨堅持民主集中制，建立健全黨對重大工作的領導體制，強化黨中央決策議事協調機構職能作用，完善推動黨中央重大決策落實機制，嚴格執行向黨中央請示報告制度，強化政治監督，深化政治巡視，查處違背黨的路線方針政策、破壞黨的集中統一領導問題，清除“兩面人”，保證全黨在政治立場、政治方向、政治原則、政治道路上同黨中央保持高度一致。

黨的十八大以來，黨中央權威和集中統一領導得到有力保證，黨的領導制度體系不斷完善，黨的領導方式更加科學，全黨思想上更加統一、政治上更加團結、行動上更加一致，黨的政治領導力、思想引領力、群眾組織力、社會號召力顯著增強。

（二）在全面從嚴治黨上

改革開放以後，黨堅持黨要管黨、從嚴治黨，推進黨的建設取得明顯成效。同時，由於一度出現管黨不力、治黨不嚴問題，有些黨員、幹部政治信仰出現嚴重危機，一些地方和部門選人用人風氣不正，形式主義、官僚主義、享樂主義和奢靡之風盛行，特權思想和特權現象較為普遍存在。特別是搞任人唯親、排斥異己的有之，搞團團夥夥、拉幫結派的有之，搞匿名誣告、製造謠言的有之，搞收買人心、拉動選票的有之，搞封官許願、彈冠相慶的有之，搞自行其是、陽奉陰違的有之，搞尾大不掉、妄議中央的也有之，政治問題和經濟問題相互交織，貪腐程度觸目驚心。這"七個有之"問題嚴重影響黨的形象和威信，嚴重損害黨群幹群關係，引起廣大黨員、幹部、群眾強烈不滿和義憤。習近平同志強調，打鐵必須自身硬，辦好中國的事情，關鍵在黨，關鍵在黨要管黨、全面從嚴治黨。必須以加強黨的長期執政能力建設、先進性和純潔性建設為主線，以黨的政治建設為統領，以堅定理想信念宗旨為根基，以調動全黨積極性、主動性、創造性為著力點，不斷提高黨的建設質量，把黨建設成為始終走在時代前列、人民衷心擁護、勇於自我革命、經得起各種風浪考驗、朝氣蓬勃的馬克思主義執政黨。黨以永遠在路上的清醒和堅定，堅持嚴的主基調，突出抓住"關鍵少數"，落實主體責任和監督責任，強化監督執紀問責，把全面從嚴治黨貫穿於黨的建設各方面。黨中央召開各領域黨建工作會議作出有力部署，推動黨的建設全面進步。

黨中央強調，我們黨來自人民、植根人民、服務人民，一旦脫離群眾就會失去生命力，全面從嚴治黨必須從人民群眾反映強烈的作風問題抓起。黨中央從制定和落實中央八項規定破題，堅持從中央政治局做起、從領導幹部抓起，以上率下改進工作作風。中央政治局每年召開民主生活會，聽取貫徹執行八項規定情況匯報，開展批評和自我批評。黨中央發揚釘釘子精神，持之以恆糾治"四風"，反對特權思想和特權現象，狠剎公款送禮、公款吃喝、公款旅遊、奢侈浪費等不正之風，解決群眾反映強烈、損害群眾利益的突出問題，推進基層減負，倡導勤儉節約、反對鋪張浪費，剎住了一些過去被認為不可能剎住的歪風，糾治了一些多年未除的頑瘴痼疾，黨風政風和社會風氣為之一新。

黨歷來強調，全黨必須做到理想信念堅定、組織體系嚴密、紀律規矩嚴明。馬克思主義信仰、共產主義遠大理想、中國特色社會主義共同理想，是中國共產黨人的精神支柱和政治靈魂，也是保持黨的團結統一的思想基礎。黨中央強調，理想信念是共產黨人精神上的"鈣"，共產黨人如果沒有理想信念，精神上就會"缺鈣"，就會得"軟骨病"，必然導致政治上變質、經濟上貪婪、道德上墮落、生活上腐化。黨堅持思想建黨和制度治黨同向發力，先後開展黨的群眾路線教育實踐活動，"嚴以修身、嚴以用權、嚴以律己，謀事要實、創業要實、做人要實"專題教育、"學黨章黨規、學系列講話，做合格黨員"學習教育、"不忘初心、牢記使命"主題教育、黨史學習教育等，用黨的創新理論武裝全黨，推進學習型政黨建設，教育引導廣大黨員、幹部特別是領導幹部從思想上正本清源、固本培元，築牢信仰之基、補足精神之鈣、把穩思想之舵，保持共產黨人政治本色，挺起共產黨人的精神脊樑。黨提出和貫徹新時代黨的組織路線，明確信念堅定、為民服務、勤政務實、敢於擔當、清正廉潔的新時代好幹部標準，突出政治素質要求、樹立正確用人導向，堅持德才兼備、以德為先，堅持五湖四海、任人唯賢，堅持事業為上、公道正派，堅持不唯票、不唯分、不唯生產總值、不唯年齡，不搞"海推"、"海選"，強化黨組織領導和把關作用，糾正選人用人上的不正之風。黨要求各級領導幹部解決好世界觀、人生觀、價值觀這個"總開關"問題，珍惜權力、管好權力、慎用權力，自覺接受各方面監督，時刻想著為黨分憂、為國奉獻、為民造福。黨堅持黨管人才原則，實行更加積極、更加開放、更加有效的人才政策，深入實施新時代人才強國戰略，加快建設世界重要人才中心和創新高地，聚天下英才而用之。黨不斷健全組織體系，以提升組織力為重點，增強黨組織政治功能和組織功能，樹立大抓基層的鮮明導向，推動黨的組織和黨的工作全覆蓋。黨堅持紀嚴於法、執紀執法貫通，用好監督執紀"四種形態"，強化政治紀律和組織紀律，帶動各項紀律全面嚴起來。黨堅持依規治黨，嚴格遵守黨章，形成比較完善的黨內法規體系，嚴格制度執行，黨的建設科學化、制度化、規範化水平明顯提高。

黨中央強調，腐敗是黨長期執政的最大威脅，反腐敗是一場輸不起也決不能輸的重大政治鬥爭，不得罪成百上千的腐敗分子，就要得罪十四億人民，必須把權力關進制度的籠子裏，依紀依法設定權力、規範權力、制約權力、監督權力。黨堅持不敢腐、不能腐、不想腐一體推進，懲治震懾、制度約束、提高覺悟一體發力，確保黨和人民賦予的權力始終用來為人民謀幸福。堅持無禁區、全覆蓋、零容忍，堅持重遏制、強高壓、長震懾，堅持受賄行賄一起查，堅持有案必查、有腐必懲，以猛藥去痾、重典治亂的決心，以刮骨療毒、壯士斷腕的勇氣，堅定不移"打虎"、"拍蠅"、"獵狐"。堅決整治群眾身邊腐敗問題，深入開展國際追逃追贓，清除一切腐敗分子。黨聚焦政治問題和經濟問題交織的腐敗案件，防止黨內形成利益集團，查處周永康、薄熙來、孫政才、令計劃等嚴重違紀違法案件。黨領導完善黨和國家監督體系，推動設立國家監察委員會和地方各級監察委員會，構建巡視巡察上下聯動格局，構建以黨內監督為主導、各類監督貫通協調的機制，加強對權力運行的制約和監督。

黨的十八大以來，經過堅決鬥爭，全面從嚴治黨的政治引領和政治保障作用充分發揮，黨的自我淨化、自我完善、自我革新、自我提高能力顯著增強，管黨治黨寬鬆軟狀況得到根本扭轉，反腐敗鬥爭取得壓倒性勝利並全面鞏固，消除了黨、國家、軍隊內部存在的嚴重隱患，黨在革命性鍛造中更加堅強。

（三）在經濟建設上

改革開放以後，黨扭住經濟建設這個中心，領導人民埋頭苦幹，創造出經濟快速發展奇跡，國家經濟實力大幅躍升。同時，由於一些地方和部門存在片面追求速度規模、發展方式粗放等問題，加上國際金融危機後世界經濟持續低迷影響，經濟結構性體制性矛盾不斷積累，發展不平衡、不協調、不可持續問題十分突出。黨中央提出，我國經濟發展進入新常態，已由高速增長階段轉向高質量發展階段，面臨增長速度換擋期、結構調整陣痛期、前期刺激政策消化期"三期疊加"的複雜局面，傳統發展模式難以為繼。黨中央強調，貫徹新發展理念是關係我國發展全局的一場深刻變革，不能簡單以生產總值增長率論英雄，必須實現創新成為第一動力、協調成為內生特點、綠色成為普遍形態、開放成為必由之路、共享成為根本目的的高質量發展，推動經濟發展質量變革、效率變革、動力變革。

黨加強對經濟工作的戰略謀劃和統一領導，完善黨領導經濟工作體制機制。黨的十八屆五中全會、黨的十九大、黨的十九屆五中全會和歷次中央經濟工作會議集中對我國發展作出部署，作出堅持以高質量發展為主題、以供給側結構性改革為主線、建設現代化經濟體系、把握擴大內需戰略基點，打好防範化解重大風險、精準脫貧、污染防治三大攻堅戰等重大決策。黨毫不動搖鞏固和發展公有制經濟，毫不動搖鼓勵、支持、引導非公有制經濟發展，支持國有資本和國有企業做強做優做大，建立中國特色現代企業制度，增強國有經濟競爭力、創新力、控制力、影響力、抗風險能力；構建親清政商關係，促進非公有制經濟健康發展和非公有制經濟人士健康成長。黨堅持實施創新驅動發展戰略，把科技自立自強作為國家發展的戰略支撐，健全新型舉國體制，強化國家戰略科技力量，加強基礎研究，推進關鍵核心技術攻關和自主創新，強化知識產權創造、保護、運用，加快建設創新型國家和世界科技強國。全面實施供給側結構性改革，推進去產能、去庫存、去槓桿、降成本、補短板，落實鞏固、增強、提升、暢通要求，推進製造強國建設，加快發展現代產業體系，壯大實體經濟，發展數字經濟。完善宏觀經濟治理，創新宏觀調控思路和方式，增強宏觀政策自主性，實施積極的財政政策和穩健的貨幣政策，堅持推進簡政放權、放管結合、優化服務，保障糧食安全、能源資源安全、產業鏈供應鏈安全，堅持金融為實體經濟服務，全面加強金融監管，防範化解經濟金融領域風險，強化市場監管和反壟斷規制，防止資本無序擴張，維護市場秩序，激發各類市場主體特別是中小微企業活力，保護廣大勞動者和消費者權益。黨實施區域協調發展戰略，促進京津冀協同發展、長江經濟帶發展、粵港澳大灣區建設、長三角一體化發展、黃河流域生態保護和高質量發展，高標準高質量建設雄安新區，推動西部大開發形成新格局，推動東北振興取得新突破，推動中部地區高質量發展，鼓勵東部地區加快推進現代化，支持革命老區、民族地區、邊疆地區、貧困地區改善生產生活條件。推進以人為核心的新型城鎮化，加強城市規劃、建設、管理。黨始終把解決好"三農"問題作為全黨工作重中之重，實施鄉村振興戰略，加快推進農業農村現代化，堅持藏糧於地、藏糧於技，實行最嚴格的耕地保護制度，推動種業科技自立自強、種源自主可控，確保把中國人的飯碗牢牢端在自己手中。

黨的十八大以來，我國經濟發展平衡性、協調性、可持續性明顯增強，國內生產總值突破百萬億元大關，人均國內生產總值超過一萬美元，國家經濟實力、科技實力、綜合國力躍上新台階，我國經濟邁上更高質量、更有效率、更加公平、更可持續、更為安全的發展之路。

（四）在全面深化改革開放上

黨的十一屆三中全會以後，我國改革開放走過波瀾壯闊的歷程，取得舉世矚目的成就。隨著實踐發展，一些深層次體制機制問題和利益固化的藩籬日益顯現，改革進入攻堅期和深水區。黨中央深刻認識到，實踐發展永無止境，解放思想永無止境，改革開放也永無止境，改革只有進行時、沒有完成時，停頓和倒退沒有出路，必須以更大的政治勇氣和智慧推進全面深化改革，敢於啃硬骨頭，敢於涉險灘，突出制度建設，注重改革關聯性和耦合性，真槍真刀推進改革，有效破除各方面體制機制弊端。

黨的十八屆三中全會對經濟體制、政治體制、文化體制、社會體制、生態文明體制、國防和軍隊改革和黨的建設制度改革作出部署，確定全面深化改革的總目標、戰略重點、優先順序、主攻方向、工作機制、推進方式和時間表、路線圖。黨的十一屆三中全會是劃時代的，開啟了改革開放和社會主義現代化建設新時期。黨的十八屆三中全會也是劃時代的，實現改革由局部探索、破冰突圍到系統集成、全面深化的轉變，開創了我國改革開放新局面。

黨堅持改革正確方向，以促進社會公平正義、增進人民福祉為出發點和落腳點，突出問題導向，聚焦進一步解放思想、解放和發展社會生產力、解放和增強社會活力，加強頂層設計和整體謀劃，增強改革的系統性、整體性、協同性，激發人民首創精神，推動重要領域和關鍵環節改革走實走深。黨推動改革全面發力、多點突破、蹄疾步穩、縱深推進，從夯基壘台、立柱架樑到全面推進、積厚成勢，再到系統集成、協同高效，各領域基礎性制度框架基本確立，許多領域實現歷史性變革、系統性重塑、整體性重構。

黨中央深刻認識到，開放帶來進步，封閉必然落後；我國發展要贏得優勢、贏得主動、贏得未來，必須順應經濟全球化，依託我國超大規模市場優勢，實行更加積極主動的開放戰略。我國堅持共商共建共享，推動共建"一帶一路"高質量發展，推進一大批關係沿線國家經濟發展、民生改善的合作項目，建設和平之路、繁榮之路、開放之路、綠色之路、創新之路、文明之路，使共建"一帶一路"成為當今世界深受歡迎的國際公共產品和國際合作平台。我國堅持對內對外開放相互促進、"引進來"和"走出去"更好結合，推動貿易和投資自由化便利化，構建面向全球的高標準自由貿易區網絡，建設自由貿易試驗區和海南自由貿易港，推動規則、規制、管理、標準等制度型開放，形成更大範圍、更寬領域、更深層次對外開放格局，構建互利共贏、多元平衡、安全高效的開放型經濟體系，不斷增強我國國際經濟合作和競爭新優勢。

黨的十八大以來，黨不斷推動全面深化改革向廣度和深度進軍，中國特色社會主義制度更加成熟更加定型，國家治理體系和治理能力現代化水平不斷提高，黨和國家事業煥發出新的生機活力。

（五）在政治建設上

改革開放以後，黨領導人民堅持中國特色社會主義政治發展道路，發展社會主義民主，取得重大進展。黨從國內外政治發展成敗得失中深刻認識到，堅定中國特色社會主義制度自信首先要堅定對中國特色社會主義政治制度的自信，建設社會主義民主政治，發展社會主義政治文明，必須使中國特色社會主義政治制度深深扎根於中國社會土壤，照抄照搬他國政治制度行不通，甚至會把國家前途命運葬送掉。必須堅持黨的領導、人民當家作主、依法治國有機統一，積極發展全過程人民民主，健全全面、廣泛、有機銜接的人民當家作主制度體系，構建多樣、暢通、有序的民主渠道，豐富民主形式，從各層次各領域擴大人民有序政治參與，使各方面制度和國家治理更好體現人民意志、保障人民權益、激發人民創造。必須警惕和防範西方所謂"憲政"、多黨輪流執政、"三權鼎立"等政治思潮的侵蝕影響。

黨的十九屆四中全會著眼於黨長期執政和國家長治久安，對堅持和完善中國特色社會主義制度、推進國家治理體系和治理能力現代化作出總體擘畫，重點部署堅持和完善支撐中國特色社會主義制度的根本制度、基本制度、重要制度。黨中央強調，必須堅持人民主體地位，保證人民依法實行民主選舉、民主協商、民主決策、民主管理、民主監督。黨堅持和完善人民代表大會制度，支持和保證人民通過人民代表大會行使國家權力，支持和保證人大依法行使立法權、監督權、決定權、任免權，果斷查處拉票賄選案，維護人民代表大會制度權威和尊嚴，發揮人民代表大會制度的根本政治制度作用。黨堅持和完善中國共產黨領導的多黨合作和政治協商制度，完善民主黨派中央對重大決策部署貫徹落實情況實施專項監督、直接向中共中央提出建議等制度，加強人民政協專門協商機構制度建設，推進社會主義協商民主廣泛多層制度化發展，形成中國特色協商民主體系。黨堅持鞏固基層政權，完善基層民主制度，完善辦事公開制度，保障人民知情權、參與權、表達權、監督權。按照堅持黨的全面領導、堅持以人民為中心、堅持優化協同高效、堅持全面依法治國的原則，全面深化黨和國家機構改革，黨和國家機構職能實現系統性、整體性重構。黨堅持和完善民族區域自治制度，堅定不移走中國特色解決民族問題的正確道路，堅持把鑄牢中華民族共同體意識作為黨的民族工作主線，確立新時代黨的治藏方略、治疆方略，鞏固和發展平等團結互助和諧的社會主義民族關係，促進各民族共同團結奮鬥、共同繁榮發展。黨堅持黨的宗教工作基本方針，堅持我國宗教的中國化方向，積極引導宗教與社會主義社會相適應。黨完善大統戰工作格局，努力尋求最大公約數、畫出最大同心圓，匯聚實現中華民族偉大復興的磅礴力量。黨圍繞增強政治性、先進性、群眾性，推動群團工作改革創新，更好發揮工會、共青團、婦聯等人民團體和群眾組織作用。我們以保障人民生存權、發展權為首要推進人權事業全面發展。

黨的十八大以來，我國社會主義民主政治制度化、規範化、程序化全面推進，中國特色社會主義政治制度優越性得到更好發揮，生動活潑、安定團結的政治局面得到鞏固和發展。

（六）在全面依法治國上

改革開放以後，黨堅持依法治國，不斷推進社會主義法治建設。同時，有法不依、執法不嚴、司法不公、違法不究等問題嚴重存在，司法腐敗時有發生，一些執法司法人員徇私枉法，甚至充當犯罪分子的保護傘，嚴重損害法治權威，嚴重影響社會公平正義。黨深刻認識到，權力是一把"雙刃劍"，依法依規行使可以造福人民，違法違規行使必然禍害國家和人民。黨中央強調，法治興則國家興，法治衰則國家亂；全面依法治國是中國特色社會主義的本質要求和重要保障，是國家治理的一場深刻革命；堅持依法治國首先要堅持依憲治國，堅持依法執政首先要堅持依憲執政。必須堅持中國特色社會主義法治道路，貫徹中國特色社會主義法治理論，堅持依法治國、依法執政、依法行政共同推進，堅持法治國家、法治政府、法治社會一體建設，全面增強全社會尊法學法守法用法意識和能力。

黨的十八屆四中全會和中央全面依法治國工作會議專題研究全面依法治國問題，就科學立法、嚴格執法、公正司法、全民守法作出頂層設計和重大部署，統籌推進法律規範體系、法治實施體系、法治監督體系、法治保障體系和黨內法規體系建設。

黨強調，全面依法治國最廣泛、最深厚的基礎是人民，必須把體現人民利益、反映人民願望、維護人民權益、增進人民福祉落實到全面依法治國各領域全過程，保障和促進社會公平正義，努力讓人民群眾在每一項法律制度、每一個執法決定、每一宗司法案件中都感受到公平正義。黨領導健全保證憲法全面實施的體制機制，確立憲法宣誓制度，弘揚社會主義法治精神，提高國家機構依法履職能力，提高各級領導幹部運用法治思維和法治方式解決問題、推動發展的能力，增強全社會法治意識。通過憲法修正案，制定民法典、外商投資法、國家安全法、監察法等法律，修改立法法、國防法、環境保護法等法律，加強重點領域、新興領域、涉外領域立法，加快完善以憲法為核心的中國特色社會主義法律體系。黨領導深化以司法責任制為重點的司法體制改革，推進政法領域全面深化改革，加強對執法司法活動的監督制約，開展政法隊伍教育整頓，依法糾正冤錯案件，嚴厲懲治執法司法腐敗，確保執法司法公正廉潔高效權威。

黨的十八大以來，中國特色社會主義法治體系不斷健全，法治中國建設邁出堅實步伐，法治固根本、穩預期、利長遠的保障作用進一步發揮，黨運用法治方式領導和治理國家的能力顯著增強。

（七）在文化建設上

改革開放以後，黨堅持物質文明和精神文明兩手抓、兩手硬，推動社會主義文化繁榮發展，振奮了民族精神，凝聚了民族力量。同時，拜金主義、享樂主義、極端個人主義和歷史虛無主義等錯誤思潮不時出現，網絡輿論亂象叢生，一些領導幹部政治立場模糊、缺乏鬥爭精神，嚴重影響人們思想和社會輿論環境。黨準確把握世界範圍內思想文化相互激盪、我國社會思想觀念深刻變化的趨勢，強調意識形態工作是為國家立心、為民族立魂的工作，文化自信是更基礎、更廣泛、更深厚的自信，是一個國家、一個民族發展中最基本、最深沉、最持久的力量，沒有高度文化自信、沒有文化繁榮興盛就沒有中華民族偉大復興。必須堅持以人民為中心的工作導向，舉旗幟、聚民心、育新人、興文化、展形象，牢牢掌握意識形態工作領導權，建設具有強大凝聚力和引領力的社會主義意識形態，建設社會主義文化強國，激發全民族文化創新創造活力，更好構築中國精神、中國價值、中國力量，鞏固全黨全國各族人民團結奮鬥的共同思想基礎。

黨著力解決意識形態領域黨的領導弱化問題，立破並舉、激濁揚清，就意識形態領域許多方向性、戰略性問題作出部署，確立和堅持馬克思主義在意識形態領域指導地位的根本制度，健全意識形態工作責任制，推動全黨動手抓宣傳思想工作，守土有責、守土負責、守土盡責，敢抓敢管、敢於鬥爭，旗幟鮮明反對和抵制各種錯誤觀點。黨從正本清源入手加強宣傳思想工作，召開全國宣傳思想工作會議，分別召開文藝工作、黨的新聞輿論工作、網絡安全和信息化工作、哲學社會科學工作座談會和全國高校思想政治工作會議，就一系列根本性問題闡明原則立場，廓清了理論是非，校正了工作導向，思想文化領域向上向好態勢不斷發展。推動用黨的創新理論武裝全黨、教育人民、指導實踐，深化馬克思主義理論研究和建設，推進中國特色哲學社會科學學科體系、學術體系、話語體系建設。高度重視傳播手段建設和創新，推動媒體融合發展，提高新聞輿論傳播力、引導力、影響力、公信力。黨中央明確提出，過不了互聯網這一關就過不了長期執政這一關。黨高度重視互聯網這個意識形態鬥爭的主陣地、主戰場、最前沿，健全互聯網領導和管理體制，堅持依法管網治網，營造清朗的網絡空間。

黨堅持以社會主義核心價值觀引領文化建設，注重用社會主義先進文化、革命文化、中華優秀傳統文化培根鑄魂，廣泛開展中國特色社會主義和中國夢宣傳教育，推動理想信念教育常態化制度化，完善思想政治工作體系，建立健全黨和國家功勳榮譽表彰制度，設立烈士紀念日，深化群眾性精神文明創建，建設新時代文明實踐中心，推動學習大國建設。黨推動學習黨史、新中國史、改革開放史、社會主義發展史，建成中國共產黨歷史展覽館，開展慶祝中國共產黨成立一百週年、中華人民共和國成立七十週年、中國人民解放軍建軍九十週年、改革開放四十週年和紀念中國人民抗日戰爭暨世界反法西斯戰爭勝利七十週年、中國人民志願軍抗美援朝出國作戰七十週年等活動，有力彰顯黨心民心、國威軍威，在全社會唱響了主旋律、弘揚了正能量。黨堅持把社會效益放在首位、社會效益和經濟效益相統一，推進文化事業和文化產業全面發展，繁榮文藝創作，完善公共文化服務體系，為人民提供了更多更好的精神食糧。

黨中央強調，中華優秀傳統文化是中華民族的突出優勢，是我們在世界文化激盪中站穩腳跟的根基，必須結合新的時代條件傳承和弘揚好。我們實施中華優秀傳統文化傳承發展工程，推動中華優秀傳統文化創造性轉化、創新性發展，增強全社會文物保護意識，加大文化遺產保護力度。加快國際傳播能力建設，向世界講好中國故事、中國共產黨故事，傳播好中國聲音，促進人類文明交流互鑒，國家文化軟實力、中華文化影響力明顯提升。

黨的十八大以來，我國意識形態領域形勢發生全局性、根本性轉變，全黨全國各族人民文化自信明顯增強，全社會凝聚力和向心力極大提升，為新時代開創黨和國家事業新局面提供了堅強思想保證和強大精神力量。

（八）在社會建設上

改革開放以後，我國人民生活顯著改善，社會治理明顯改進。同時，隨著時代發展和社會進步，人民對美好生活的嚮往更加強烈，對民主、法治、公平、正義、安全、環境等方面的要求日益增長。黨中央強調，人民對美好生活的嚮往就是我們的奮鬥目標，增進民生福祉是我們堅持立黨為公、執政為民的本質要求，讓老百姓過上好日子是我們一切工作的出發點和落腳點，補齊民生保障短板、解決好人民群眾急難愁盼問題是社會建設的緊迫任務。必須以保障和改善民生為重點加強社會建設，盡力而為、量力而行，一件事情接著一件事情辦，一年接著一年幹，在幼有所育、學有所教、勞有所得、病有所醫、老有所養、住有所居、弱有所扶上持續用力，加強和創新社會治理，使人民獲得感、幸福感、安全感更加充實、更有保障、更可持續。

黨深刻認識到，小康不小康，關鍵看老鄉；脫貧攻堅是全面建成小康社會的底線任務，只有打贏脫貧攻堅戰，才能確保全面建成小康社會、實現第一個百年奮鬥目標；必須以更大決心、更精準思路、更有力措施，採取超常舉措，實施脫貧攻堅工程。黨堅持精準扶貧，確立不愁吃、不愁穿和義務教育、基本醫療、住房安全有保障工作目標，實行"軍令狀"式責任制，動員全黨全國全社會力量，上下同心、盡銳出戰，攻克堅中之堅、解決難中之難，組織實施人類歷史上規模最大、力度最強的脫貧攻堅戰，形成偉大脫貧攻堅精神。黨的十八大以來，全國八百三十二個貧困縣全部摘帽，十二萬八千個貧困村全部出列，近一億農村貧困人口實現脫貧，提前十年實現聯合國二〇三〇年可持續發展議程減貧目標，歷史性地解決了絕對貧困問題，創造了人類減貧史上的奇跡。

二〇二〇年，面對突如其來的新冠肺炎疫情，黨中央果斷決策、沉著應對，堅持人民至上、生命至上，提出堅定信心、同舟共濟、科學防治、精準施策的總要求，開展抗擊疫情人民戰爭、總體戰、阻擊戰，周密部署武漢保衛戰、湖北保衛戰，舉全國之力實施規模空前的生命大救援，慎終如始抓好"外防輸入、內防反彈"，堅持統籌疫情防控和經濟社會發展，最大限度保護了人民生命安全和身體健康，在全球率先控制住疫情、率先復工復產、率先恢復經濟社會發展，抗疫鬥爭取得重大戰略成果，鑄就了偉大抗疫精神。

為了保障和改善民生，黨按照堅守底線、突出重點、完善制度、引導預期的思路，在收入分配、就業、教育、社會保障、醫療衛生、住房保障等方面推出一系列重大舉措，注重加強普惠性、基礎性、兜底性民生建設，推進基本公共服務均等化。我們努力建設體現效率、促進公平的收入分配體系，調節過高收入，取締非法收入，增加低收入者收入，穩步擴大中等收入群體，推動形成橄欖型分配格局，居民收入增長與經濟增長基本同步，農村居民收入增速快於城鎮居民。實施就業優先政策，推動實現更加充分、更高質量就業。全面貫徹黨的教育方針，優先發展教育事業，明確教育的根本任務是立德樹人，培養德智體美勞全面發展的社會主義建設者和接班人，深化教育教學改革創新，促進公平和提高質量，推進義務教育均衡發展和城鄉一體化，全面推行國家通用語言文字教育教學，規範校外培訓機構，積極發展職業教育，推動高等教育內涵式發展，推進教育強國建設，辦好人民滿意的教育。我國建成世界上規模最大的社會保障體系，十億二千萬人擁有基本養老保險，十三億六千萬人擁有基本醫療保險。全面推進健康中國建設，堅持預防為主的方針，深化醫藥衛生體制改革，引導醫療衛生工作重心下移、資源下沉，及時推動完善重大疫情防控體制機制、健全國家公共衛生應急管理體系，促進中醫藥傳承創新發展，健全遍及城鄉的公共衛生服務體系。加快體育強國建設，廣泛開展全民健身活動，大力弘揚中華體育精神。加強人口發展戰略研究，積極應對人口老齡化，加快建設養老服務體系，調整優化生育政策，促進人口長期均衡發展。注重家庭家教家風建設，保障婦女兒童權益。加快發展殘疾人事業。堅持房子是用來住的、不是用來炒的定位，加快建立多主體供給、多渠道保障、租購並舉的住房制度，加大保障房建設投入力度，城鄉居民住房條件明顯改善。

黨著眼於國家長治久安、人民安居樂業，建設更高水平的平安中國，完善社會治理體系，健全黨組織領導的自治、法治、德治相結合的城鄉基層治理體系，推動社會治理重心向基層下移，建設共建共治共享的社會治理制度，建設人人有責、人人盡責、人人享有的社會治理共同體。加強防災減災救災和安全生產工作，加強國家應急管理體系和能力建設。堅持和發展新時代“楓橋經驗”，堅持系統治理、依法治理、綜合治理、源頭治理，完善信訪制度，健全社會矛盾糾紛多元預防調處化解綜合機制，加強社會治安綜合治理，開展掃黑除惡專項鬥爭，堅決懲治放縱、包庇黑惡勢力甚至充當保護傘的黨員幹部，防範和打擊暴力恐怖、新型網絡犯罪、跨國犯罪。

黨的十八大以來，我國社會建設全面加強，人民生活全方位改善，社會治理社會化、法治化、智能化、專業化水平大幅度提升，發展了人民安居樂業、社會安定有序的良好局面，續寫了社會長期穩定奇跡。

（九）在生態文明建設上

改革開放以後，黨日益重視生態環境保護。同時，生態文明建設仍然是一個明顯短板，資源環境約束趨緊、生態系統退化等問題越來越突出，特別是各類環境污染、生態破壞呈高發態勢，成為國土之傷、民生之痛。如果不抓緊扭轉生態環境惡化趨勢，必將付出極其沉重的代價。黨中央強調，生態文明建設是關乎中華民族永續發展的根本大計，保護生態環境就是保護生產力，改善生態環境就是發展生產力，決不以犧牲環境為代價換取一時的經濟增長。必須堅持綠水青山就是金山銀山的理念，堅持山水林田湖草沙一體化保護和系統治理，像保護眼睛一樣保護生態環境，像對待生命一樣對待生態環境，更加自覺地推進綠色發展、循環發展、低碳發展，堅持走生產發展、生活富裕、生態良好的文明發展道路。

　　黨從思想、法律、體制、組織、作風上全面發力，全方位、全地域、全過程加強生態環境保護，推動劃定生態保護紅線、環境質量底線、資源利用上線，開展一系列根本性、開創性、長遠性工作。黨組織實施主體功能區戰略，建立健全自然資源資產產權制度、國土空間開發保護制度、生態文明建設目標評價考核制度和責任追究制度、生態補償制度、河湖長制、林長制、環境保護"黨政同責"和"一崗雙責"等制度，制定修訂相關法律法規。優化國土空間開發保護格局，建立以國家公園為主體的自然保護地體系，持續開展大規模國土綠化行動，加強大江大河和重要湖泊濕地及海岸帶生態保護和系統治理，加大生態系統保護和修復力度，加強生物多樣性保護，推動形成節約資源和保護環境的空間格局、產業結構、生產方式、生活方式。黨領導著力打贏污染防治攻堅戰，深入實施大氣、水、土壤污染防治三大行動計劃，打好藍天、碧水、淨土保衛戰，開展農村人居環境整治，全面禁止進口"洋垃圾"。開展中央生態環境保護督察，堅決查處一批破壞生態環境的重大典型案件、解決一批人民群眾反映強烈的突出環境問題。我國積極參與全球環境與氣候治理，作出力爭二〇三〇年前實現碳達峰、二〇六〇年前實現碳中和的莊嚴承諾，體現了負責任大國的擔當。

　　黨的十八大以來，黨中央以前所未有的力度抓生態文明建設，全黨全國推動綠色發展的自覺性和主動性顯著增強，美麗中國建設邁出重大步伐，我國生態環境保護發生歷史性、轉折性、全局性變化。

　　（十）在國防和軍隊建設上

　　改革開放以後，人民軍隊革命化現代化正規化水平不斷提高，國防實力日益增強，為國家改革發展穩定提供了可靠安全保障。黨中央強調，強國必須強軍、軍強才能國安，必須建設同我國國際地位相稱、同國家安全和發展利益相適應的鞏固國防和強大人民軍隊。

黨提出新時代的強軍目標，確立新時代軍事戰略方針，制定到二○二七年實現建軍一百年奮鬥目標、到二○三五年基本實現國防和軍隊現代化、到本世紀中葉全面建成世界一流軍隊的國防和軍隊現代化新“三步走”戰略，推進政治建軍、改革強軍、科技強軍、人才強軍、依法治軍，加快軍事理論現代化、軍隊組織形態現代化、軍事人員現代化、武器裝備現代化，加快機械化信息化智能化融合發展，全面加強練兵備戰，堅持走中國特色強軍之路。

建設強大人民軍隊，首要的是毫不動搖堅持黨對人民軍隊絕對領導的根本原則和制度，堅持人民軍隊最高領導權和指揮權屬於黨中央和中央軍委，全面深入貫徹軍委主席負責制。有一個時期，人民軍隊黨的領導弱化問題突出，如果不徹底解決，不僅影響戰鬥力，而且事關黨指揮槍這一重大政治原則。黨中央和中央軍委狠抓全面從嚴治軍，果斷決策整肅人民軍隊政治綱紀，在古田召開全軍政治工作會議，對新時代政治建軍作出部署，恢復和發揚我黨我軍光榮傳統和優良作風，以整風精神推進政治整訓，全面加強軍隊黨的領導和黨的建設，深入推進軍隊黨風廉政建設和反腐敗鬥爭，堅決查處郭伯雄、徐才厚、房峰輝、張陽等嚴重違紀違法案件並徹底肅清其流毒影響，推動人民軍隊政治生態根本好轉。

黨提出改革強軍戰略，領導開展新中國成立以來最為廣泛、最為深刻的國防和軍隊改革，重構人民軍隊領導指揮體制、現代軍事力量體系、軍事政策制度，裁減現役員額三十萬，形成了軍委管總、戰區主戰、軍種主建新格局。面對世界新軍事革命，我們實施科技強軍戰略，建設創新型人民軍隊，建設強大的現代化後勤，國防科技和武器裝備建設取得重大進展。實施人才強軍戰略，確立新時代軍事教育方針，明確軍隊好幹部標準，推動構建三位一體新型軍事人才培養體系，培養有靈魂、有本事、有血性、有品德的新時代革命軍人，鍛造具有鐵一般信仰、鐵一般信念、鐵一般紀律、鐵一般擔當的過硬部隊。貫徹依法治軍戰略，構建中國特色軍事法治體系，加快治軍方式根本性轉變。推進軍人榮譽體系建設。

黨提出新時代人民軍隊使命任務，創新軍事戰略指導，調整優化軍事戰略佈局，強化人民軍隊塑造態勢、管控危機、遏制戰爭、打贏戰爭的戰略功能。人民軍隊緊緊扭住戰鬥力這個唯一的根本的標準，扭住能打仗、打勝仗這個根本指向，壯大戰略力量和新域新質作戰力量，加強聯合作戰指揮體系和能力建設，大力糾治"和平積弊"，大抓實戰化軍事訓練，建設強大穩固的現代邊海空防，堅定靈活開展軍事鬥爭，有效應對外部軍事挑釁，震懾"台獨"分裂行徑，遂行邊防鬥爭、海上維權、反恐維穩、搶險救災、抗擊疫情、維和護航、人道主義救援和國際軍事合作等重大任務。

黨的十八大以來，在黨的堅強領導下，人民軍隊實現整體性革命性重塑、重整行裝再出發，國防實力和經濟實力同步提升，一體化國家戰略體系和能力加快構建，建立健全退役軍人管理保障體制，國防動員更加高效，軍政軍民團結更加鞏固。人民軍隊堅決履行新時代使命任務，以頑強鬥爭精神和實際行動捍衛了國家主權、安全、發展利益。

（十一）在維護國家安全上

改革開放以後，黨高度重視正確處理改革發展穩定關係，把維護國家安全和社會安定作為黨和國家的一項基礎性工作來抓，為改革開放和社會主義現代化建設營造了良好安全環境。進入新時代，我國面臨更為嚴峻的國家安全形勢，外部壓力前所未有，傳統安全威脅和非傳統安全威脅相互交織，"黑天鵝"、"灰犀牛"事件時有發生。同形勢任務要求相比，我國維護國家安全能力不足，應對各種重大風險能力不強，維護國家安全的統籌協調機制不健全。黨中央強調，國泰民安是人民群眾最基本、最普遍的願望。必須堅持底線思維、居安思危、未雨綢繆，堅持國家利益至上，以人民安全為宗旨，以政治安全為根本，以經濟安全為基礎，以軍事、科技、文化、社會安全為保障，以促進國際安全為依託，統籌發展和安全，統籌開放和安全，統籌傳統安全和非傳統安全，統籌自身安全和共同安全，統籌維護國家安全和塑造國家安全。

習近平同志強調保證國家安全是頭等大事，提出總體國家安全觀，涵蓋政治、軍事、國土、經濟、文化、社會、科技、網絡、生態、資源、核、海外利益、太空、深海、極地、生物等諸多領域，要求全黨增強鬥爭精神、提高鬥爭本領，落實防範化解各種風險的領導責任和工作責任。黨中央深刻認識到，面對來自外部的各種圍堵、打壓、搗亂、顛覆活動，必須發揚不信邪、不怕鬼的精神，同企圖顛覆中國共產黨領導和我國社會主義制度、企圖遲滯甚至阻斷中華民族偉大復興進程的一切勢力鬥爭到底，一味退讓只能換來得寸進尺的霸凌，委曲求全只能招致更為屈辱的境況。

黨著力推進國家安全體系和能力建設，設立中央國家安全委員會，完善集中統一、高效權威的國家安全領導體制，完善國家安全法治體系、戰略體系和政策體系，建立國家安全工作協調機制和應急管理機制。黨把安全發展貫穿國家發展各領域全過程，注重防範化解影響我國現代化進程的重大風險，堅定維護國家政權安全、制度安全、意識形態安全，加強國家安全宣傳教育和全民國防教育，鞏固國家安全人民防線，推進興邊富民、穩邊固邊，嚴密防範和嚴厲打擊敵對勢力滲透、破壞、顛覆、分裂活動，頂住和反擊外部極端打壓遏制，開展涉港、涉台、涉疆、涉藏、涉海等鬥爭，加快建設海洋強國，有效維護國家安全。

黨的十八大以來，國家安全得到全面加強，經受住了來自政治、經濟、意識形態、自然界等方面的風險挑戰考驗，為黨和國家興旺發達、長治久安提供了有力保證。

（十二）在堅持“一國兩制”和推進祖國統一上

香港、澳門回歸祖國後，重新納入國家治理體系，走上了同祖國內地優勢互補、共同發展的寬廣道路，“一國兩制”實踐取得舉世公認的成功。同時，一個時期，受各種內外複雜因素影響，“反中亂港”活動猖獗，香港局勢一度出現嚴峻局面。黨中央強調，必須全面準確、堅定不移貫徹“一國兩制”方針，堅持和完善“一國兩制”制度體系，堅持依法治港治澳，維護憲法和基本法確定的特別行政區憲制秩序，落實中央對特別行政區全面管治權，堅定落實“愛國者治港”、“愛國者治澳”。

黨中央審時度勢，作出健全中央依照憲法和基本法對特別行政區行使全面管治權、完善特別行政區同憲法和基本法實施相關制度機制的重大決策，推動建立健全特別行政區維護國家安全的法律制度和執行機制、制定《中華人民共和國香港特別行政區維護國家安全法》、完善香港特別行政區選舉制度，落實“愛國者治港”原則，支持特別行政區完善公職人員宣誓制度。中央人民政府依法設立駐香港特別行政區維護國家安全公署，香港特別行政區依法設立維護國家安全委員會。中央堅定支持香港特別行政區依法止暴制亂、恢復秩序，支持行政長官和特別行政區政府依法施政，堅決防範和遏制外部勢力干預港澳事務，嚴厲打擊分裂、顛覆、滲透、破壞活動。全面支持香港、澳門更好融入國家發展大局，高質量建設粵港澳大灣區，支持港澳發展經濟、改善民生，增強港澳同胞國家意識和愛國精神。這一系列標本兼治的舉措，推動香港局勢實現由亂到治的重大轉折，為推進依法治港治澳、促進"一國兩制"實踐行穩致遠打下了堅實基礎。

解決台灣問題、實現祖國完全統一，是黨矢志不渝的歷史任務，是全體中華兒女的共同願望，是實現中華民族偉大復興的必然要求。黨把握兩岸關係時代變化，豐富和發展國家統一理論和對台方針政策，推動兩岸關係朝著正確方向發展。習近平同志就對台工作提出一系列重要理念、重大政策主張，形成新時代黨解決台灣問題的總體方略。我們推動實現一九四九年以來兩岸領導人首次會晤、兩岸領導人直接對話溝通。黨秉持"兩岸一家親"理念，推動兩岸關係和平發展，出台一系列惠及廣大台胞的政策，加強兩岸經濟文化交流合作。二〇一六年以來，台灣當局加緊進行"台獨"分裂活動，致使兩岸關係和平發展勢頭受到嚴重衝擊。我們堅持一個中國原則和"九二共識"，堅決反對"台獨"分裂行徑，堅決反對外部勢力干涉，牢牢把握兩岸關係主導權和主動權。祖國完全統一的時和勢始終在我們這一邊。

實踐證明，有中國共產黨的堅強領導，有偉大祖國的堅強支撐，有全國各族人民包括香港特別行政區同胞、澳門特別行政區同胞和台灣同胞的同心協力，香港、澳門長期繁榮穩定一定能夠保持，祖國完全統一一定能夠實現。

（十三）在外交工作上

改革開放以後，黨堅持獨立自主的和平外交政策，為我國發展營造了良好外部環境，為人類進步事業作出重大貢獻。進入新時代，國際力量對比深刻調整，單邊主義、保護主義、霸權主義、強權政治對世界和平與發展威脅上升，逆全球化思潮上升，世界進入動盪變革期。黨中央強調，面對複雜嚴峻的國際形勢和前所未有的外部風險挑戰，必須統籌國內國際兩個大局，健全黨對外事工作領導體制機制，加強對外工作頂層設計，對中國特色大國外交作出戰略謀劃，推動建設新型國際關係，推動構建人類命運共同體，弘揚和平、發展、公平、正義、民主、自由的全人類共同價值，引領人類進步潮流。

黨把握新時代外交工作大局，緊扣服務民族復興、促進人類進步這條主線，高舉和平、發展、合作、共贏的旗幟，推進和完善全方位、多層次、立體化的外交佈局，積極發展全球夥伴關係。我們運籌大國關係，推進大國協調和合作。按照親誠惠容理念和與鄰為善、以鄰為伴的周邊外交方針深化同周邊國家關係，穩定周邊戰略依託，打造周邊命運共同體。秉持正確義利觀和真實親誠理念加強同廣大發展中國家團結合作，整體合作機制實現全覆蓋。黨同世界上五百多個政黨和政治組織保持經常性聯繫，深化政黨交流合作。適應"走出去"日益擴大的新形勢，不斷完善海外利益保護體系，有力應對了一系列海外利益風險挑戰。

我國積極參與全球治理體系改革和建設，維護以聯合國為核心的國際體系、以國際法為基礎的國際秩序、以聯合國憲章宗旨和原則為基礎的國際關係基本準則，維護和踐行真正的多邊主義，堅決反對單邊主義、保護主義、霸權主義、強權政治，積極推動經濟全球化朝著更加開放、包容、普惠、平衡、共贏的方向發展。我國建設性參與國際和地區熱點問題政治解決，在氣候變化、減貧、反恐、網絡安全和維護地區安全等領域發揮積極作用。我國開展抗擊新冠肺炎疫情國際合作，發起新中國成立以來最大規模的全球緊急人道主義行動，向眾多國家特別是發展中國家提供物資援助、醫療支持、疫苗援助和合作，展現負責任大國形象。

經過持續努力，中國特色大國外交全面推進，構建人類命運共同體成為引領時代潮流和人類前進方向的鮮明旗幟，我國外交在世界大變局中開創新局、在世界亂局中化危為機，我國國際影響力、感召力、塑造力顯著提升。

總之，黨的十八大以來，以習近平同志為核心的黨中央領導全黨全軍全國各族人民砥礪前行，全面建成小康社會目標如期實現，黨和國家事業取得歷史性成就、發生歷史性變革，彰顯了中國特色社會主義的強大生機活力，黨心軍心民心空前凝聚振奮，為實現中華民族偉大復興提供了更為完善的制度保證、更為堅實的物質基礎、更為主動的精神力量。中國共產黨和中國人民以英勇頑強的奮鬥向世界莊嚴宣告，中華民族迎來了從站起來、富起來到強起來的偉大飛躍。

五、中國共產黨百年奮鬥的歷史意義

一百年來，黨始終踐行初心使命，團結帶領全國各族人民繪就了人類發展史上的壯美畫卷，中華民族偉大復興展現出前所未有的光明前景。

（一）黨的百年奮鬥從根本上改變了中國人民的前途命運。近代以後，中國人民深受三座大山壓迫，被西方列強辱為"東亞病夫"。一百年來，黨領導人民經過波瀾壯闊的偉大鬥爭，中國人民徹底擺脫了被欺負、被壓迫、被奴役的命運，成為國家、社會和自己命運的主人，人民民主不斷發展，十四億多人口實現全面小康，中國人民對美好生活的嚮往不斷變為現實。今天，中國人民更加自信、自立、自強，極大增強了志氣、骨氣、底氣，在歷史進程中積累的強大能量充分爆發出來，煥發出前所未有的歷史主動精神、歷史創造精神，正在信心百倍書寫著新時代中國發展的偉大歷史。

（二）黨的百年奮鬥開闢了實現中華民族偉大復興的正確道路。近代以後，創造了燦爛文明的中華民族遭遇到文明難以賡續的深重危機，呈現在世界面前的是一派衰敗凋零的景象。一百年來，黨領導人民不懈奮鬥、不斷進取，成功開闢了實現中華民族偉大復興的正確道路。中國從四分五裂、一盤散沙到高度統一、民族團結，從積貧積弱、一窮二白到全面小康、繁榮富強，從被動挨打、飽受欺凌到獨立自主、堅定自信，僅用幾十年時間就走完發達國家幾百年走過的工業化歷程，創造了經濟快速發展和社會長期穩定兩大奇跡。今天，中華民族向世界展現的是一派欣欣向榮的氣象，巍然屹立於世界東方。

（三）黨的百年奮鬥展示了馬克思主義的強大生命力。馬克思主義揭示了人類社會發展規律，是認識世界、改造世界的科學真理。同時，堅持和發展馬克思主義，從理論到實踐都需要全世界的馬克思主義者進行極為艱巨、極具挑戰性的努力。一百年來，黨堅持把馬克思主義寫在自己的旗幟上，不斷推進馬克思主義中國化時代化，用博大胸懷吸收人類創造的一切優秀文明成果，用馬克思主義中國化的科學理論引領偉大實踐。馬克思主義的科學性和真理性在中國得到充分檢驗，馬克思主義的人民性和實踐性在中國得到充分貫徹，馬克思主義的開放性和時代性在中國得到充分彰顯。馬克思主義中國化時代化不斷取得成功，使馬克思主義以嶄新形象展現在世界上，使世界範圍內社會主義和資本主義兩種意識形態、兩種社會制度的歷史演進及其較量發生了有利於社會主義的重大轉變。

（四）黨的百年奮鬥深刻影響了世界歷史進程。黨和人民事業是人類進步事業的重要組成部分。一百年來，黨既為中國人民謀幸福、為中華民族謀復興，也為人類謀進步、為世界謀大同，以自強不息的奮鬥深刻改變了世界發展的趨勢和格局。黨領導人民成功走出中國式現代化道路，創造了人類文明新形態，拓展了發展中國家走向現代化的途徑，給世界上那些既希望加快發展又希望保持自身獨立性的國家和民族提供了全新選擇。黨推動構建人類命運共同體，為解決人類重大問題，建設持久和平、普遍安全、共同繁榮、開放包容、清潔美麗的世界貢獻了中國智慧、中國方案、中國力量，成為推動人類發展進步的重要力量。

（五）黨的百年奮鬥鍛造了走在時代前列的中國共產黨。黨成立時只有五十多名黨員，今天已成為擁有九千五百多萬名黨員、領導著十四億多人口大國、具有重大全球影響力的世界第一大執政黨。一百年來，黨堅持性質宗旨，堅持理想信念，堅守初心使命，勇於自我革命，在生死鬥爭和艱苦奮鬥中經受住各種風險考驗、付出巨大犧牲，錘煉出鮮明政治品格，形成了以偉大建黨精神為源頭的精神譜系，保持了黨的先進性和純潔性，黨的執政能力和領導水平不斷提高，正領導中國人民在中國特色社會主義道路上不可逆轉地走向中華民族偉大復興，無愧為偉大光榮正確的黨。

六、中國共產黨百年奮鬥的歷史經驗

一百年來，黨領導人民進行偉大奮鬥，在進取中突破，於挫折中奮起，從總結中提高，積累了寶貴的歷史經驗。

（一）堅持黨的領導。中國共產黨是領導我們事業的核心力量。中國人民和中華民族之所以能夠扭轉近代以後的歷史命運、取得今天的偉大成就，最根本的是有中國共產黨的堅強領導。歷史和現實都證明，沒有中國共產黨，就沒有新中國，就沒有中華民族偉大復興。治理好我們這個世界上最大的政黨和人口最多的國家，必須堅持黨的全面領導特別是黨中央集中統一領導，堅持民主集中制，確保黨始終總攬全局、協調各方。只要我們堅持黨的全面領導不動搖，堅決維護黨的核心和黨中央權威，充分發揮黨的領導政治優勢，把黨的領導落實到黨和國家事業各領域各方面各環節，就一定能夠確保全黨全軍全國各族人民團結一致向前進。

（二）堅持人民至上。黨的根基在人民、血脈在人民、力量在人民，人民是黨執政興國的最大底氣。民心是最大的政治，正義是最強的力量。黨的最大政治優勢是密切聯繫群眾，黨執政後的最大危險是脫離群眾。黨代表中國最廣大人民根本利益，沒有任何自己特殊的利益，從來不代表任何利益集團、任何權勢團體、任何特權階層的利益，這是黨立於不敗之地的根本所在。只要我們始終堅持全心全意為人民服務的根本宗旨，堅持黨的群眾路線，始終牢記江山就是人民、人民就是江山，堅持一切為了人民、一切依靠人民，堅持為人民執政、靠人民執政，堅持發展為了人民、發展依靠人民、發展成果由人民共享，堅定不移走全體人民共同富裕道路，就一定能夠領導人民奪取中國特色社會主義新的更大勝利，任何想把中國共產黨同中國人民分割開來、對立起來的企圖就永遠不會得逞。

（三）堅持理論創新。馬克思主義是我們立黨立國、興黨強國的根本指導思想。馬克思主義理論不是教條而是行動指南，必須隨著實踐發展而發展，必須中國化才能落地生根、本土化才能深入人心。黨之所以能夠領導人民在一次次求索、一次次挫折、一次次開拓中完成中國其他各種政治力量不可能完成的艱巨任務，根本在於堅持解放思想、實事求是、與時俱進、求真務實，堅持把馬克思主義基本原理同中國具體實際相結合、同中華優秀傳統文化相結合，堅持實踐是檢驗真理的唯一標準，堅持一切從實際出發，及時回答時代之問、人民之問，不斷推進馬克思主義中國化時代化。習近平同志指出，當代中國的偉大社會變革，不是簡單延續我國歷史文化的母版，不是簡單套用馬克思主義經典作家設想的模板，不是其他國家社會主義實踐的再版，也不是國外現代化發展的翻版。只要我們勇於結合新的實踐不斷推進理論創新、善於用新的理論指導新的實踐，就一定能夠讓馬克思主義在中國大地上展現出更強大、更有說服力的真理力量。

（四）堅持獨立自主。獨立自主是中華民族精神之魂，是我們立黨立國的重要原則。走自己的路，是黨百年奮鬥得出的歷史結論。黨歷來堅持獨立自主開拓前進道路，堅持把國家和民族發展放在自己力量的基點上，堅持中國的事情必須由中國人民自己作主張、自己來處理。人類歷史上沒有一個民族、一個國家可以通過依賴外部力量、照搬外國模式、跟在他人後面亦步亦趨實現強大和振興。那樣做的結果，不是必然遭遇失敗，就是必然成為他人的附庸。只要我們堅持獨立自主、自力更生，既虛心學習借鑒國外的有益經驗，又堅定民族自尊心和自信心，不信邪、不怕壓，就一定能夠把中國發展進步的命運始終牢牢掌握在自己手中。

（五）堅持中國道路。方向決定道路，道路決定命運。黨在百年奮鬥中始終堅持從我國國情出發，探索並形成符合中國實際的正確道路。中國特色社會主義道路是創造人民美好生活、實現中華民族偉大復興的康莊大道。腳踏中華大地，傳承中華文明，走符合中國國情的正確道路，黨和人民就具有無比廣闊的舞台，具有無比深厚的歷史底蘊，具有無比強大的前進定力。只要我們既不走封閉僵化的老路，也不走改旗易幟的邪路，堅定不移走中國特色社會主義道路，就一定能夠把我國建設成為富強民主文明和諧美麗的社會主義現代化強國。

（六）堅持胸懷天下。大道之行，天下為公。黨始終以世界眼光關注人類前途命運，從人類發展大潮流、世界變化大格局、中國發展大歷史正確認識和處理同外部世界的關係，堅持開放、不搞封閉，堅持互利共贏、不搞零和博弈，堅持主持公道、伸張正義，站在歷史正確的一邊，站在人類進步的一邊。只要我們堅持和平發展道路，既通過維護世界和平發展自己，又通過自身發展維護世界和平，同世界上一切進步力量攜手前進，不依附別人，不掠奪別人，永遠不稱霸，就一定能夠不斷為人類文明進步貢獻智慧和力量，同世界各國人民一道，推動歷史車輪向著光明的前途前進。

（七）堅持開拓創新。創新是一個國家、一個民族發展進步的不竭動力。越是偉大的事業，越充滿艱難險阻，越需要艱苦奮鬥，越需要開拓創新。黨領導人民披荊斬棘、上下求索、奮力開拓、銳意進取，不斷推進理論創新、實踐創新、制度創新、文化創新以及其他各方面創新，敢為天下先，走出了前人沒有走出的路，任何艱難險阻都沒能阻擋住黨和人民前進的步伐。只要我們順應時代潮流，回應人民要求，勇於推進改革，準確識變、科學應變、主動求變，永不僵化、永不停滯，就一定能夠創造出更多令人刮目相看的人間奇跡。

（八）堅持敢於鬥爭。敢於鬥爭、敢於勝利，是黨和人民不可戰勝的強大精神力量。黨和人民取得的一切成就，不是天上掉下來的，不是別人恩賜的，而是通過不斷鬥爭取得的。黨在內憂外患中誕生、在歷經磨難中成長、在攻堅克難中壯大，為了人民、國家、民族，為了理想信念，無論敵人如何強大、道路如何艱險、挑戰如何嚴峻，黨總是絕不畏懼、絕不退縮，不怕犧牲、百折不撓。只要我們把握新的偉大鬥爭的歷史特點，抓住和用好歷史機遇，下好先手棋、打好主動仗，發揚鬥爭精神，增強鬥爭本領，凝聚起全黨全國人民的意志和力量，就一定能夠戰勝一切可以預見和難以預見的風險挑戰。

（九）堅持統一戰線。團結就是力量。建立最廣泛的統一戰線，是黨克敵制勝的重要法寶，也是黨執政興國的重要法寶。黨始終堅持大團結大聯合，團結一切可以團結的力量，調動一切可以調動的積極因素，促進政黨關係、民族關係、宗教關係、階層關係、海內外同胞關係和諧，最大限度凝聚起共同奮鬥的力量。只要我們不斷鞏固和發展各民族大團結、全國人民大團結、全體中華兒女大團結，鑄牢中華民族共同體意識，形成海內外全體中華兒女心往一處想、勁往一處使的生動局面，就一定能夠匯聚起實現中華民族偉大復興的磅礴偉力。

（十）堅持自我革命。勇於自我革命是中國共產黨區別於其他政黨的顯著標誌。自我革命精神是黨永葆青春活力的強大支撐。先進的馬克思主義政黨不是天生的，而是在不斷自我革命中淬煉而成的。黨歷經百年滄桑更加充滿活力，其奧秘就在於始終堅持真理、修正錯誤。黨的偉大不在於不犯錯誤，而在於從不諱疾忌醫，積極開展批評和自我批評，敢於直面問題，勇於自我革命。只要我們不斷清除一切損害黨的先進性和純潔性的因素，不斷清除一切侵蝕黨的健康肌體的病毒，就一定能夠確保黨不變質、不變色、不變味，確保黨在新時代堅持和發展中國特色社會主義的歷史進程中始終成為堅強領導核心。

以上十個方面，是經過長期實踐積累的寶貴經驗，是黨和人民共同創造的精神財富，必須倍加珍惜、長期堅持，並在新時代實踐中不斷豐富和發展。

七、新時代的中國共產黨

不忘初心，方得始終。中國共產黨立志於中華民族千秋偉業，百年恰是風華正茂。過去一百年，黨向人民、向歷史交出了一份優異的答卷。現在，黨團結帶領中國人民又踏上了實現第二個百年奮鬥目標新的趕考之路。時代是出卷人，我們是答卷人，人民是閱卷人。我們一定要繼續考出好成績，在新時代新征程上展現新氣象新作為。

黨的十九大對實現第二個百年奮鬥目標作出分兩個階段推進的戰略安排。從二〇二〇年到二〇三五年基本實現社會主義現代化，從二〇三五年到本世紀中葉把我國建成社會主義現代化強國。到那時，我國物質文明、政治文明、精神文明、社會文明、生態文明將全面提升，實現國家治理體系和治理能力現代化，成為綜合國力和國際影響力領先的國家，全體人民共同富裕基本實現，我國人民將享有更加幸福安康的生活，中華民族將以更加昂揚的姿態屹立於世界民族之林。

今天，我們比歷史上任何時期都更接近、更有信心和能力實現中華民族偉大復興的目標。同時，全黨必須清醒認識到，中華民族偉大復興絕不是輕輕鬆鬆、敲鑼打鼓就能實現的，前進道路上仍然存在可以預料和難以預料的各種風險挑戰；必須清醒認識到，我國仍處於並將長期處於社會主義初級階段，我國仍然是世界最大的發展中國家，社會主要矛盾是人民日益增長的美好生活需要和不平衡不充分的發展之間的矛盾。全黨要牢記中國共產黨是什麼、要幹什麼這個根本問題，把握歷史發展大勢，堅定理想信念，牢記初心使命，始終謙虛謹慎、不驕不躁、艱苦奮鬥，從偉大勝利中激發奮進力量，從彎路挫折中吸取歷史教訓，不為任何風險所懼，不為任何干擾所惑，決不在根本性問題上出現顛覆性錯誤，以咬定青山不放鬆的執著奮力實現既定目標，以行百里者半九十的清醒不懈推進中華民族偉大復興。

全黨必須堅持馬克思列寧主義、毛澤東思想、鄧小平理論、"三個代表"重要思想、科學發展觀，全面貫徹習近平新時代中國特色社會主義思想，用馬克思主義的立場、觀點、方法觀察時代、把握時代、引領時代，不斷深化對共產黨執政規律、社會主義建設規律、人類社會發展規律的認識。必須堅持黨的基本理論、基本路線、基本方略，增強"四個意識"，堅定"四個自信"，做到"兩個維護"，堅持系統觀念，統籌推進"五位一體"總體佈局，協調推進"四個全面"戰略佈局，立足新發展階段、貫徹新發展理念、構建新發展格局、推動高質量發展，全面深化改革開放，促進共同富裕，推進科技自立自強，發展全過程人民民主，保證人民當家作主，堅持全面依法治國，堅持社會主義核心價值體系，堅持在發展中保障和改善民生，堅持人與自然和諧共生，統籌發展和安全，加快國防和軍隊現代化，協同推進人民富裕、國家強盛、中國美麗。

全黨必須永遠保持同人民群眾的血肉聯繫，站穩人民立場，堅持人民主體地位，尊重人民首創精神，踐行以人民為中心的發展思想，維護社會公平正義，著力解決發展不平衡不充分問題和人民群眾急難愁盼問題，不斷實現好、維護好、發展好最廣大人民根本利益，團結帶領全國各族人民不斷為美好生活而奮鬥。

全黨必須銘記生於憂患、死於安樂，常懷遠慮、居安思危，繼續推進新時代黨的建設新的偉大工程，堅持全面從嚴治黨，堅定不移推進黨風廉政建設和反腐敗鬥爭，勇敢面對黨面臨的長期執政考驗、改革開放考驗、市場經濟考驗、外部環境考驗，堅決戰勝精神懈怠的危險、能力不足的危險、脫離群眾的危險、消極腐敗的危險。必須保持越是艱險越向前的英雄氣概，敢於鬥爭、善於鬥爭，逢山開道、遇水架橋，做到難不住、壓不垮，推動中國特色社會主義事業航船劈波斬浪、一往無前。

　　黨和人民事業發展需要一代代中國共產黨人接續奮鬥，必須抓好後繼有人這個根本大計。要堅持用習近平新時代中國特色社會主義思想教育人，用黨的理想信念凝聚人，用社會主義核心價值觀培育人，用中華民族偉大復興歷史使命激勵人，培養造就大批堪當時代重任的接班人。要源源不斷培養選拔德才兼備、忠誠乾淨擔當的高素質專業化幹部特別是優秀年輕幹部，教育引導廣大黨員、幹部自覺做習近平新時代中國特色社會主義思想的堅定信仰者和忠實實踐者，牢記空談誤國、實幹興邦的道理，樹立不負人民的家國情懷、追求崇高的思想境界、增強過硬的擔當本領。要源源不斷把各方面先進分子特別是優秀青年吸收到黨內來，教育引導青年黨員永遠以黨的旗幟為旗幟、以黨的方向為方向、以黨的意志為意志，賡續黨的紅色血脈，弘揚黨的優良傳統，在鬥爭中經風雨、見世面、壯筋骨、長才幹。要源源不斷培養造就愛國奉獻、勇於創新的優秀人才，真心愛才、悉心育才、精心用才，把各方面優秀人才集聚到黨和人民的偉大奮鬥中來。

　　黨中央號召，全黨全軍全國各族人民要更加緊密地團結在以習近平同志為核心的黨中央周圍，全面貫徹習近平新時代中國特色社會主義思想，大力弘揚偉大建黨精神，勿忘昨天的苦難輝煌，無愧今天的使命擔當，不負明天的偉大夢想，以史為鑒、開創未來，埋頭苦幹、勇毅前行，為實現第二個百年奮鬥目標、實現中華民族偉大復興的中國夢而不懈奮鬥。我們堅信，在過去一百年贏得了偉大勝利和榮光的中國共產黨和中國人民，必將在新時代新征程上贏得更加偉大的勝利和榮光！

關於《中共中央關於黨的百年奮鬥重大成就和歷史經驗的決議》的說明

習近平

受中央政治局委託，我就《中共中央關於黨的百年奮鬥重大成就和歷史經驗的決議》起草的有關情況向全會作說明。

一、關於黨的十九屆六中全會議題的考慮

我們黨歷來高度注重總結歷史經驗。早在延安時期，毛澤東同志就指出：“如果不把黨的歷史搞清楚，不把黨在歷史上所走的路搞清楚，便不能把事情辦得更好。” 在爭取抗日戰爭最後勝利的關頭，1945 年，黨的六屆七中全會通過了《關於若干歷史問題的決議》，對建黨以後特別是黨的六屆四中全會至遵義會議前這一段黨的歷史及其經驗教訓進行了總結，對若干重大歷史問題作出了結論，使全黨特別是黨的高級幹部對中國革命基本問題的認識達到了一致，增強了全黨團結，為黨的七大勝利召開創造了充分條件，有力促進了中國革命事業發展。

進入改革開放新時期，鄧小平同志說：“歷史上成功的經驗是寶貴財富，錯誤的經驗、失敗的經驗也是寶貴財富。這樣來制定方針政策，就能統一全黨思想，達到新的團結。這樣的基礎是最可靠的。”1981 年，黨的十一屆六中全會通過了《關於建國以來黨的若干歷史問題的決議》，回顧了新中國成立以前黨的歷史，總結了社會主義革命和建設的歷史經驗，對一些重大事件和重要人物作出了評價，特別是正確評價了毛澤東同志和毛澤東思想，分清了是非，糾正了 “左” 右兩方面的錯誤觀點，統一了全黨思想，對推動黨團結一致向前看、更好推進改革開放和社會主義現代化建設產生了重大影響。

現在，距離第一個歷史決議制定已經過去了 76 年，距離第二個歷史決議制定也過去了 40 年。40 年來，黨和國家事業大大向前發展了，黨的理論和實踐也大大向前發展了。站在新的歷史起點上，回顧過去，展望未來，全面總結黨的百年奮鬥重大成就和歷史經驗特別是改革開放 40 多年來的重大成就和歷史經驗，既有客觀需要，也具備主觀條件。

黨中央認為，在黨成立一百週年的重要歷史時刻，在黨和人民勝利實現第一個百年奮鬥目標、全面建成小康社會，正在向著全面建成社會主義現代化強國的第二個百年奮鬥目標邁進的重大歷史關頭，全面總結黨的百年奮鬥重大成就和歷史經驗，對推動全黨進一步統一思想、統一意志、統一行動，團結帶領全國各族人民奪取新時代中國特色社會主義新的偉大勝利，具有重大現實意義和深遠歷史意義。

黨中央認為，黨的百年奮鬥歷程波瀾壯闊，時間跨度長，涉及範圍廣，需要研究的問題多。總的是要按照總結歷史、把握規律、堅定信心、走向未來的要求，把黨走過的光輝歷程總結好，把黨團結帶領人民取得的輝煌成就總結好，把黨推進革命、建設、改革的寶貴經驗總結好，把黨的十八大以來黨和國家事業砥礪奮進的理論和實踐總結好。具體來說，就是要深入研究黨領導人民進行革命、建設、改革的百年歷程，全面總結黨從勝利走向勝利的偉大歷史進程、為國家和民族建立的偉大歷史功績；深入研究黨堅持把馬克思主義基本原理同中國具體實際相結合、同中華優秀傳統文化相結合，不斷推進馬克思主義中國化的百年歷程，深化對新時代黨的創新理論的理解和掌握；深入研究黨不斷維護黨的團結、維護黨中央權威和集中統一領導的百年歷程，深刻領悟加強黨的政治建設這個馬克思主義政黨的鮮明特徵和政治優勢；深入研究黨為中國人民謀幸福、為中華民族謀復興的百年歷程，深刻認識黨同人民生死相依、休戚與共的血肉聯繫，更好為人民謀幸福、依靠人民創造歷史偉業；深入研究黨加強自身建設、推進自我革命的百年歷程，增強全面從嚴治黨永遠在路上的堅定和執著，確保黨在新時代堅持和發展中國特色社會主義的歷史進程中始終成為堅強領導核心；深入研究歷史發展規律和大勢，始終掌握新時代新征程黨和國家事業發展的歷史主動，增強錨定既定奮鬥目標、意氣風發走向未來的勇氣和力量。

黨中央認為，總結黨的百年奮鬥重大成就和歷史經驗，要堅持辯證唯物主義和歷史唯物主義的方法論，用具體歷史的、客觀全面的、聯繫發展的觀點來看待黨的歷史。要堅持正確黨史觀、樹立大歷史觀，準確把握黨的歷史發展的主題主線、主流本質，正確對待黨在前進道路上經歷的失誤和曲折，從成功中吸取經驗，從失誤中吸取教訓，不斷開闢走向勝利的道路。要旗幟鮮明反對歷史虛無主義，加強思想引導和理論辨析，澄清對黨史上一些重大歷史問題的模糊認識和片面理解，更好正本清源。

對這次全會決議起草，黨中央明確要求著重把握好以下幾點。

第一，聚焦總結黨的百年奮鬥重大成就和歷史經驗。我們黨已先後制定了兩個歷史決議。從建黨到改革開放之初，黨的歷史上的重大是非問題，這兩個歷史決議基本都解決了，其基本論述和結論至今仍然適用。改革開放以來，盡管黨的工作中也出現過一些問題，但總體上講黨和國家事業發展是順利的，前進方向是正確的，取得的成就是舉世矚目的。基於此，這次全會決議要把著力點放在總結黨的百年奮鬥重大成就和歷史經驗上，以推動全黨增長智慧、增進團結、增加信心、增強鬥志。

第二，突出中國特色社會主義新時代這個重點。這次全會決議重點總結新時代黨和國家事業取得的歷史性成就、發生的歷史性變革和積累的新鮮經驗，主要考慮是，對黨在新民主主義革命時期、社會主義革命和建設時期、黨的十一屆三中全會到黨的十一屆六中全會期間的歷史，前兩個歷史決議已經作過系統總結；對改革開放和社會主義現代化建設新時期的成就和經驗，黨的十一屆三中全會召開二十週年、三十週年時黨中央都進行了認真總結，我在慶祝改革開放四十週年大會上發表講話，也作了系統總結。因此，對黨的十八大之前的歷史時期，這次全會決議要在已有總結和結論的基礎上進行概述。突出中國特色社會主義新時代這個重點，有利於引導全黨進一步堅定信心，聚焦我們正在做的事情，以更加昂揚的姿態邁進新征程、建功新時代。

第三，對重大事件、重要會議、重要人物的評價注重同黨中央已有結論相銜接。關於黨的十八大之前黨的歷史上的重大事件、重要會議、重要人物，前兩個歷史決議、黨的一系列重要文獻都有過大量論述，都鄭重作過結論。這次全會決議堅持這些基本論述和結論。黨的十八大以來，我在慶祝中國共產黨成立九十五週年大會、慶祝中國人民解放軍建軍九十週年大會、慶祝中華人民共和國成立七十週年大會特別是慶祝中國共產黨成立一百週年大會等重要會議上，對黨的歷史都作過總結和論述，體現了黨中央對黨的百年奮鬥的新認識。這次全會決議要體現這些新認識。

二、決議稿起草過程

今年 3 月，中央政治局決定，黨的十九屆六中全會重點研究全面總結黨的百年奮鬥重大成就和歷史經驗問題，成立文件起草組，由我擔任組長，王滬寧、趙樂際同志擔任副組長，黨和國家有關領導同志及有關中央部門和地方負責同志參加，在中央政治局常委會領導下承擔文件起草工作。

4 月 1 日，黨中央發出《關於對黨的十九屆六中全會重點研究全面總結黨的重大成就和歷史經驗問題徵求意見的通知》，在黨內外一定範圍徵求意見。

從反饋意見看，各地區各部門各方面一致認為，黨中央決定通過召開十九屆六中全會，全面總結黨的百年奮鬥重大成就和歷史經驗，是鄭重的歷史性、戰略性決策，充分體現黨牢記初心使命、永葆生機活力的堅強意志和堅定決心，充分體現黨深刻把握歷史發展規律、始終掌握黨和國家事業發展的歷史主動和使命擔當，充分體現黨立足當下、著眼未來、注重總結和運用歷史經驗的高瞻遠矚和深謀遠慮。一致贊成這次全會著重總結黨的百年奮鬥重大成就和歷史經驗，並就決議需要研究解決的重大問題提出了許多好的意見和建議。

各地區各部門各方面普遍認為，一百年來，黨團結帶領人民在革命、建設、改革各個歷史時期持續奮鬥，創造了彪炳中華民族發展史、世界社會主義發展史、人類社會發展史的奇跡，徹底扭轉了近代以來中華民族的歷史進程，生動譜寫了世界社會主義歷史發展的壯麗篇章，成功開闢了馬克思主義新境界，為實現中華民族偉大復興建立了不朽功業，為促進人類進步作出了重大貢獻。在這一偉大征程中，黨和人民積累了極其豐富的寶貴歷史經驗。這些都值得系統總結。各地區各部門各方面建議，這次全會在全面總結黨的百年奮鬥重大成就和歷史經驗的基礎上，重點總結新時代黨和國家事業取得的歷史性成就、發生的歷史性變革及新鮮經驗。

按照黨中央部署，文件起草組認真學習黨的重要歷史文獻，充分吸納各地區各部門各方面意見和建議，深入研究重大問題，認真開展決議稿起草工作。

9月6日，根據中央政治局會議決定，決議徵求意見稿下發黨內一定範圍徵求意見，包括徵求黨內部分老同志意見，還專門聽取了各民主黨派中央、全國工商聯負責人和無黨派人士代表意見。

從反饋意見情況看，各地區各部門各方面對決議徵求意見稿給予充分肯定，一致贊成決議稿的框架結構和主要內容。一致認為，決議稿最鮮明的特點是實事求是、尊重歷史，反映了黨的百年奮鬥的初心使命，符合歷史事實；決議稿對重大事件、重要會議、重要人物的論述和評價，同黨的歷史文獻既有論述和結論相銜接，體現了黨的十八大以來黨中央關於黨的歷史的新認識。決議稿總結概括的"中國共產黨百年奮鬥的歷史意義"，全面、深刻、系統反映了黨對中國、對人類作出的歷史性貢獻；總結概括的"中國共產黨百年奮鬥的歷史經驗"，貫通歷史、現在、未來，具有重大的歷史意義和現實指導意義。

各地區各部門各方面普遍認為，決議稿是新時代中國共產黨人牢記初心使命、堅持和發展中國特色社會主義的政治宣言，是以史為鑒、開創未來、實現中華民族偉大復興的行動指南，同黨的前兩個歷史決議既一脈相承又與時俱進，必將激勵全黨在新時代新征程上爭取更大榮光。

在徵求意見過程中，各地區各部門各方面提出許多好的意見和建議。文件起草組逐條分析這些意見和建議，做到能吸收的盡量吸收。經反覆研究推敲，對決議稿作出547處修改，充分反映了各地區各部門各方面意見和建議。

在決議稿起草過程中，中央政治局常委會召開3次會議、中央政治局召開2次會議進行審議，形成了提交這次全會審議的決議稿。

三、決議稿的基本框架和主要內容

決議稿除序言和結束語之外，共有 7 個部分。

第一部分 "奪取新民主主義革命偉大勝利"。闡明這一時期黨面臨的主要任務是，反對帝國主義、封建主義、官僚資本主義，爭取民族獨立、人民解放，為實現中華民族偉大復興創造根本社會條件。分析黨產生的歷史背景，總結黨領導人民在建黨之初和大革命時期、土地革命戰爭時期、抗日戰爭時期、解放戰爭時期進行革命鬥爭的歷史進程和創造的偉大成就，以及創立毛澤東思想、實施和推進黨的建設偉大工程的重大成就。強調成立中華人民共和國，實現民族獨立、人民解放，實現了中國從幾千年封建專制政治向人民民主的偉大飛躍；中國共產黨和中國人民以英勇頑強的奮鬥向世界莊嚴宣告，中國人民從此站起來了，中華民族任人宰割、飽受欺凌的時代一去不復返了，中國發展從此開啟了新紀元。

第二部分 "完成社會主義革命和推進社會主義建設"。闡明這一時期黨面臨的主要任務是，實現從新民主主義到社會主義的轉變，進行社會主義革命，推進社會主義建設，為實現中華民族偉大復興奠定根本政治前提和制度基礎。總結新中國成立後黨領導人民戰勝一系列嚴峻挑戰、鞏固新生政權，成功完成社會主義改造、建立社會主義制度，開展全面的大規模的社會主義建設，打開對外工作新局面的歷史進程和創造的偉大成就。總結黨加強執政黨建設所作的努力和積累的初步經驗，在闡述這一時期黨取得的獨創性理論成果的基礎上，對毛澤東思想進行科學評價。強調這一時期黨領導人民創造的偉大成就，實現了一窮二白、人口眾多的東方大國大步邁進社會主義社會的偉大飛躍；中國共產黨和中國人民以英勇頑強的奮鬥向世界莊嚴宣告，中國人民不但善於破壞一個舊世界、也善於建設一個新世界，只有社會主義才能救中國，只有社會主義才能發展中國。

第三部分 "進行改革開放和社會主義現代化建設"。闡明這一時期黨面臨的主要任務是，繼續探索中國建設社會主義的正確道路，解放和發展社會生產力，使人民擺脫貧困、盡快富裕起來，為實現中華民族偉大復興提供充滿新的活力的體制保證和快速發展的物質條件。強調黨的十一屆三中全會的歷史意義，總結以鄧小平同志為主要代表的中國共產黨人、以江澤民同志為主要代表的中國共產黨人、以胡錦濤同志為主要代表的中國共產黨人作出的歷史貢獻，從黨領導全面開展撥亂反正、形成中國特色社會主義理論體系、推進改革開放和社會主義現代化建設、從容應對關係我國改革發展穩定全局的一系列風險考驗、推進祖國統一大業、維護世界和平與促進共同發展、開創和推進黨的建設新的偉大工程等方面，展現新時期波瀾壯闊的歷史畫卷和舉世矚目的偉大成就。強調這一時期黨領導人民創造的偉大成就，推進了中華民族從站起來到富起來的偉大飛躍；中國共產黨和中國人民以英勇頑強的奮鬥向世界莊嚴宣告，改革開放是決定當代中國前途命運的關鍵一招，中國特色社會主義道路是指引中國發展繁榮的正確道路，中國大踏步趕上了時代。

第四部分"開創中國特色社會主義新時代"。闡明這一時期黨面臨的主要任務是，實現全面建成小康社會的第一個百年奮鬥目標，開啟全面建成社會主義現代化強國的第二個百年奮鬥目標新征程，朝著實現中華民族偉大復興的宏偉目標繼續前進。闡述中國特色社會主義新時代這一我國發展新的歷史方位，概括黨的十八大以來黨的理論創新成果，深入分析新時代黨面臨的形勢、面對的風險挑戰，從堅持黨的全面領導、全面從嚴治黨、經濟建設、全面深化改革開放、政治建設、全面依法治國、文化建設、社會建設、生態文明建設、國防和軍隊建設、維護國家安全、堅持"一國兩制"和推進祖國統一、外交工作等13個方面，分領域總結新時代黨和國家事業取得的歷史性成就、發生的歷史性變革，重點總結九年來的原創性思想、變革性實踐、突破性進展、標誌性成果。強調這一時期黨領導人民創造的偉大成就，為實現中華民族偉大復興提供了更為完善的制度保證、更為堅實的物質基礎、更為主動的精神力量；中國共產黨和中國人民以英勇頑強的奮鬥向世界莊嚴宣告，中華民族迎來了從站起來、富起來到強起來的偉大飛躍。

第五部分"中國共產黨百年奮鬥的歷史意義"。在全面回顧總結黨的百年奮鬥歷程和重大成就基礎上，以更宏闊的視角，總結黨的百年奮鬥的歷史意義，即黨的百年奮鬥從根本上改變了中國人民的前途命運、開闢了實現中華民族偉大復興的正確道路、展示了馬克思主義的強大生命力、深刻影響了世界歷史進程、鍛造了走在時代前列的中國共產黨，闡述黨對中國人民、對中華民族、對馬克思主義、對人類進步事業、對馬克思主義政黨建設所作的歷史性貢獻。這五條概括，既立足中華大地，又放眼人類未來，體現了中國共產黨和中國人民、中華民族的關係，體現了中國共產黨和馬克思主義、世界社會主義、人類社會發展的關係，貫通了中國共產黨百年奮鬥的歷史邏輯、理論邏輯、實踐邏輯。

第六部分“中國共產黨百年奮鬥的歷史經驗”。概括了具有根本性和長遠指導意義的十條歷史經驗，即堅持黨的領導、堅持人民至上、堅持理論創新、堅持獨立自主、堅持中國道路、堅持胸懷天下、堅持開拓創新、堅持敢於鬥爭、堅持統一戰線、堅持自我革命。這十條歷史經驗是系統完整、相互貫通的有機整體，揭示了黨和人民事業不斷成功的根本保證，揭示了黨始終立於不敗之地的力量源泉，揭示了黨始終掌握歷史主動的根本原因，揭示了黨永葆先進性和純潔性、始終走在時代前列的根本途徑。強調這十條歷史經驗是經過長期實踐積累的寶貴經驗，是黨和人民共同創造的精神財富，必須倍加珍惜、長期堅持，並在新時代實踐中不斷豐富和發展。

第七部分“新時代的中國共產黨”。圍繞實現第二個百年奮鬥目標，強調全黨要以咬定青山不放鬆的執著奮力實現既定目標，以行百里者半九十的清醒不懈推進中華民族偉大復興；強調必須堅持黨的基本理論、基本路線、基本方略，立足新發展階段、貫徹新發展理念、構建新發展格局、推動高質量發展，協同推進人民富裕、國家強盛、中國美麗；強調必須永遠保持同人民群眾的血肉聯繫，不斷實現好、維護好、發展好最廣大人民根本利益；強調必須銘記生於憂患、死於安樂，常懷遠慮、居安思危，繼續推進新時代黨的建設新的偉大工程；強調必須抓好後繼有人這個根本大計。號召全黨全軍全國各族人民勿忘昨天的苦難輝煌，無愧今天的使命擔當，不負明天的偉大夢想，以史為鑒、開創未來，埋頭苦幹、勇毅前行，為實現第二個百年奮鬥目標、實現中華民族偉大復興的中國夢而不懈奮鬥。

同志們！審議通過這個決議，是這次全會的主要任務。大家要貫徹落實黨中央要求，貫通把握歷史、現在、未來，深入思考、深入研討，聚精會神、集思廣益，提出建設性意見和建議，共同把這次全會開好、把決議稿修改好。

以偉大自我革命引領偉大社會革命

趙樂際

黨的十九屆六中全會通過的《中共中央關於黨的百年奮鬥重大成就和歷史經驗的決議》（以下簡稱《決議》），是指引全黨全國各族人民以史為鑒、開創未來、齊心協力奮進新時代創造新偉業的馬克思主義綱領性文獻。《決議》鮮明貫穿黨的初心使命主線，科學總結黨堅持自我革命的寶貴經驗，深刻闡述以偉大自我革命引領偉大社會革命的戰略思想，集中體現了新時代中國共產黨人對共產黨執政規律、社會主義建設規律、人類社會發展規律認識的新高度新境界。認真學習貫徹黨的十九屆六中全會精神，對堅定不移推進黨的偉大自我革命，確保黨在新時代堅持和發展中國特色社會主義的歷史進程中始終成為堅強領導核心，更好帶領人民實現中華民族偉大復興歷史使命，具有重大而深遠的意義。

一 黨的百年奮鬥歷史就是以偉大自我革命引領偉大社會革命的歷史

《決議》貫通百年黨史，堅持辯證唯物主義和歷史唯物主義，揭示了我們黨勇於自我革命、以偉大自我革命引領偉大社會革命的歷史邏輯和深邃道理。

（一）以偉大自我革命引領偉大社會革命是習近平新時代中國特色社會主義思想的重要內容。《決議》用"十個明確"精闢概括習近平新時代中國特色社會主義思想豐富內涵，將"以偉大自我革命引領偉大社會革命"作為重要內容，深刻揭示自我革命和社會革命相伴相隨、互促共進的辯證關係，充分體現中國共產黨人在改造客觀世界的同時自覺改造主觀世界，從而更好改造客觀世界的歷史主動。習近平總書記強調，勇於自我革命是我們黨區別於其他政黨的顯著標誌，也是黨長盛不衰的關鍵所在；打鐵必須自身硬，堅持和發展中國特色社會主義，我們黨必須勇於進行自我革命；自我革命精神是黨的執政能力的強大支撐，要堅持守正和創新相統一，以改革創新精神加強和完善自己，通過革故鼎新不斷開闢未來；全面從嚴治黨是自我革命的內在要求，必須始終保持正視問題的自覺和刀刃向內的勇氣，將反腐敗作為黨自我革命必須長期抓好的重大政治任務。習近平總書記關於以偉大自我革命引領偉大社會革命的戰略思想，繼承發展馬克思主義建黨學說，深刻總結黨的歷史經驗特別是新時代全面從嚴治黨實踐經驗，彰顯了中國共產黨人的初心使命、政治擔當、歷史自覺，具有深刻思想內涵和重大時代價值。

（二）勇於自我革命是中國共產黨的鮮明品格。《決議》指出："先進的馬克思主義政黨不是天生的，而是在不斷自我革命中淬煉而成的。" 我們黨穿越百年風風雨雨，始終 "為人民的利益堅持好的，為人民的利益改正錯的"，多次在危難之際重新奮起、失誤之後撥亂反正，成為打不倒、壓不垮的馬克思主義政黨。我們黨代表中國最廣大人民根本利益，沒有任何自己特殊的利益，這是敢於自我革命的勇氣之源、底氣所在。百年奮鬥實踐證明，我們黨之所以偉大，不在於不犯錯誤，而在於從不諱疾忌醫，敢於直面問題，勇於自我革命，這也是我們黨作為馬克思主義政黨的特質，是黨歷經百年滄桑而永葆青春活力的奧秘。

（三）以偉大自我革命引領偉大社會革命高度凝結了中國共產黨百年奮鬥的歷史經驗。中國共產黨的百年征程，既是一部波瀾壯闊的社會革命史，也是一部激濁揚清的自我革命史。《決議》指出，一百年來，黨領導人民進行偉大奮鬥，在進取中突破，於挫折中奮起，從總結中提高。從八七會議、古田會議到遵義會議，從延安整風運動到十一屆三中全會，再到新時代全面從嚴治黨，我們黨始終順應歷史潮流，與時俱進、砥礪前行，在生死鬥爭和艱苦奮鬥中不斷發展壯大，團結帶領人民創造了新民主主義革命的偉大成就、社會主義革命和建設的偉大成就、改革開放和社會主義現代化建設的偉大成就、新時代中國特色社會主義的偉大成就。偉大社會革命鍛造和成就偉大的黨，偉大自我革命保障和推動偉大的事業，這是黨百年來不斷從勝利走向新的勝利的寶貴經驗，也是黨把握歷史發展規律、奮鬥新征程的重要遵循。

（四）新時代堅持以偉大自我革命引領偉大社會革命具有重要戰略和全局作用。黨的十八大以來，以習近平同志為核心的黨中央統攬偉大鬥爭、偉大工程、偉大事業、偉大夢想，以偉大自我革命引領偉大社會革命成為新時代中國特色社會主義偉大實踐的顯著特點。黨中央堅持黨要管黨、全面從嚴治黨，以刮骨療毒的勇氣向黨內頑瘴痼疾開刀，以堅如磐石的意志正風肅紀反腐，為統籌推進“五位一體”總體佈局和協調推進“四個全面”戰略佈局提供有力保證，推動黨和國家事業取得歷史性成就、發生歷史性變革。《決議》指出，經過堅決鬥爭，全面從嚴治黨的政治引領和政治保障作用充分發揮。我們黨以自我淨化革除自身毒瘤、以自我完善提升整體形象、以自我革新培育創造活力、以自我提高增強擔當本領，形成了以偉大自我革命引領偉大社會革命的高度自覺，實現了黨的全面領導和長期執政能力的整體性提升。

二　深刻把握新時代黨的自我革命寶貴經驗

《決議》突出新時代奮鬥歷程，從 13 個方面系統總結了我們黨在新時代堅持和發展中國特色社會主義的歷史性成就、歷史性變革。勇於自我革命、全面從嚴治黨是貫穿其中的鮮明特徵，堅持思想從嚴、監督從嚴、執紀從嚴、治吏從嚴、作風從嚴、反腐從嚴，為黨在新征程上繼續前進提供了寶貴經驗。

（一）堅持科學理論武裝，掌握改造世界的銳利思想武器。《決議》指出，黨的百年奮鬥展示了馬克思主義的強大生命力。習近平新時代中國特色社會主義思想是當代中國馬克思主義、二十一世紀馬克思主義，是引領黨的偉大自我革命、推動偉大社會革命的行動指南。黨的十八大以來，我們黨堅持把黨的創新理論武裝作為鑄魂之本，在學懂弄通做實上下功夫，掌握蘊含其中的馬克思主義立場、觀點、方法，使科學理論真正成為全黨把握運用規律、認識改造世界的思想武器，不斷轉化為建設富強民主文明和諧美麗的社會主義現代化強國的生動實踐。堅持思想建黨、理論強黨，使全黨始終保持統一的思想、堅定的意志、協調的行動、強大的戰鬥力，確保黨領導的偉大社會革命始終沿著正確方向前進。

（二）堅持旗幟鮮明講政治，堅決維護黨中央權威和黨的團結統一。堅持黨的領導，是《決議》總結出的黨百年奮鬥的第一條寶貴經驗。進入新時代，黨確立習近平同志黨中央的核心、全黨的核心地位，反映了全黨全軍全國各族人民共同心願，對新時代黨和國家事業發展、對推進中華民族偉大復興歷史進程具有決定性意義。我們黨把"兩個維護"作為最高政治原則，以黨的政治建設統領新時代黨的建設新的偉大工程，以一系列重要制度安排把黨的領導落實到治國理政全過程各方面，以嚴明政治紀律和政治規矩、嚴肅黨內政治生活促進全黨團結統一，促使廣大黨員幹部不斷增強政治判斷力、政治領悟力、政治執行力，自覺在思想上政治上行動上同以習近平同志為核心的黨中央保持高度一致。

（三）堅持牢記初心使命，以堅定的理想信念築牢信仰之基。"中國共產黨自一九二一年成立以來，始終把為中國人民謀幸福、為中華民族謀復興作為自己的初心使命，始終堅持共產主義理想和社會主義信念"，這是《決議》開宗明義的第一句話。黨的初心使命承載著黨的理想信念，是激勵共產黨人不斷前進的根本動力。我們黨把思想建設作為黨的基礎性建設，用初心使命砥礪全黨，堅持集中性教育和經常性教育相結合，引導黨員幹部樹立正確的世界觀人生觀價值觀，築牢團結奮鬥的共同思想基礎。堅守初心使命是自我革命的永恆課題，進入新時代的中國共產黨要牢記黨是什麼、要幹什麼這個根本問題，堅持固本培元，補足精神之鈣，把理想信念的堅定轉化為擔當盡責的自覺，匯聚起實現中華民族偉大復興的磅礴偉力。

（四）堅持人民至上，著力解決群眾反映強烈、損害群眾利益的突出問題。《決議》強調，民心是最大的政治，正義是最強的力量。自我革命必須緊緊扭住保持黨同人民群眾血肉聯繫這個關鍵，人民群眾反對什麼、痛恨什麼，就堅決防範和糾正什麼。新時代全面從嚴治黨以作風建設為切入口，從中央政治局做起、從領導幹部抓起，持之以恆落實中央八項規定精神，踐行"三嚴三實"要求，堅決糾治形式主義、官僚主義、享樂主義和奢靡之風，黨風政風和社會風氣為之一新。我們黨牢記江山就是人民、人民就是江山，發揚釘釘子精神改進作風，認真解決群眾急難愁盼問題，以從嚴治黨新成效贏得群眾信賴和支持，不斷夯實黨長期執政的政治根基。

（五）堅持刀刃向內，以零容忍態度懲治腐敗。《決議》深刻指出，腐敗是黨長期執政的最大威脅。堅決懲治腐敗是自我革命的鮮明體現。黨的十八大以來，以習近平同志為核心的黨中央以"我將無我，不負人民"的使命擔當正風肅紀反腐，以壯士斷腕的決心意志"打虎"、"拍蠅"、"獵狐"，及時發現、著力解決"七個有之"問題，一體推進不敢腐、不能腐、不想腐，在嚴厲懲治、形成震懾的同時，健全完善制度，加強黨性錘煉，有力遏制腐敗滋生蔓延勢頭，反腐敗鬥爭取得壓倒性勝利並全面鞏固，消除了黨、國家、軍隊內部存在的嚴重隱患。我們黨與腐敗水火不容，始終保持高度警醒，堅持系統施治、標本兼治，堅決同消極腐敗現象鬥爭到底。

（六）堅持嚴明紀律規矩，把鐵的紀律轉化為黨員幹部的自覺遵循。紀律嚴明是黨的光榮傳統和政治優勢，也是自我革命的重要保證。《決議》強調，強化政治紀律和組織紀律，帶動各項紀律全面嚴起來。我們黨堅持以黨章為根本遵循，把紀律建設納入黨的建設總體佈局，堅持紀嚴於法、執紀執法貫通，深化運用"四種形態"，建成內容科學、程序嚴密、配套完備、運行有效的黨內法規制度體系，鍥而不捨抓執行，全體黨員制度意識、紀律意識、規矩意識不斷增強，逐步習慣在受監督和約束的環境中工作生活。壓實管黨治黨責任，嚴管厚愛結合、激勵約束並重，抓住"關鍵少數"，精準監督執紀問責，堅決防止和反對個人主義、分散主義、自由主義、本位主義、好人主義等，推動營造風清氣正的良好政治生態。

（七）堅持完善黨和國家監督體系，加強對權力運行的制約和監督。加強監督是落實全面從嚴治黨、實現自我革命的重要路徑和基礎。《決議》強調完善黨和國家監督體系，依紀依法設定權力、規範權力、制約權力、監督權力。我們黨堅持從全局和戰略高度加強監督體系頂層設計，以黨內監督帶動其他監督，健全黨內監督體系，發揮巡視監督利劍作用和派駐監督探頭作用，實現黨內監督全覆蓋；深化國家監察體制改革，實現對所有行使公權力的公職人員監察全覆蓋；推進國家機關監督、法律監督、審計監督、統計監督全覆蓋，充分發揮群眾監督、輿論監督作用，逐步構建起一套行之有效的權力監督制度和執紀執法體系。堅持把監督貫穿於管黨治黨、治國理政各項工作，形成常態長效的監督合力，以強有力監督推動自我革命不斷向縱深發展。

黨的自我革命體現在加強黨的自身建設和推進黨的事業的全過程各方面。黨的十八大以來，黨中央推進全面深化改革，完善國家制度和國家治理體系，不斷釋放發展活力；堅持中國特色社會主義法治道路，基本形成全面依法治國總體格局，極大提升黨運用法治方式領導和治理國家能力；持續深入推進黨的建設制度改革，把管黨治黨創新實踐成果上升為法規制度，促進國家治理現代化和黨的建設科學化有機結合、一體推進。新時代的自我革命和治國理政緊密結合，適應生產力發展和形勢任務變化，強化系統觀念、系統作用，補短板、強弱項、固根本，使各項工作思路舉措更加科學、更加嚴密、更加有效。

三　以新時代黨的偉大自我革命引領新的偉大社會革命

《決議》展望新時代的中國共產黨，向全黨發出為實現第二個百年奮鬥目標、實現中華民族偉大復興的中國夢而不懈奮鬥的偉大號召。我們要全面落實《決議》要求，大力弘揚偉大建黨精神，堅持不懈自我革命，勇敢面對"四大考驗"，堅決戰勝"四種危險"，毫不動搖把黨建設得更加堅強有力，推動中國特色社會主義事業行穩致遠。

（一）全面貫徹習近平新時代中國特色社會主義思想，用黨的創新理論指導新的實踐。《決議》指出："過去一百年，黨向人民、向歷史交出了一份優異的答卷。現在，黨團結帶領中國人民又踏上了實現第二個百年奮鬥目標新的趕考之路。" 走好新的趕考之路，必須以習近平新時代中國特色社會主義思想為引領，堅持不懈加強理論武裝，加強磨礪、錘煉、鍛造。要深入學習領悟黨的創新理論，深刻理解黨的百年奮鬥歷史經驗，深刻理解以史為鑒、開創未來的重要要求，深化對以偉大自我革命引領偉大社會革命、以偉大社會革命促進偉大自我革命的認識，看清楚過去我們為什麼能夠成功、弄明白未來我們怎樣才能繼續成功，增強"四個意識"、堅定"四個自信"、做到"兩個維護"。要牢牢把握"國之大者"，推動全黨立足新發展階段，完整、準確、全面貫徹新發展理念，構建新發展格局，推動高質量發展，更好應對變局、把握大局、開創新局。

（二）保持自我革命定力，增強全面從嚴治黨永遠在路上的政治自覺。《決議》強調，全黨必須銘記生於憂患、死於安樂，常懷遠慮、居安思危，繼續推進新時代黨的建設新的偉大工程，堅持全面從嚴治黨，堅定不移推進黨風廉政建設和反腐敗鬥爭。黨的自我革命永遠在路上，要保持清醒頭腦，增強政治定力，準確把握新時代新階段的特徵和要求，敢於鬥爭、善於鬥爭，不斷清除一切損害黨的先進性和純潔性的因素，不斷清除一切侵蝕黨的健康肌體的病毒，確保黨不變質、不變色、不變味。要把嚴的主基調長期堅持下去，持之以恆正風肅紀反腐，保持對腐敗的壓倒性力量常在。要發揮全面從嚴治黨政治引領和政治保障作用，不斷提高黨把方向、謀大局、定政策、促改革的能力，不斷提高黨員幹部適應現代化建設履職盡責的能力，在新時代新征程上展現新氣象新作為。

（三）堅持以人民為中心，深入整治群眾身邊腐敗和作風問題。《決議》強調，全黨必須永遠保持同人民群眾的血肉聯繫，不斷實現好、維護好、發展好最廣大人民根本利益。我們黨立黨為公、執政為民，以勇於自我革命保證權力來自人民、服務人民。要站穩人民立場，走好群眾路線，把正風肅紀反腐的著力點放在促進幹部廉潔用權、為民用權上，保障黨中央推動高質量發展、促進共同富裕等重大政策措施落實見效。要順應人民群眾所思所想所憂所盼，凡是群眾反映強烈的問題都要嚴肅認真對待，凡是損害群眾利益的行為都要堅決糾正，嚴肅整治以權謀私、以影響力謀私等腐敗和不正之風，使群眾獲得感成色更足、幸福感更可持續、安全感更有保障。

（四）一體推進不敢腐、不能腐、不想腐，不斷取得更多制度性成果和更大治理成效。《決議》強調，黨堅持不敢腐、不能腐、不想腐一體推進，懲治震懾、制度約束、提高覺悟一體發力。這不僅是全面從嚴治黨、反腐敗鬥爭的重要方略，也是新的歷史條件下黨的自我革命的內在要求。要堅持穩中求進，實事求是，依規依紀依法，進一步強化不敢腐的震懾，紮牢不能腐的籠子，增強不想腐的自覺，積極探索不敢不能不想貫通融合的有效載體、實踐途徑，發揮標本兼治綜合效應。要把黨和國家監督制度納入國家治理體系建設，將正風肅紀反腐與深化改革、完善制度、促進治理貫通起來，走出一條中國特色治理腐敗道路。

（五）自信自強、守正創新，推動中國特色社會主義制度更加鞏固、優越性充分展現。《決議》強調，堅持中國道路，堅持開拓創新，就一定能夠創造出更多令人刮目相看的人間奇跡。以偉大自我革命引領偉大社會革命，要求以守正創新精神完善治理體系、提升治理能力。要堅定制度自信，不斷堅持和完善中國特色社會主義根本制度、基本制度、重要制度，推動各方面制度更加成熟更加定型，確保黨始終總攬全局、協調各方。紀檢監察機關是進行偉大自我革命、推動偉大社會革命的重要力量，要緊緊圍繞黨和國家工作大局忠誠履職，加強規範化、法治化、正規化建設，推進新時代紀檢監察工作高質量發展，充分發揮監督保障執行、促進完善發展作用，為全面建設社會主義現代化國家、實現中華民族偉大復興提供堅強有力保障。

堅定理想信念　牢記初心使命

丁薛祥

　　黨的十九屆六中全會通過的《中共中央關於黨的百年奮鬥重大成就和歷史經驗的決議》（以下簡稱《決議》）系統總結黨的百年奮鬥重大成就和歷史經驗，強調全黨要牢記中國共產黨是什麼、要幹什麼這個根本問題，把握歷史發展大勢，堅定理想信念，牢記初心使命；要以咬定青山不放鬆的執著奮力實現既定目標，以行百里者半九十的清醒不懈推進中華民族偉大復興。落實好全會要求，要充分認識理想信念和初心使命是百年來激勵中國共產黨人不懈奮鬥的根本動力，深刻把握理想信念和初心使命的時代要求，在堅定理想信念、牢記初心使命上持續努力，不斷創造無愧於新時代的新業績。

一　理想信念和初心使命是百年來激勵中國共產黨人不懈奮鬥的根本動力

　　理想信念是共產黨人的精神支柱和政治靈魂，初心使命是黨的性質宗旨、理想信念、奮鬥目標的集中體現，兩者是內在一致的。我們黨從誕生之日起，就把馬克思主義鮮明寫在自己的旗幟上，把實現共產主義確立為最高理想，把為中國人民謀幸福、為中華民族謀復興作為自己的初心使命，並一以貫之體現到黨的全部奮鬥中。一百年來，我們黨之所以歷經滄桑而風華正茂、飽經磨難而生機勃勃，書寫出中華民族幾千年歷史上最恢宏的史詩，靠的就是廣大共產黨人對理想信念的堅定追求和對初心使命的執著堅守。

　　革命戰爭年代共產黨人浴血奮戰、百折不撓，社會主義革命和建設時期共產黨人自力更生、發憤圖強，改革開放和社會主義現代化建設新時期共產黨人解放思想、銳意進取，以頑強的革命意志和大無畏的英雄氣概，彰顯了信仰之美、理想之光、真理之力。黨的十八大以來，以習近平同志為核心的黨中央從事關黨和國家前途命運的戰略高度，旗幟鮮明強調要堅定理想信念、牢記初心使命。習近平總書記在各種重要場合反覆強調，革命理想高於天，黨員幹部要補足精神之鈣，把牢理想信念「總開關」；忘記初心使命，我們黨就會改變性質、改變顏色，就會失去人民、失去未來。這些年，習近平總書記瞻仰革命紀念地的足跡遍及大江南北，講述革命先輩先烈忘我追尋崇高理想、捨身守護信仰火種的故事飽含深情，對全黨同志堅定理想信念、牢記初心使命發揮了最重要的示範引領作用。黨中央堅定不移推進全面從嚴治黨，堅持思想建黨和制度治黨共同發力，紮實開展黨的群眾路線教育實踐活動、「三嚴三實」專題教育、「兩學一做」學習教育、「不忘初心、牢記使命」主題教育、黨史學習教育等黨內學習教育，使廣大黨員幹部思想上心靈上受到深刻洗禮。在決戰脫貧攻堅、決勝全面建成小康社會的偉大實踐中，在進行具有許多新的歷史特點的偉大鬥爭中，在「中國之治」與「西方之亂」的鮮明對比中，在不同國家疫情防控成效的巨大反差中，全黨全國各族人民深切感受到中國共產黨領導和中國特色社會主義制度的顯著優勢，煥發出前所未有的歷史主動精神、歷史創造精神，自信自強、守正創新，推動黨和國家事業取得歷史性成就、發生歷史性變革。

總之，我們黨的百年歷史，就是一部始終堅持真理、堅守理想，踐行初心、擔當使命的偉大奮鬥史。世界上沒有哪個政黨像中國共產黨這樣，遭遇如此多的曲折和磨難，經受如此多的艱險和考驗，作出如此大的犧牲和奉獻，卻初心不改、矢志不移。黨的歷史充分證明，一個政黨有了遠大的理想追求和篤定的初心使命，就能不斷強大，做到無堅不摧、無往不勝；一名黨員幹部牢記理想信念和初心使命，就能堅持正確政治方向，做到「風雨不動安如山」。

當前，世界百年未有之大變局加速演進，中華民族偉大復興進入關鍵時期。踏上實現第二個百年奮鬥目標新的趕考之路，全面建設社會主義現代化國家的任務十分艱巨繁重，前進道路上可以預料和難以預料的風險挑戰異常複雜嚴峻。目標越宏偉，任務越繁重，挑戰越嚴峻，越需要全黨同志保持崇高的理想信念和如磐的初心使命，以永不懈怠的精神狀態和一往無前的奮鬥姿態，為實現中華民族偉大復興的中國夢而不懈奮鬥。

二　理想信念和初心使命不是空洞的，而是可衡量、可檢驗的

理想信念和初心使命是具體的、實踐的，不是只拿來說、只拿來當口號喊的，更不是用來裝點門面的。對於黨員幹部來說，理想信念和初心使命是不是堅定執著，主要可以通過以下幾方面來衡量和檢驗。

（一）看能否做到對黨忠誠。在黨員幹部身上，理想信念、初心使命與對黨忠誠緊密聯繫，理想信念和初心使命堅定才能心中有黨、對黨忠誠，對黨忠誠是對理想信念和初心使命的最好詮釋。我們黨一路走來，任何困難都沒有壓垮我們，任何敵人都沒能打倒我們，靠的就是千千萬萬黨員的忠誠。歷史上也有少數黨員，面對前進道路上的艱難險阻打了退堂鼓，面對敵人的威逼利誘成了可恥叛徒，黨的一大代表中就有的背棄信仰、丟掉初心，走向黨和人民的對立面。現實中，一些黨員幹部搞兩面派、做兩面人，不信馬列信鬼神、不為蒼生只為己，墮落為腐敗分子。這些都是對黨不忠誠的典型表現。黨員幹部對黨是不是忠誠，革命戰爭年代主要看能不能為人民解放事業衝鋒陷陣、捨生忘死，今天主要看能不能堅持黨的領導，堅決維護黨中央權威和集中統一領導，自覺在思想上政治上行動上同以習近平同志為核心的黨中央保持高度一致；能不能堅決貫徹執行黨的理論和路線方針政策，不折不扣把黨中央決策部署落到實處；能不能嚴守黨的政治紀律和政治規矩，做政治上的明白人、老實人；能不能堅持黨和人民事業高於一切，自覺執行組織決定，服從組織安排。而這其中，最重要的就是看能不能做到"兩個維護"。只有始終以黨的旗幟為旗幟、以黨的方向為方向、以黨的意志為意志，不斷提高政治判斷力、政治領悟力、政治執行力，堅定不移聽黨話，矢志不渝跟黨走，才能永葆對黨忠誠的政治品格。

（二）看能否做到始終把人民放在心中最高位置。習近平總書記指出："江山就是人民、人民就是江山，打江山、守江山，守的是人民的心。"共產黨人是為崇高理想奮鬥和為最廣大人民謀利益的統一論者，把人民放在心中最高位置是共產黨人的根本政治立場，也是檢驗共產黨人理想信念和初心使命的根本價值尺度。一旦離開了人民，理想信念和初心使命就會失去依歸、失去價值、失去意義。黨員幹部把人民放在心中最高位置，就是要懷有

真摯深厚的群眾感情，與群眾有福同享、有難同當，有鹽同鹹、無鹽同淡；就是要密切關注群眾的願望和呼聲，想群眾之所想，急群眾之所急，解群眾之所憂，千方百計為群眾謀利益；就是要以群眾滿意為最高標準，由群眾評判工作得失、檢驗工作成效。只有牢記"我是誰、為了誰、依靠誰"，始終堅持人民至上，不斷追求"我將無我，不負人民"的精神境界，把群眾觀點、群眾路線深深植根於思想中、落實到行動上，踐行理想信念和初心使命才有不竭的力量源泉。

（三）看能否做到關鍵時刻經得起考驗。疾風知勁草，烈火見真金。越是重要關頭，越是複雜考驗，越能看出黨員幹部理想信念和初心使命的定力和成色，越能從深層次檢驗黨員幹部的黨性和品格。黨員幹部有了堅定的理想信念和初心使命，才能在大是大非面前旗幟鮮明，在大風大浪面前敢於亮劍，在急難險重面前挺身而出，在權力金錢美色誘惑面前不為所動，使人生之路行穩致遠。否則，就經不起風吹浪打，關鍵時刻就會"掉鏈子"甚至臨陣脫逃，最終使入黨初衷變味丟失、理想信念成為泡影。革命戰爭年代，無數先烈在生死考驗面前拋頭顱、灑熱血；和平建設年代，廣大黨員幹部拚搏奮戰脫貧攻堅、抗疫抗洪抗震一線，用鮮血和生命詮釋了什麼叫理想信念如山、初心使命如磐。新征程上，還有許多"雪山"、"草地"需要跨越，許多"婁山關"、"臘子口"需要征服。黨員幹部只有保持強大的思想定力、政治定力、道德定力、抵腐定力，把關鍵時刻的考驗當作檢驗和鍛造理想信念、初心使命的"試金石"和"大熔爐"，才能煉就共產黨人信仰信念的鋼筋鐵骨。

（四）看能否做到正確處理小我和大我的關係。中國共產黨始終代表最廣大人民根本利益，沒有任何自己特殊的利益。正確處理小我和大我的關係，是共產黨人應有的政治胸襟、精神境界、價值準則。一百年來，正是無數共產黨人為了黨和人民的事業，以"無我"的精神境界奉獻青春、汗水乃至生命，才迎來了中華民族偉大復興的光明前景。心有大我，小我才能更有意義、更加出彩；不謀私利，才能謀根本、謀大局。如果把小我看得太重、私心雜念作祟，就會在個人名譽、地位、利益面前瞻前顧後、患得患失，就會對組織交給的任務挑輕怕重、討價還價，就會在地方利益、部門利益與整體利益、全局利益發生矛盾時搞上有政策、下有對策，就會在重大鬥爭面前愛惜羽毛、迴避退縮，不僅實現不了共產黨人的人生價值，而且直接損害黨和人民事業。黨員心中有了黨、國家和人民這個大我，時刻牢記"入黨為什麼、當幹部做什麼、身後留什麼"，正確處理公和私、義和利、是和非、正和邪、苦和樂的關係，竭力為黨分憂、為民奉獻，才能在實現國家富強、民族振興、人民幸福的偉大實踐中更好實現人生價值、升華人生境界，才算得上合格的共產黨人。

三　堅定理想信念、牢記初心使命必須持續努力

堅定理想信念、牢記初心使命是黨員幹部的終身課題，也是黨員教育管理的永恆課題，必須經常抓、大力抓、長期抓。根據《決議》精神，要著重把握以下幾方面要求。

（一）深入學習理論。理論上清醒堅定，理想信念和初心使命才能堅定執著。馬克思主義揭示了人類社會發展規律，指明了實現人民自身解放的理想社會的正確途徑，奠定了共產黨人堅定理想信念和初心使命的理論基礎。黨員幹部要把理論武裝作為終身必修課，使學習馬克思主義理論的過程，成為不斷強化理想信念和初心使命的過程。習近平新時代中國特色社會主義思想是當代中國馬克思主義、二十一世紀馬克思主義，是中華文化和中國精神的時代精華，是黨員幹部砥礪理想信念和初心使命的最好教材。要把學懂弄通做實習近平新時代中國特色社會主義思想作為首要政治任務，多讀原著、勤學原文、深悟原理，準確把握這一思想的科學內涵、核心要義、實踐要求，深入領會習近平總書記關於堅定理想信念、牢記初心使命的重要論述和要求，深刻感悟習近平總書記的堅定信仰信念、深厚人民情懷、強烈歷史擔當、求真務實作風，感悟黨的創新理論的真理力量、實踐力量、人格力量，夯實理想信念和初心使命的思想根基。要通過學習文本、體會情懷、浮現畫面的結合，引導黨員幹部不斷加強主觀世界改造，切實解決好世界觀、人生觀、價值觀這個根本問題，增強"四個意識"、堅定"四個自信"、做到"兩個維護"，自覺做共產主義遠大理想和中國特色社會主義共同理想的堅定信

仰者和忠實實踐者，做人民美好生活和民族復興偉業的矢志創造者和不懈奮鬥者。

（二）傳承紅色基因。堅守理想信念和初心使命，是我們黨一以貫之的光榮傳統，是黨的紅色基因的精神內核。光榮傳統不能丟、丟了就丟了魂，紅色基因不能變、變了就會變質變色變味。黨的歷史上紅色資源燦若繁星，每一個歷史事件、每一位革命英雄、每一件革命文物、每一種革命精神，都是進行紅色教育的鮮活教科書。要深化拓展黨史學習教育，注重從黨的光輝歷程、重大成就、歷史經驗中，深入挖掘紅色教育資源，通過講黨課、看展覽、聽報告、紅色體驗、儀式教育等方式和新媒體手段，講好黨的故事、革命的故事、英烈的故事，引導黨員幹部讀出貫穿其中的“理”、“信”、“德”、“行”，加深對中國共產黨為什麼能、馬克思主義為什麼行、中國特色社會主義為什麼好的認識。要大力弘揚偉大建黨精神，學習傳承中國共產黨人的精神譜系，充分發揮革命博物館、紀念館、黨史館、烈士陵園等紅色基因庫的教育功能，激勵黨員幹部永葆政治本色、堅守精神家園。要向先輩先烈先進學習，重溫老一輩革命家和英烈的家國情懷，深化向英雄模範人物學習宣傳活動，更好引領黨員幹部做黨的光榮傳統和優良作風的忠實傳人。

（三）竭誠為民服務。全心全意為人民服務是黨的根本宗旨，也是黨員幹部踐行理想信念、初心使命的根本出發點和落腳點。共產黨人講理想信念和初心使命，從來不是搞自我“體內循環”，而是要走到人民中、落到為民服務上，通過具體的工作實踐和成效，讓群眾看得見、摸得著、感受得到。要踐行以人民為中心的發展思想，圍繞黨中央關於紮實推動共同富裕的決策部署，深入推進各項惠民利民政策的落實，切實做好普惠性、基礎性、兜底性民生工作，讓改革發展成果更多更公平惠及全體人民。要認真解決群眾急難愁盼問題，在群眾關心的就業、教育、醫療、社保、住房、養老、食品藥品安全、生態環境、社會治安等方面下更大氣力，增強群眾的獲得感、幸福感、安全感。為民服務既要盡力而為，又要量力而行，決不能脫離實際、吊高群眾胃口，做好大喜功、寅吃卯糧的蠢事。要提高做好新時代群眾工作本領，完善黨員幹部聯繫群眾制度，健全網絡公共服務平台，提升群眾工作精準度和滿意度。

（四）**勇於擔當作為**。理想信念和初心使命本質上是實踐的，只有見諸行動、擔當作為，才有說服力和感召力。進入新發展階段，黨員幹部擔當作為的最大著力點，就是要推動黨中央關於貫徹新發展理念、構建新發展格局、推動高質量發展決策部署的落實，推動全面建設社會主義現代化國家目標任務的落實。要堅持幹字當頭、苦幹實幹，腳踏實地做好本職工作，在加快科技自立自強、促進經濟循環暢通、推動綠色發展、推進鄉村振興、實行高水平對外開放等主戰場勇挑重擔，以釘釘子精神落實好各項任務，堅決反對形式主義、官僚主義。要強化問題導向，聚焦事關改革發展穩定的重大問題、扭住群眾普遍關心和反映強烈的突出問題，著力尋求破解之道。要針對工作越來越專業化專門化精細化的特點，加強專業知識和專業能力訓練，補上知識弱項、能力短板，煉就幹事創業的鐵肩膀和真本領。要發揚鬥爭精神，在原則問題上不當軟骨頭，在風險挑戰面前敢於鬥爭、善於鬥爭。

（五）**加強自我修煉**。理想信念和初心使命，源於追求崇高，強自堅守磨礪，既不會自發產生，也不會自然保質保鮮，稍不注意就可能蒙塵褪色，久不滋養就會乾涸枯萎。對黨員幹部來說，加強自我修煉是一輩子的事，必須以自我革命精神不斷改造自己、提高自己、完善自己，煉就"金剛不壞之身"。這些年被查處的腐敗典型，無一不是忽視自我修煉、丟掉了理想信念和初心使命，從而墜入自我毀滅的深淵。黨員幹部要落實全面從嚴治黨要求，嚴守政治紀律和政治規矩，自覺加強黨性鍛煉，不斷提高政治覺悟和政治能力。要積極參加黨內政治生活，用好批評和自我批評武器，經常對照黨章黨規黨紀、對照正反典型，檢視矯正自己的思想和行為，增強政治免疫力。要強化道德修養，帶頭弘揚社會主義核心價值觀、弘揚中華傳統美德，保持高尚的精神追求和健康的生活情趣。要加強廉潔自律，知敬畏、存戒懼、守底線，始終保持對腐蝕、圍獵的警覺，堅決守住做人、處事、用權、交友的底線，樹立共產黨人的良好形象。

堅持全面依法治國
法治中國建設邁出堅實步伐

王　晨

在中國共產黨成立 100 週年之際，黨的十九屆六中全會通過《中共中央關於黨的百年奮鬥重大成就和歷史經驗的決議》（以下簡稱《決議》）。一百年來，我們黨領導人民持續探索、不斷推進法治建設，成功走出了一條中國特色社會主義法治道路，已成為我們黨百年奮鬥重大成就和光輝歷史的重要組成部分。站在新的歷史起點上，我們要以習近平新時代中國特色社會主義思想為指導，堅持全面依法治國，繼續推動法治中國建設邁出堅實步伐，為全面建設社會主義現代化國家提供堅實法治保障。

一　依法治國是總結我們黨百年奮鬥歷史特別是治國理政歷史經驗得出的重要結論

（一）中國共產黨在領導人民進行新民主主義革命過程中高度重視人民民主政權建設，並對與之相適應的法制進行了實踐探索。我們黨把馬克思主義國家和法的學說同中國革命的具體實際相結合，在局部地區探索實行多種形式的人民民主政權，並以新型民主政權為依託進行法制實踐探索。黨領導人民在創建的革命根據地、邊區和解放區，先後制定實施一大批涉及政權組織、軍事、土地、勞動、婚姻、司法、內務、教育、衛生、郵政、經濟、財政金融等方面的法律法規，取得了局部地區依法依規治理的寶貴經驗。

新中國成立前夕，1949 年 2 月，黨中央發出《中共中央關於廢除國民黨〈六法全書〉和確定解放區司法原則的指示》。1949 年 9 月，《中國人民政治協商會議共同綱領》第十七條規定：＂廢除國民黨反動政府一切壓迫人民的法律、法令和司法制度，制定保護人民的法律、法令，建立人民司法制度。"這場巨大變革，從法制上為人民共和國的誕生、成長開闢了道路。

（二）新中國的成立和社會主義制度的建立，開闢了中國人民當家作主歷史新紀元，為當代中國一切發展進步包括社會主義法治奠定了根本政治前提和制度基礎。1949 年中國人民政治協商會議第一屆全體會議通過的《中國人民政治協商會議共同綱領》和《中華人民共和國中央人民政府組織法》，開了新中國法制之先河。1954 年，毛澤東同志主持起草新中國第一部憲法。1954 年 9 月 20 日，第一屆全國人民代表大會第一次會議通過《中華人民共和國憲法》。新中國成立後，國家陸續制定實施婚姻法、工會法、土地改革法、懲治反革命條例、民族區域自治實施綱要、選舉法、全國人民代表大會組織法、國務院組織法、人民法院組織法、人民檢察院組織法、地方各級人民代表大會和地方各級人民委員會組織法、兵役法等法律，初步奠定新中國人民民主法制的基礎。

後來，由於我們黨在工作指導上發生了"左"的偏差和錯誤，出現了一些嚴重失誤。特別是"文化大革命"十年內亂，使黨、國家、人民遭到新中國成立以來最嚴重的挫折和損失，民主法制遭到嚴重破壞，教訓極其慘痛。1981 年黨的十一屆六中全會通過《關於建國以來黨的若干歷史問題的決議》，對新中國成立後 30 多年歷史特別是"文化大革命"的發生和教訓作出全面總結，其基本論述和結論至今仍然適用。

（三）黨的十一屆三中全會開啟改革開放和社會主義現代化建設新時期，我國社會主義法治建設進入了蓬勃發展新階段。1978 年 12 月召開的黨的十一屆三中全會，作出把黨和國家工作中心轉移到經濟建設上來、實行改革開放的歷史性決策，同時提出了發展社會主義民主、健全社會主義法制的任務。鄧小平同志明確提出，"為了保障人民民主，必須加強法制。必須使民主制度化、法律化，使這種制度和法律不因領導人的改變而改變，不因領導人的看法和注意力的改變而改變"，"做到有法可依，有法必依，執法必嚴，違法必究"。在這以後，我國社會主義法制建設持續推進和加強，立法立規、依法行政、公正司法、法律服務、法制宣傳、法學教育、法學研究、依法治理和依法執政等各領域各方面工作不斷取得新成就新進展。

1979 年 7 月，五屆全國人大二次會議通過全國人民代表大會和地方各級人民代表大會選舉法、地方各級人民代表大會和地方各級人民政府組織法、人民法院組織法、人民檢察院組織法、刑法、刑事訴訟法、中外合資經營企業法等 7 部重要法律，成為我國法制建設進入蓬勃發展新階段的標誌性立法。

1982 年 12 月 4 日，五屆全國人大五次會議通過新憲法。1982 年憲法是根據黨的十一屆三中全會確立的路線方針政策，總結我國社會主義建設歷史經驗和教訓，適應我國改革開放和社會主義現代化建設、加強社會主義民主法制的新要求而制定的。1982 年憲法公佈施行至今，全國人大先後 5 次對憲法個別條款和部分內容作出必要的修正，使我國憲法在保持穩定性和權威性的基礎上緊緊跟上了時代前進步伐。

1997 年 9 月，黨的十五大明確提出 "依法治國，建設社會主義法治國家"；"依法治國，是黨領導人民治理國家的基本方略"。1999 年 3 月，九屆全國人大二次會議通過憲法修正案，將 "中華人民共和國實行依法治國，建設社會主義法治國家" 載入國家根本法。

2011 年 3 月，十一屆全國人大四次會議宣佈，以憲法為核心，由憲法相關法、民法商法、行政法、經濟法、社會法、刑法、訴訟及非訴訟程序法等多個法律部門和法律、行政法規、地方性法規等多個層次法律規範構成的中國特色社會主義法律體系已經形成，國家和社會生活各方面實現有法可依。

改革開放 40 多年歷程充分證明，我國社會主義法治有力鞏固了中國共產黨領導，有力保障了人民當家作主，有力促進了改革開放和社會主義現代化建設，有力推動了人權事業全面發展和社會全面進步，有力維護了國家統一、民族團結、社會和諧穩定。

歷史的經驗和教訓使我們黨深刻認識到，法治興則國家興，法治衰則國家亂；法治與國家前途、人民命運息息相關，是治國理政、實現長治久安不可或缺的重要手段。實行依法治國，是我們黨總結長期歷史經驗得出的重要結論，是堅持和發展中國特色社會主義的必然選擇。

二 以習近平同志為核心的黨中央開創新時代全面依法治國和法治中國建設新局面

（一）黨的十八大以來，以習近平同志為核心的黨中央對全面依法治國和法治中國建設作出頂層設計和重大部署。黨中央從堅持和發展中國特色社會主義、關係黨和國家長治久安的戰略高度，定位法治、佈局法治、厲行法治，對加強和完善社會主義法治的理論認識和實踐探索達到了新的歷史高度。習近平總書記就全面依法治國和法治中國建設發表一系列重要講話，作出一系列重要部署，推動一系列重要工作，在黨的歷史上產生了許多具有重要標誌意義的"第一次"。

2014 年 10 月，黨的十八屆四中全會通過《中共中央關於全面推進依法治國若干重大問題的決定》，習近平總書記對決定稿作了說明並發表重要講話。這是黨的歷史上第一次專題研究、專門部署全面依法治國的中央全會，在我國社會主義法治史上具有里程碑意義。之後不久，黨中央確立"四個全面"戰略佈局，將全面依法治國納入其中，以前所未有的決心、舉措和力度推進全面依法治國和法治中國建設。

2018 年 1 月，黨的十九屆二中全會專題研究憲法修改問題，提出修改憲法部分內容的建議，這在黨的中央全會歷史上也是第一次。3 月，十三屆全國人大一次會議通過憲法修正案，國家根本法實現了與時俱進、完善發展，符合中國實際，反映了全黨全國各族人民的共同意願，為實現"兩個一百年"奮鬥目標和中華民族偉大復興的中國夢提供了有力憲法保障。

2018 年 8 月，黨中央組建中央全面依法治國委員會，這是我們黨歷史上第一次設立這樣的機構，目的是加強黨對全面依法治國的集中統一領導，統籌推進全面依法治國工作。習近平總書記親自擔任委員會主任並在委員會第一次會議上發表重要講話。

2020 年 5 月，在十三屆全國人大三次會議通過《中華人民共和國民法典》後的第二天，習近平總書記主持十九屆中央政治局第二十次集體學習並發表重要講話，指出民法典是新中國成立以來第一部以"法典"命名的法律，是新時代我國社會主義法治建設的重大成果；強調要充分認識頒佈實施民法典重大意義，依法更好保障人民合法權益。

2020 年 11 月，黨中央第一次召開中央全面依法治國工作會議。習近平總書記發表重要講話，系統總結了我國法治建設的重要經驗特別是黨的十八大以來取得的歷史性成就，對當前和今後一個時期推進全面依法治國作出戰略部署。會議明確了習近平法治思想在全面依法治國中的指導地位，這在我國社會主義法治建設進程中具有重大政治意義、理論意義、實踐意義。

2021 年 10 月，中央人大工作會議召開，這在黨的歷史上也是第一次。會議對堅持和完善人民代表大會制度、不斷發展全過程人民民主、深入推進全面依法治國作出重大部署，強調要全面貫徹實施憲法、維護憲法權威和尊嚴，加快完善中國特色社會主義法律體系，以良法促進發展、保障善治等。

（二）黨的十八大以來，在以習近平同志為核心的黨中央堅強領導下，全面依法治國和法治中國建設邁出堅實步伐。我們適應黨和國家事業發展要求，完善立法體制，制定民法典、外商投資法、國家安全法、監察法等法律，修改立法法、國防法、環境保護法等法律；加強重點領域、新興領域、涉外領域立法，中國特色社會主義法律體系日趨完善。我們堅持依憲治國，與時俱進設立國家憲法日，建立憲法宣誓制度，加強規範性文件備案審查制度，憲法實施和監督全面加強。我們推進法治政府建設，大幅減少行政審批事項，非行政許可審批徹底終結，建立政府權力清單、負面清單、責任清單，規範行政權力，推動嚴格規範公正文明執法。我們堅定不移推進法治領域改革，先後廢止勞動教養制度、收容教育制度，以專門教育制度取代收容教養制度，依照憲法規定實行特赦；深化以司法責任制為重點的司法體制改革，推進政法領域全面深化改革，加強對執法司法活動的監督制約，開展政法隊伍教育整頓；依法糾正冤錯案件，嚴屬懲治執法司法腐敗，執法司法質量、效率、公信力顯著提高。我們深化國家監察體制改革，組建各級監察委員會，依法賦予職權並用留置取代“兩規”措施，實現對所有行使公權力的公職人員監察全覆蓋。我們堅持把全民普法和守法作為全面依法治國的基礎性工作，實行國家機關“誰執法誰普法”普法責任制，將法治教育納入國民教育體系，全面增強全社會尊法學法守法用法意識和能力。我們推進法治隊伍建設，發展壯大法律服務隊伍，加強法學教育、法學研究和法治人才培養。我們堅持依法執政，加強黨內法規建設，提高各級領導幹部運用法治思維和法治方式解決問題、推動發展的能力，堅定推進反腐敗鬥爭，全面從嚴治黨成效卓著，黨運用法治方式領導和治理國家的能力顯著增強。

（三）習近平法治思想引領新時代全面依法治國和法治中國建設。黨的十八大以來，以習近平同志為核心的黨中央推進全面依法治國和法治中國建設取得一系列重大成果，在思想理論上的集中體現就是形成了習近平法治思想。習近平法治思想是習近平新時代中國特色社會主義思想的重要組成部分，系統回答了新時代為什麼實行全面依法治國、怎樣實行全面依法治國等一系列重大問題，實現了馬克思主義法治理論中國化的新發展新飛躍。

習近平法治思想的主要內容和核心要義，集中體現為習近平總書記在中央全面依法治國工作會議上提出的"十一個堅持"，即堅持黨對全面依法治國的領導，堅持以人民為中心，堅持中國特色社會主義法治道路，堅持依憲治國、依憲執政，堅持在法治軌道上推進國家治理體系和治理能力現代化，堅持建設中國特色社會主義法治體系，堅持依法治國、依法執政、依法行政共同推進，法治國家、法治政府、法治社會一體建設，堅持全面推進科學立法、嚴格執法、公正司法、全民守法，堅持統籌推進國內法治和涉外法治，堅持建設德才兼備的高素質法治工作隊伍，堅持抓住領導幹部這個"關鍵少數"。

習近平法治思想為推進新時代全面依法治國和法治中國建設提供了科學理論指導、行動指南和根本遵循。我們要深入學習貫徹習近平法治思想，自覺用習近平法治思想武裝頭腦、指導實踐、推動工作，譜寫新時代全面依法治國新篇章。

三　在全面建設社會主義現代化國家新征程上不斷推動法治中國建設邁出堅實步伐

《決議》指出："全面依法治國是中國特色社會主義的本質要求和重要保障，是國家治理的一場深刻革命"。在全面建設社會主義現代化國家新征程上，必須堅持推進全面依法治國，不斷推動法治中國建設邁出新步伐、創造新成就。

　　堅持全面依法治國，建設法治中國，必須堅持以習近平新時代中國特色社會主義思想為指導，全面貫徹黨的十九大和十九屆二中、三中、四中、五中、六中全會精神，深入貫徹習近平法治思想，增強"四個意識"、堅定"四個自信"、做到"兩個維護"，堅持黨的領導、人民當家作主、依法治國有機統一，加快建設中國特色社會主義法治體系、建設社會主義法治國家，著力解決法治領域突出問題，在法治軌道上推進國家治理體系和治理能力現代化，為實現第二個百年奮鬥目標、全面建設社會主義現代化國家提供有力法治保障。

　　（一）深刻認識堅持全面依法治國、推進法治中國建設的重大戰略意義。黨的十九大確立的新時代堅持和發展中國特色社會主義的基本方略，黨的十九屆四中全會概括的我國國家制度和國家治理體系具有的顯著優勢，黨的十九屆六中全會進一步明確的習近平新時代中國特色社會主義思想的重大創新內容，都將全面依法治國列入其中，凸顯全面依法治國的戰略地位和重大意義。我們必須提高政治站位，深入貫徹黨中央全面依法治國戰略部署，全面實施法治中國建設規劃，全面落實法治社會建設實施綱要。

　　（二）提高立法質量和效率，加快完善以憲法為核心的中國特色社會主義法律體系。要適應把握新發展階段、貫徹新發展理念、構建新發展格局的要求，加強重點領域、新興領域、涉外領域立法，使法律體系更加科學完備、統一權威。堅持科學立法、民主立法、依法立法，堅持立改廢釋纂並舉，豐富立法形式，提高立法質量，增強立法的及時性、針對性、有效性，以良法促進發展、保障善治。

　　（三）提高依法行政水平，在法治軌道上推進政府各項工作。法治政府建設是全面依法治國的重點任務和主體工程，具有示範帶動作用。要加快建設法治政府，全面貫徹落實法治政府建設實施綱要，把法治作為行政決策、行政管理、行政監督的重要標尺。依法全面履行政府職能，實現政府各項工作法治化。

　　（四）確保司法公正高效權威，努力讓人民群眾在每一個司法案件中感受到公平正義。要深化司法責任制綜合配套改革，全面落實司法責任制，真正做到"讓審理者裁判、由裁判者負責"。完善訴訟制度,加強司法保護,暢通司法救濟渠道,加強對司法活動的監督制約。加強法律服務體系建設,統籌推進律師、公證、法律援助、司法救助、司法鑒定、人民調解、仲裁等體制機制完善和相關工作。

(五)加強對法治實施的監督,保證國家機關切實履行法治實施職責。形成嚴密的法治監督體系,是建設中國特色社會主義法治體系的重要任務。要依法加強對各級國家行政機關、監察機關、審判機關、檢察機關等的監督,保證憲法法律法規切實得到全面貫徹和有效執行,保證行政權、監察權、審判權、檢察權切實得到正確行使,保證公民、法人和其他組織合法權益切實得到尊重和維護。

(六)加強法治專門人才隊伍建設,為法治中國建設提供人才支撐和智力支撐。要堅持黨管人才,牢牢把握社會主義法治人才培養方向,加強立法、執法、司法、法律服務、法學研究等領域人才隊伍建設。著力發揮法學教育基礎性先導性作用,加強複合型法治人才、涉外法治人才、青年法治人才培養,努力造就一批又一批德才兼備的高素質法治人才。

(七)增強全民法治觀念,夯實法治社會建設基礎。做好法治實施工作,必須讓法治走向社會、走向基層、走向群眾,弘揚社會主義法治精神,建設社會主義法治文化。要堅持依法治國和以德治國相結合,加大全民普法工作力度,持續提升公民法治素質,促進全社會成員養成法治思維方式和法治行為習慣。推進多層次多領域依法治理,加快實現社會治理法治化。

必須實現高質量發展

劉　鶴

黨的十九屆六中全會通過的《中共中央關於黨的百年奮鬥重大成就和歷史經驗的決議》（以下簡稱《決議》）強調，必須實現創新成為第一動力、協調成為內生特點、綠色成為普遍形態、開放成為必由之路、共享成為根本目的的高質量發展，推動經濟發展質量變革、效率變革、動力變革。實現高質量發展是我國經濟社會發展歷史、實踐和理論的統一，是開啟全面建設社會主義現代化國家新征程、實現第二個百年奮鬥目標的根本路徑。我們要深入領會《決議》精神實質，把高質量發展貫穿經濟社會發展的各個方面和環節。

一　實現高質量發展是我國經濟社會發展歷史、實踐和理論的統一

回顧百年黨史，我們黨在領導全國人民進行革命、建設和改革過程中，不斷總結正反兩方面經驗，從我國的歷史傳統、文化積澱和基本國情出發，把握不同階段的歷史性特徵，進行富有智慧的實踐探索，及時上升為思想理論，更為科學地指導實踐，創造了經濟快速發展和社會長期穩定兩大奇跡。

（一）從歷史看，高質量發展是我們黨在推動經濟建設不斷向高級形態邁進過程中形成的。走向高質量發展是一個歷史過程。新中國成立初期，我國經濟社會發展面臨一窮二白的局面，國家集中資源短時間內建立起獨立的比較完整的工業體系和國民經濟體系。黨的十一屆三中全會強調，要把全黨工作的著重點和全國人民的注意力轉移到社會主義現代化建設上來，提出改革開放的任務。黨的十二大提出到 20 世紀末力爭使全國工農業年總產值翻

兩番的經濟建設目標。此後一段時間，我國經濟經歷了加速發展的階段，生產潛力不斷得到釋放，生產要素有效利用，經濟規模越來越大。與此同時，經濟增長方式較為粗放，經濟結構不合理，能源、資源、環境等約束日益凸顯，經濟發展方式轉變問題日益引起黨中央的高度重視。黨的十三大強調了經濟效益和經濟結構的問題，提出要從粗放經營為主逐步轉向集約經營為主的軌道，黨的十五大提出可持續發展戰略，黨的十七大進一步明確加快轉變經濟發展方式的戰略任務。黨的十八大以來，中國特色社會主義進入了新時代，黨中央提出要適應、把握、引領經濟發展新常態，堅定不移貫徹新發展理念。黨的十九大根據發展階段和社會主要矛盾重大變化，經過充分論證，明確提出我國經濟已由高速增長階段轉向高質量發展階段。

（二）從實踐看，高質量發展是全面建設社會主義現代化國家的需要。實踐呼喚高質量發展。當前，我國社會主要矛盾已經轉化為人民日益增長的美好生活需要和不平衡不充分的發展之間的矛盾。不平衡不充分本質上是發展質量不高。在經濟體系中，我們有些領域已經接近現代化了，有些還是半現代化的，有些則是很低效和過時的。現階段，我國生產函數正在發生變化，經濟發展的要素條件、組合方式、配置效率發生改變，面臨的硬約束明顯增多，資源環境的約束越來越接近上限，碳達峰碳中和成為我國中長期發展的重要框架，高質量發展和科技創新成為多重約束下求最優解的過程。在全面建設小康社會階段，我們主要解決的是量的問題；在全面建設社會主義現代化國家階段，必須解決好質的問題，在質的大幅提升中實現量的持續增長。

（三）從理論看，高質量發展是我們黨把握發展規律從實踐認識到再實踐再認識的重大理論創新。經濟發展理論必須與時俱進。馬克思主義的認識論強調，新理論產生於新實踐，新實踐需要新理論指導。黨的十八大以來，以習近平同志為核心的黨中央作出經濟發展面臨"三期疊加"、經濟發展進入新常態等判斷，強調不能簡單以生產總值增長率論英雄，必須深化供給側結構性改革。黨的十九大作出我國經濟轉向高質量發展階段的判斷，《決議》對高質量發展作了進一步強調。這些思想環環相扣，系統回答了經濟形勢"怎麼看"、經濟工作"怎麼幹"的問題。推動高質量發展的重要論述，連同經濟發展新常態、深化供給側結構性改革、統籌發展和安全、貫徹新發展理念、構建新發展格局等，成為習近平新時代中國特色社會主義經濟思想的重要組成部分，是馬克思主義政治經濟學的最新成果。這些重要思想是黨的十八大以來我國經濟發展取得歷史性成就、發生歷史性變革的根本思想保證，是全面建設社會主義現代化國家過程中必須長期堅持的重要指導思想。

二 科學把握高質量發展的內涵要求

高質量發展就是體現新發展理念的發展，必須堅持創新、協調、綠色、開放、共享發展相統一。

（一）高質量發展是以人民為中心的發展。人是經濟體系的基本組成部分，涉及需求和供給兩個方面，既是消費主體，又是生產和創新的主體，是最具活力的生產要素。滿足人民需要是社會主義生產的根本目的，也是推動高質量發展的根本力量。我國經濟的新增長點、新動力蘊含在解決好人民群眾普遍關心的突出問題中，產生於人力資本質量提高的過程中。高質量發展就是要回歸發展的本源，實現最大多數人的社會效用最大化。進入新發展階段，以習近平同志為核心的黨中央把實現全體人民共同富裕擺在更加重要位置上，我們必須堅持通過推動高質量發展、通過共同艱苦奮鬥促進共同富裕，必須最為廣泛有效調動全社會積極性能動性，提升全社會人力資本質量和專業技能，擴大中等收入群體，不搞平均主義，不搞殺富濟貧、殺富致貧，避免掉入福利主義陷阱，通過 14 億多人共同努力，一起邁入現代化。

（二）高質量發展是宏觀經濟穩定性增強的發展。經濟增長往往呈現週期性波動，但大起大落會破壞生產要素和社會財富。從各國經濟增長史看，一些高速增長的經濟體，經濟大起之後出現大落，往往一蹶不振。在世界面臨百年未有之大變局、全球經濟充滿不確定性的條件下，宏觀穩定成為稀缺的資源。高質量發展要更加注重從供給側發力，通過優化經濟結構提升經濟穩定性。宏觀經濟是一個不可中斷的連續進程，要始終堅持穩中求進工作總基調。《決議》提出，完善宏觀經濟治理，創新宏觀調控思路和方式，增強宏觀政策自主性。要持續抓好落實，尤其要針對經濟波動，做好宏觀政策跨週期設計和逆週期調節，加強預期管理。從高速增長轉向高質量發展是風險易發高發的時期，要堅持底線思維，防範化解各種重大風險特別是系統性風險，著力用高質量發展來從根本上防範化解各類風險，實現穩增長和防風險的長期均衡。

（三）富有競爭力的企業是高質量發展的微觀基礎。高質量發展必須把培育有核心競爭力的優秀企業，作為各類經濟政策的重要出發點，真正打牢高標準市場體系的微觀基礎。企業好經濟就好，居民有就業、政府有稅收、金融有依託、社會有保障。當前，我國大企業存在大而不強的問題，雖然近兩年我國位列世界 500 強的企業數量連續居於全球首位，但主要依賴規模，創新引領力、國際競爭力與世界一流水平還存在差距。數量龐大的小企業活力強，但存在市場競爭力弱、升級能力不足的現象。國有企業要不斷深化改革，高效公平地參與市場競爭。大量民營企業要向"專精特新"方向發展，把敢於冒險的企業家精神和公司治理的規範性統一起來。外資企業對實現高質量發展非常重要，要鼓勵引進更具競爭力的產品、技術和服務，在更高水平競爭中創造價值、實現互利共贏。企業家是要素整合者、市場開拓者、創新推動者。企業家就像魚一樣，水質水溫適宜就會游過來。要為企業家創造良好的市場環境，使他們發揮作用。

（四）高質量發展是創新驅動的發展。習近平總書記指出，要堅持創新在我國現代化建設全局中的核心地位。黨中央把創新的重要性提升到前所未有的高度。創新驅動是高質量發展的一個定義性特徵，高質量發展就是創新作為第一動力的發展，只有創新驅動才能推動我國經濟從外延式擴張上升為內涵式發展。我們必須充分認識到，由於世情國情發生深刻變化，科技創新對中國來說不僅是發展問題，更是生存問題。成功跨越中等收入陷阱，關鍵在於能否實現由要素投入驅動向技術創新驅動的跨越。二戰結束以來，開啟工業化進程甚至短暫跨過中高收入門檻的國家很多，但真正跨越中等收入陷阱、成為發達國家的只有韓國、新加坡、以色列等少數國家，這些國家無不在全球創新和產業鏈分工中佔據關鍵位置。提升全要素生產率、勞動生產率、科技貢獻率、人力資本積累等，都與創新直接相關。《決議》強調，堅持實施創新驅動發展戰略。要強化國家戰略科技力量，加強基礎研究，加快攻克重要領域"卡脖子"技術，掌握更多"撒手鐧"式技術。基礎研究能力是國家創新活力的源泉，必須大力加強。突破一個關鍵技術，往往能夠創造一個細分行業，進而盤活整個產業，最終對整個經濟高質量發展形成積極帶動。要調整優化科技結構，真正形成以企業為主體的創新體制，發揮大企業引領支撐作用，支持中小企業成為創新重要發源地，加強創新領域國際合作。強化知識產權創造、保護、運用。完善科技創新激勵機制和科技評價機制，落實好“軍令狀”、“揭榜掛帥”、科研經費“包乾制”等機制。改革科研經費管理，賦予科學家更大技術路線決定權、經費支配權、資源調度權。探索賦予科研人員職務科技成果所有權和長期使用權。加快形成並實施有利於科技人才潛心研究和創新的評價體系。

（五）高質量發展要堅持市場化法治化國際化。高質量發展需要強化市場機制，形成良性競爭，降低制度性交易成本，建立統一開放、競爭有序的高標準市場體系。社會主義市場經濟本質上是法治經濟，必須以保護產權、維護契約、統一市場、平等交換、公平競爭、有效監管為基本導向，完善社會主義市場經濟法律制度，為市場主體活動提供公正、穩定、可預期的法治環境。高質量發展要在高水平國際競爭中動態提升，推動規則、監管、標準等制度型開放，增強中國市場吸引力和中國企業國際競爭力。市場化、法治化、國際化相輔相成，是培育吸引全球一流要素和高質量微觀主體的基礎性制度要求，必須通盤推動，構建更加成熟更加定型的社會主義市場經濟體制。

（六）高質量發展是生態優先綠色發展。綠色是高質量發展的底色。習近平總書記反覆強調，“綠水青山就是金山銀山”，山水林田湖草沙是一個生命共同體，要一體化保護和系統治理。推進重要生態系統保護和修復重大工程，構建生態安全屏障體系。實行最嚴格生態環境保護制度。實現高質量發展，要在碳達峰碳中和框架下，逐步和有序實現我國生產生活方式全面綠色低碳轉型，這是一場廣泛而深刻的經濟社會系統性變革。要堅持系統觀念，統籌推進碳達峰碳中和工作，按照“全國統籌、節約優先、雙輪驅動、內外暢通、防範風險”的原則，先立後破，處理好發展和減排、整體和局部、短期和中長期的關係。要完善綠色低碳政策和市場體系，充分發揮市場機制激勵約束作用。深入研究我國現階段以煤為主的能源結構下，如何實現綠色低碳發展。在推動綠色低碳發展中解決生態環境問題，推動綠色低碳技術取得重大突破，加快形成節約資源和保護環境的產業結構、生產方式、生活方式、空間格局。深度參與全球環境與氣候治理，引導應對氣候變化國際合作。

三　加強實現高質量發展的動力和保障

高質量發展是今後一個發展階段的主題，要認真貫徹黨的十九大和十九屆二中、三中、四中、五中、六中全會精神，找準發展中面臨的矛盾，堅持問題導向，面向各個方面的主要制約，加快推動各方面工作轉入高質量發展軌道。

（一）要加快構建新發展格局。以習近平同志為核心的黨中央提出加快構建以國內大循環為主體、國內國際雙循環相互促進的新發展格局，這是推動高質量發展的重大戰略。目前，國民經濟和產業循環不暢是我們面臨的突出矛盾。要以科技創新作為暢通國內大循環的關鍵，集中力量打好關鍵核心技術攻堅戰。要發揮我國超大規模市場優勢，為新產品新技術新業態迭代提供應用場景，推動供應鏈產業鏈優化升級。要依託國內大循環吸引全球高質量的商品和資源要素，增強供應鏈粘性，穩定產業鏈佈局，促進國內國際雙循環更為暢通。要更好統籌發展和安全，牢牢守住安全底線。

（二）要以深化供給側結構性改革為主線。我國經濟運行面臨的主要矛盾在供給側，實現高質量發展關鍵在於提升供給體系的水平和質量，更好適應、引領和創造新需求。壯大實體經濟，加快建設製造強國。要深化金融供給側結構性改革，加強治理結構改革，提高金融體系服務實體經濟的能力和水平，促進實體經濟與金融協調發展，實現"科技—產業—金融"的高水平循環。資本市場在金融運行中具有牽一髮而動全身的作用，要堅持"建制度、不干預、零容忍"的方針，打造規範、透明、開放、有活力、有韌性的資本市場，使之成為推動科技創新和實體經濟轉型升級的樞紐。適應數字化趨勢，發展數字經濟，推動傳統產業技術改造，發展戰略性新興產業。在堅持以供給側結構性改革為主線的過程中，要重視需求側管理，堅持擴大內需這個戰略基點，始終把擴大內需同深化供給側結構性改革有機結合起來。適度超前進行基礎設施建設。有序落實碳達峰碳中和，加強全國統籌，完善能耗控制機制，通過市場競爭推動淘汰落後產能。實施好區域協調發展戰略，打造高質量發展增長極。要堅持房子是用來住的、不是用來炒的定位，因城施策、分類指導，著力穩地價、穩房價、穩預期，落實好房地產市場長效機制，順應居民高品質住房需求，更好解決居民住房問題，促進房地產行業平穩健康發展和良性循環。

（三）要始終堅持改革開放。社會主義現代化建設是一個不斷調整、改革、完善的動態過程。進入新發展階段，推動實現高質量發展，面臨的改革任務更為複雜艱巨，我們必須解放思想，以開拓精神和專業態度，推動改革開放在重點領域、關鍵環節取得重大突破。重點推動土地、金融、科技、數據等要素價格由市場決定，理順煤、電等能源價格機制，鼓勵綠色能源發展，圍繞提高資源配置效率、暢通經濟循環、增強有效激勵來拓展改革的廣度、深度。中國對外開放方針不會變，今天不會變，將來也不會變。要推動我國對外開放由商品和要素流動型開放向規則等制度型開放轉變，加快構建與國際通行規則相銜接的制度體系和監管模式。要把參與發達經濟體市場競爭和引進發達經濟體高技術高質量的直接投資，作為提高對外開放水平的重要方面。推進共建"一帶一路"高質量發展，實現高質量引進來和高水平走出去。推動完善全球經濟治理體系，高舉經濟全球化大旗，商談和積極加入高水平自貿協定，推動形成更加緊密穩定的全球經濟體系，與國內高質量發展形成正反饋效應。

（四）要始終堅持"兩個毫不動搖"。我們黨總結社會主義建設經驗，形成了公有制為主體、多種所有制經濟共同發展，按勞分配為主體、多種分配方式並存，社會主義市場經濟體制等社會主義基本經濟制度，這是黨和人民的偉大創造，我們必須堅持好、鞏固好、完善好、發展好。基本經濟制度和國家大政方針的穩定對微觀主體是剛需，實現高質量發展，必須落實好《決議》要求，毫不動搖鞏固和發展公有制經濟，毫不動搖鼓勵、支持、引導非公有制經濟發展。要支持國有資本和國有企業做強做優做大，增強國有經濟競爭力、創新力、控制力、影響力、抗風險能力。要構建親清政商關係，促進非公有制經濟健康發展和非公有制經濟人士健康成長。要深刻理解社會心理特點，了解市場關心什麼、擔心什麼，加強預期引導，提高政策制定水平，做好政策評估和與市場溝通，堅持問題導向，多出台服務微觀主體的高質量政策。強化市場監管和反壟斷規制，防止資本無序擴張，維護市場秩序，引導資本要素有序健康發展。適應新經濟發展趨勢，既加強對平台經濟的監管，又要鼓勵平台經濟創新，培育有一流國際競爭力的平台企業。要弘揚企業家精神，充分信任、依靠和尊重企業家，發揮企業家在推動企業創新、提高企業競爭力上的重要作用。

百年黨史深刻啟示我們，堅持黨的領導是我們取得勝利的根本保障。推動高質量發展是一場關係經濟社會全局的深刻變革，必須加強黨對經濟工作的統一領導和戰略謀劃，完善黨領導經濟工作的體制機制。要在黨的領導下，準確判斷所處的歷史階段和面臨的主要矛盾，從長遠大勢出發制定正確的重大戰略，持之以恆加以推進，實現高質量發展。我們已經踏上全面建設社會主義現代化國家的新征程，要緊緊圍繞這一偉大歷史目標，把落實黨中央經濟決策部署作為政治任務，勇挑重擔，敢於擔當，結合實際創造性推動各項工作。黨員幹部要在推動高質量發展中經受鍛煉，增強工作的積極性主動性，提升推動高質量發展的能力，發揚專業主義精神，以理性思維解決遇到的各種難題。堅持問題導向、目標導向，加強調查研究，務實開展工作。高質量發展最終要靠高質量的人才，要貫徹落實好習近平總書記在中央人才工作會議上的重要講話精神，堅持黨管人才，深入實施人才強國戰略，深化人才發展體制機制改革，全方位培養、引進、用好人才，加快建設世界重要人才中心和創新高地，為高質量發展提供有力人才支撐。

堅決維護黨的核心和黨中央權威

李鴻忠

　　黨的十九屆六中全會通過的《中共中央關於黨的百年奮鬥重大成就和歷史經驗的決議》（以下簡稱《決議》），從堅持和加強黨的全面領導、實現中華民族偉大復興戰略全局的政治高度，對"堅決維護黨的核心和黨中央權威"作出了深刻論述、提出了明確要求。《決議》指出："只要我們堅持黨的全面領導不動搖，堅決維護黨的核心和黨中央權威，充分發揮黨的領導政治優勢，把黨的領導落實到黨和國家事業各領域各方面各環節，就一定能夠確保全黨全軍全國各族人民團結一致向前進。"這對於推動全黨不斷增強"四個意識"、堅定"四個自信"、做到"兩個維護"，不斷提高政治判斷力、政治領悟力、政治執行力，團結帶領全國各族人民為實現中華民族偉大復興的中國夢不懈奮鬥具有根本性、全局性、決定性意義。

一　堅決維護黨的核心和黨中央權威，是黨的百年奮鬥的重要歷史經驗，是中國共產黨能夠成功和繼續成功的根本政治優勢

　　黨的百年奮鬥史充分證明，什麼時候全黨堅定維護黨的核心和黨中央權威，黨的領導就會加強，黨的事業就不斷取得勝利；反之，黨的領導就會弱化，黨的事業就會遭受挫折。我們黨從誕生之日起就是一個按照民主集中制原則組織起來的統一整體。1935年1月召開的遵義會議，事實上確立了毛澤東同志在黨中央和紅軍的領導地位，開始形成以毛澤東同志為核心的黨的第一代中央領導集體，在最危急關頭挽救了黨、挽救了紅軍、挽救了中國革命。但是，全黨真正深刻認識到維護黨的核心和黨中央權威的重大意義並成為自覺行動，還經歷了一個過程。長征途中張國燾挾兵自重、另立中央，

全面抗戰初期王明不聽黨中央指揮、在黨內拉幫結派，都給中國革命造成損失。有鑒於此，黨提出了"四個服從"，強調最根本的是全黨服從中央，先後制定關於中央委員會工作規則與紀律的決定、關於各級黨部工作規則與紀律的決定、關於增強黨性的決定、關於建立報告制度的指示、關於健全黨委制的決定等，從制度上加強黨中央的集中統一領導。毛澤東同志指出，"領導核心只能有一個。一個桃子剖開來有幾個核心？只有一個核心"，"實行一元化的領導很重要，要建立領導核心，反對﹒一國三公﹒"。黨的六屆七中全會通過的《關於若干歷史問題的決議》使全黨對中國革命基本問題的認識達到一致，"全黨已經空前一致地認識了毛澤東同志的路線的正確性，空前自覺地團結在毛澤東的旗幟下了"。新中國成立後，黨的七屆四中全會通過的《關於增強黨的團結的決議》指出，"黨的團結的唯一中心是黨的中央"。毛澤東同志強調，"領導我們事業的核心力量是中國共產黨"，"工、農、商、學、兵、政、黨這七個方面，黨是領導一切的"，"必須有中央的強有力的統一領導，必須有全國的統一計劃和統一紀律"。改革開放後，鄧小平同志強調："中央要有權威。改革要成功，就必須有領導有秩序地進行。" 1980 年《關於黨內政治生活的若干準則》規定，"全黨服從中央，是維護黨的集中統一的首要條件"。黨的十一屆六中全會通過的《關於建國以來黨的若干歷史問題的決議》，對毛澤東同志的歷史地位和毛澤東思想作出了科學評價。鄧小平同志指出，"任何一個領導集體都要有一個核心，沒有核心的領導是靠不住的……要有意識地維護一個核心"。這是總結黨的歷史經驗得出的科學結論。

中國特色社會主義進入新時代，黨的領導全面加強，"兩個維護"成為全黨在革命性鍛造中形成的共同意志，成為黨的十八大以來我們黨最可寶貴的重大政治成果。針對一段時期以來黨內存在不少落實黨的領導弱化、虛化、淡化、邊緣化問題，以習近平同志為核心的黨中央旗幟鮮明提出，中國共產黨領導是中國特色社會主義最本質的特徵，是中國特色社會主義制度的最大優勢；堅持和加強黨的全面領導，首先要維護黨中央權威和集中統一領導，全黨必須自覺增強"四個意識"、堅定"四個自信"、做到"兩個維護"。黨堅持唯物史觀和正確黨史觀，正確認識改革開放前和改革開放後黨的歷史，旗幟鮮明反對歷史虛無主義，堅決維護黨的核心的歷史地位。習近平總書記在紀念毛澤東同志誕辰 120 週年座談會上的講話和在紀念鄧小平同志誕辰 110 週年座談會上的講話中，分別高度評價了毛澤東同志、鄧小平同志的歷史功績，明確提出了評價歷史人物和革命領袖的歷史唯物主義方法論原則，堅決防止在重大問題上犯顛覆性錯誤。我們健全黨總攬全局、協調各方的領導制度體系，強化"兩個維護"的制度保障，深化黨和國家機構改革，建立健全黨中央對重大工作的領導體制，完善推動黨中央重大決策落實機制；強化政治監督，深化政治巡視，嚴明黨的政治紀律和政治規矩，推動營造風清氣正的良好政治生態。堅決查處周永康、薄熙來、孫政才、令計劃等嚴重違紀違法案件，清除了黨內政治隱患。所有這些根本性、開創性、重塑性的重大舉措，都全面加強了黨的領導，有力維護了黨的核心和黨中央權威。

《決議》高度評價了黨的十八大以來以習近平同志為核心的黨中央帶領全黨全國人民推動黨和國家事業取得的歷史性成就、發生的歷史性變革，高度評價了習近平總書記作為黨中央的核心、全黨的核心作出的卓越歷史貢獻，高度評價了習近平新時代中國特色社會主義思想的指導地位和意義。實踐證明，習近平總書記是經過歷史檢驗、實踐考驗、鬥爭歷練的當之無愧的黨的核心，是贏得全黨全國人民衷心擁護愛戴的人民領袖，是實現中華民族偉大復興的領路人。《決議》指出："黨確立習近平同志黨中央的核心、全黨的核心地位，確立習近平新時代中國特色社會主義思想的指導地位，反映了全黨全軍全國各族人民共同心願，對新時代黨和國家事業發展、對推進中華民族偉大復興歷史進程具有決定性意義。" 我們要深刻領會 "決定性意義" 的深刻內涵，深刻認識維護習近平總書記黨中央的核心、全黨的核心地位，決定道路方向，決定事業成敗，決定黨的興衰，決定國家和民族的前途命運，從而在維護上更加堅定、更加自覺、更加執著、更加真摯。

二 堅決維護黨的核心和黨中央權威，是堅持黨的全面領導的核心要義，是新時代堅持和發展中國特色社會主義、實現中華民族偉大復興的根本政治保證

《決議》在總結黨的百年奮鬥歷史經驗時指出："歷史和現實都證明，沒有中國共產黨，就沒有新中國，就沒有中華民族偉大復興。治理好我們這個世界上最大的政黨和人口最多的國家，必須堅持黨的全面領導特別是黨中央集中統一領導，堅持民主集中制，確保黨始終總攬全局、協調各方。"這是黨和國家的根本所在、命脈所在，是全國各族人民的利益所繫、命運所繫。

（一）堅決維護黨的核心和黨中央權威，是黨的領導的最高原則和黨的政治建設的首要任務。維護黨中央權威和集中統一領導是馬克思主義政黨的重大建黨原則。恩格斯強調，"沒有權威，就不可能有任何的一致行動"。列寧指出："黨的中央機關成為擁有廣泛的權力、得到黨員普遍信任的權威性機構，只有這樣，黨才能履行自己的職責。" 2021 年 2 月 20 日，習近平總書記在黨史學習教育動員大會上的講話中指出，"保證全黨服從中央，維護黨中央權威和集中統一領導，是黨的政治建設的首要任務，必須常抓不懈。" 在黨的組織制度中，黨的全國代表大會和它所產生的中央委員會是黨的最高領導機關，中央委員會、中央政治局、中央政治局常務委員會是黨的組織體系的大腦和中樞，習近平總書記是黨中央的核心、全黨的核心，是中央領導集體中負總責、最後下決心的人 , 是黨的領導的根本制度安排。堅持黨的領導，首要的、根本的是堅決維護習近平總書記的核心地位，堅決維護黨中央權威和集中統一領導，這是黨的領導的最高原則。

（二）堅決維護黨的核心和黨中央權威，是堅持和加強黨的全面領導的內在要求。黨政軍民學，東西南北中，黨是領導一切的，是最高的政治領導力量。在中國特色社會主義制度體系中，中國共產黨的領導是載入憲法的，黨的領導制度是我國的根本領導制度、居於統領地位。在國家治理體系的大棋局中，黨中央是坐鎮中軍帳的"帥"。黨中央重大決策部署，是全黨全軍全國各族人民統一思想、統一意志、統一行動的依據。按照《中國共產黨中央委員會工作條例》的規定，黨中央的領導地位和權威體現在：全面領導改革

發展穩定、內政外交國防、治黨治國治軍等各領域各方面工作，對黨和國家事業發展重大工作實行集中統一領導；各級人大、政府、政協、監察機關、審判機關、檢察機關，武裝力量，各民主黨派和無黨派人士，人民團體，企事業單位，基層群眾性自治組織，社會組織等，都必須自覺接受黨中央領導；全黨各個組織和全體黨員必須自覺服從黨中央，向黨中央看齊，堅決維護黨中央權威和集中統一領導。黨中央發揮"舉旗定向、掌舵領航"作用，體現為"三個引領"：加強政治引領，堅定不移走中國特色社會主義道路；加強思想引領，用習近平新時代中國特色社會主義思想武裝全黨、教育人民；加強風範引領，以強大真理力量和人格力量凝聚黨心軍心民心。黨中央發揮"總攬全局、協調各方"的作用，體現為"三個統攬"：統攬各項工作，整體推進黨和國家各方面事業；統攬各方力量，領導各級各類組織和廣大黨員、幹部、群眾一體行動；統攬國家治理，堅持和完善中國特色社會主義制度、推進國家治理體系和治理能力現代化。

（三）堅決維護黨的核心和黨中央權威，是在建黨百年新的歷史起點上進行偉大鬥爭、建設偉大工程、推進偉大事業、實現偉大夢想的現實需要。過去一百年，黨向人民、向歷史交出了一份優異的答卷。現在，黨團結帶領中國人民又踏上了實現第二個百年奮鬥目標的新的趕考之路。我們黨要帶領人民成功應對重大挑戰、抵禦重大風險、克服重大阻力、化解重大矛盾、解決重大問題，必須擁有一個具有崇高威望的黨的核心和具有高度權威的黨中央。只有堅決做到"兩個維護"，才能把全黨全國人民的思想意志、智慧力量凝聚起來，萬眾一心、勠力奮鬥，朝著全面建成社會主義現代化強國的第二個百年奮鬥目標奮勇前進。

三　不斷增強堅決維護黨的核心和黨中央權威的政治自覺、思想自覺和行動自覺

新時代、新征程、新使命，對堅決維護黨的核心和黨中央權威提出了更高要求。要以統一的思想為基礎、以堅強的定力為支撐、以科學的制度為保障、以嚴明的紀律為保證、以絕對忠誠的大德為原動力，把"兩個維護"

落到實處，確保全黨步調一致向前進。

（一）深刻認識"堅決維護黨的核心和黨中央權威"的科學內涵和實踐要求。"兩個維護"的政治內涵是特定的、統一的，在當今中國，"黨的核心"只有一個，就是習近平總書記，維護黨的核心就是維護習近平總書記黨中央的核心、全黨的核心地位；維護黨中央權威和集中統一領導，對象是黨中央而不是其他任何組織。"兩個維護"既不能層層套用，也不能隨意延伸，不能層層提權威、要看齊。"兩個維護"同堅持民主集中制是一致的，同以人民為中心是一致的，同發揮地方、部門的積極性是一致的，同支持國家機構依法依章程履行職責、發揮作用也是一致的，不能對立起來、割裂開來。各級地方和部門的黨組織的權威來自黨中央的權威、服從服務於黨中央權威，地方和部門的工作都是對習近平總書記重要指示精神和黨中央決策部署的具體落實，在地方和部門工作的同志都是黨派去工作的，不是獨立的孤立的存在，沒有天馬行空、為所欲為的權力，不能把自己看成封建時代的"一路諸侯"、"封疆大吏"，不能罔顧中央、目無中央，不能標新立異、自成體系、另搞一套。

（二）錘煉對黨絕對忠誠的政治品格，不斷增強政治意識、大局意識、核心意識、看齊意識，不斷提高政治判斷力、政治領悟力、政治執行力。學史崇德，首先要崇尚對黨忠誠的大德，做到始終忠於黨、忠於黨的核心、忠於黨的信仰、忠於黨的事業、忠於黨的組織。要以堅定的理想信念鑄就忠誠、以嚴格的黨內政治生活淬煉忠誠、以大是大非問題上的立場定力檢驗忠誠、以無私無畏的擔當詮釋忠誠，居其位、擔其責，盡其忠、竭其誠，披肝瀝膽、鞠躬盡瘁，任何時候任何情況下都不改其心、不移其志、不毀其節。要旗幟鮮明講政治，堅持以黨的政治建設為統領，把堅持黨的政治領導、做到"兩個維護"放在首位，善於把握政治大局、政治邏輯，把準政治方向，夯實政治根基，涵養政治生態，嚴肅黨內政治生活，嚴明政治紀律和政治規矩，防範政治風險，永葆政治本色，提高政治能力，做政治上的明白人。要胸懷大局，牢記"國之大者"，識大體、顧大局，觀大勢、謀大事，自覺在大局下思考、在大局下行動，做到全黨一盤棋、全國一盤棋。要心向習近平總書記，心有黨中央、心為黨中央，自覺向習近平總書記看齊，向黨中央看齊，向黨的理論和路線方針政策看齊，向黨中央決策部署看齊，在思想上高度信賴核心、感情上衷心愛戴核心、政治上堅決維護核心、組織上自覺服從核心、行動上始終緊跟核心，一切行動聽從習近平總書記和黨中央的指揮。

（三）堅決貫徹落實習近平總書記重要指示批示精神，自覺做習近平新時代中國特色社會主義思想的堅定信仰者、忠實實踐者。要堅持不懈用習近平新時代中國特色社會主義思想這一當代中國馬克思主義、二十一世紀馬克思主義武裝頭腦、指導實踐、推動工作，深化對新時代堅持和發展什麼樣的中國特色社會主義、怎樣堅持和發展中國特色社會主義，建設什麼樣的社會主義現代化強國、怎樣建設社會主義現代化強國，建設什麼樣的長期執政的馬克思主義政黨、怎樣建設長期執政的馬克思主義政黨等重大時代課題的認識，自覺在心靈上深刻感悟習近平總書記崇高的領袖風範和人格魅力，在思想上政治上行動上向核心看齊，做到至信而深厚、虔誠而執著。要把堅決貫徹落實習近平總書記重要指示批示精神作為首要政治責任、領導責任、工作責任，做到堅定堅決、不折不扣、落實落細、有力有效。列寧曾經說過，"沒有 . 人的感情 . ，就從來沒有也不可能有人對於真理的追求。" 我們要把"兩個維護" 建築於對歷史經驗的深刻總結基礎上，建築在對習近平新時代中國特色社會主義思想的真理追求基礎上，建築於對黨的核心發自內心的敬仰、愛戴、忠誠、信賴、維護的深厚感情基礎上。

（四）堅決貫徹落實黨中央決策部署，確保政令暢通、令行禁止。"事在四方，要在中央。" 堅決貫徹落實黨的路線方針政策和黨中央決策部署，是各級黨組織和全體黨員的首要政治責任和應盡義務，要自覺在政治立場、政治方向、政治原則、政治道路、政治言論、政治行為等方面同黨中央保持高度一致，把貫徹黨中央精神體現到謀劃重大戰略、制定重大政策、部署重大任務、推進重大工作的實踐中去，不斷提高執行能力和水平，做到黨中央提倡的堅決響應，黨中央決定的堅決執行，黨中央禁止的堅決不做，絕不允許有令不行、有禁不止。

（五）嚴明黨的政治紀律和政治規矩，增強制度執行力。堅持和完善黨的領導制度體系，最關鍵的是強化 "兩個維護" 的制度保障。要自覺尊崇制度、堅決維護制度、嚴格執行制度，自覺遵守加強和維護黨中央集中統一領導的若干規定、中國共產黨重大事項請示報告條例，堅決落實黨中央對重大工作的領導制度和領導體制，嚴格執行中國共產黨中央委員會、地方委員會、黨組等工作條例，真正把"兩個維護"落實到制度規矩、體制機制、行為規範、工作程序當中。要把"兩個維護"作為新時代強化監督執紀問責、深化政治巡視和政治監督的根本任務，加強對"兩個維護"落實情況的監督檢查，堅決查處各種違反黨的政治紀律和政治規矩的問題。要強化紀律規矩意識，心存敬畏、手握戒尺，堅持原則、敢於鬥爭，在大是大非問題上立場堅定、旗幟鮮明、舉旗亮劍，勇於同一切弱化黨的領導、動搖黨的執政基礎、損害黨的核心和黨中央權威、破壞黨的團結和集中統一的言行作鬥爭。要在"兩個維護"的政治基礎上促進全黨大團結、全國人民大團結，為實現第二個百年奮鬥目標、實現中華民族偉大復興的中國夢而不懈奮鬥。

推動構建人類命運共同體

楊潔篪

中國共產黨既為中國人民謀幸福、為中華民族謀復興，也為人類謀進步、為世界謀大同。一百年來，我們黨團結帶領全國各族人民推動中華民族迎來了從站起來、富起來到強起來的偉大飛躍，中國日益走近世界舞台中央，不斷為人類發展進步作出新的更大貢獻。我們要深刻領悟黨的十九屆六中全會通過的《中共中央關於黨的百年奮鬥重大成就和歷史經驗的決議》（以下簡稱《決議》）關於"推動構建人類命運共同體"的重要論述，準確把握世界發展大勢和我國所處的歷史方位，繼續全面推進中國特色大國外交，為實現中華民族偉大復興和共創人類美好未來而不懈奮鬥。

一　黨的百年奮鬥深刻影響了世界歷史進程

我們黨和人民事業是人類進步事業的重要組成部分。《決議》指出，黨始終以世界眼光關注人類前途命運，從人類發展大潮流、世界變化大格局、中國發展大歷史正確認識和處理同外部世界的關係，站在歷史正確的一邊，站在人類進步的一邊。這一論斷深刻揭示了我們黨始終胸懷人類前途命運的天下情懷，為堅持黨的初心使命、在應對國際風雲變幻和促進世界和平發展中，朝著實現中華民族偉大復興目標不斷邁進指明了方向。一百年來，中國共產黨團結帶領全國各族人民以自強不息的奮鬥，從根本上改變了中國人民的前途命運，深刻影響了世界歷史進程，深刻改變了世界發展的趨勢和格局。

中國共產黨一經成立，就把實現共產主義作為黨的最高理想和最終目標，把為人類和平與發展貢獻力量作為自己的追求。在新民主主義革命時期，黨團結帶領中國人民浴血奮戰、百折不撓，推翻了帝國主義、封建主

99

義、官僚資本主義三座大山，實現了民族獨立、人民解放。新中國的成立，徹底廢除了列強強加給中國的不平等條約和帝國主義在中國的一切特權，徹底結束了舊中國的屈辱外交，向世界莊嚴宣告中國人民站起來了，中華民族任人宰割、飽受欺凌的時代一去不復返了。中華人民共和國以嶄新的姿態屹立於世界東方，極大改變了世界政治格局，鼓舞了全世界被壓迫民族和被壓迫人民爭取解放的鬥爭。

社會主義革命和建設時期，我們黨堅持獨立自主的和平外交政策，倡導和堅持和平共處五項原則，堅定維護國家獨立、主權、尊嚴，支持和援助世界被壓迫民族解放事業、新獨立國家建設事業和各國人民正義鬥爭，反對帝國主義、霸權主義、殖民主義、種族主義。黨審時度勢調整外交戰略，有力維護了國際戰略平衡和世界和平穩定。黨提出劃分三個世界的戰略，作出中國永遠不稱霸的莊嚴承諾，贏得國際社會特別是廣大發展中國家的尊重和讚譽。我國恢復了在聯合國的一切合法權利，打開對外工作新局面，開始全方位大踏步走向國際舞台。

黨的十一屆三中全會之後，黨科學判斷時代特徵和國際形勢，提出和平與發展是當今時代的主題。黨堅持維護世界和平、促進共同發展的外交政策宗旨，調整同主要大國的關係，發展同周邊國家的睦鄰友好關係，深化同廣大發展中國家的友好合作，積極參與國際和地區事務，建立起全方位多層次的對外關係新格局。黨積極促進世界多極化和國際關係民主化，推動經濟全球化朝著有利於共同繁榮的方向發展，旗幟鮮明反對霸權主義和強權政治，堅定維護廣大發展中國家利益，推動建立公正合理的國際政治經濟新秩序，促進世界持久和平、共同繁榮。

中國特色社會主義進入新時代，習近平總書記深刻把握人類社會歷史經驗和發展規律，汲取中華優秀傳統文化的思想智慧，從統籌中華民族偉大復興戰略全局和世界百年未有之大變局的戰略高度，創造性地提出推動構建人類命運共同體重大倡議。習近平總書記強調指出，要建立平等相待、互商互諒的夥伴關係，營造公道正義、共建共享的安全格局，謀求開放創新、包容互惠的發展前景，促進和而不同、兼收並蓄的文明交流，構築尊崇自然、綠色發展的生態體系，為人類社會實現共同發展、長治久安、持續繁榮指明了方向、繪製了藍圖。在構建人類命運共同體理念指引下，我們高舉和平、發展、合作、共贏的旗幟，推動建設新型國際關係，堅定維護國家主權安全發展利益，倡導共建“一帶一路”，推動建設開放型世界經濟，積極發展全球夥伴關係，積極參與全球治理體系變革和建設，中國成為國際社會公認的世界和平的建設者、全球發展的貢獻者、國際秩序的維護者。

構建人類命運共同體，是馬克思主義中國化時代化的最新成果之一，科學回答了“世界向何處去、人類怎麼辦”的時代之問，體現了全人類共同價值追求，反映了中國發展與世界發展的高度統一，對中國和平發展、世界繁榮進步都具有重大而深遠的意義。構建人類命運共同體，具有鮮明的真理性、時代性、實踐性，是習近平新時代中國特色社會主義思想和習近平外交思想的重要組成部分，是一個立意高遠、思想深邃、內涵豐富的科學理論體系，展現了胸懷天下、面向未來，大道之行、天下為公的寬闊胸襟。構建人類命運共同體，不僅寫入黨的十九大報告，載入黨章和憲法，而且多次寫入聯合國、上海合作組織等多邊機制重要文件，反映了各國人民的共同心聲，凝聚著國際社會的廣泛共識，其深遠影響正在持續擴大，並將隨著中國和世界的發展進一步彰顯。

二　構建人類命運共同體有力引領了世界大變局的正確方向

世界大變局與世紀疫情交織疊加、相互影響，世界人民對和平發展合作共贏的期待更加強烈。《決議》指出，“構建人類命運共同體成為引領時代潮流和人類前進方向的鮮明旗幟”。今年以來，習近平總書記在慶祝中國共產黨成立 100 週年大會上發表重要講話，出席我國主辦的博鰲亞洲論壇 2021 年年會、中國共產黨與世界政黨領導人峰會、《生物多樣性公約》第十五次締約方大會領導人峰會、第二屆聯合國全球可持續交通大會、中華人民共和國恢復聯合國合法席位 50 週年紀念會議、第四屆中國國際進口博覽會，以及世界經濟論壇“達沃斯議程”對話會、領導人氣候峰會、全球健康峰會、亞太經合組織領導人非正式會議、第七十六屆聯合國大會一般性辯論、上海合作組織成員國元首理事會第二十一次會議、金磚國家領導人第十三次會晤、二十國集團領導人第十六次峰會等重大多邊活動並發表重要講話，就堅持多邊主義、携手共克疫情、實現經濟復甦、應對氣候變化等全面深入闡述中國主張中國方案，有力回應了國際社會普遍關心的安全和發展等重大問題，深刻宣示了我們黨推動構建人類命運共同體的堅定意志和不懈追求，充分彰顯了大國大黨領袖對世界大勢的深刻洞察和對人類命運的深厚情懷，贏得各方高度讚譽。在中國特色社會主義新時代，實現中華民族偉大復興進入不可逆轉的歷史進程，中國共產黨人堅持把中國人民的利益同世界人民的利益統一起來，致力於與各國携手推動構建人類命運共同體，為解決人類重大問題，建設持久和平、普遍安全、共同繁榮、開放包容、清潔美麗的世界貢獻更多中國智慧、中國方案、中國力量，推動歷史車輪向著光明的前途前進。

（一）堅持胸懷天下，以中國和平發展道路為人類共同發展開闢了廣闊前景。習近平總書記指出，中國特色社會主義道路、理論、制度、文化不斷發展，拓展了發展中國家走向現代化的途徑，給世界上那些既希望加快發展又希望保持自身獨立性的國家和民族提供了全新選擇。我們堅持和發展中國特色社會主義，堅持以人民為中心的發展思想，在高質量發展中促進共同富裕，推動物質文明、政治文明、精神文明、社會文明、生態文明協調發展，成功走出中國式現代化道路，創造了人類文明新形態。我們全面建成了小康社會，歷史性地解決了絕對貧困問題，提前 10 年實現《聯合國 2030 年可持續發展議程》減貧目標，並為發展中國家提供力所能及的幫助，為全球減貧事業作出了重大貢獻。中國經濟快速增長，十多年來對世界經濟增長的貢獻率年均在 30% 以上，為全球經濟穩定和增長提供了持續強大的動力。中國特色社會主義道路、中國式現代化道路的對外集中表現，就是中國和平發展道路，這條中國道路在新時代新征程上，必將為人類共同發展開闢更加廣闊的前景。

（二）堅持命運與共，推動構建人類衛生健康共同體。習近平總書記強調，流行性疾病不分國界和種族，是人類共同的敵人，國際社會只有共同應對，才能戰而勝之。面對突如其來的新冠肺炎疫情，黨中央堅持把人民生命安全和身體健康放在第一位，打贏了抗擊疫情人民戰爭、總體戰、阻擊戰，全力做好常態化精準防控和局部應急處置。我們積極推進國際抗疫合作，支持世界衛生組織發揮領導作用，加強國際聯防聯控，堅決遏制疫情蔓延。我們倡導完善全球疾病預防控制體系，提高監測預警和應急反應能力、重大疫情救治能力、應急物資儲備和保障能力、打擊虛假信息能力、向發展中國家提供支持能力。我們支持和參與全球疫情科學溯源，堅決反對任何形式的政治操弄。我們發起了新中國歷史上援助時間最集中、涉及範圍最廣的緊急人道主義行動，向發展中國家抗疫和恢復經濟社會發展提供援助，推動疫苗成為發展中國家用得上、用得起的公共產品，為促進全球公共衛生安全、維護世界各國人民生命權健康權作出了不可磨滅的貢獻。

（三）堅持和諧共生，尋求人與自然共生共存的綠色之路。習近平總書記指出，要加快綠色低碳轉型，實現綠色復甦發展，完善全球環境治理，積極應對氣候變化，構建人與自然生命共同體。中國堅定不移以生態文明理念指導發展，努力建設人與自然和諧共生的現代化，積極承擔與中國發展水平相稱的國際責任，為實現應對氣候變化《巴黎協定》確定的目標作出更大努力和貢獻。習近平總書記宣佈中國力爭於 2030 年前實現碳達峰、2060 年前實現碳中和目標，大力支持發展中國家能源綠色低碳發展，不再新建境外煤電項目，充分體現了負責任大國的擔當精神和引領作用。我們堅持共同但有區別的責任原則，為推動建立公平有效的全球應對氣候變化機制、實現更高水平的全球可持續發展發揮重要作用。

（四）堅持開放合作，共同建設開放型世界經濟、促進世界共同發展。習近平總書記強調，中國堅定不移實行對外開放的基本國策，堅持打開國門搞建設，打造更全面、更深入、更多元的對外開放格局。我們推動共建“一帶一路”高質量發展，建設和平之路、繁榮之路、開放之路、綠色之路、創新之路、文明之路，形成深受歡迎的國際公共產品和國際合作平台。我們推動對內對外開放相互促進，推動貿易和投資自由化便利化，推動規則、規制、管理、標準等制度型開放，構建互利共贏、多元平衡、安全高效的開放型經濟體系。我們倡導共同推動全球發展邁向平衡協調包容的新階段，堅持將發展置於全球宏觀政策框架的突出位置，在發展中保障和改善民生，著力解決國家間和各國內部發展不平衡不充分問題，構建全球發展命運共同體。

（五）堅持多邊主義，推動全球治理體系改革和建設。習近平總書記指出，全球事務應該由各國共同治理，國際規則應該由各國共同書寫，任何國家都沒有包攬國際事務、主宰他國命運、壟斷發展優勢的權力。我國堅定踐行真正的多邊主義，維護以聯合國為核心的國際體系，維護以國際法為基礎的國際秩序，維護以聯合國憲章宗旨和原則為核心的國際關係基本準則，反對單邊主義、保護主義、霸權主義、強權政治，反對所謂"以規則為基礎的國際秩序"。我們倡導堅持開放包容、不搞封閉排他，堅持以國際法為基礎、不搞唯我獨尊，堅持協商合作、不搞對抗衝突，堅持與時俱進、不搞固步自封，不斷推動新時代多邊主義理論與實踐發展。我們堅持共商共建共享，推動提升廣大發展中國家在全球事務中的代表性和發言權，推動國際社會攜手應對全球性挑戰，促進全球治理體系向著更加公正合理方向發展。

三　在新的歷史起點上推動構建人類命運共同體不斷開創新局面

黨的外事工作是我們黨百年奮鬥史的重要內容，是黨和國家事業的重要組成部分，在革命、建設、改革各個歷史時期堅定維護國家利益和民族尊嚴，為我們黨的發展壯大、國家的富強、民族的復興作出了重要貢獻，也為促進世界和平穩定發展、維護國際公平正義作出了不懈努力。《決議》指出，只要我們堅持和平發展道路，既通過維護世界和平發展自己，又通過自身發展維護世界和平，同世界上一切進步力量攜手前進，不依附別人，不掠奪別人，永遠不稱霸，就一定能夠不斷為人類文明進步貢獻智慧和力量。在新的歷史起點上，黨的外事工作要堅持以習近平新時代中國特色社會主義思想為指導，深入貫徹習近平外交思想，堅持不懈推動構建人類命運共同體，為服務中華民族偉大復興、促進人類進步不斷作出新的更大貢獻。

（一）堅持獨立自主的和平外交政策，推動構建新型國際關係。始終不渝走和平發展道路、奉行互利共贏的開放戰略，堅定維護國際關係基本準則，維護國際公平正義。堅持主權平等原則，各國主權和領土完整不容侵犯，各國自主選擇社會制度和發展道路的權利應當得到維護。堅持相互尊重、平等協商，以對話彌合分歧，以談判化解爭端，堅決反對動輒使用武力或以武力威脅處理國際爭端，堅決反對打著所謂“民主”、“自由”、“人權”等幌子肆意干涉別國內政。高舉和平、發展、合作、共贏旗幟，反對一切形式的霸權主義、強權政治，推動各國共同走和平發展道路，走對話而不對抗、結伴而不結盟的國與國交往新路。

（二）推進合作共贏開放體系建設，以中國的新發展為世界提供新機遇。堅持立足新發展階段、貫徹新發展理念、構建新發展格局、推動高質量發展，以推進開放合作助力建設高水平開放型經濟新體制。進一步深化改革、擴大開放，堅持創新驅動發展，積極優化營商環境，推動國內國際雙循環相互促進。以高質量共建“一帶一路”為重點，同各方一道打造國際合作新平台，為世界共同發展增添新動力。深化多雙邊和區域經貿合作，構建面向全球的高標準自貿區網絡。支持開放、透明、包容、非歧視的多邊貿易體制，維護全球產業鏈供應鏈安全穩定開放，引導經濟全球化正確發展方向。加強國際宏觀經濟政策協調，保持連續性、穩定性、可持續性，構建更加平等均衡的全球發展夥伴關係。

（三）以系統觀念深化完善全方位外交佈局，與世界各國發展友好合作。立足擴大同各國利益交匯點，堅持在和平共處五項原則基礎上廣交朋友，鞏固深化以平等、開放、合作為特徵的全球夥伴關係網絡。推進大國協調與合作，構建總體穩定、均衡發展的大國關係框架。深入發展中俄新時代全面戰略協作夥伴關係。敦促美方同中方相向而行，尊重彼此核心關切，妥善管控分歧，加強對話合作，共同推動中美關係健康穩定發展。推動中歐關係把握和平共處、開放合作、多邊主義、對話協調大方向。按照親誠惠容理念和與鄰為善、以鄰為伴周邊外交方針，深化同周邊國家關係。秉持正確義利觀和真實親誠理念，不斷增強同發展中國家團結合作。

（四）堅定捍衛國家主權、安全、發展利益，為中華民族偉大復興保駕護航。深刻認識錯綜複雜的國際環境帶來的新矛盾新挑戰，堅持底線思維、增強憂患意識、發揚鬥爭精神，貫徹總體國家安全觀，堅決維護國家核心和重大利益。把政治安全放在首要位置，堅決捍衛中國共產黨的領導和中國特色社會主義制度，堅決捍衛國家政權安全和制度安全。堅定維護國家領土主權和海洋權益，不斷鞏固國際社會堅持一個中國原則的格局，有力回擊外部勢力干涉我國內政、損害我國利益的行徑。妥善應對經貿摩擦和各種形式的保護主義，維護經濟、金融、網絡、生物等領域安全，防範和抵禦外部風險衝擊。堅持以人民為中心理念，踐行外交為民宗旨，維護海外中國公民和企業正當權益，構建海外中國平安體系。

（五）堅持不懈推動完善全球治理，共同踐行真正的多邊主義。堅定維護以聯合國為核心的國際體系，推動聯合國成為各國共同維護普遍安全、共同分享發展成果、共同掌握世界命運的核心平台。致力於穩定國際秩序，大力倡導國際關係民主化法治化，堅持各國平等參與決策、享受權利、履行義務，確保國際法統一適用，反對雙重標準和例外主義。堅持多邊主義的核心價值和基本原則，在廣泛協商、凝聚共識的基礎上改革和完善全球治理體系，反對以多邊主義之名行單邊主義之實。支持上海合作組織、金磚國家、二十國集團、亞太經合組織等多邊機制發揮應有作用。建設性參與和引領全球治理規則制定，積極推動國際氣候變化合作，參與網絡、深海、極地、外空等國際治理，貢獻更多中國方案。

（六）積極倡導文明交流互鑒，建設開放包容、美美與共的世界。堅持世界是豐富多彩的、文明是多樣的理念，倡導平等、互鑒、對話、包容的文明觀，堅持和而不同，加強對外交流和文明對話，促進世界各國的相互理解與信任。弘揚和平、發展、公平、正義、民主、自由的全人類共同價值，秉持平等和尊重，摒棄傲慢和偏見，反對冷戰思維、以意識形態劃線、搞零和博弈。以兼收並蓄的態度，積極學習借鑒人類文明的一切有益成果，堅決反對"教師爺"般頤指氣使的說教。加強和改進國際傳播，深入開展各種形式的人文交流活動，展示真實、立體、全面的中國，塑造可信、可愛、可敬的中國形象，增進我國同各國民心相通，為推動構建人類命運共同體作出積極貢獻。

充分發揮全面從嚴治黨的政治引領和政治保障作用

楊曉渡

黨的十九屆六中全會著眼中華民族千秋偉業，貫通歷史、現實和未來，全面總結黨的百年奮鬥重大成就和歷史經驗，充分體現了以習近平同志為核心的黨中央牢記初心使命、推進復興偉業的歷史擔當，洞察歷史規律、把握時代大勢的高瞻遠矚，深化自我革命、引領社會革命的歷史自覺。全會通過的《中共中央關於黨的百年奮鬥重大成就和歷史經驗的決議》（以下簡稱《決議》）全面貫徹習近平新時代中國特色社會主義思想和習近平總書記關於中國共產黨歷史的重要論述，深刻揭示了我們黨過去為什麼成功、未來怎樣才能繼續成功的根本所在，系統回答了建設什麼樣的長期執政的馬克思主義政黨、怎樣建設長期執政的馬克思主義政黨等重大時代課題。其中，關於全面從嚴治黨、堅持自我革命的深刻總結，是黨必須長期堅持以永葆黨的先進性和純潔性的寶貴經驗。

一 全面從嚴治黨是實現中華民族偉大復興堅強政治引領和政治保障

（一）實現中華民族偉大復興關鍵在黨。為中國人民謀幸福、為中華民族謀復興，是中國共產黨自誕生起就矢志不移的初心使命，是《決議》貫穿始終的鮮明主題。中國人民和中華民族之所以能夠扭轉近代以後的歷史命運、取得今天的偉大成就，最根本的是有了中國共產黨的堅強領導。黨的領導是做好黨和國家各項工作的根本保證，是戰勝一切困難和風險的"定海神針"。有黨有依靠，核心最重要。毛澤東同志核心地位的確立使中國革命取得勝利、為新中國建設奠基立業，鄧小平同志核心地位的確立開啟改革開放和社會主義現代化建設新時期、使中國大踏步趕上時代。進入新時代，習近平總書記作為黨中央的核心、全黨的核心，帶領全黨全國各族人民砥礪奮進、接續奮鬥，全面建成小康社會，開啟全面建設社會主義現代化國家新征程，引領中華民族不可逆轉地走向偉大復興。堅定維護黨的核心和黨中央權威是黨的最高政治原則。只要我們更加自覺地在思想上政治上行動上同以習近平同志為核心的黨中央保持高度一致，增強"四個意識"、堅定"四個自信"、做到"兩個維護"，以全面從嚴治黨強化黨的先進純潔、團結統一，黨就一定能夠帶領人民在新的征程上不斷取得新的偉大勝利。

（二）自我革命是百年大黨風華正茂的奧秘所在。勇於自我革命，是我們黨最鮮明的品格和獨特優勢，是黨長期奮鬥的經驗結晶。百年風雨兼程、百年大浪淘沙，我們黨之所以能夠從僅有 50 多名黨員發展為擁有 9500 多萬名黨員、壯大成為領導著 14 億多人口大國的世界第一大執政黨，之所以能夠歷經歲月洗禮愈發朝氣蓬勃、飽經磨難考驗依然初心堅固，根本在於黨始終以強烈的歷史主動推進自我革命，始終堅持真理、修正錯誤，自我淨化、自我完善、自我革新、自我提高能力不斷增強。進入新時代，以習近平同志為核心的黨中央始終保持高度的戰略清醒，用永不停歇的自我革命不斷祛除影響黨的先進性和純潔性的消極因素，不斷塑造黨長期執政的領導能力和制度優勢，從而形成強大的政治力量、真理力量、實踐力量，始終贏得人民信賴、支持和擁護，凝聚起眾志成城、一往無前的磅礴偉力。

（三）黨在革命性鍛造中更加堅強有力。全面從嚴治黨是一場刀刃向內的偉大自我革命。《決議》將"明確全面從嚴治黨的戰略方針，提出新時代黨的建設總要求，全面推進黨的政治建設、思想建設、組織建設、作風建設、紀律建設，把制度建設貫穿其中，深入推進反腐敗鬥爭，落實管黨治黨政治責任，以偉大自我革命引領偉大社會革命"作為習近平新時代中國特色社會主義思想"十個明確"的重要內容，凸顯了全面從嚴治黨的戰略地位。黨的十八大以來，以習近平同志為核心的黨中央舉旗定向、力挽狂瀾，直面黨內存在的突出問題，以堅定決心、頑強意志、空前力度推進全面從嚴治黨，以上率下改進作風，雷霆萬鈞懲治腐敗，利劍高懸強化監督，剎住了一些過去被認為不可能剎住的歪風，糾治了一些多年未除的頑瘴痼疾，消除了黨、國家、軍隊內部存在的嚴重隱患，把新時代的自我革命提升到新高度。在實現中華民族偉大復興的關鍵時刻，校正了黨和國家事業前進的航向，黨經受深刻洗禮鍛造得更加堅強。

（四）以中國共產黨之治開創中國之治新境界。全面從嚴治黨是新時代黨治國理政的一個鮮明特徵。面對國內外環境的深刻變化，以習近平同志為核心的黨中央堅持打鐵必須自身硬，在決勝全面建成小康社會、決戰脫貧攻堅、抗擊百年不遇新冠肺炎疫情、頂住和反擊外部極端打壓遏制等大戰大考中推進全面從嚴治黨，有力推動各級黨委（黨組）發揮領導核心作用、基層黨組織發揮戰鬥堡壘作用、黨員發揮先鋒模範作用，把我們黨的政治優勢、組織優勢和制度優勢轉化為無可比擬的制勝優勢。全黨全國各族人民深切感受到，風雨襲來時，黨的堅強領導、黨中央的權威是最堅實的靠山。實踐證明，全面從嚴治黨作為鍛造全黨、凝聚人民的戰略抉擇，既是黨統籌國內國際兩個大局的重要基礎，又是推動國內國際兩個大局向著於我有利方向發展的重要保證，不僅深刻改變了中國，而且深遠影響著世界。只要我們堅定不移全面從嚴治黨，以科學理論引領全黨行動，以黨的路線方針政策引領民族復興，以中國智慧引領全球治理，就一定能為增進人民福祉、推動人類進步作出更大貢獻。

二　新時代全面從嚴治黨取得歷史性開創性成就

（一）旗幟鮮明堅持和加強黨的全面領導，黨的執政基礎更加鞏固。《決議》指出，黨的領導是黨和國家的根本所在、命脈所在，是全國各族人民的利益所繫、命運所繫。黨的十八大以來，以習近平同志為核心的黨中央對堅持黨的領導旗幟鮮明、立場堅定，歷史性地把"中國共產黨領導是中國特色社會主義最本質的特徵"載入憲法，明確黨的領導制度是我國的根本領導制度，健全總攬全局、協調各方的黨的領導制度體系，完善堅定維護黨中央權威和集中統一領導的各項制度，改革黨和國家機構職能體系，不斷提高黨把方向、謀大局、定政策、促改革的能力。通過不懈努力，從根本上扭轉了落實黨的領導弱化、虛化、淡化、邊緣化問題，廣大黨員幹部黨的意識、黨員意識明顯增強，全黨思想上更加統一、政治上更加團結、行動上更加一致，黨始終是中國人民最堅強的主心骨、最可信賴的領路人。

（二）把全面從嚴治黨擺上戰略佈局，為實現第一個百年奮鬥目標提供堅強保障。黨的十八大以來，黨中央把全面從嚴治黨納入"四個全面"戰略佈局，提出並落實新時代黨的建設總要求和新時代黨的組織路線，形成系統完備的全面從嚴治黨思想體系、制度體系、工作體系，堅持思想從嚴、監督從嚴、執紀從嚴、治吏從嚴、作風從嚴、反腐從嚴，層層壓實管黨治黨政治責任，有力解決了黨內多年積累的突出問題，去疴治亂、撥正船頭，匯聚起團結奮進強大正能量，為全面建成小康社會、全面深化改革、全面依法治國保駕護航。全面從嚴治黨是以習近平同志為核心的黨中央謀劃黨和國家事業"大棋局"的關鍵佈局，賦予黨的建設新的時代內涵和歷史使命，以黨的偉大自我革命引領保障了偉大社會革命。

（三）把黨的政治建設擺在首位，堅決維護了黨中央權威和集中統一領導。旗幟鮮明講政治是馬克思主義政黨的根本要求。習近平總書記深刻洞察黨內存在的所有問題本質上都是政治問題，要求全面從嚴治黨首先從政治上看，把黨的政治建設納入新時代黨的建設總體佈局並作為根本性、統領性建設，把保證全黨服從中央、維護黨中央集中統一領導作為黨的政治建設的首要任務，制定新形勢下黨內政治生活若干準則，嚴明政治紀律和政治規矩，堅決治理"七個有之"問題，堅決清除陽奉陰違的"兩面人"，以精準有力政治監督確保黨中央大政方針和決策部署貫徹落實。經過從嚴治黨的錘煉，黨內政治生態發生了根本性變化，全黨在政治立場、政治方向、政治原則、政治道路上同黨中央保持高度一致，政治判斷力、政治領悟力、政治執行力顯著提升，"四個意識"更加牢固，"四個自信"更加堅定，"兩個維護"更加自覺。

（四）堅持思想建黨和制度治黨同向發力，不忘初心、牢記使命思想根基更加牢固。思想建黨是我們黨的傳家寶，制度建設是全面從嚴治黨的長遠之策。黨的十八大以來，黨中央把思想建黨和制度治黨緊密結合，推進黨內教育常態化制度化，以黨的創新理論凝神鑄魂，用黨的理想信念"補鈣"、"壯骨"；同時堅持尊崇黨章、依規治黨，加強紀律建設，紮牢制度籠子，形成比較完善的黨內法規體系，實現依規治黨和依法治國有機統一，執行紀律的力度、廣度和精度不斷提升。各級黨組織統籌運用黨性教育、政策感召、紀法威懾，深化運用"四種形態"，推動黨員幹部堅守底線、向高標準努力，全黨理想信念更加堅定、遵規守紀更加自覺，黨的建設科學化、制度化、規範化水平明顯提高，我們黨依靠思想政治工作、依靠紀法制度約束推進管黨治黨的能力極大增強。

（五）鍥而不捨落實中央八項規定精神，以黨風政風帶動社風民風向上向善。作風問題關係人心向背、關係黨的生死存亡，全面從嚴治黨必須從人民群眾反映強烈的作風問題抓起。黨的十八大以來，習近平總書記身體力行、以上率下狠抓作風建設，中央政治局帶頭立規矩，從制定執行中央八項規定這個"小切口"破題開局，推動形成正風肅紀、激濁揚清、刷新吏治的大變局。從群眾反映強烈、損害群眾利益的具體事入手，一個節點一個節點堅守，一個問題一個問題解決，狠剎享樂主義、奢靡之風，糾治形式主義、官僚主義問題，不斷健全作風建設長效機制，大力弘揚對黨忠誠、艱苦奮鬥等黨的光榮傳統和優良作風，治"四風"樹新風並舉，確保管出習慣、抓出成效、化風成俗。經過九年不懈努力，黨風政風和社會風氣為之一新，作風建設成為全面從嚴治黨的金色名片，人民群眾交口稱讚"八項規定改變中國"。

（六）突出"關鍵少數"帶動絕大多數，有力強化了黨組織政治功能、組織功能。全面從嚴治黨，本質是通過嚴管嚴治，確保全體黨員信念堅、初心固、作風正、動力足、能力強，確保各級黨組織成為領導核心和堅強戰鬥堡壘。黨的十八大以來，我們黨堅持全面從嚴治黨從黨中央做起，從高級幹部嚴起，制定黨的中央委員會工作條例，全面推進中央和國家機關、地方以及基層黨組織建設，持續整頓軟弱渙散黨組織；完善管思想、管工作、管作風、管紀律的從嚴管理制度，既對廣大黨員提出普遍性要求，又對"關鍵少數"特別是"一把手"提出更高標準、進行更嚴監督，以強大"頭雁效應"推動黨的組織體系有效運轉、促進黨員幹部自律過硬。管黨治黨從"懲治極少數"走向"管住大多數"，全黨動手一起抓的良好局面不斷鞏固發展，黨的先鋒隊作用充分發揮、政治本色充分彰顯。

（七）一體推進不敢腐、不能腐、不想腐，反腐敗鬥爭取得壓倒性勝利並全面鞏固。《決議》指出，腐敗是黨長期執政的最大威脅，反腐敗是一場輸不起也決不能輸的重大政治鬥爭。黨的十八大以來，以習近平同志為核心的黨中央亮明我們黨堅決反對腐敗、建設廉潔政治的一貫立場和鮮明態度，以"得罪千百人、不負十四億"的使命擔當"打虎"、"拍蠅"、"獵狐"，強化不敢腐的震懾，紮緊不能腐的籠子，構築不想腐的堤壩，打通三者內在聯繫，通過有效處置化解存量、強化監督遏制增量、提高覺悟源頭治本，使標本兼治的綜合效應日益凸顯。把一體推進不敢腐、不能腐、不想腐的經驗做法拓展運用到管黨治黨各方面，全面從嚴治黨向更廣範圍、更深層次推進，不斷從量的積累邁向質的突破，為更加科學精準有效治理腐敗和不正之風，為實現海晏河清、朗朗乾坤奠定了堅實基礎。

（八）完善黨和國家監督體系，黨的自我淨化、自我完善、自我革新、自我提高能力顯著增強。我們黨全面領導、長期執政，對權力的監督始終是一個重大課題。黨的十八大以來，以習近平同志為核心的黨中央著眼黨和國家長治久安，堅持問題導向，加強頂層設計，改革完善監督制度，以黨內監督為主導，推動各類監督貫通協調，黨和國家監督從理論突破到實踐創制、從重點監督到全面覆蓋、從做強單體到系統集成，搭建起"四樑八柱"，中國特色社會主義監督制度逐步成熟定型，統籌貫通、常態長效的監督合力正在形成，發現問題、糾正偏差、促進治理功能不斷增強。我們黨探索出了一條長期執政條件下解決自身問題、跳出歷史週期率的成功道路，構建起一套行之有效的權力監督制度和執紀執法體系，為推進國家治理體系和治理能力現代化提供了強大支撐。

三　增強全面從嚴治黨永遠在路上的政治自覺

（一）深入推進新時代黨的建設新的偉大工程。推進新時代黨的建設新的偉大工程，是我們黨在新征程上把握歷史主動、實現歷史使命的必然要求。要堅持不懈用習近平新時代中國特色社會主義思想武裝頭腦，深入貫徹黨的十九屆六中全會部署，把思想和行動統一到《決議》精神上來，把握運用歷史規律，弘揚偉大建黨精神，以永遠在路上的堅韌執著推進全面從嚴治黨,當好新的趕考路上的答卷人。建設偉大工程要緊密結合偉大鬥爭、偉大事業、偉大夢想實踐,深化運用黨百年自我革命、管黨治黨的寶貴經驗,堅定不移堅持和加強黨對一切工作的領導,以政治建設為統領,以堅定理想信念宗旨為根基,嚴密黨的組織體系,建設德才兼備的高素質幹部隊伍,深入推進黨風廉政建設和反腐敗鬥爭,確保黨不變質、不變色、不變味,確保黨在新時代堅持和發展中國特色社會主義的歷史進程中始終成為堅強領導核心。

(二)聚焦"兩個維護"強化政治監督。《決議》是新時代中國共產黨人的政治宣言書,集中體現了新征程上的"國之大者"。要加強對把握新發展階段、完整準確全面貫徹新發展理念、構建新發展格局、推動高質量發展等重大決策部署,惠民富民、促進共同富裕各項政策措施落實情況的監督檢查,督促各級黨組織和黨員領導幹部提高政治判斷力、政治領悟力、政治執行力,自覺同黨中央對標對表,以擔當盡責、幹事創業的實際行動踐行"兩個維護",把對黨忠誠體現到做好應變局、育先機、開新局、謀復興各項工作中去。

(三)把嚴的主基調長期牢固堅持下去。"嚴"是我們黨的政治基因,是黨始終擁有強大戰鬥力的重要保障。要深刻認識反腐敗鬥爭依然嚴峻複雜的形勢,增強憂患意識,保持戰略定力,態度不變、決心不減、尺度不鬆,堅決打贏反腐敗鬥爭攻堅戰、持久戰。要堅持嚴字當頭、全面從嚴、一嚴到底,認真落實黨委(黨組)主體責任、書記第一責任人責任和紀委監委監督責任,層層傳導壓力;堅持信任不能代替監督,加強對"一把手"和領導班子的監督,既用監督加壓,又用信任加力,把嚴的標準、嚴的措施貫穿管黨治黨全過程和各方面;堅持失責必問、問責必嚴,把負責、守責、盡責體現在每個黨組織、每個崗位上。

(四)堅定不移推進正風肅紀反腐。不正之風與腐敗現象相互交織、互為表裏。要把正風肅紀反腐緊密結合、一體推進,嚴格執紀執法,保持高壓態勢,確保後牆不倒,始終形成強大震懾。持之以恆落實中央八項規定精神,堅決防止形式主義、官僚主義滋生蔓延,堅決防止享樂主義、奢靡之風反彈回潮,著力整治群眾身邊腐敗和作風問題,確保以好作風、好形象帶領人民群眾奮進新征程。要聚焦政治問題和經濟問題交織的腐敗案件，深化金融、國企、政法、糧食購銷等領域反腐敗工作。系統施治、標本兼治，積極探索不敢腐、不能腐、不想腐一體推進的有效載體、具體辦法，不斷取得更多制度性成果和更大治理成效。

（五）以黨和國家監督體系的完善促進治理效能全面提升。監督是治理的內在要素，在管黨治黨、治國理政中居於重要地位，必須健全完善中國特色社會主義監督制度，形成決策科學、執行堅決、監督有力的權力運行機制。要按照黨統一領導、全面覆蓋、權威高效的總要求，在做實做強黨委（黨組）全面監督的同時加強對各類監督主體的領導和統籌，強化紀委監委協助推動功能，構建全覆蓋的責任制度和監督制度，把監督工作逐步延伸到公權力運行的每個角落。要突出"一把手"這個重點，以黨內監督主導引領各類監督系統集成、協同高效，建立完善的監督管理機制、有效的權力制約機制、嚴肅的責任追究機制，確保黨和人民賦予的權力始終用來為人民謀幸福，確保紅色江山永不變色。

堅持走中國特色強軍之路

張又俠

《中共中央關於黨的百年奮鬥重大成就和歷史經驗的決議》（以下簡稱《決議》）全面總結我們黨踐行初心使命、致力民族復興的光輝歷程，凝結著在黨的旗幟引領下建設強大人民軍隊的艱辛探索，是團結動員全黨全軍全國各族人民奮鬥新時代、奮進新征程的綱領性文獻。堅持走中國特色強軍之路，深刻反映我們黨建軍治軍的歷史昭示，集中體現強國必須強軍的時代要求，充分彰顯黨中央、習主席對全面建成世界一流軍隊的戰略決心和深遠考量。我們必須深入領會貫徹《決議》精神，認清歷史大勢，把握歷史規律，提升歷史自覺，不斷開創強軍事業新局面，向第二個百年奮鬥目標開拓前行。

一　堅持走中國特色強軍之路，是我們黨百年探索實踐的偉大創造

習主席指出，建設強大的人民軍隊是我們黨的不懈追求。一百年來，我們黨始終堅持用馬克思主義軍事理論研究解決中國軍事問題，探尋開闢出從小到大、由弱變強、不斷走向勝利的建設發展之路。在各個歷史時期，黨領導人民軍隊進行的偉大實踐，都聚焦解決往哪強、強什麼、怎麼強的重大問題，指引我軍沿著正確方向一步步強起來，為黨和人民建立了不朽功勳。新民主主義革命時期，我們黨在血與火的鬥爭中艱辛尋路，締造和建設一支無產階級新型人民軍隊，從黨的一大明確"革命軍隊必須與無產階級一起推翻資本家階級的政權"，到南昌起義發端、三灣改編奠基、古田會議定型，確立起黨指揮槍的根本原則和制度，再到"三大法寶"、人民戰爭戰略戰術、"三結合"武裝力量體制等獨特創造，形成了一整套建軍治軍的方針原

則。在黨的領導下，我軍經過 22 年浴血奮戰，奪取了土地革命戰爭、抗日戰爭、解放戰爭的偉大勝利，為建立新中國奠定了牢固根基，徹底扭轉了中華民族近代以來落後挨打的被動局面。社會主義革命和建設時期，黨領導我軍為建設強大的國防軍而奮鬥，確立積極防禦的戰略方針，逐步由單一軍種向合成軍隊轉變，推進"五統四性"、實行"三大制度"，進行正規統一的軍事訓練，建立獨立完整的現代國防工業體系，"兩彈一星"等國防尖端科技不斷取得突破，特別是勝利進行抗美援朝戰爭和多次邊境自衛作戰，為鞏固新生人民政權、確立中國大國地位、維護中華民族尊嚴提供了堅強後盾。改革開放和社會主義現代化建設新時期，黨領導我軍加強革命化現代化正規化建設，我軍建設指導思想實行戰略性轉變，推進中國特色軍事變革，走中國特色精兵之路，推動國防和軍隊建設科學發展，加快轉變戰鬥力生成模式，拓展和深化軍事鬥爭準備，國防科技和武器裝備建設取得重大突破，依法履行香港、澳門防務職責，出色完成維穩處突、抗洪搶險、抗震救災、國際維和、護航撤僑等多樣化軍事任務，為維護中國共產黨領導和我國社會主義制度，為維護國家主權、安全、發展利益，為維護我國發展的重要戰略機遇期，為維護地區和世界和平提供了強大力量支撐。

黨的十八大以來，中國特色社會主義進入新時代，國防和軍隊建設也進入新時代。習主席站在統籌"兩個大局"的戰略高度，鮮明提出黨在新時代的強軍目標，明確新時代我軍使命任務，就加快國防和軍隊現代化作出一系列戰略謀劃和部署，推動強軍事業取得歷史性成就、發生歷史性變革，為實現中華民族偉大復興提供戰略支撐。最根本的成效是挽救了人民軍隊。針對黨的十八大之前一個時期我軍面臨的嚴重政治風險，習主席力挽狂瀾、扶危定傾，領導召開古田全軍政治工作會議，確立新時代政治建軍方略，帶領全軍重整行裝再出發。大力推進政治整訓，堅決查處郭伯雄、徐才厚、房峰輝、張陽等嚴重違紀違法案件並徹底肅清其流毒影響，著力整頓思想、整頓用人、整頓組織、整頓紀律，重振政治綱紀，純正政治生態。圍繞全面加強我軍黨的領導和黨的建設工作，作出一系列政治設計和制度安排，深化習近平新時代中國特色社會主義思想武裝，開展一系列黨內集中教育和主題教育，全面鍛造過硬基層，夯實維護核心、聽從指揮的思想政治根基。全面提高新時代備戰打仗能力。習主席領導召開軍委軍事工作會議，推動把新時代軍事戰略思想、新時代軍事戰略方針、備戰打仗指揮棒、抓備戰打仗的責任擔當立起來。大力糾治和平積弊，推進軍事訓練轉型升級，狠抓軍事鬥爭準備，大抓戰鬥精神培育，我軍威懾和實戰能力顯著提升。特別是習主席親自籌劃組織重大演訓活動，親自決策指揮重大軍事行動，堅定靈活開展軍事鬥爭，有效應對突發情況，取得許多標誌性、開創性、歷史性重大成就。實現我軍整體性革命性重塑。習主席著眼設計和塑造我軍未來，大刀闊斧全面深化改革，打響領導指揮體制改革、規模結構和力量編成改革、軍事政策制度改革"三大戰役"，形成軍委管總、戰區主戰、軍種主建新格局，打造以精銳作戰力量為主體的軍事力量體系，初步形成中國特色社會主義軍事政策制度體系基本框架，我軍體制一新、結構一新、格局一新、面貌一新。推進我軍建設發展加快步伐。習主席親自謀劃國防和軍隊現代化新"三步走"戰略安排，確立我軍建設發展戰略指導，加快機械化信息化智能化融合發展，抓好"十三五"、"十四五"規劃建設，新型作戰力量不斷壯大，後勤建設加快轉型，主戰武器裝備加速更新換代，人才培養、國防動員、軍事外交、軍事理論研究等工作取得重要進展，我軍現代化建設步入快車道。回歸弘揚人民軍隊的光榮傳統和優良作風。習主席緊緊扭住全面從嚴治黨、全面從嚴治軍不放鬆，狠抓中央八項規定精神和軍委十項規定落實，糾"四風"轉作風，全面停止有償服務，反腐敗鬥爭取得壓倒性勝利並全面鞏固，部隊新風正氣不斷上揚，軍政軍民關係更加鞏固，立起了人民軍隊好樣子。

回望黨的百年奮鬥史，中國特色強軍之路是黨領導建設強大人民軍隊的歷史結晶和根本成就，是習主席領航新時代強國強軍偉大事業開闢出來的，把無產階級政黨建軍治軍規律性認識提升到新高度，為馬克思主義軍事理論和軍事實踐發展作出獨創性貢獻。只要沿著這條路堅定不移走下去，我軍就能以不可阻擋的步伐邁向世界一流。

二 堅持走中國特色強軍之路，必須始終堅持習近平強軍思想的科學指引

習近平強軍思想作為黨的軍事指導理論最新成果，深刻回答了新時代強軍興軍的使命任務、奮鬥目標、根本原則、戰略佈局、重要路徑等重大問題，是人民軍隊的強軍勝戰之道，為走中國特色強軍之路提供了科學指南和行動綱領。必須牢固確立習近平強軍思想的指導地位，按照習主席指引的方向、擘畫的藍圖，把新時代強軍事業不斷推向前進。

（一）深入推進政治建軍。這是我軍的立軍之本，也是最大優勢。習主席深刻指出抓我軍建設首先要從政治上看，堅持從思想上政治上建設和掌握部隊，鮮明提出我軍政治工作時代主題，要求緊緊圍繞實現中華民族偉大復興的中國夢，為實現黨在新時代的強軍目標、把人民軍隊全面建成世界一流軍隊提供堅強政治保證。強調聽黨指揮是強軍之魂，對黨絕對忠誠要害在"絕對"二字，確保槍杆子永遠掌握在忠於黨的可靠的人手中；黨的領導和黨的建設是我軍建設發展的關鍵，著力抓好黨的政治建設，增強各級黨組織的領導力、組織力、執行力；充分發揮政治工作對強軍興軍的生命線作用，把理想信念、黨性原則、戰鬥力標準、政治工作威信在全軍牢固立起來，培養"四有"新時代革命軍人，鍛造"四鐵"過硬部隊；把紅色基因一代代傳下去，讓革命事業薪火相傳、血脈永續，永葆老紅軍本色。這些重要論述都是思想建黨、政治建軍原則在新時代的豐富發展，把握和落實好這些根本政治要求，才能保證強軍興軍堅定正確的政治方向。

（二）深入推進改革強軍。深化國防和軍隊改革是強軍興軍的必由之路，也是決定我軍未來的關鍵一招。習主席親自決策將這輪改革納入全面深化改革總盤子，深刻闡明一系列帶根本性方向性全局性的重大問題。要求深入推進我軍組織形態現代化，鞏固和拓展前期改革成果，推動軍兵種建設戰略轉型，構建中國特色現代軍事力量體系；改革越往縱深推進，越要注重改革的系統性、整體性、協同性，把握好改革舉措的關聯性和耦合性；打通改革"最後一公里"，確保各項改革舉措落地，讓一切戰鬥力要素的活力競相迸發，讓一切我軍現代化建設的源泉充分湧流；保持永遠在路上的堅韌和執

著，運用改革創新的辦法解決新情況新問題，堅定不移把改革進行到底。當好改革的促進派和實幹家，就要讀懂吃透這些改革要求，落實、落細、落穩各項改革舉措，為強軍提供不竭動力。

（三）深入推進科技強軍。當前，新一輪科技革命和軍事革命進入加速發展期。習主席著眼搶佔軍事競爭戰略制高點，作出科技是核心戰鬥力的重大論斷，發出建設創新型人民軍隊的時代號令。明確要求把創新擺在我軍建設發展全局的核心位置，把科技創新的引擎全速發動起來，增強科技認知力、創新力、運用力；加強前瞻性、先導性、探索性、顛覆性技術研究，加快培育新的科技增長點，加快軍事智能化發展；關鍵核心技術是國之重器，必須堅定推進自主創新，把我軍發展命脈牢牢掌握在自己手中；強化軍事價值、知識價值、創新貢獻導向，讓先進科學技術盡快轉化為現實戰鬥力。習主席重要論述明確了科技強軍的聚焦點著力點，我們必須突出戰略重點，集中力量攻關，全力以赴推進國防科技創新跨越式發展。

（四）深入推進人才強軍。人才強則事業強，人才興則軍隊興。習主席要求，深入實施人才強軍戰略，推進軍事人員現代化，鍛造高素質專業化新型軍事人才方陣。強調牢固樹立人才是第一資源的理念，推動軍事人員能力素質、結構佈局、開發管理全面轉型升級；貫徹新時代軍事教育方針，加快培養聯合作戰指揮人才、新型作戰力量人才、高層次科技創新人才、高水平戰略管理人才；著眼於人、著力於人，推動形成定位清晰、功能銜接的軍事人力資源制度佈局；堅持黨管幹部、黨管人才，營造識才、愛才、敬才、用才的環境。現在強軍事業正處在關鍵當口，比歷史上任何時期都更加渴求人才，必須把習主席重要指示領會好貫徹好，堅持人才引領發展的戰略地位，加快構建新型軍事人才培養體系，為強軍興軍提供人才和智力支持。

（五）深入推進依法治軍。一個現代化國家必然是法治國家，一支現代化軍隊必然是法治軍隊。習主席深刻指出，依法治軍、從嚴治軍是強軍之基，是我們黨建軍治軍的基本方略。明確要構建中國特色軍事法治體系，提高國防和軍隊建設法治化水平；強化法治信仰和法治思維，領導幹部要帶頭尊法學法守法用法；推動治軍方式根本性轉變，形成黨委依法決策、機關依法指導、部隊依法行動、官兵依法履職的良好局面；法規制度生命力在於執行，下大氣力治鬆、治散、治虛、治軟，確保有令必行、有禁必止。習主席重要論述豐富了依法治軍、從嚴治軍理念與實踐，要以此為根本遵循，推動我軍正規化建設向更高水平發展。

（六）深入推進備戰打仗。軍隊是要準備打仗的，抓備戰打仗是全軍的主責主業。習主席要求全軍緊緊扭住能打仗、打勝仗這個強軍之要，牢固樹立戰鬥力這個唯一的根本的標準，把工作重心歸正到備戰打仗上來。強調要增強軍事戰略指導的進取性和主動性，把備戰與止戰、威懾與實戰、戰爭行動與和平時期軍事力量運用作為一個整體加以運籌；研究軍事、研究戰爭、研究打仗，加強聯合作戰指揮體系和能力建設，做好軍事鬥爭準備各項工作；大抓實戰化軍事訓練，深入推進實戰實訓、聯戰聯訓、科技強訓、依法治訓；著力建設一切為了打仗的後勤，加快構建適應信息化戰爭和履行使命要求的武器裝備體系。我們要堅決貫徹習主席重要指示，堅持一切工作向能打仗、打勝仗聚焦，堅決做到召之即來、來之能戰、戰之必勝。

三 堅持走中國特色強軍之路，要求錨定全面建成世界一流軍隊奮力攻堅

習主席把強軍興軍融入強國復興大局，謀篇佈局 2027，前瞻運籌 2035，深遠經略 2050，對走中國特色強軍之路提出清晰的路線圖、時間表、任務書，按下了邁向世界一流的"快進鍵"。面對繁重任務、緊迫要求，必須扣牢實現建軍一百年奮鬥目標，邁好新"三步走"十分緊要的第一步，跑出新時代奮鬥強軍的加速度，強力推進習主席決策部署落地見效。

（一）毫不動搖堅持黨對人民軍隊的絕對領導。過去我軍不斷從勝利走向勝利，最根本的靠這一條，現在我們制勝圖強、建設世界一流軍隊，歸根到底還要靠這一條。在黨的旗幟下鑄牢軍魂，首要的是抓好習近平強軍思想武裝，以改進學風為突破口，把理論與實踐深度對接起來，在學思用貫通、知信行統一中培塑忠誠品格、立牢根本指導。構建系統完備的我軍黨的建設制度體系，狠抓各項制度貫通落實，尤其要堅決、全面、具體、無條件地貫徹軍委主席負責制，確保習主席號令直達末端、直達官兵。持續深化政治整

訓，從思想源頭上挖根除弊，在斬圈斷鏈上綜合施策，打好正風肅紀反腐的組合拳，營造政治上的綠水青山。深入開展黨史學習教育，抓好鑄魂續脈工程，搶佔意識形態陣地，匯聚學強軍思想、幹強軍事業的強大正能量。

（二）全面提高履行新時代使命任務能力。強國強軍內在要求必須鍛造更強大的能力、更可靠的手段，切實擔當起黨和人民賦予的使命任務。一方面，要強化鬥爭精神。面對敵對勢力的圍堵打壓、阻我強大的遏制加壓，一定要鼓足敢打必勝的精氣神，從揭敵本質中堅定敢鬥意志，從擊敵軟肋中探尋善鬥謀略，從拿敵練兵中砥礪能鬥血性，尤其要按照《新時代培育戰鬥精神實施綱要》，全方位塑造當代革命軍人的戰鬥特質，推動我黨我軍革命精神發揚光大。另一方面，要鍛造硬核實力。把軍事這個保底手段搞過硬，就必須在打造攻防利器上下功夫，加速發展懾敵制敵的王牌底牌，全面錘煉頂用堪用的精銳力量，抓緊建強聯合作戰的體系支撐，大力創新高敵一籌的策略戰法，不斷累積勝戰優勢、掌握戰略主動。只要把精神和物質的“糧草”備得足足的，我軍就一定能無堅不摧、無往不勝。

（三）加快國防和軍隊建設高質量發展。短短幾十年要把人民軍隊全面建成世界一流，發展慢了不行、質量不高更不行，必須貫徹新發展理念，推動我軍建設發展質量變革、效能變革、動力變革。注重向深化改革要質效，抓住作戰指揮、力量體系、後勤保障、裝備研製、政策制度等領域矛盾問題，以硬實改革舉措解放和發展戰鬥力、解放和增強我軍活力。向科技創新要質效，聚力關鍵核心技術攻關，推進國防科技重大工程建設，加快先進戰鬥力有效供給，實現高水平科技自立自強。向戰略管理要質效，實質推開軍事管理革命，加強戰建統籌、跨域統籌、軍地統籌，堅持戰、建、備一體推進，構建一體化國家戰略體系和能力。當務之急要把“十四五”規劃落地砸實，對支撐強軍打贏的大項建設扭住不放、務期必成，推動國防和軍隊現代化有新的更大發展。

（四）鍛造堪當強軍重任的中堅骨幹力量。人才資源是強軍興軍的寶貴戰略資源，世界軍事競爭實質是一流人才的比拚。要深入貫徹中央人才工作會議精神，搞好軍事人員現代化的頂層設計和戰略籌劃，突出加強備戰打仗人才培養，創新人才抓建模式，完善軍事人力資源制度體系，打通人才教育、歷練、孵化、選拔、認定和獎懲等鏈路，營造新型軍事人才群體多出快出的良好環境。領導幹部作為強軍路上的帶頭人，不僅要在增強本領上有更高標準，還要在擔當作為上有更嚴要求，對轉型發展瓶頸問題要體系治理，對備戰打仗短板弱項要全力攻克，對急難險重任務要頂在一線，對敏感棘手的突出矛盾要較真碰硬，在實踐淬煉中加速成長為棟樑之才，帶領部隊肩負起強軍事業賦予的時代重任。

必須抓好後繼有人這個根本大計

陳　希

　　黨的十九屆六中全會通過的《中共中央關於黨的百年奮鬥重大成就和歷史經驗的決議》（以下簡稱《決議》）指出：“黨和人民事業發展需要一代代中國共產黨人接續奮鬥，必須抓好後繼有人這個根本大計。”這是深刻總結我們黨百年奮鬥經驗得出的規律性認識，是以習近平同志為核心的黨中央站在歷史和全局高度提出的重大戰略任務，是實現黨和國家事業興旺發達、長治久安的必然要求。《決議》統攬偉大鬥爭、偉大工程、偉大事業、偉大夢想，把幹部、黨員、人才都納入後繼有人的範疇，明確了培養造就大批堪當時代重任接班人的關鍵點和著力點，必將有力推動形成青藍相繼、薪火相傳的生動局面，為實現第二個百年奮鬥目標、實現中華民族偉大復興的中國夢提供堅強組織保證。

一　抓好後繼有人這個根本大計，必須源源不斷培養選拔德才兼備、忠誠乾淨擔當的高素質專業化幹部特別是優秀年輕幹部

　　為政之要，惟在得人。一個政黨、一個國家，能不能不斷培養出優秀領導人才，在很大程度上決定著這個政黨、這個國家的興衰存亡。我們黨歷來重視選賢任能，把幹部隊伍建設作為關係黨和人民事業的關鍵性、根本性問題來抓。1938 年 10 月，毛澤東同志在黨的六屆六中全會上指出，“政治路線確定之後，幹部就是決定的因素”，“有計劃地培養大批的新幹部，就是我們的戰鬥任務”。新中國成立之初，為了適應執掌全國政權和領導社會主義革命、建設的需要，我們黨統一調配和大量培養、訓練幹部。黨的十一屆三中全會後，針對幹部隊伍青黃不接的嚴峻形勢，我們黨明確提出幹部隊

伍"革命化、年輕化、知識化、專業化"方針，開展"第三梯隊"建設，推動實現幹部隊伍的新老交替與合作。黨的十八大以來，習近平總書記反覆強調，"實現中華民族偉大復興，堅持和發展中國特色社會主義，關鍵在黨，關鍵在人，歸根到底在培養造就一代又一代可靠接班人"。著眼建強黨的執政骨幹隊伍，以習近平同志為核心的黨中央提出和貫徹新時代黨的組織路線，著力完善黨管幹部、選賢任能制度，強化黨組織領導和把關作用，樹立正確用人導向，堅持不唯票、不唯分、不唯生產總值、不唯年齡，不搞"海推"、"海選"，堅決糾正選人用人上的不正之風，建立健全素質培養、知事識人、選拔任用、從嚴管理、正向激勵五大體系，大力發現和培養選拔優秀年輕幹部，推動幹部隊伍建設邁上新台階。

《決議》總結歷史、立足當前、面向未來，對黨和人民事業需要什麼樣的幹部作出了明確回答，強調要培養選拔德才兼備、忠誠乾淨擔當的高素質專業化幹部。我們黨選人用人的標準是一貫的，大的方面說，就是德才兼備。同時，在不同歷史時期，對幹部德才的具體要求也有所不同。黨的十八大以來，習近平總書記科學把握新形勢新任務和幹部隊伍實際，明確提出信念堅定、為民服務、勤政務實、敢於擔當、清正廉潔的新時代好幹部標準，突出強調幹部要忠誠、乾淨、擔當，實現了我們黨幹部標準的守正創新，立起了選人用人的時代標杆。忠誠是為政之魂，是最重要的政治操守。選幹部、用幹部，千條萬條，第一條就要看是不是對黨忠誠。這一條不過關，其他都不過關，能耐再大也不能用。乾淨是立身之本，是做人做事的基本底線。對廉潔上有硬傷的人必須一律擋住，堅決防止"帶病提拔"、"帶病上崗"，以確保幹部隊伍純潔。擔當是履職之要，是黨的幹部的必備素質。改革推進到今天，比認識更重要的是決心，比方法更關鍵的是擔當。領導幹部必須砥礪擔當之志、磨礪擔當之勇、提升擔當之能，自覺肩負起新時代的職責使命。忠誠、乾淨、擔當相互貫通、相輔相成，共同詮釋著黨的幹部的政治品格。全面建設社會主義現代化國家，必須有一支政治過硬、具備領導現代化建設能力的幹部隊伍。習近平總書記反覆強調，要努力造就高素質專業化幹部隊伍。高素質，涵蓋了幹部的德與才。首先是政治素質要高，信念堅定、對黨忠誠、心繫人民，在政治立場、政治方向、政治原則、政治道路上始終同以習近平同志為核心的黨中央保持高度一致，同時具備良好的品行、作風、能力，遵規守紀、廉潔自律。專業化，是高素質的重要方面。突出強調專業化，是因為隨著改革開放和社會主義現代化建設不斷推進，各項工作專業化、專門化、精細化程度越來越高，需要廣大幹部不斷提高專業素養。對領導幹部來說，專業化不是光有專業知識就夠了，還需要有專業思維、專業精神、專業方法，具備做好領導工作的綜合素質和領導才能。高素質專業化，體現了對幹部德與才辯證關係的深刻把握，為加強新時代幹部隊伍建設提供了有力指引。

建設高素質專業化幹部隊伍是一項系統工程，需要統籌抓好育選管用等各方面工作。要切實加強思想淬煉、政治歷練、實踐鍛煉、專業訓練，教育引導廣大幹部自覺做習近平新時代中國特色社會主義思想的堅定信仰者和忠實實踐者，牢記空談誤國、實幹興邦的道理，樹立不負人民的家國情懷、追求崇高的思想境界、增強過硬的擔當本領。要堅持德才兼備、以德為先、任人唯賢，堅持事業為上、以事擇人、人事相宜，把那些想幹事、肯幹事、能幹成事的幹部選出來、用起來，確保幹部德配其位、才配其位。要把嚴的主基調長期堅持下去，完善管思想、管工作、管作風、管紀律的從嚴管理機制，推動幹部能上能下、能進能出，推動形成能者上、優者獎、庸者下、劣者汰的正確導向。要建立健全幹部擔當作為的激勵和保護機制，完善和落實政治上激勵、工作上支持、待遇上保障、心理上關懷的各項措施，切實為勇於負責的幹部負責、為勇於擔當的幹部擔當、為敢抓敢管的幹部撐腰，充分激發廣大幹部幹事創業的積極性、主動性、創造性。

大力培養選拔優秀年輕幹部，是確保黨和人民事業後繼有人的戰略之舉，也是一項緊迫的現實任務，《決議》對此作了特別強調。要落實《決議》要求，增強責任意識，樹立戰略眼光，加強系統謀劃佈局，完善常態化、長效化工作機制，努力建設一支忠實踐行習近平新時代中國特色社會主義思想、數量充足、素質優良、充滿活力的優秀年輕幹部隊伍。一是要加強政治歷練。培養選拔年輕幹部，首要一條是確保他們對黨忠誠。要把理論武裝作為管根本、保方向的基礎工作來抓，把黨性教育作為必修課，引導年輕幹部增強"四個意識"、堅定"四個自信"、做到"兩個維護"，不斷提高政治判斷力、政治領悟力、政治執行力，打牢健康成長進步的思想政治根基。二是要優化成長路徑。有計劃地把政治素質好、有能力、有責任感的年輕幹部放到改革發展穩定第一線，放到重大任務重大鬥爭最前沿，放到艱苦複雜地方和關鍵吃勁崗位去磨練，促進年輕幹部在實踐中茁壯成長、脫穎而出。尤其要重視基層歷練，讓年輕幹部在基層多墩墩苗，摸爬滾打時間長一點，通過遞進式培養、多崗位歷練、一層層考驗，使年輕幹部經歷更豐富、閱歷更完整、能力更紮實。三是要拓寬來源渠道。堅持五湖四海，廣開進賢之路，放眼各條戰線、各個領域、各個行業，在更大範圍內發現和選拔優秀人才，擴大年輕幹部隊伍"蓄水池"。四是要及時大膽使用。堅持用全面的、辯證的、發展的觀點看待年輕幹部，破除論資排輩、求全責備等觀念，對政治素質好、工作表現突出、經過紮實歷練的打破隱性台階大膽使用，用當其時、用其所長。需要指出的是，培養選拔優秀年輕幹部是從戰略上來考慮的，著眼的是培養造就中國特色社會主義事業的可靠接班人，不能唯年齡是舉，不是越年輕越好，必須突出政治標準，堅持好中選優，最主要的是看人選標準條件達不達標，不能降格以求。即使進了班子，也不是說就進了保險箱，要在實踐中考驗，不適應、不勝任的就要及時調整，做到能上能下。五是要嚴格管理監督。堅持從嚴管理沒有特殊、沒有例外，加強日常管理、"田間管理"，經常提醒教育、及時"修枝剪葉"，促進年輕幹部嚴格自我要求、強化自我約束，努力成為可堪大用、能擔重任的棟樑之才，不辜負黨和人民期望和重託。在大力培養選拔優秀年輕幹部的同時，要統籌用好各年齡段幹部，讓整個幹部隊伍都有幹勁、有奔頭、有希望。

二　抓好後繼有人這個根本大計，必須源源不斷把各方面先進分子特別是優秀青年吸收到黨內來

黨員是黨的肌體的細胞，是黨的活力的源泉。黨的先進性和純潔性要靠千千萬萬黨員的先進性和純潔性來體現，黨的執政使命要靠千千萬萬黨員卓有成效的工作來承載。我們黨一路走來，始終把黨員隊伍建設作為黨的建設的基礎性工作來抓，不斷吸收新鮮血液，著力鍛造先鋒隊伍，使黨保持了

旺盛生命力和強大戰鬥力。黨的十八大以來，我們黨按照控制總量、優化結構、提高質量、發揮作用的總要求，切實抓好發展黨員和黨員教育管理工作，接續開展黨的群眾路線教育實踐活動、“三嚴三實”專題教育、“兩學一做”學習教育、“不忘初心、牢記使命”主題教育和黨史學習教育，黨員隊伍建設得到進一步加強。在新冠肺炎疫情防控、脫貧攻堅、防汛救災等急難險重任務中，在平凡的工作崗位上，在社會生活的方方面面，廣大黨員都充分發揮了先鋒模範作用。經過一百年的發展壯大，我們黨從成立時只有 50 多名黨員，到今天已經成為擁有 9500 多萬名黨員、領導著 14 億多人口大國、具有重大全球影響力的世界第一大執政黨，展現出風華正茂、欣欣向榮的蓬勃氣象。

實現中華民族偉大復興，是我們黨團結帶領人民進行一切奮鬥、一切犧牲、一切創造的主題。偉大復興曙光在前、前途光明，但也絕不是輕輕鬆鬆、敲鑼打鼓就可以實現的，必須進行具有許多新的歷史特點的偉大鬥爭，關鍵是把我們黨建設得更加堅強有力，鍛造一支聽黨號令、信念堅定、素質優良、紀律嚴明、作用突出的黨員隊伍，凝聚起眾志成城、堅不可摧的磅礴力量。《決議》強調，要源源不斷把各方面先進分子特別是優秀青年吸收到黨內來，教育引導青年黨員永遠以黨的旗幟為旗幟、以黨的方向為方向、以黨的意志為意志，賡續黨的紅色血脈，弘揚黨的優良傳統，在鬥爭中經風雨、見世面、壯筋骨、長才幹。這些要求，抓住了黨員隊伍建設的關鍵和要害，具有很強的現實針對性。落實《決議》要求，一是要高標準高質量地做好發展黨員工作。著眼鞏固黨的階級基礎、群眾基礎、社會基礎，加大從產業工人、青年農民、高知識群體、大學生以及非公有制經濟組織和社會組織從業人員等群體中發展黨員力度，注意做好在新產業、新業態、新群體和基層一線、薄弱領域發展黨員工作，不斷優化黨員隊伍結構、壯大黨的力量。發展黨員，保證質量是生命線。要堅持把政治標準放在首位，嚴格落實政治審查制度，注重考察發展對象的入黨動機和政治素質，對那些政治上不合格、想混入黨內撈好處的人，一個都不能要。二是要從嚴從實抓好黨員教育管理。在深化改革開放和發展社會主義市場經濟條件下，黨員隊伍的思想觀念、價值取向、就業方式、生活方式等都發生了深刻變化，尤其是 80 後、

90 後、00 後青年黨員不斷增多，給黨員教育管理工作帶來許多新的課題。要適應社會環境新變化和黨員隊伍新情況，突出抓好黨的創新理論武裝和黨性教育，引導廣大黨員堅定理想信念、樹牢為民宗旨，大力弘揚以偉大建黨精神為源頭的中國共產黨人精神譜系，把黨的光榮傳統和優良作風繼承下去、發揚光大。要發揮黨內政治生活的熔爐作用，嚴格執行"三會一課"、組織生活會、民主評議黨員、主題黨日等基本制度，促使廣大黨員提高思想政治覺悟，增強黨員意識和組織觀念，嚴守紀律規矩，持續解決好思想入黨的問題。要有序推進黨員隊伍分類管理試點，探索不同群體黨員管理的有效辦法，進一步規範黨員組織關係管理，穩妥有序開展不合格黨員組織處置工作。三是要組織引導黨員發揮先鋒模範作用。結合不同群體黨員實際，通過樹立、學習身邊的榜樣，設立黨員示範崗、黨員責任區，開展設崗定責、承諾踐諾等，引導黨員立足本職、創先爭優，幹在實處、走在前列，在聯繫服務群眾、完成重大任務中勇於擔當作為，做到平常時候看得出來、關鍵時刻站得出來、危急關頭豁得出來。

三 抓好後繼有人這個根本大計，必須源源不斷培養造就愛國奉獻、勇於創新的優秀人才

千秋基業，人才為本。《決議》把人才隊伍建設放在後繼有人的戰略高度來強調，體現了我們黨重才愛才、求賢若渴的深厚情懷，也蘊含著黨的優良傳統和寶貴經驗。在百年奮鬥歷程中，我們黨始終重視培養人才、團結人才、引領人才、成就人才，團結和支持各方面人才為黨和人民事業建功立業。黨的十八大以來，以習近平同志為核心的黨中央作出人才是實現民族振興、贏得國際競爭主動的戰略資源的重大判斷，作出全方位培養、引進、使用人才的重大部署，推動新時代人才工作取得歷史性成就、發生歷史性變革，中華大地正在成為各類人才大有可為、大有作為的熱土。2021 年 9 月，黨中央又專門召開人才工作會議，對加快建設人才強國作出全面部署，提出一系列具有全局性、前瞻性、基礎性的重大舉措。這次會議的召開為我國人才事業提供了強大牽引力和驅動力。

當今世界，新一輪科技革命和產業變革迅猛發展，圍繞科技制高點和高端人才的競爭空前激烈。我們要贏得優勢、贏得主動、贏得未來，就必須更加重視發揮人才第一資源的支撐作用。《決議》強調，要源源不斷培養造就愛國奉獻、勇於創新的優秀人才，真心愛才、悉心育才、精心用才，把各方面優秀人才集聚到黨和人民的偉大奮鬥中來。要結合學習貫徹中央人才工作會議精神，把《決議》提出的要求領會好、落實好。一是要深入實施新時代人才強國戰略。全面貫徹習近平總書記關於新時代人才工作的新理念新戰略新舉措，堅持黨管人才，堅持人才引領發展的戰略地位，堅持面向世界科技前沿、面向經濟主戰場、面向國家重大需求、面向人民生命健康，立足新發展階段，貫徹新發展理念，服務構建新發展格局，推動高質量發展，把人才資源開發放在最優先位置，聚天下英才而用之，為 2035 年基本實現社會主義現代化提供人才支撐，為 2050 年全面建成社會主義現代化強國打好人才基礎。二是要加快建設世界重要人才中心和創新高地。這是黨中央在更高起點、更高層次、更高目標上對加快建設人才強國作出的戰略謀劃和頂層設計。人類歷史上，科技和人才總是向發展勢頭好、文明程度高、創新最活躍的地方集聚。現在，我國正處於政治最穩定、經濟最繁榮、創新最活躍的時期，經濟實力、科技實力、綜合國力顯著增強，為我國科技和人才事業加快發展提供了難得的歷史機遇、創造了有利條件。必須抓住機遇、乘勢而上，以建設世界重要人才中心和創新高地為抓手，加快形成人才競爭比較優勢。三是要深化人才發展體制機制改革。加快建設世界重要人才中心和創新高地，必須向改革要動力、用改革增活力，真正建立起既有中國特色又有國際競爭比較優勢的人才發展體制機制。要根據需要和實際向用人主體充分授權，既要真授、授到位，又要確保下放的權限接得住、用得好。要積極為人才鬆綁，完善人才管理制度，深化科研經費管理和科研項目管理改革，優化整合人才計劃，讓人才靜心做學問、搞研究，多出成果、出好成果。要加快建立以創新價值、能力、貢獻為導向的人才評價體系，堅決破除唯論文、唯職稱、唯學歷、唯獎項現象，繼續採取措施為“帽子熱”降溫，避免簡單以學術頭銜、人才稱號確定薪酬待遇、配置學術資源的傾向。四是要加快建設國家戰略人才力量。戰略人才站在國際科技前沿、引領科技自主創新、承擔國家戰略科技任務，是支撐我國高水平科技自立自強的重要力量。要堅持實踐標準、樹立長遠眼光，有意識地發現和培養更多具有戰略科學家潛質的高層次複合型人才，形成戰略科學家成長梯隊。要發揮國家實驗室、國家科研機構、高水平研究型大學、科技領軍企業的國家隊作用，優化領軍人才發現機制和項目團隊遴選機制，打造大批一流科技領軍人才和創新團隊。要把培育國家戰略人才力量的政策重心放在青年科技人才上，支持青年人才挑大樑、當主角，造就規模宏大的青年科技人才隊伍。要調動好高校和企業兩個積極性，實現產學研深度融合，培養大批卓越工程師，推動我國製造業水平向高端邁進。五是要全方位培養、引進、用好人才。當今世界人才的競爭，首先是人才培養的競爭。我國擁有世界上規模最大的高等教育體系，有各項事業發展的廣闊舞台，完全能夠源源不斷培養造就大批優秀人才，完全能夠培養出大師。要堅定走好人才自主培養之路，針對人才隊伍結構性矛盾，重點抓好戰略科學家、頂尖人才、"卡脖子"技術攻關人才、基礎研究人才的培養，同時培養造就大批哲學家、社會科學家、文學藝術家等各方面人才。引進是壯大人才隊伍、改善人才結構的重要途徑，要實行更加積極、更加開放、更加有效的人才引進政策，加強人才國際交流，使更多全球智慧資源、創新要素為我所用。使用是發揮人才作用、推動事業發展的根本所在，要建立以信任為基礎的人才使用機制，完善科學家本位的科研組織體系，完善科研任務"揭榜掛帥"、"賽馬"制度，為各類人才搭建幹事創業的平台，讓事業激勵人才，讓人才成就事業。六是要加強黨對人才工作的全面領導。這是堅持正確政治方向、做好人才工作的根本保證。要完善黨管人才領導體制和工作機制，改進黨管人才方式方法，推動形成黨委統一領導，組織部門牽頭抓總，職能部門各司其職、密切配合，社會力量廣泛參與的人才工作格局。要加強對人才的政治引領和政治吸納，加大團結凝聚、教育引導、聯繫服務力度，引導廣大人才自覺弘揚科學家精神，堅定不移聽黨話、跟黨走，心懷"國之大者"，為國分憂、為國解難、為國盡責。

建設更高水平的平安中國

郭聲琨

　　黨的十九屆六中全會通過的《中共中央關於黨的百年奮鬥重大成就和歷史經驗的決議》（以下簡稱《決議》），統籌國內國際兩個大局，貫通歷史、現在、未來，全面總結了黨的百年奮鬥的重大成就、歷史意義、歷史經驗，著重闡釋黨的十八大以來黨和國家事業取得的歷史性成就、發生的歷史性變革，對全黨更加堅定、更加自覺地踐行初心使命，在新時代新征程上展現新氣象新作為提出了明確要求，其中充分肯定了黨著眼於國家長治久安、人民安居樂業，建設更高水平的平安中國取得的成效。回望黨的百年奮鬥歷程，黨始終把為人民謀幸福作為不變的初心，始終把保持社會平安穩定作為治國理政的重大任務，在不同歷史時期作出一系列重大決策部署、採取一系列有力措施。特別是黨的十八大以來，以習近平同志為核心的黨中央高度重視平安中國建設，習近平總書記多次作出重要指示，明確提出要努力建設更高水平的平安中國，深刻指明了建設更高水平的平安中國的重大意義、總體要求、根本目的、發展方向、基本路徑和工作重心，全面闡明了平安中國建設中具有全局性、戰略性、基礎性的重大理論和實踐問題，標誌著黨對平安中國建設的規律性認識實現新飛躍，引領新時代平安中國建設不斷開闢新境界。我們要堅持以習近平新時代中國特色社會主義思想為指導，認真學習貫徹黨的十九屆六中全會精神，增強"四個意識"、堅定"四個自信"、做到"兩個維護"，不斷提高政治判斷力、政治領悟力、政治執行力，從百年黨史中充分汲取智慧與力量，繼承發揚偉大建黨精神，深刻認識平安中國建設顯著成效，全面總結平安中國建設經驗啟示，牢牢把握建設更高水平的平安中國目標要求，勇毅前行、接續奮鬥，為實現第二個百年奮鬥目標、實現中華民族偉大復興的中國夢創造安全穩定的社會環境。

一　深刻認識平安中國建設取得的顯著成效

黨領導人民僅用幾十年時間就走完發達國家幾百年走過的工業化歷程，創造了經濟快速發展和社會長期穩定兩大奇跡。特別是黨的十八大以來，以習近平同志為核心的黨中央著眼於國家長治久安、人民安居樂業，把平安中國建設置於中國特色社會主義事業發展全局中謀劃推進，平安中國建設體制機制逐步完善，市域社會治理現代化試點深入推進，風險防控整體水平穩步提高，法律法規制度不斷健全，共建共治共享工作格局初步形成，影響國家安全和社會穩定突出問題得到有效解決，社會治理社會化、法治化、智能化、專業化水平大幅度提升，人民獲得感、幸福感、安全感更加充實、更有保障、更可持續，發展了人民安居樂業、社會安定有序的良好局面，續寫了社會長期穩定奇跡。2020 年人民群眾對平安建設的滿意度達 98.4%。國際社會普遍認為，中國是世界上最安全的國家之一。平安已成為中國一張靚麗的國家名片。概括講，主要有四大標誌性成效：

（一）維護國家政治安全能力進一步提高。黨高度重視正確處理改革發展穩定關係，把維護國家安全和社會安定作為黨和國家的一項基礎性工作來抓，為改革開放和社會主義現代化建設營造了良好安全環境。特別是黨的十八大以來，在以習近平同志為核心的黨中央堅強領導下，我們落實總體國家安全觀，加強國家安全體系和能力建設，有效防範化解處置各類政治安全風險，在紛繁複雜的國際亂象和快速深刻的經濟社會變革中有力維護了國家政治安全，這是平安中國的首要標誌。面對外部極端打壓遏制，充分發揮制度優勢，統籌資源力量，有效防範應對相關安全和法律風險，加強我國海外利益保護，堅決維護了我國主權、安全、發展利益。面對香港局勢一度出現嚴峻局面，推動建立健全香港特別行政區維護國家安全的法律制度和執行機制，堅定支持香港特別行政區依法止暴制亂、恢復秩序，推動香港局勢實現了由亂到治的重大轉折。面對敵對勢力滲透、破壞、顛覆、分裂等活動，採取有力措施嚴密防範、嚴厲打擊，築牢網絡安全防線，堅定維護了國家政權安全、制度安全、意識形態安全。面對全球恐怖活動多發高發的大環境，有力防範和打擊暴力恐怖犯罪，實現了反恐怖鬥爭形勢根本性好轉。

（二）掃黑除惡取得歷史性成就。2018 年至 2020 年，黨中央部署開展了為期三年的掃黑除惡專項鬥爭，依法嚴懲黑惡犯罪和放縱、包庇黑惡勢力甚至充當保護傘的黨員幹部。全國共打掉涉黑組織 3644 個、涉惡犯罪集團 11675 個，打掉的涉黑組織是前 10 年總和的 1.28 倍，查處涉黑涉惡腐敗和保護傘問題 8.97 萬起、立案處理 11.59 萬人，排查整頓軟弱渙散村黨組織 5.47 萬個，排查清理存在 "村霸"、涉黑涉惡等問題的村幹部 4.27 萬名。召開全國掃黑除惡專項鬥爭總結表彰大會，出台關於常態化開展掃黑除惡鬥爭鞏固專項鬥爭成果的意見。通過這場專項鬥爭，黑惡犯罪得到根本遏制，營商環境持續優化，基層基礎全面夯實，黨風政風社會風氣明顯好轉，這在中國乃至世界反有組織犯罪歷史上都是不尋常的成就。社會各界普遍認為，掃黑除惡專項鬥爭是黨的十九大以來最得人心的大事之一。

（三）社會矛盾總量呈現穩中有降趨勢。習近平總書記在浙江工作期間高度重視 "楓橋經驗" 的堅持、創新和發展，並在實踐中不斷豐富其新鮮內涵。黨的十八大以來，習近平總書記多次作出重要指示，明確要求把 "楓橋經驗" 堅持好、發展好，把黨的群眾路線堅持好、貫徹好，為 "楓橋經驗" 賦予了新的時代內涵，使之在服務群眾、化解矛盾等工作中發揮出更大效能、展現出歷久彌新的魅力。我們堅持和發展新時代 "楓橋經驗"，積極推進市域社會治理現代化試點，健全黨組織領導的城鄉基層治理體系，推動社會治理重心向基層下移，加強新形勢下重大決策社會穩定風險評估機制建設，健全社會矛盾糾紛多元預防調處化解綜合機制，完善信訪制度，把重大矛盾風險防範化解在市域，把小矛盾小問題化解在基層，把大量糾紛解決在訴訟之前。近年來，全國信訪總量明顯下降，集體訪總量已連續十一年下降。2020 年，全國法院受理的訴訟案件總數、民事訴訟案件數在持續增長十五年之後首次實現 "雙下降"。加快執法司法制約監督體系改革和建設，深入推進政法隊伍教育整頓，執法司法公信力不斷提升。在經濟轉軌、社會轉型過程中，面對社會矛盾集中多發高發的複雜局面，我們通過不懈努力經受住了來自各方面的風險挑戰考驗，使社會矛盾總量出現歷史性拐點，走出了一條中國特色社會主義社會治理之路。

（四）社會治安狀況處於歷史最好水平。我們持續加強社會治安綜合治理，防範和打擊新型網絡犯罪、跨國犯罪以及黃賭毒、盜搶騙、食藥環等嚴重影響人民群眾安全感的違法犯罪，全國社會治安形勢持續好轉。2020年，全國刑事立案總量已實現五年連降，八類主要刑事案件和查處治安案件數量已實現六年連降；生產安全事故死亡人數、重特大事故數量從本世紀初最高峰時的一年14萬人、140起下降至2.71萬人、16起。我國每10萬人中命案數為0.56，是命案發案率最低的國家之一；每10萬人中刑事案件數為339，是刑事犯罪率最低的國家之一；持槍、爆炸案件連續多年下降，是槍爆犯罪最少的國家之一。國家統計局組織的全國居民對當前15個主要民生領域現狀的滿意度調查中，對社會治安的滿意度排在第一位。

平安中國建設取得歷史性成就，最根本的在於習近平總書記領航掌舵，在於習近平新時代中國特色社會主義思想科學指引，在於以習近平同志為核心的黨中央堅強領導。特別是2020年以來，在世界百年未有之大變局和新冠肺炎疫情全球大流行交織的背景下，"中國之治"的成色更足、優勢更加彰顯，人民群眾擁戴核心、擁護共產黨、熱愛國家的熱情更加高漲，為建設更高水平的平安中國奠定了更加堅實牢固的政治基礎、社會基礎、群眾基礎。

二 全面總結平安中國建設的基本經驗和深刻啟示

黨在推進平安中國建設的實踐中，不斷深化了對社會治理的規律性認識，積累了寶貴經驗、形成了深刻啟示，我們要認真總結、長期堅持。

（一）平安中國建設取得的顯著成效，充分體現了黨的領導政治優勢。習近平總書記指出，辦好中國的事情，關鍵在黨。治理好我們這個世界上人口最多的國家，必須堅持黨的全面領導特別是黨中央集中統一領導，堅持黨的民主集中制，確保黨始終總攬全局、協調各方。中國共產黨的領導是中國特色社會主義制度的最大優勢，是我國創造社會長期穩定奇跡的最大奧秘。歷史和現實深刻啟示我們，建設更高水平的平安中國必須堅持黨的全面領導不動搖，充分發揮黨的領導政治優勢，把黨的領導落實到平安中國建設各方面全過程。要進一步落實平安建設領導責任制，壓實各級黨委領導責任和主要負責同志第一責任人的責任；健全各級平安建設協調機制，最大限度統籌資源力量，增強工作合力；推進基層黨建與平安建設深度融合，堅持以黨建引領基層平安建設。

（二）平安中國建設取得的顯著成效，充分展示了我國社會治理體系的強大效能。習近平總書記指出，中國特色社會主義制度和國家治理體系具有多方面的顯著優勢。長期以來，黨堅持和完善中國特色社會主義制度、推進國家治理體系和治理能力現代化，在實踐中不斷完善中國特色社會主義社會治理體系，用平安中國建設顯著成效持續展示了“中國之治”的巨大優勢。歷史和現實深刻啟示我們，建設更高水平的平安中國必須堅持中國道路，把我們的政治優勢和中國特色社會主義制度優勢轉化為社會治理效能。要著力推進市域社會治理現代化，加強和創新基層社會治理，健全共建共治共享的社會治理制度，完善黨委領導、政府負責、民主協商、社會協同、公眾參與、法治保障、科技支撐的社會治理體系，建設人人有責、人人盡責、人人享有的社會治理共同體，不斷彰顯“中國之治”新優勢。

（三）平安中國建設取得的顯著成效，充分彰顯了習近平法治思想的實踐偉力。習近平總書記指出，全面依法治國是堅持和發展中國特色社會主義的本質要求和重要保障，是國家治理的一場深刻革命。黨的十八大以來，黨堅持推進全面依法治國、建設法治中國，充分發揮法治固根本、穩預期、利長遠的保障作用，全面提升平安中國建設的法治化水平，彰顯了習近平法治思想領航“中國之治”的實踐偉力。歷史和現實深刻啟示我們，建設更高水平的平安中國必須堅持以習近平法治思想為指引，善於運用法治思維和法治方式，以法治謀劃平安建設，以法治解決矛盾問題，以法治引領社會風尚，不斷提高運用法律手段領導和加強社會治理的能力，不斷擦亮平安中國建設的法治“底色”。

（四）平安中國建設取得的顯著成效，充分顯示了廣大人民群眾的磅礴力量。習近平總書記指出，江山就是人民、人民就是江山，打江山、守江山，守的是人民的心。黨的根基在人民、血脈在人民、力量在人民，人民是黨執政興國的最大底氣。平安中國建設之所以能取得顯著成效，根本在於黨始終把為人民謀幸福作為不變的初心，把人民放在心中最高位置，堅持一切為了人民、一切依靠人民，使平安中國建設充分體現人民意志、保障人民權益、激發人民創造，進而凝聚起了攻無不克、戰無不勝的強大力量。歷史和現實深刻啟示我們，建設更高水平的平安中國必須始終牢記人民群眾是我們力量源泉，堅持以人民為中心，堅持全心全意為人民服務的根本宗旨，解決群眾急難愁盼的突出問題，拓展群眾參與平安建設的組織形式和制度化渠道，實現平安中國建設過程人民參與、成果人民共享、成效人民評價。

（五）平安中國建設取得的顯著成效，充分展現了開拓創新的強大動力。習近平總書記指出，創新是引領發展的第一動力。平安中國建設取得顯著成效，一個重要原因就是堅持以變應變、以新應新，與時俱進創新完善系統治理、依法治理、綜合治理、源頭治理等方式方法，創新完善平安中國建設體制機制，不斷增強工作預見性、打好主動仗。歷史和現實深刻啟示我們，建設更高水平的平安中國必須順應時代潮流，回應人民要求，準確識變、科學應變、主動求變，永不僵化、永不停滯，持續推進理念、機制、方式、載體等創新，充分發揮廣大基層幹部群眾的首創精神，不斷開創平安中國建設新局面，努力創造出更多令人刮目相看的人間奇跡。

三　深入推進更高水平的平安中國建設

回首過去，黨領導人民取得了平安中國建設歷史性成就、創造了社會長期穩定奇跡。現在，黨團結帶領中國人民又踏上了實現第二個百年奮鬥目標新的趕考之路，建設更高水平的平安中國、創造社會長期穩定新奇跡，是我們肩負的重大歷史使命。我們要以學習貫徹《決議》為動力，牢記初心使命，勇於擔當作為，緊扣第二個百年奮鬥目標，深入推進更高水平的平安中國建設，為全面建成社會主義現代化強國、實現中華民族偉大復興的中國夢保駕護航。到"十四五"末，使發展安全保障更加有力，國家政治安全防線進一步築牢，社會治理現代化水平明顯提高，防範化解重大風險體制機制不斷健全，風險預測預警預防能力進一步提升，重大刑事案件、群體性事件、公共安全事故不斷減少，社會安全穩定局面持續鞏固，人民群眾獲得感、幸福感、安全感進一步增強；到2035年平安中國建設達到更高水平。為此，要緊緊圍繞上述目標任務，準確把握建設更高水平的平安中國豐富內涵，認真謀劃推進各項工作。

（一）努力建設統籌層次更高的平安中國。在更高層次、更大範圍上統籌好發展和安全，實現高質量發展和高水平安全的良性互動，是建設更高水平的平安中國必須牢牢把握的根本要求。一要把握發展和安全的辯證統一。既牢記安全是發展的前提，把安全發展融入高質量發展全過程，實現經濟安全、政治安全、文化安全、社會安全、生態安全的全方位之治；又牢記發展是安全的保障，以高質量發展實現社會安全穩定、國家長治久安。二要促進發展和安全的動態平衡。既不能為了片面追求安全、管得一潭死水，又不能野蠻發展、搞得波濤洶湧，必須找準發展與安全的平衡點，做到該管的管、該放的放，使發展成就可期、安全風險可控。三要實現發展和安全的互促共進。既善於用發展成果夯實平安中國的基礎，又善於創造有利於經濟社會發展的安全環境，使兩者相互配套、良性互動。

（二）努力建設治理效能更強的平安中國。要聚焦影響國家安全和社會穩定的突出問題，繃緊社會穩定和安全生產這根弦，對症下藥、靶向施策，不斷提高防範化解重大風險隱患的能力水平。一要牢牢掌握維護政治安全主動權。嚴密防範、嚴厲打擊敵對勢力滲透顛覆破壞活動，深入開展反恐怖反分裂鬥爭，切實築牢維護國家安全的銅牆鐵壁。二要不斷提高社會治安動態防控力。堅持打防管控並舉，加快推進立體化、智能化社會治安防控體系建設，加強社會治安綜合治理，常態化開展掃黑除惡鬥爭，深入打擊整治新型網絡犯罪、跨國犯罪等突出違法犯罪。三要切實加強安全生產風險隱患綜合治理。抓好交通、消防等安全管理措施落實，加強寄遞物流、危爆物品等行業監管，建立健全安全生產責任和管理制度體系、隱患排查治理和風險防控體系，落實企業主體責任，堅決遏制重特大安全事故。

（三）努力建設安全穩定局面更鞏固的平安中國。社會更加安全穩定有序，是檢驗更高水平的平安中國建設成效的重要標誌。要堅持和發展新時代"楓橋經驗"，堅持系統治理、依法治理、綜合治理、源頭治理，最大限度地防範化解社會矛盾、減少社會對抗，促進社會安全穩定。一要堅持源頭防範。深入開展各類矛盾風險隱患源頭治理，完善預防性法律制度，健全落實重大決策社會穩定風險評估等制度機制，推動更多法治力量向引導和疏導端用力，努力做到消未起之患、治未病之疾。堅持強基導向，加強基層基礎工作，深化網格化服務管理，努力將矛盾風險發現處置在萌芽狀態。二要堅持多元化解。健全社會矛盾糾紛多元預防調處化解綜合機制，把非訴訟糾紛解決機制挺在前面，深入排查整治經濟金融、社會民生、涉法涉訴、家庭鄰里等領域矛盾風險隱患。完善信訪制度，持續推進領導幹部特別是市縣領導幹部接訪下訪，深化重複信訪和信訪積案攻堅化解。三要堅持寬嚴相濟。主動適應當前犯罪結構性變化的新特點，充分發揮刑事司法政策作用，既依法嚴厲打擊嚴重危害人民群眾生命財產安全的違法犯罪，又完善認罪認罰從寬、"少捕慎訴慎押" 等制度機制，擴大教育面、縮小打擊面、減少對立面，努力化消極因素為積極因素。

（四）努力建設人民更滿意的平安中國。讓人民過上好日子，是黨孜孜不倦的追求。當前，隨著我國社會主要矛盾發生歷史性變化，人民群眾對平安的期待和要求越來越呈現出多樣性、動態性、發展性等特徵。要主動適應人民群眾對美好生活的嚮往，以更優的平安 "供給" 解決好老百姓急難愁盼問題，全方位提升守護群眾平安、保障群眾權益的層次和水平，讓更高水平的平安中國以人民群眾可見、可觸、可感的方式實現。一要聚焦促進共同富裕，推動完善相關法律法規，促進構建初次分配、再分配、三次分配協調配套的基礎性制度，助力推進依法保護合法收入、調節過高收入、取締非法收入的各項工作，著力解決收入分配等問題帶來的深層次風險隱患，讓發展成果更多更公平惠及全體人民。二要聚焦保障人民安寧，堅持以群眾期盼為導向，更快破大案、更多破小案、更準辦好案、更好控發案，切實保護人民群眾人身權、財產權、人格權。三要聚焦維護公平正義，深入推進科學立法、嚴格執法、公正司法、全民守法，紮實開展全國政法隊伍教育整頓，堅持在法治軌道上行使權力，提高嚴格規範公正文明執法司法水平，努力讓人民群眾在每一項法律制度、每一個執法決定、每一宗司法案件中都感受到公平正義。四要聚焦提供優質服務，深化 "放管服"、"互聯網＋行政管理服務" 等改革，充分發揮線上平台優勢，不斷推出新的惠民便民舉措，為人民群眾提供更加優質、高效、便捷的服務產品和體驗。

習近平新時代中國特色社會主義思想實現了馬克思主義中國化新的飛躍

黃坤明

黨的十八大以來，以習近平同志為主要代表的中國共產黨人，堅持把馬克思主義基本原理同中國具體實際相結合、同中華優秀傳統文化相結合，堅持毛澤東思想、鄧小平理論、"三個代表"重要思想、科學發展觀，深刻總結並充分運用黨成立以來的歷史經驗，從新的實際出發，創立了習近平新時代中國特色社會主義思想。黨的十九屆六中全會通過的《中共中央關於黨的百年奮鬥重大成就和歷史經驗的決議》，用"十個明確"進一步對這一思想的核心內容作了系統概括，並指出："習近平新時代中國特色社會主義思想是當代中國馬克思主義、二十一世紀馬克思主義，是中華文化和中國精神的時代精華，實現了馬克思主義中國化新的飛躍。"這一重大論斷科學闡明了這一思想的理論內涵和重大意義，標明了它在馬克思主義發展史、中華文明發展史上的重要地位。在新的征程上，我們要以高度的政治自覺深入學習貫徹習近平新時代中國特色社會主義思想，切實用以武裝頭腦、指導實踐、推動工作，以新氣象新作為創造新的歷史偉業。

一　習近平新時代中國特色社會主義思想堅持把馬克思主義基本原理同中國具體實際相結合、同中華優秀傳統文化相結合，以原創性理論貢獻標註了馬克思主義發展的新高度

馬克思主義是我們立黨立國、興黨強國的根本指導思想。馬克思主義理論不是教條而是行動指南，必須隨著實踐發展而發展，必須中國化才能落地生根、本土化才能深入人心。習近平總書記鮮明提出"堅持把馬克思主義基本原理同中國具體實際相結合、同中華優秀傳統文化相結合"，深刻揭示

139

了馬克思主義的理論特質，深刻闡明了馬克思主義在中國創新發展的內在機理，從廣度和深度上大大深化了我們對馬克思主義中國化的規律性認識。習近平新時代中國特色社會主義思想是堅定自覺堅持和發展馬克思主義的典範，是堅持"兩個結合"、勇於推進理論創新的產物，賦予馬克思主義鮮明的實踐特色、民族特色、時代特色，是當代中國馬克思主義、二十一世紀馬克思主義。

這一思想立足中華民族偉大復興戰略全局，是新時代中國特色社會主義偉大實踐的理論結晶。黨的十八大以來，我國發展站在新的歷史起點上，實現中華民族偉大復興進入關鍵時期。經過改革開放以來的持續發展，國家經濟實力、科技實力、國防實力、綜合國力、國際影響力顯著提升，我們具備了繼續前進的堅實基礎和有利條件。但同時，外部環境變化帶來許多新的風險挑戰，國內改革發展穩定也面臨不少長期沒有解決的深層次矛盾和問題以及新出現的一些矛盾和問題，黨治國理政面臨重大考驗。新的偉大鬥爭呼喚著新的理論指引，新的偉大實踐推動著理論創新步伐。習近平總書記堅持用馬克思主義的立場、觀點、方法觀察時代、把握時代、引領時代，統籌中華民族偉大復興戰略全局和世界百年未有之大變局，以一系列具有戰略性、前瞻性、創造性的新理念新思想新戰略回答時代之問、人民之問，回應新形勢新任務對黨和國家事業發展提出的新要求，創立了習近平新時代中國特色社會主義思想。這一思想是在堅定推進具有許多新的歷史特點的偉大鬥爭中，在中華民族迎來從站起來、富起來到強起來的偉大飛躍中形成並不斷豐富發展的科學理論。

這一思想植根廣袤中國大地和中華民族歷史，是中華文化和中國精神的時代精華。中華優秀傳統文化是中華民族的根和魂，與馬克思主義的許多重大觀點具有天然的、內在的契合性，是中國人民接受並信仰馬克思主義的深厚文化基礎和心理基礎。習近平新時代中國特色社會主義思想既立足於現實的中國，又植根於歷史的中國，它以中華文明為源頭活水，從 5000 多年璀璨文明中承繼人文精神、道德價值、歷史智慧的精華養分，把馬克思主義的思想精髓與中華優秀傳統文化的精神特質融會貫通起來，成為中華優秀傳統文化創造性轉化、創新性發展的生動典範。它深刻揭示和自覺遵循中華民族傳承發展的歷史邏輯，深刻反映中華民族自古以來的夢想和追求，特別是近代以後實現中華民族偉大復興的夢想，凝結著中國人民的偉大創造精神、偉大奮鬥精神、偉大團結精神、偉大夢想精神。正因為如此，習近平新時代中國特色社會主義思想充盈著濃郁的中國味、深厚的中華情、浩然的民族魂，具有強大的歷史穿透力、文化感染力、精神感召力，是彰顯文化自信、飽含歷史自覺、賡續中華文脈的理論。

在推進"兩個結合"的過程中，習近平新時代中國特色社會主義思想既堅持了老祖宗、又講了許多新話，對馬克思主義哲學、政治經濟學、科學社會主義各個領域，都提出了許多標誌性引領性的新思想新觀點新論斷，以全新視野深化了對共產黨執政規律、社會主義建設規律、人類社會發展規律的認識，為豐富發展馬克思主義作出了原創性貢獻，實現了馬克思主義中國化新的飛躍、新的升華。

二　習近平新時代中國特色社會主義思想深刻回答新時代堅持和發展什麼樣的中國特色社會主義、怎樣堅持和發展中國特色社會主義的重大時代課題，實現了對中國特色社會主義建設規律認識的新躍升

中國特色社會主義是黨和人民歷經千辛萬苦、付出巨大代價取得的根本成就。堅持和發展中國特色社會主義是一篇大文章，如何在新的時代條件下繼續把這篇大文章寫下去，是我們黨必須回答好的重大課題。黨的十八大以來，習近平總書記回望歷史、展望未來，深刻指出中國特色社會主義是科學社會主義理論邏輯和中國社會發展歷史邏輯的辯證統一，是植根於中國大地、反映中國人民意願、適應中國和時代發展進步要求的科學社會主義，是全面建成小康社會、加快推進社會主義現代化、實現中華民族偉大復興的必由之路；黨要在新的歷史方位上實現新時代黨的歷史使命，最根本的就是高舉中國特色社會主義偉大旗幟；要堅定道路自信、理論自信、制度自信、文化自信，既不走封閉僵化的老路，也不走改旗易幟的邪路，一以貫之堅持和發展中國特色社會主義。習近平總書記深刻總結社會主義建設歷史經驗和本

質規律，創造性提出中國共產黨領導是中國特色社會主義最本質的特徵，是中國特色社會主義制度的最大優勢。習近平總書記準確把握時代特徵和我國發展新的歷史方位，作出中國特色社會主義進入新時代的重大論斷，作出新時代我國社會主要矛盾已經轉化為人民日益增長的美好生活需要和不平衡不充分的發展之間的矛盾的科學判斷，提出中國特色社會主義事業總體佈局是經濟建設、政治建設、文化建設、社會建設、生態文明建設五位一體，戰略佈局是全面建設社會主義現代化國家、全面深化改革、全面依法治國、全面從嚴治黨四個全面，提出堅持和完善中國特色社會主義制度、推進國家治理體系和治理能力現代化，在黨的基本理論、基本路線基礎上提出"十四個堅持"的新時代中國特色社會主義基本方略，並根據新的實踐對黨和國家事業各方面作出理論分析和政策指導，引領黨和國家事業取得歷史性成就、發生歷史性變革。

習近平新時代中國特色社會主義思想，堅持科學社會主義基本原則，堅守黨和人民在艱辛探索中走出的中國特色社會主義道路，深刻揭示了中國特色社會主義發展的理論邏輯、歷史邏輯、實踐邏輯，深刻回答了新時代堅持和發展什麼樣的中國特色社會主義、怎樣堅持和發展中國特色社會主義的重大時代課題，深化了對中國特色社會主義建設規律的認識。這一思想把中國特色社會主義和實現社會主義現代化、實現中華民族偉大復興有機貫通起來，彰顯了高度自信和強大定力，彰顯了新時代中國特色社會主義的蓬勃生機和活力，既書寫了堅持和發展中國特色社會主義的嶄新篇章，也推動中國特色社會主義成為 21 世紀科學社會主義發展的旗幟，成為振興世界社會主義的中流砥柱，為科學社會主義新發展作出了重大貢獻。

三 習近平新時代中國特色社會主義思想深刻回答建設什麼樣的社會主義現代化強國、怎樣建設社會主義現代化強國的重大時代課題，進一步指明了中國式現代化道路的新圖景

現代化是人類社會發展的大趨勢，但世界上不存在定於一尊的現代化

模式，不存在放之四海而皆準的現代化標準。鴉片戰爭後，中國人民和無數仁人志士不屈不撓，苦苦尋求中國現代化之路。新中國成立後，我們黨孜孜以求，帶領人民對中國現代化建設進行了艱辛探索，為實現“四個現代化”目標進行了不懈奮鬥。改革開放後，我們按照“三步走”發展戰略不斷推進社會主義現代化進程，先後實現了解決人民溫飽問題、人民生活總體上達到小康水平的發展目標，又經過本世紀頭二十年的努力實現了全面建成小康社會目標。綜合分析國際國內形勢和我國發展條件，習近平總書記在黨的十九大上對實現第二個百年奮鬥目標作出分兩個階段推進的戰略安排，提出到2035年基本實現社會主義現代化，到本世紀中葉把我國建成富強民主文明和諧美麗的社會主義現代化強國。基於對人類社會發展規律的深刻認識和對我國國情的科學把握，習近平總書記指出，我們所推進的現代化，既有各國現代化的共同特徵，更有基於國情的中國特色，我國現代化是人口規模巨大的現代化，是全體人民共同富裕的現代化，是物質文明和精神文明相協調的現代化，是人與自然和諧共生的現代化，是走和平發展道路的現代化，要堅定不移推進中國式現代化，以中國式現代化推進中華民族偉大復興，不斷為人類作出新的更大貢獻。圍繞全面建成社會主義現代化強國這一總目標，習近平總書記還提出建設科技強國、製造強國、質量強國、網絡強國、交通強國、數字中國，建成文化強國、教育強國、人才強國、體育強國、健康中國等目標；提出堅持以人民為中心的發展思想，推動人的全面發展、全體人民共同富裕取得更為明顯的實質性進展；提出立足新發展階段、貫徹新發展理念、構建新發展格局、推動高質量發展，統籌發展和安全；等等。

　　這些重要思想，科學總結了我們黨關於社會主義現代化建設的寶貴經驗，積極借鑒了世界其他國家現代化建設的經驗教訓，深刻回答了建設什麼樣的社會主義現代化強國、怎樣建設社會主義現代化強國的重大時代課題，深化拓展了建設社會主義現代化強國的科學內涵，明確了實現這一目標的路徑選擇、重要原則、戰略安排，是引領我們實現第二個百年奮鬥目標的科學指南和行動綱領。展望本世紀中葉，我國十幾億人口將整體邁入現代化社會，將徹底改寫現代化的世界版圖，在人類歷史上是一件有深遠意義的大事。中國式現代化的理論和實踐，創造了人類文明新形態，拓展了人類走向現代化的途徑，給世界上那些既希望加快發展又希望保持自身獨立性的國家和民族提供了全新選擇，為解決人類重大問題貢獻了中國智慧、中國方案、中國力量。

四 習近平新時代中國特色社會主義思想深刻回答建設什麼樣的長期執政的馬克思主義政黨、怎樣建設長期執政的馬克思主義政黨的重大時代課題，指引開闢了管黨治黨、興黨強黨的新境界

中國共產黨是一個善於領導社會革命的黨，更是一個勇於進行自我革命的黨。從革命戰爭年代起，我們就把黨的建設作為一項偉大工程來推進，保持和發展了黨的先進性和純潔性，為勝利推進革命、建設、改革事業提供了堅強政治保證。進入新時代，決勝全面建成小康社會的艱巨任務、實現中華民族偉大復興的歷史使命，對我們黨提出了前所未有的新挑戰新要求，黨面臨的"四大考驗"是長期的、複雜的，面臨的"四種危險"是尖銳的、嚴峻的。習近平總書記深入分析黨面臨的重大風險考驗和黨內存在的突出問題，深刻回答了建設什麼樣的長期執政的馬克思主義政黨、怎樣建設長期執政的馬克思主義政黨的重大時代課題。針對黨內存在的對堅持黨的領導認識模糊、行動乏力問題和落實黨的領導弱化、虛化、淡化、邊緣化問題，他旗幟鮮明指出，中國共產黨是最高政治領導力量，必須堅持和加強黨的全面領導，全黨要增強"四個意識"、堅定"四個自信"、做到"兩個維護"。針對一度出現的管黨不力、治黨不嚴問題，他強調打鐵必須自身硬，辦好中國的事情，關鍵在黨，關鍵在黨要管黨、全面從嚴治黨，明確全面從嚴治黨戰略方針，提出新時代黨的建設總要求，強調以黨的政治建設為統領，全面推進黨的政治建設、思想建設、組織建設、作風建設、紀律建設，把制度建設貫穿其中，深入推進反腐敗鬥爭，落實管黨治黨政治責任，以偉大自我革命引領偉大社會革命。

在習近平新時代中國特色社會主義思想指引下，黨的十八大以來，黨中央以堅強的決心、空前的力度推進全面從嚴治黨，切實加強黨的領導和黨

的建設。從強化"四個意識"、堅決維護黨中央權威到健全黨的領導制度體系，從制定實施中央八項規定改進作風到構建行之有效的權力監督制約制度和執紀執法體系，從反腐敗無禁區、全覆蓋、零容忍到一體推進不敢腐、不能腐、不想腐，從開展黨的群眾路線教育實踐活動到開展黨史學習教育，從嚴格規範黨內政治生活到著力營造山清水秀的政治生態，全面從嚴治黨不斷向縱深發展。經過不懈努力，我們黨在刮骨療毒中解決了自身在政治、思想、組織、作風、紀律等方面存在的一系列突出問題，黨中央權威和集中統一領導得到有力保證，黨的自我淨化、自我完善、自我革新、自我提高能力顯著增強，管黨治黨寬鬆軟狀況得到根本扭轉，反腐敗鬥爭取得壓倒性勝利並全面鞏固，消除了黨、國家、軍隊內部存在的嚴重隱患，黨在革命性鍛造中更加堅強。習近平新時代中國特色社會主義思想，堅持馬克思主義建黨學說，繼承和發揚我們黨加強黨的建設的寶貴經驗，把黨的建設新的偉大工程推進到新階段，大大增強了從嚴管黨治黨的系統性、預見性、創造性、實效性，彰顯了中國共產黨人徹底的自我革命精神，探索出一條長期執政條件下解決自身問題、跳出歷史週期率的成功道路。

習近平新時代中國特色社會主義思想，堅持"兩個結合"，深刻回答一系列重大時代課題，形成了系統全面、邏輯嚴密、內涵豐富、內在統一的科學理論體系，實現了馬克思主義中國化新的飛躍。這一思想是黨和人民實踐經驗和集體智慧的結晶，習近平總書記作為黨中央的核心、全黨的核心，是這一思想的主要創立者。習近平總書記以馬克思主義政治家、思想家、戰略家的非凡理論勇氣、卓越政治智慧、強烈使命擔當，以"我將無我、不負人民"的赤子情懷，進行了新的具有開拓性意義的理論創造，為這一思想的創立發揮了決定性作用、作出了決定性貢獻。黨的十八大以來，黨和國家事業取得歷史性成就、發生歷史性變革，根本在於以習近平同志為核心的黨中央堅強領導，在於習近平新時代中國特色社會主義思想科學指導。黨確立習近平同志黨中央的核心、全黨的核心地位，確立習近平新時代中國特色社會主義思想的指導地位，反映了全黨全軍全國各族人民共同心願，對新時代黨和國家事業發展、對推進中華民族偉大復興歷史進程具有決定性意義。

當前，全面建設社會主義現代化國家的新征程已經開啟，全黨全國人民正意氣風發向著實現第二個百年奮鬥目標、實現中華民族偉大復興的中國夢進軍。在新的征程上，必須用習近平新時代中國特色社會主義思想武裝頭腦、統一思想，凝聚力量、推動實踐。要把深入學習貫徹習近平新時代中國特色社會主義思想作為全黨的首要政治任務，在學懂弄通做實上下功夫，深刻理解這一思想的核心要義、精神實質、豐富內涵、實踐要求，深刻把握貫穿其中的馬克思主義立場觀點方法，不斷提高全黨馬克思主義理論水平，不斷提高廣大黨員幹部的政治判斷力、政治領悟力、政治執行力。要堅持實幹興邦，牢牢把握我國發展所處的新的歷史方位，認清前進道路上的機遇和挑戰，認清所肩負的歷史使命和重大責任，更加自覺地以這一思想為指導，以史為鑒、開創未來，埋頭苦幹、勇毅前行，奮力奪取全面建設社會主義現代化國家新勝利。

使人民獲得感、幸福感、安全感更加充實、更有保障、更可持續

肖　捷

黨的十九屆六中全會通過的《中共中央關於黨的百年奮鬥重大成就和歷史經驗的決議》（以下簡稱《決議》），全面回顧了黨在加強社會建設、保障和改善民生方面取得的重大成就和歷史經驗，充分彰顯了我們黨的初心使命和根本宗旨，充分展現了中國共產黨領導和我國社會主義制度的顯著優勢，對於進一步團結帶領全國人民不斷為美好生活而奮鬥具有重要意義。

一　始終堅持以人民為中心的發展思想，以保障和改善民生為重點加強社會建設

《決議》指出，改革開放以後，我國人民生活顯著改善，社會治理明顯改進。同時，隨著時代發展和社會進步，人民對美好生活的嚮往更加強烈，對民主、法治、公平、正義、安全、環境等方面的要求日益增長。黨的十八大以來，以習近平同志為核心的黨中央高度重視加強社會建設，堅持以人民為中心的發展思想，圍繞使人民獲得感、幸福感、安全感更加充實、更有保障、更可持續，提出一系列新理念新部署新要求。

堅持把人民對美好生活的嚮往作為奮鬥目標。我們黨的根基和血脈在人民，黨自成立之日起，就把為中國人民謀幸福、為中華民族謀復興作為自己的初心和使命。習近平總書記指出，"既要創造更多物質財富和精神財富以滿足人民日益增長的美好生活需要，也要提供更多優質生態產品以滿足人民日益增長的優美生態環境需要"。黨中央強調，人民對美好生活的嚮往就是我們的奮鬥目標，增進民生福祉是我們堅持立黨為公、執政為民的本質要求，讓老百姓過上好日子是我們一切工作的出發點和落腳點，補齊民生保障

短板、解決好人民群眾急難愁盼問題是社會建設的緊迫任務。

以保障和改善民生為重點加強社會建設，盡力而為、量力而行。民之所盼，政之所向。習近平總書記強調，要"抓住人民最關心最直接最現實的利益問題，抓住最需要關心的人群，多做雪中送炭的事情"，"既盡力而為、又量力而行，做那些現實條件下可以做到的事情，讓群眾得到看得見、摸得著的實惠"，"保障和改善民生是一項長期工作，沒有終點站，只有連續不斷的新起點"。《決議》指出，必須以保障和改善民生為重點加強社會建設，盡力而為、量力而行，一件事情接著一件事情辦，一年接著一年幹，在幼有所育、學有所教、勞有所得、病有所醫、老有所養、住有所居、弱有所扶上持續用力，加強和創新社會治理，使人民獲得感、幸福感、安全感更加充實、更有保障、更可持續。

這些重要論述和部署要求，充分體現了我們黨堅定的人民立場、深厚的人民情懷和為民造福的政治擔當，充分體現了我們黨堅持實事求是、一切從實際出發的思想方法和工作方法，是對多年來實踐經驗的深刻總結，為新時代加強社會建設、保障和改善民生指明了前進方向。

二 錨定全面建成小康社會目標，脫貧攻堅戰取得全面勝利

我們黨成立 100 年來，團結帶領人民以堅定不移、頑強不屈的信念和意志與貧困作鬥爭。《決議》指出，黨的十八大以來，黨深刻認識到，小康不小康，關鍵看老鄉；脫貧攻堅是全面建成小康社會的底線任務，只有打贏脫貧攻堅戰，才能確保全面建成小康社會、實現第一個百年奮鬥目標；必須以更大決心、更精準思路、更有力措施，採取超常舉措，實施脫貧攻堅工程。黨堅持精準扶貧，確立不愁吃、不愁穿和義務教育、基本醫療、住房安全有保障工作目標，實行"軍令狀"式責任制，動員全黨全國全社會力量，上下同心、盡銳出戰，攻克堅中之堅、解決難中之難，組織實施人類歷史上規模最大、力度最強的脫貧攻堅戰。習近平總書記親自掛帥、親自出征、親自督戰，走遍全國 14 個集中連片特困地區，考察 20 多個貧困村，7 次主持召開中央扶貧工作座談會，50 多次調研扶貧工作，連續 5 年審定脫貧攻堅成效

考核結果。2013 年，習近平總書記赴湖南省花垣縣十八洞村考察時提出實事求是、因地制宜、分類指導、精準扶貧的理念。2015 年，在中央扶貧開發工作會議上，習近平總書記提出實行扶持對象、項目安排、資金使用、措施到戶、因村派人、脫貧成效 "六個精準"，實行發展生產、易地搬遷、生態補償、發展教育、社會保障兜底 "五個一批"，發出打贏脫貧攻堅戰的總攻令。2017 年，黨的十九大報告把精準脫貧作為三大攻堅戰之一進行全面部署。2020 年，習近平總書記主持召開決戰決勝脫貧攻堅座談會，要求全黨全國以更大決心、更強力度推進脫貧攻堅，確保取得最後勝利。習近平總書記關於扶貧工作的重要論述，從根本指引、總體框架、核心要求、基本方略、力量之源等方面，深刻揭示了新時代扶貧開發工作的基本特徵和科學規律，精闢闡述了扶貧開發工作的發展方向和實現途徑，是習近平新時代中國特色社會主義思想的重要組成部分，是馬克思主義反貧困理論中國化的最新成果，是打贏脫貧攻堅戰、全面建成小康社會的根本遵循和行動指南。

在黨中央堅強領導下，經過全黨全國全社會持續努力，我國脫貧攻堅戰取得全面勝利。黨的十八大以來，全國 832 個貧困縣全部摘帽，12.8 萬個貧困村全部出列，近一億農村貧困人口實現脫貧，提前 10 年實現聯合國 2030 年可持續發展議程減貧目標，歷史性地解決了絕對貧困問題，創造了人類減貧史上的奇跡。脫貧攻堅偉大實踐鍛造形成了上下同心、盡銳出戰、精準務實、開拓創新、攻堅克難、不負人民的偉大脫貧攻堅精神，走出了一條中國特色減貧道路。

三　堅持人民至上、生命至上，取得抗擊新冠肺炎疫情鬥爭重大戰略成果

新冠肺炎疫情是百年來全球發生的最嚴重的傳染病大流行，是新中國成立以來我國遭遇的傳播速度最快、感染範圍最廣、防控難度最大的重大突發公共衛生事件。《決議》指出，2020 年，面對突如其來的新冠肺炎疫情，黨中央果斷決策、沉著應對，堅持人民至上、生命至上，提出堅定信心、同舟共濟、科學防治、精準施策的總要求，開展抗擊疫情人民戰爭、總體戰、

阻擊戰。習近平總書記親自指揮、親自部署，多次主持召開中央政治局常委會、中央政治局會議研究疫情防控工作，作出一系列重要指示批示和重大決策。

周密部署武漢保衛戰、湖北保衛戰，舉全國之力實施規模空前的生命大救援。用 10 多天時間先後建成火神山醫院和雷神山醫院，大規模改建 16 座方艙醫院，組織 19 個省區市開展對口幫扶，346 支國家醫療隊、4 萬多名醫務人員毅然奔赴前線，最優秀的人員、最急需的資源、最先進的設備千里馳援武漢和湖北。迅速擴大醫用物資生產，抓好生活必需品保供穩價，保障交通幹線暢通和煤電油氣供應。經過艱苦卓絕的努力，用 1 個多月時間初步遏制疫情蔓延勢頭，用 2 個月左右時間將本土每日新增病例控制在個位數以內，用 3 個月左右時間取得武漢保衛戰、湖北保衛戰的決定性成果。因應疫情變化，適時推進常態化防控，有效處置局部地區聚集性疫情，慎終如始抓好"外防輸入、內防反彈"，最大限度保護了人民生命安全和身體健康。堅持同世界各國攜手合作、共克時艱，本著公開、透明、負責任的態度，第一時間主動通報疫情信息，第一時間發佈新冠病毒基因序列等信息，第一時間公佈診療方案和防控方案，並盡己所能為國際社會提供援助，為全球抗疫貢獻了智慧和力量。

堅持統籌疫情防控和經濟社會發展。受疫情嚴重衝擊，2020 年一季度我國經濟增速同比下降 6.8%，這是改革開放以來沒有過的。面對前所未有的挑戰，在紮實做好穩就業、穩金融、穩外貿、穩外資、穩投資、穩預期工作基礎上，明確提出全面落實保居民就業、保基本民生、保市場主體、保糧食能源安全、保產業鏈供應鏈穩定、保基層運轉任務。特殊時期採取特殊舉措，財政赤字規模比上年增加 1 萬億元，同時發行 1 萬億元抗疫特別國債；實施階段性大規模減稅降費，與制度性安排相結合，全年為市場主體減負超過 2.6 萬億元。經過艱苦努力，我國在全球率先控制住疫情、率先復工復產、率先恢復經濟社會發展，經濟運行逐季改善，二季度增速由負轉正，全年增長 2.3%，成為全球唯一實現正增長的主要經濟體，三大攻堅戰取得決定性成就，科技創新取得重大進展，改革開放實現重要突破，民生得到有力保障，交出了一份讓人民滿意、世界矚目、可以載入史冊的優異答卷。抗疫鬥爭取得重大戰略成果，鑄就了生命至上、舉國同心、捨生忘死、尊重科學、命運與共的偉大抗疫精神，充分展現了中國共產黨領導和我國社會主義制度的顯著優勢、中國人民和中華民族的偉大力量、中華文明的深厚底蘊、中國負責任大國的自覺擔當，極大增強了全黨全國各族人民的自信心和自豪感、凝聚力和向心力。

四　提高保障和改善民生水平，發展成果更多更公平惠及全體人民

增進民生福祉是發展的根本目的。《決議》指出，為了保障和改善民生，黨按照堅守底線、突出重點、完善制度、引導預期的思路，在收入分配、就業、教育、社會保障、醫療衛生、住房保障等方面推出一系列重大舉措，注重加強普惠性、基礎性、兜底性民生建設，推進基本公共服務均等化。黨的十八大以來，著力補齊民生短板，破解民生難題，使發展成果更多更公平惠及全體人民，不斷增強人民群眾獲得感、幸福感、安全感。

收入分配是民生之源。改革開放以後，我國城鄉居民收入水平逐步提高，同時也出現收入差距拉大等問題。黨的十八大以來，堅持按勞分配原則，進一步完善按要素分配的體制機制，努力建設體現效率、促進公平的收入分配體系，調節過高收入，取締非法收入，增加低收入者收入，穩定擴大中等收入群體，推動形成橄欖型分配格局，居民收入增長與經濟增長基本同步，農村居民收入增速快於城鎮居民。2020 年全國居民人均可支配收入32189 元，比 2010 年增長 1 倍，形成了世界上規模最大、成長最快的中等收入群體，總量超過 4 億人。

就業是最大的民生。我國有 14 億多人口、約 9 億勞動力，解決好就業問題始終是經濟社會發展的一項重大課題。面對就業總量壓力和結構性矛盾並存的狀況，堅持經濟發展就業導向，實施就業優先政策，推動實現更加充分、更高質量就業。完善就業服務體系，紮實做好高校畢業生、農民工、退役軍人等重點群體就業工作，加大對就業困難人員幫扶力度。促進創業帶動就業，推動多渠道靈活就業，支持和規範發展新就業形態。實施職業技能提

升行動，加快培養適應發展需要的技能人才。2013—2019 年，全國城鎮新增就業連續 7 年超過 1300 萬人，2020 年面對多重嚴重衝擊，仍實現城鎮新增就業 1186 萬人，保持了就業大局穩定。

教育事關國家發展、民族振興和社會進步。黨中央把教育作為國之大計、黨之大計，推進教育強國建設，辦好人民滿意的教育。全面貫徹黨的教育方針，優先發展教育事業，明確教育的根本任務是立德樹人，培養德智體美勞全面發展的社會主義建設者和接班人，深化教育教學改革創新，促進公平和提高質量，推進義務教育均衡發展和城鄉一體化，全面推行國家通用語言文字教育教學，規範校外培訓機構，積極發展職業教育，推動高等教育內涵式發展。辦好特殊教育、繼續教育，支持和規範民辦教育。全國財政性教育經費佔國內生產總值比例保持在 4% 以上。2020 年我國九年義務教育鞏固率達到 95.2%，高中階段和高等教育毛入學率分別達到 91.2% 和 54.4%，新增勞動力平均受教育年限達到 13.8 年，教育普及水平穩居世界中上國家行列。

社會保障是民生安全網、社會穩定器。黨的十八大以來，堅持覆蓋全民、城鄉統籌、權責清晰、保障適度、可持續，我國建成世界上規模最大的社會保障體系，10.2 億人擁有基本養老保險，13.6 億人擁有基本醫療保險。統一城鄉居民基本養老保險制度，完成機關事業單位和企業養老保險制度並軌，實現養老保險省級統籌並建立中央調劑制度，連續多年提高企業退休人員基本養老金。整合城鄉居民基本醫療保險制度，全面實施大病保險。健全幫扶殘疾人、孤兒等社會福利制度。完善以低保對象、特殊困難人員、低收入家庭為重點的救助制度，民生兜底保障網進一步加固。

人民健康是社會文明進步的基礎。黨的十八大以來，全面推進健康中國建設，堅持預防為主的方針，引導醫療衛生工作重心下移、資源下沉，及時推動完善重大疫情防控體制機制、健全國家公共衛生應急管理體系，促進中醫藥傳承創新發展，健全遍及城鄉的公共衛生服務體系。深化醫藥衛生體制改革，建立完善分級診療制度，開展藥品集中招標採購，支持社會辦醫，著力解決看病難、看病貴問題。加快體育強國建設，廣泛開展全民健身活動，大力弘揚中華體育精神。居民人均預期壽命由 2015 年的 76.3 歲提高到

2019 年的 77.3 歲。

　　人口是影響經濟社會發展的基礎性、全局性、戰略性問題。針對近年來人口形勢的重大變化，加強人口發展戰略研究，積極應對人口老齡化，加快建設居家社區機構相協調、醫養康養相結合的養老服務體系，2020 年全國養老床位達到 821 萬張，比 2012 年增長 97%。調整優化生育政策，先後作出單獨兩孩、全面兩孩、放開三孩等重大決策，促進生育政策和相關經濟社會政策配套銜接，積極發展普惠託育服務體系，促進人口長期均衡發展。注重家庭家教家風建設，保障婦女兒童權益。加快發展殘疾人事業。

　　住有所居是重要民生目標，關係千家萬戶切身利益。黨的十八大以來，堅持房子是用來住的、不是用來炒的定位，加快建立多主體供給、多渠道保障、租購並舉的住房制度，加大保障房建設投入力度。累計建設各類保障性住房和棚改安置住房近 5000 萬套，低保、低收入住房困難家庭基本實現應保盡保。堅持因城施策，促進房地產市場平穩健康發展。2019 年，城鎮居民和農村居民人均住房建築面積分別為 39.8 平方米和 48.9 平方米，比 2012 年分別增加 6.9 平方米和 11.8 平方米，城鄉居民住房條件明顯改善。

五　加強和創新社會治理，社會保持和諧穩定

　　社會治理是國家治理的重要方面。黨的十八大以來，黨著眼於國家長治久安、人民安居樂業，建設更高水平的平安中國，完善社會治理體系，有力維護了社會穩定和安全。

　　基層是社會治理的基礎和重心。黨的十八大以來，不斷健全黨組織領導的自治、法治、德治相結合的城鄉基層治理體系，推動社會治理重心向基層下移，把更多資源、服務、管理下沉到城鄉社區，推動社區與社會組織、社會工作者、社會志願者、社會慈善資源聯動，不斷健全網格化管理、精細化服務、信息化支撐、開放共享的基層管理服務體系。完善群眾參與基層社會治理的制度化渠道，加快建設共建共治共享的社會治理制度，建設人人有責、人人盡責、人人享有的社會治理共同體。

　　堅持統籌發展和安全，把安全發展貫穿國家發展各領域和全過程。加

強防災減災救災和安全生產工作，加強國家應急管理體系和能力建設，安全生產形勢持續好轉。嚴格食品藥品疫苗監管。堅持和發展新時代＂楓橋經驗＂，努力做到小事不出村、大事不出鎮、矛盾不上交，將矛盾糾紛化解在基層。堅持系統治理、依法治理、綜合治理、源頭治理，完善信訪制度，健全社會矛盾糾紛多元預防調處化解綜合機制，有效維護群眾合法權益。加強社會治安綜合治理，開展掃黑除惡專項鬥爭，堅決懲治放縱、包庇黑惡勢力甚至充當保護傘的黨員幹部，防範和打擊暴力恐怖、新型網絡犯罪、跨國犯罪。我國社會安全穩定形勢持續向好，成為世界上最有安全感的國家之一。

回顧過去重大成就和寶貴經驗，是為了以史為鑒、開創未來。正如《決議》指出，黨的十八大以來，我國社會建設全面加強，人民生活全方位改善，社會治理社會化、法治化、智能化、專業化水平大幅度提升，發展了人民安居樂業、社會安定有序的良好局面，續寫了社會長期穩定奇跡。新的征程上，我們要在以習近平同志為核心的黨中央堅強領導下，堅持以習近平新時代中國特色社會主義思想為指導，踐行以人民為中心的發展思想，在發展中保障和改善民生，維護社會公平正義，不斷實現好、維護好、發展好最廣大人民的根本利益，使人民獲得感、幸福感、安全感更加充實、更有保障、更可持續。

團結一切可以團結的力量

張慶黎

　　黨的十九屆六中全會通過的《中共中央關於黨的百年奮鬥重大成就和歷史經驗的決議》，把"堅持統一戰線"作為黨百年奮鬥十條歷史經驗之一，強調"黨始終堅持大團結大聯合，團結一切可以團結的力量，調動一切可以調動的積極因素，促進政黨關係、民族關係、宗教關係、階層關係、海內外同胞關係和諧，最大限度凝聚起共同奮鬥的力量"。這是一百年來我們黨帶領各族人民團結奮鬥、創造偉業歷史經驗的深刻總結。新的征程上，只要我們不斷鞏固和發展各民族大團結、全國人民大團結、全體中華兒女大團結，鑄牢中華民族共同體意識，形成海內外全體中華兒女心往一處想、勁往一處使的生動局面，就一定能夠匯聚起實現中華民族偉大復興的磅礴偉力。

一　團結一切可以團結的力量是黨領導人民取得革命、建設、改革偉大成就的重要政治基礎和前提條件

　　毛澤東同志指出，所謂政治，就是把擁護我們的人搞得多多的，把反對我們的人搞得少少的。習近平總書記強調，"人心向背、力量對比是決定黨和人民事業成敗的關鍵，是最大的政治。"建立最廣泛的統一戰線，團結一切可以團結的力量，是馬克思主義政黨完成歷史使命的重要戰略和策略。我們黨堅持人民創造歷史的唯物史觀，把馬克思主義統一戰線理論同中國實際相結合，圍繞各個歷史時期的使命任務，最大限度凝聚起共同奮鬥的力量，為黨和人民事業不斷發展營造了十分有利的條件。

　　（一）新民主主義革命時期。為了推翻帝國主義、封建主義、官僚資本主義三座大山，實現民族獨立、人民解放，我們黨深刻分析中國半殖民地半封建的社會性質及其階級狀況，鑒於工人階級特別是產業工人階級力量還十

分薄弱，提出聯合其他階級、實現民眾的大聯合的戰略思想，團結全國人民共同奮鬥。提出爭取一切可能的同盟者，建立國民革命聯合戰線，掀起第一次大革命的高潮。採取發展進步勢力、爭取中間勢力、孤立頑固勢力、又聯合又鬥爭的方針，建立抗日民族統一戰線，推動取得抗日戰爭的勝利。團結工農兵學商各被壓迫階級、各人民團體、各民主黨派、各少數民族、各地華僑和其他愛國分子，組成人民民主統一戰線，為奪取新民主主義革命的全國性勝利、建立新中國奠定了堅實基礎。正是由於團結一切可以團結的力量在中國革命中的極端重要性，毛澤東同志把統一戰線同武裝鬥爭、黨的建設一起作為黨的"三大法寶"，強調沒有一個包括全民族絕大多數人口的最廣泛的統一戰線，革命的勝利是不可能的。

（二）社會主義革命和建設時期。為了鞏固新生人民政權，恢復國民經濟，建立社會主義基本制度，完成社會主義改造，推進社會主義建設，我們黨堅持鞏固和發展人民民主統一戰線。作出知識分子"已經是工人階級的一部分"的科學論斷，規定了對知識分子和教育科學文化工作的正確政策。對民族資產階級實行和平改造和贖買政策，完成對資本主義工商業的社會主義改造。提出"長期共存、互相監督"八字方針，加強與各民主黨派、無黨派人士團結合作。實行民族區域自治制度，推動民族地區社會變革，發展社會主義民族大團結。支持基督教、天主教開展"三自"愛國運動和佛教、道教、伊斯蘭教、藏傳佛教宗教制度的民主改革。這些政策措施，極大激發了各族各界人士參加社會主義革命和建設的熱情。

（三）改革開放和社會主義現代化建設新時期。黨和國家工作中心轉移到經濟建設和改革開放上來，黨作出新時期統一戰線是愛國統一戰線的重大政治論斷，統一戰線的範圍和規模進一步擴大，形成了"兩個範圍"的聯盟，即由大陸全體勞動者、愛國者組成的，以社會主義為政治基礎的聯盟；團結台灣同胞、港澳同胞、國外僑胞，以擁護祖國統一為政治基礎的聯盟。提出"長期共存、互相監督、肝膽相照、榮辱與共"十六字方針，出台關於堅持和完善中國共產黨領導的多黨合作和政治協商制度的意見，落實知識分子和民族、宗教政策，頒佈實施民族區域自治法，提出"和平統一、一國兩制"方針，團結各方面人士投身改革開放和社會主義現代化建設事業。黨的十六大後，我國進入全面建設小康社會新的發展階段，黨把統一戰線進一步表述為由中國共產黨領導的，有各民主黨派、各人民團體參加的，包括全體社會主義勞動者、社會主義事業的建設者、擁護社會主義的愛國者、擁護祖國統一和致力於中華民族偉大復興的愛國者的聯盟，並載入憲法和黨章。同時，強調政黨關係、民族關係、宗教關係、階層關係、海內外同胞關係是需要全面把握和正確處理的重大關係，著力推動"五大關係"和諧，充分調動了各族各界人士共同致力於全面建設小康社會的積極性。

二　以習近平同志為核心的黨中央對做好"團結一切可以團結力量"工作的理論和實踐創新

　　黨的十八大以來，中國特色社會主義進入新時代。習近平總書記統籌中華民族偉大復興戰略全局和世界百年未有之大變局，圍繞統籌推進"五位一體"總體佈局和協調推進"四個全面"戰略佈局，決勝全面建成小康社會，實現"兩個一百年"奮鬥目標和中華民族偉大復興，對做好統一戰線工作、團結一切可以團結的力量作出一系列重大論述，形成習近平總書記關於加強和改進統一戰線工作的重要思想。在黨中央堅強領導下，全國人民萬眾一心、團結奮鬥，創造了新時代中國特色社會主義的偉大成就。

　　（一）完善和發展我國新型政黨制度。習近平總書記指出，中國共產黨領導的多黨合作和政治協商制度作為我國一項基本政治制度，是中國共產黨、中國人民和各民主黨派、無黨派人士的偉大政治創造，是從中國社會土壤中生長出來的新型政黨制度。黨加強對多黨合作事業的全面領導，制定社會主義協商民主建設、政黨協商、加強中國特色社會主義參政黨建設等文件，充分發揮我國新型政黨制度優勢。各民主黨派按照中國特色社會主義參政黨的要求，積極參政議政、建言獻策，開展民主監督，加強自身建設，提升履職水平，為各項事業發展作出重要貢獻。

　　（二）突出重點做好黨外知識分子工作。習近平總書記指出，黨外知識分子工作，是統一戰線的基礎性、戰略性工作。黨中央召開第二次全國高校統戰工作會議、歐美同學會成立 100 週年慶祝大會等，注重把黨外知識分子組織起來，開展踐行社會主義核心價值觀、"弘揚愛國奮鬥精神、建功立業新時代"以及國情考察、社會服務等活動，支持和引導他們在教學、科研、生產、管理等一線建功立業。在黨中央領導下，廣大知識分子學有所長、術有專攻、業有所成，為經濟、科技、教育、衛生、軍事等改革發展貢獻了聰明才智。

（三）以鑄牢中華民族共同體意識為主線推進新時代民族團結進步事業。習近平總書記指出，做好新時代黨的民族工作，要準確把握和全面貫徹我們黨關於加強和改進民族工作的重要思想，以鑄牢中華民族共同體意識為主線，堅定不移走中國特色解決民族問題的正確道路，構築中華民族共有精神家園，促進各民族交往交流交融，推動民族地區加快現代化建設步伐，提升民族事務治理法治化水平，防範化解民族領域風險隱患，推動新時代黨的民族工作高質量發展。黨中央召開中央民族工作和西藏工作、新疆工作等系列會議，確立新時代黨的治藏方略、治疆方略，為做好新時代民族工作提供根本遵循。在黨中央領導下，民族地區經濟、政治、文化、社會、生態等各項事業建設取得歷史性成就，28個人口較少民族全部實現整族脫貧，城鄉面貌日新月異，群眾生活蒸蒸日上，各族兒女像石榴籽一樣緊緊抱在一起，沿著中國特色社會主義康莊大道闊步前行。

（四）堅持我國宗教的中國化方向。習近平總書記指出，宗教問題始終是我們黨治國理政必須處理好的重大問題，宗教工作在黨和國家工作全局中具有特殊重要性。強調做好宗教工作，必須堅持黨的宗教工作基本方針，全面貫徹黨的宗教信仰自由政策，依法管理宗教事務，堅持獨立自主自辦原則，積極引導宗教與社會主義社會相適應。黨中央召開全國宗教工作會議，明確提出中國特色社會主義宗教理論，著力推進我國宗教中國化。在黨中央領導下，黨同宗教界的愛國統一戰線不斷鞏固，宗教工作法治化明顯加強，宗教信仰自由權利得到充分尊重和保障，宗教界人士和信教群眾在經濟社會發展中的積極作用得到充分發揮。

（五）著力做好非公有制經濟人士團結引領工作。習近平總書記指出，實行公有制為主體、多種所有制經濟共同發展的基本經濟制度，是中國共產黨確立的一項大政方針，必須毫不動搖鞏固和發展公有制經濟，毫不動搖鼓勵、支持和引導非公有制經濟發展。強調要構建親清政商關係，促進非公有制經濟健康發展和非公有制經濟人士健康成長。黨中央建立健全構建親清政商關係、發展非公有制經濟的政策體系，開展非公有制經濟人士理想信念教育實踐活動，引導非公有制經濟人士堅定發展信心。在黨中央領導下，非公有制經濟蓬勃發展，廣大非公有制經濟人士努力提升自身綜合素質，完善企業經營管理制度，增強企業內在活力和創造力，為經濟社會發展作出了重要貢獻。

（六）加強同港澳台同胞和海外僑胞的團結。習近平總書記指出，深入推進"一國兩制"在港澳實施，保持港澳長期繁榮穩定，對增強中華民族凝聚力、實現祖國完全統一具有重要意義；堅持"和平統一、一國兩制"的基本方針，堅持一個中國原則和"九二共識"，推動兩岸關係和平發展；把廣大海外僑胞和歸僑僑眷緊密團結起來，發揮他們在中華民族偉大復興中的積極作用。黨中央作出健全中央依照憲法和基本法對特別行政區行使全面管治權、完善特別行政區同憲法和基本法實施相關的制度和機制的重大決策，推動建立健全香港特別行政區維護國家安全的法律制度和執行機制，提出新時代堅持"一國兩制"、推進祖國和平統一的五項主張，著力凝聚僑心、匯集僑智、發揮僑力、維護僑益。廣大港澳台同胞和海外僑胞響應國家號召，高舉愛國主義旗幟，參與和支持國家建設，堅決反對"港獨"、"台獨"和分裂國家的一切行徑，為我國經濟建設、改革開放和祖國統一事業作出了積極貢獻。

三 新時代做好團結一切可以團結力量工作的實踐要求

當前，實現中華民族偉大復興正處在關鍵時期，面對我國發展內外環境深刻變化、所有制形式更加多樣、社會階層更加多樣、社會思想觀念更加多樣，做好團結一切可以團結力量工作的挑戰更加嚴峻，任務更加艱巨。必須進一步增強"四個意識"、堅定"四個自信"、做到"兩個維護"，把握歷史大勢，堅持原則，緊緊圍繞實現中華民族偉大復興這一歷史主題，不斷鞏固和發展海內外中華兒女的大團結大聯合，形成心往一處想、勁往一處使的生動局面。

（一）堅持中國共產黨的領導。中國共產黨領導是中國特色社會主義最本質的特徵，是中國特色社會主義制度的最大優勢，也是團結一切可以團結力量的根本保證。新的征程上，實現大團結大聯合，必須始終堅持黨的領導，做好團結工作所堅持的基本原則、實行的政策、採取的措施等，都要有利於堅持和鞏固黨的領導地位，引導各方面人士自覺接受和維護中國共產黨的領導，緊緊團結在黨的周圍，形成"眾星捧月"之勢。

（二）用共同目標凝聚人心和力量。團結一切可以團結的力量，就是要在一個共同的目標下，實現各民族、各黨派、各階層、各方面人民最廣泛的團結。全面建成社會主義現代化強國、實現中華民族偉大復興，是中國人民的共同奮鬥目標。目標就是旗幟。新的征程上，需要把共同目標作為政治動力源和前進方向標，把握我國社會主要矛盾變化，聚焦立足新發展階段、貫徹新發展理念、構建新發展格局、推動高質量發展，把逐步實現全體人民共同富裕擺在更加重要的位置，團結和聯合不同黨派、不同民族、不同宗教、不同階層的各方面成員，在共同目標下統一思想、統一意志、統一步調，向著第二個百年奮鬥目標奮勇前進。

（三）堅持一致性和多樣性統一。把海內外中華兒女團結起來，必須正確處理一致性和多樣性的關係。一致性是共同思想政治基礎的一致，多樣性是利益多元、思想多樣的反映。正確處理一致性和多樣性關係，關鍵是堅持求同存異、聚同化異。新的征程上，需要不斷鞏固共同思想政治基礎，包括鞏固已有共識、推動形成新的共識，這是基礎和前提。還應通過充分發揚民主、尊重包容差異，做到增進一致而不強求一律、尊重差異而不擴大分歧、包容多樣而不弱化主導，找到最大公約數，畫出最大同心圓。

（四）深入細緻做好思想政治工作。習近平總書記指出，人心是最大的政治。思想政治工作就是做人的工作，本質是統一思想、爭取人心，使越來越多的人在黨的旗幟下步調一致向前進。新的征程上，繼續堅持以黨的創新理論武裝人，引導各族各界人士深入學習領會黨的基本理論、基本路線、基本方略，從建黨百年的艱辛奮鬥和偉大成就，從歷史與現實、國內與國外的對比中弄清楚中國共產黨為什麼能、馬克思主義為什麼行、中國特色社會主義為什麼好，從思想根源上堅定“四個自信”。針對不同對象特點，既注重教育引導，搭建學習提升的平台，又堅持融入日常，通過聯誼交友、談心交流等方式進行潛移默化的引導；既幫助他們解開思想疙瘩、解決工作生活難題，又推動加強自我教育，在互學互幫中啟發思想、深化認識。

（五）堅持和完善團結一切可以團結力量的制度機制。做好團結一切可以團結力量的工作，離不開制度機制的保障。新的征程上，進一步完善照顧同盟者利益政策，關注統一戰線成員的思想和精神需求，按照黨中央堅持和完善中國特色社會主義制度、推進國家治理體系和治理能力現代化的部署要求，不斷健全相關法律、政策、制度。進一步完善同黨外知識分子、民族宗教界人士、非公有制經濟人士、新的社會階層人士等溝通聯絡機制，以教育引導為主線，以培養使用為重點，以組織起來為依託，發揮他們的智慧和才能，為中國特色社會主義事業凝聚力量。進一步建立和完善港澳台僑同胞工作、聯誼、交流機制，團結他們共同致力於實現中華民族偉大復興。

四　發揮人民政協在團結一切可以團結力量中的獨特優勢和作用

人民政協是最廣泛的愛國統一戰線組織，具有組織上的廣泛代表性和政治上的巨大包容性。要發揮人民政協組織體系健全、同各族各界人士聯繫緊密的制度性優勢，積極促進各方面關係和諧，為海內外中華兒女大團結大聯合廣泛凝心聚力。

（一）鞏固共同思想政治基礎。把堅持和發展中國特色社會主義作為鞏固共同思想政治基礎的主軸，引導參加人民政協各黨派團體和各族各界人士深入學習習近平新時代中國特色社會主義思想，並同學習中國共產黨歷史、統一戰線歷史、人民政協歷史結合起來，不忘多黨合作初心，增進對中國共產黨和中國特色社會主義的政治認同、思想認同、理論認同、情感認同，在習近平新時代中國特色社會主義思想旗幟下攜手前進。

（二）堅持團結和民主兩大主題。團結和民主是人民政協的兩大主題。團結是方向、是目的，只有有機的團結、鞏固的團結、真正的團結，才能發揚好社會主義民主；民主是目的、也是手段，只有能夠促進團結的民主才是符合黨和人民根本利益的好民主。堅持團結和民主，關鍵是健全聯絡機制，更好聯繫服務各黨派團體和各族各界人士，不斷擴大團結。發揮專門協商機構作用，加強協商平台建設，堅持商以求同、協以成事，做到團結和民主相互貫通、相互促進、相得益彰。

（三）廣泛凝聚共識。發揮人民政協作為實行新型政黨制度重要政治形式和組織形式的作用，對各民主黨派以本黨派名義在政協發表意見、提出建議作出機制性安排。通過協商活動、視察調研、談心談話等，加強同黨外知識分子、非公有制經濟人士、新的社會階層人士溝通聯絡。加強與愛國愛港、愛國愛澳社團聯繫，深化與港澳各界溝通交流。堅持一個中國原則和"九二共識"，拓展同台灣島內有關黨派團體、社會組織、各界人士的交流交往。廣泛團結海外僑胞，為最大限度凝聚起共同奮鬥的力量發揮政協作用。

（四）開展人民政協對外交往。按照黨中央對外工作總體部署，發揮政協人才薈萃優勢、組織機構優勢、界別構成優勢、公共外交資源優勢，加強同各國人民、政治組織、媒體智庫等的友好往來，講好中國故事、中國共產黨故事、中國特色社會主義故事。積極宣傳人類命運共同體理念，助推共建"一帶一路"高質量發展，為推動構建人類命運共同體作出積極貢獻。

推動全面深化改革向廣度和深度進軍

何立峰

　　改革開放是我們黨的一次偉大覺醒，是決定當代中國前途命運的關鍵一招，是當代中國大踏步趕上世界的重要法寶。黨的十八大以來，習近平總書記親自謀劃、親自部署、親自推動全面深化改革，領導全黨全國人民開創了我國改革開放新局面。黨的十九屆六中全會通過的《中共中央關於黨的百年奮鬥重大成就和歷史經驗的決議》，深刻總結了改革開放以來特別是黨的十八大以來全面深化改革取得的歷史性成就，為在新時代新征程上將全面深化改革進行到底提供了寶貴經驗和基本遵循。我們要堅持以習近平新時代中國特色社會主義思想為指導，認真學習、深刻領會、全面貫徹，堅定不移把思想和行動統一到以習近平同志為核心的黨中央決策部署上來，持續推進全面深化改革各項任務落實，推動中國特色社會主義制度完善和發展、永葆生機活力。

一　全面深化改革取得歷史性偉大成就

　　黨的十一屆三中全會以來，黨領導人民艱辛探索、創新實踐，開創、堅持、捍衛、發展中國特色社會主義，走過了 40 多年改革開放波瀾壯闊的歷程，改革從農村實行家庭聯產承包責任制率先突破，逐步轉向城市經濟體制改革並全面鋪開，到確立社會主義市場經濟的改革方向；開放從興辦深圳等經濟特區、開發開放浦東、推動沿海沿邊沿江沿線和內陸中心城市對外開放到加入世界貿易組織，從 "引進來" 到 "走出去"；我國實現了從高度集中的計劃經濟體制到充滿活力的社會主義市場經濟體制、從封閉半封閉到全方位開放的歷史性轉變，極大解放和發展了生產力，創造了世所罕見的經濟快速發展和社會長期穩定兩大奇跡，實現了人民生活從溫飽不足到全面小康的歷史性跨越。特別是黨的十八大以來，以習近平同志為核心的黨中央統籌推進"五位一體"總體佈局、協調推進"四個全面"戰略佈局，堅持和完善中國特色社會主義制度、推進國家治理體系和治理能力現代化，全面深化經濟體制、政治體制、文化體制、社會體制、生態文明體制、國防和軍隊改革和黨的建設制度改革等，從夯基壘台、立柱架樑到全面推進、積厚成勢，再到系統集成、協同高效，各領域基礎性制度框架基本確立，許多領域實現歷史性變革、系統性重塑、整體性重構，為實現中華民族偉大復興提供了充滿新的生機活力的體制制度保證。

（一）**堅持黨的領導、人民當家作主、依法治國有機統一，制度優勢進一步彰顯。**加強和維護黨中央權威和集中統一領導，不斷完善黨的領導制度體系，推動黨的領導方式更加科學，使全黨在思想上更加統一、政治上更加團結、行動上更加一致，黨的政治領導力、思想引領力、群眾組織力、社會號召力顯著增強。堅持人民主體地位，健全人民當家作主制度體系，推動社會主義民主政治穩步發展。深化依法治國實踐和改革，中國特色社會主義法治體系不斷健全，法治中國建設邁出堅實步伐。全面從嚴治黨的政治引領和政治保障作用充分發揮，黨的自我淨化、自我完善、自我革新、自我提高能力顯著增強，為我國戰勝一系列重大風險挑戰、實現第一個百年奮鬥目標提供了根本政治保障。

（二）**堅持和完善社會主義基本經濟制度，市場主體活力持續釋放。**把公有制為主體、多種所有制經濟共同發展，按勞分配為主體、多種分配方式並存，社會主義市場經濟體制等確立為社會主義基本經濟制度，充分發揮市場在資源配置中的決定性作用，更好發揮政府作用。毫不動搖鞏固和發展公有制經濟，推動國有經濟佈局優化和結構調整，國有資本和國有企業進一步做強做優做大，建立中國特色現代企業制度；毫不動搖鼓勵、支持、引導非公有制經濟發展，構建親清政商關係，民營經濟發展環境不斷優化。堅持按勞分配原則，完善按要素分配的體制機制，中等收入群體規模不斷擴大。持續深化簡政放權、放管結合、優化服務改革，社會信用體系建設穩步推進，市場化法治化國際化營商環境日臻完善。產權保護和要素市場制度建設取得積極進展，市場准入負面清單制度全面實施，反壟斷和防止資本無序擴張不斷強化，高標準市場體系建設穩步推進，社會主義市場經濟體制進一步成熟定型，讓各類市場主體的創造活力競相迸發、充分湧流。

（三）深化供給側結構性改革，經濟高質量發展不斷取得新成效。將推進供給側結構性改革作為經濟發展的主線，更多通過改革的辦法推進質量變革、效率變革、動力變革，經濟結構持續優化，供給體系質量不斷提高，為我國社會生產力躍升到更高水平打下堅實基礎。建立高質量發展的指標、政策、標準、統計、績效評價和政績考核等體系，現代化經濟體系加快構建。開展全面創新改革試驗，發揮新型舉國體制優勢，推進關鍵核心技術攻關和自主創新，創新型國家建設成果豐碩。鄉村振興戰略全面實施，城鎮化水平和質量穩步提升，城鄉融合發展體制機制不斷健全。京津冀協同發展、長江經濟帶發展、粵港澳大灣區建設、長三角一體化發展、黃河流域生態保護和高質量發展等區域重大戰略和區域協調發展戰略深入推進，主體功能明顯、優勢互補、高質量發展的區域經濟佈局加快形成。

（四）創新和完善宏觀調控，宏觀經濟治理能力穩步提升。充分發揮國家發展規劃的戰略導向作用，強化宏觀政策跨週期設計和逆週期調節，創新實施區間調控、相機調控、精準調控，把握好調控時度效，加強財政、貨幣和就業、產業、投資、消費、環保、區域等政策協調配合，促進經濟中高速增長，推動產業邁向中高端水平。中央與地方財政事權和支出責任劃分改革穩步推進，營業稅改徵增值稅全面推開；資本市場基礎性制度建設取得重要突破，設立科創板並試點註冊制，改革創業板並試點註冊制，促進實體經濟與虛擬經濟良性互動，及時化解壓力，有效防範風險，保持了經濟社會平穩健康發展。

（五）實施更加積極主動的開放戰略，全方位高水平開放型經濟加快形成。共建“一帶一路”深入人心、成果豐碩，已成為當今世界深受歡迎的國際公共產品和國際合作平台。外商投資法、企業境外投資管理辦法出台實施，外商投資准入前國民待遇加負面清單管理制度全面實行，面向全球的貿易、投融資、生產、服務網絡加快構建。規則、規制、管理、標準等制度型開放加快推進，自由貿易試驗區和海南自由貿易港建設蓬勃展開，國際經濟合作和競爭新優勢加快形成。建立健全外商投資國家安全審查、反壟斷審查等制度，開放條件下的經濟安全保障能力不斷提升。目前，我國已成為世界貨物貿易第一大國、服務貿易第二大國、使用外資第二大國、對外投資第一大國，是近 200 個經濟體的主要貿易夥伴，全方位、多層次、寬領域的全面開放新格局加速形成。

（六）建立健全生態文明制度體系，美麗中國建設邁出重大步伐。深入貫徹綠水青山就是金山銀山的理念，山水林田湖草沙一體化保護和系統治理統籌推進，生態環境保護發生歷史性、轉折性、全局性變化。著力打贏污染防治攻堅戰，完善大氣、水、土壤污染防治機制，環境質量總體改善。初步建立源頭嚴防、過程嚴管、損害賠償、後果嚴懲等生態文明基礎性制度框架，中央生態環境保護督察制度建立實施。積極參與和引導應對氣候變化國際合作，向世界作出"力爭 2030 年前實現碳達峰，2060 年前實現碳中和"的莊嚴承諾，彰顯了負責任大國的擔當。

（七）深化社會事業改革，民生保障短板弱項進一步補齊。改革開放以來，民生社會事業全面發展，是我國歷史上老百姓生活水平提升最快、民生福祉增進最明顯、得實惠最多的時期。我們打贏人類歷史上規模最大、力度最強、成效最好的脫貧攻堅戰，歷史性地解決了困擾中華民族幾千年的絕對貧困問題。抗擊新冠肺炎疫情取得重大戰略成果，在全球率先控制住疫情、率先復工復產、率先恢復經濟社會發展。更加注重加強普惠性、基礎性、兜底性民生建設，在收入分配、就業、教育、社會保障、醫療衛生、住房保障等方面推出一系列重大改革舉措，建成了世界上最大的社會保障網。確立和堅持馬克思主義在意識形態領域指導地位的根本制度，文化體制改革不斷深化，社會主義核心價值觀深入人心，國民素質和社會文明程度顯著提高。

與此同時，推進改革強軍戰略，開展新中國成立以來最為廣泛、最為深刻的國防和軍隊改革，重構人民軍隊領導指揮體制、現代軍事力量體系、軍事政策制度，形成了軍委管總、戰區主戰、軍種主建新格局，人民軍隊實現整體性革命性重塑，國防實力和經濟實力同步提升，為國家改革發展穩定提供了可靠安全保障。

二　全面深化改革的豐富歷史經驗

　　黨的十八大以來的全面深化改革實踐，創造和積累了許多彌足珍貴的歷史經驗，對推動全面深化改革向廣度和深度進軍具有極為重要的指導意義，必須長期堅持、不斷完善發展。

　　（一）必須堅持黨的全面領導。中國共產黨領導是黨和國家的根本所在、命脈所在，是全國各族人民的利益所繫、命運所繫。正是因為始終堅持黨的集中統一領導，才能堅定不移推進改革開放，才能成功應對改革道路上的艱難險阻和風險挑戰。新征程上，必須牢牢把握中國共產黨領導這一中國特色社會主義最本質的特徵、中國特色社會主義制度的最大優勢，堅持以習近平新時代中國特色社會主義思想為指導，增強"四個意識"、堅定"四個自信"、做到"兩個維護"，不斷提高政治判斷力、政治領悟力、政治執行力，牢記"國之大者"，自覺在思想上政治上行動上同以習近平同志為核心的黨中央保持高度一致，按照黨中央統一部署，不折不扣、堅定有力地完成好全面深化改革各項目標任務。

　　（二）必須堅持以人民為中心。為中國人民謀幸福，為中華民族謀復興，是中國共產黨人的初心使命，也是改革開放的初心使命。正是因為堅持以最廣大人民根本利益作為一切工作的出發點和落腳點，我們才能提出並實施正確的改革方案，並從人民實踐創造和發展要求中獲得深化改革開放的動力。新征程上，必須始終把人民對美好生活的嚮往作為我們的奮鬥目標，尊重人民主體地位，把人民擁護不擁護、贊成不贊成、高興不高興作為制定政策的依據，推動改革發展成果更多更公平惠及全體人民，不斷增強人民群眾獲得感幸福感安全感，充分激發蘊藏在人民群眾中的創造偉力。

　　（三）必須堅持以發展為第一要務。發展是解決我國一切問題的基礎和關鍵，解放和發展生產力是社會主義的本質要求和根本任務。正是因為牢牢扭住經濟建設這個中心，毫不動搖堅持發展是硬道理，堅定不移貫徹新發展理念、推動高質量發展，才能全面增強我國經濟實力、科技實力、綜合國力和國際影響力，才能為堅持和發展中國特色社會主義、實現中華民族偉大復興奠定雄厚物質基礎。新征程上，必須聚焦解放和發展社會生產力、解放和增強社會活力，圍繞解決好人民日益增長的美好生活需要和不平衡不充分的發展之間的矛盾，緊扣貫徹新發展理念、構建新發展格局、推動高質量發展，提高改革的戰略性、前瞻性、針對性，推動改革和發展深度融合、高效聯動。

（四）必須堅持中國特色社會主義道路。方向決定道路，道路決定命運。改革開放是有方向、有立場、有原則的，在方向和道路問題上，必須頭腦十分清醒。正是因為始終保持志不改、道不變的堅定，我們才能把改革開放的主動權牢牢掌握在自己手中，才能避免在根本性問題上出現顛覆性錯誤。新征程上，必須牢牢把握改革的前進方向，始終堅持把以經濟建設為中心同四項基本原則、改革開放這兩個基本點統一於新時代中國特色社會主義偉大實踐，既不走封閉僵化的老路，也不走改旗易幟的邪路，該改的、能改的我們堅決改，不該改的、不能改的堅決不改。

（五）必須堅持以開放促改革。開放帶來進步，封閉必然落後。對外開放是我國的基本國策，是推動我國經濟社會發展的重要動力。正是因為我們始終高舉和平、發展、合作、共贏的旗幟，統籌國內國際兩個大局，打開大門搞建設、辦事業，才能為我國改革發展創造良好環境、拓展廣闊空間。新征程上，必須堅持對外開放的基本國策不動搖，堅持以開放促改革、促發展、促創新，構建互利共贏、多元平衡、安全高效的開放型經濟新體制，以對外開放的主動贏得經濟發展和國際競爭的主動，推動構建人類命運共同體，推動經濟全球化朝著更加開放、包容、普惠、平衡、共贏的方向發展。

（六）必須堅持正確改革方法論。毛澤東同志說過，我們的任務是過河，但是沒有橋或沒有船就不能過。不解決橋或船的問題，過河就是一句空話。我們黨歷來重視工作方法。在黨的十八大以來改革開放的偉大實踐中形成了豐富、全面、系統的改革方法論，成為習近平新時代中國特色社會主義思想的重要組成部分，為新時代改革開放提供了根本遵循。正是因為我們採取了正確的方法策略，堅持"摸著石頭過河"和頂層設計相結合，堅持問題導向和目標導向相統一，堅持試點先行和全面推進相促進，著力增強改革的系統性、整體性、協同性，才能實現改革全面發力、多點突破、蹄疾步穩、縱深推進。新征程上，必須堅持辯證唯物主義和歷史唯物主義世界觀和方法論，解放思想、實事求是，堅持系統觀念，加強前瞻性思考、全局性謀劃、戰略性佈局、整體性推進，以釘釘子精神抓好落實，推動改革開放行穩致遠、不斷實現新突破。

三　以更大的政治勇氣和智慧推進全面深化改革

改革只有進行時，沒有完成時。新征程上，我們要把握新發展階段，完整、準確、全面貫徹新發展理念，構建新發展格局，推動高質量發展，更加注重加強改革系統集成、協同高效，圍繞增強創新能力、推動平衡發展、改善生態環境、提高開放水平、促進共享發展等重點領域和關鍵環節，深化市場化改革、擴大高水平開放，不斷提高國家治理體系和治理能力現代化水平，為新時代堅持和發展中國特色社會主義提供強大動力。

（一）紮實推進經濟體制改革，推動有效市場和有為政府更好結合。深化國有企業改革，完善中國特色現代企業制度；優化民營經濟發展環境，保障民營企業依法平等使用資源要素、公開公平公正參與競爭、同等受到法律保護。提高勞動報酬在初次分配中的比重，健全各類生產要素由市場評價貢獻、按貢獻決定報酬的機制，健全再分配調節機制，發揮第三次分配作用。建設高標準市場體系，強化競爭政策基礎地位，健全現代產權制度，推進實現要素價格市場決定、流動自主有序、配置高效公平。把科技自立自強作為國家發展的戰略支撐，完善科技創新體制機制，加快建設科技強國。推進城鄉區域協調發展，建立更加有效的區域協調發展新機制，全面實施鄉村振興戰略，推進以人為核心的新型城鎮化。健全目標優化、分工合理、高效協同的宏觀經濟治理體系，持續優化營商環境。堅守和弘揚全人類共同價值，建設更高水平開放型經濟新體制，推動貿易和投資自由化便利化，完善自由貿易試驗區佈局；遵循共商共建共享原則，推動共建"一帶一路"高質量發展；積極參與全球經濟治理體系改革，維護多邊貿易體制。

（二）紮實推進政治體制改革，推動中國特色社會主義政治制度完善和發展。堅持黨的全面領導，不斷完善黨的領導，在黨中央集中統一領導下推進全面深化改革。發展社會主義民主，堅持和完善人民代表大會制度，堅持和完善中國共產黨領導的多黨合作和政治協商制度，鞏固和發展最廣泛的愛國統一戰線，堅持和完善民族區域自治制度，健全充滿活力的基層群眾自治制度。堅持依法治國、依法執政、依法行政共同推進，堅持法治國家、法治政府、法治社會一體建設，加快形成完備的法律規範體系、高效的法治實施體系、嚴密的法治監督體系、有力的法治保障體系。以黨的政治建設為統領，繼續推進新時代黨的建設新的偉大工程。

（三）紮實推進文化體制改革，提高國家文化軟實力。提高社會文明程度，加強社會主義精神文明建設，推進理想信念教育常態化制度化，培育和踐行社會主義核心價值觀，持續提升公民文明素養。提升公共文化服務水平，加強公共文化服務體系建設和體制機制創新，加強優秀文化作品創作生產傳播，更好保障人民文化權益。健全現代文化產業體系，堅持把社會效益放在首位、社會效益和經濟效益相統一，擴大優質文化產品供給。

（四）紮實推進社會體制改革，不斷滿足人民日益增長的美好生活需要。紮實推動共同富裕，千方百計穩定和擴大就業，擴大就業容量，提升就業質量，促進充分就業；增加低收入者收入，擴大中等收入群體，調節過高收入，改善收入和財富分配格局。建設高質量教育體系，推進基本公共教育均等化，增強職業技術教育適應性，提高高等教育質量，規範校外培訓機構。健全多層次社會保障體系，健全養老保險制度體系，推進失業保險、工傷保險向職業勞動者廣覆蓋，健全分層分類的社會救助體系，保障婦女、未成年人和殘疾人基本權益。全面推進健康中國建設，構建強大公共衛生體系，深化醫藥衛生體制改革，健全全民醫保制度，織牢國家公共衛生防護網。實施積極應對人口老齡化國家戰略，完善養老服務體系。加強和創新社會治理，健全城鄉基層社會治理體系。

（五）紮實推進生態文明體制改革，促進人與自然和諧共生。統籌有序做好碳達峰碳中和工作，加快推動綠色低碳發展，促進產業結構、能源結構、交通運輸結構、用地結構調整，培育壯大節能環保產業、清潔生產產業、清潔能源產業。深入打好污染防治攻堅戰，推進精準、科學、依法、系統治污，不斷改善空氣、水環境質量，有效管控土壤污染風險。提升生態系統質量和穩定性，堅持山水林田湖草沙一體化保護和系統治理，提高生態系統自我修復能力。推進資源總量管理、科學配置、全面節約、循環利用，全面提高資源利用效率。

同時，必須堅持黨對人民軍隊的絕對領導，鞏固和拓展深化國防和軍隊改革成果，全面推進政治建軍、改革強軍、科技強軍、人才強軍、依法治軍，加快國防和軍隊現代化，實現富國和強軍相統一。

總結黨的百年奮鬥重大成就和歷史經驗的重大意義

施芝鴻

　　我們黨歷來高度注重總結歷史經驗。這是因為，以史為鑒，可以知興替。同時還因為，"人類總得不斷地總結經驗，有所發現，有所發明，有所創造，有所前進"。今年是中國共產黨成立 100 週年，在這個重要歷史時刻，以習近平同志為核心的黨中央決定，黨的十九屆六中全會重點研究全面總結黨的百年奮鬥重大成就和歷史經驗，這對統一全黨思想、堅定信心、開創未來，對認識歷史規律、掌握歷史主動，對牢記初心使命、傳承紅色基因，對團結帶領全國各族人民奪取新時代中國特色社會主義偉大勝利，具有重大現實意義和深遠歷史意義。

　　黨的十九屆六中全會通過的《中共中央關於黨的百年奮鬥重大成就和歷史經驗的決議》（以下簡稱《決議》）開宗明義昭告：總結黨的百年奮鬥重大成就和歷史經驗，是在建黨百年歷史條件下開啟全面建設社會主義現代化國家新征程、在新時代堅持和發展中國特色社會主義的需要；是增強政治意識、大局意識、核心意識、看齊意識，堅定道路自信、理論自信、制度自信、文化自信，做到堅決維護習近平同志黨中央的核心、全黨的核心地位，堅決維護黨中央權威和集中統一領導，確保全黨步調一致向前進的需要；是推進黨的自我革命、提高全黨鬥爭本領和應對風險挑戰能力、永葆黨的生機活力、團結帶領全國各族人民為實現中華民族偉大復興的中國夢而繼續奮鬥的需要。《決議》科學總結黨的百年奮鬥重大成就和歷史經驗，就是要讓全黨同志從中看清楚過去我們為什麼能夠成功、弄明白未來我們怎樣才能繼續成功，從而更加堅定、更加自覺地踐行初心使命，在新時代更好堅持和發展中國特色社會主義。

一 關於開啟全面建設社會主義現代化國家新征程、在新時代堅持和發展中國特色社會主義的需要

　　由於 1945 年黨的六屆七中全會通過的《關於若干歷史問題的決議》、1981 年黨的十一屆六中全會通過的《關於建國以來黨的若干歷史問題的決議》以及黨的一系列重要文獻，對新民主主義革命、社會主義革命和建設、進入改革開放和社會主義現代化建設新時期到黨的十一屆六中全會的歷史都已作過大量論述，所以這次《決議》重點是總結分析黨的十一屆六中全會以來特別是中國特色社會主義進入新時代以來的情況；同時由於黨的十一屆六中全會以來黨和國家事業發展總體上是順利的、前進方向是正確的、取得的成就是舉世矚目的，所以這次《決議》把重點放在了總結黨的十一屆六中全會以來重大成就和歷史經驗上，特別是總結新時代的歷史性成就、歷史性變革上，這既是全黨同志的共同心願，也有利於全黨統一思想、堅定信心，以昂揚的姿態邁步新征程、建功新時代。

　　中國特色社會主義是我們黨在改革開放和社會主義現代化建設新時期開創的，也是黨在長期奮鬥基礎上，由幾代中央領導集體團結帶領全黨全國人民接力探索取得的。正如《決議》指出的那樣，黨的十一屆三中全會以後，以鄧小平同志為主要代表的中國共產黨人，團結帶領全黨全國各族人民，成功開創了中國特色社會主義；黨的十三屆四中全會以後，以江澤民同志為主要代表的中國共產黨人，團結帶領全黨全國各族人民，成功把中國特色社會主義推向 21 世紀；黨的十六大以後，以胡錦濤同志為主要代表的中國共產黨人，團結帶領全黨全國各族人民，成功在新形勢下堅持和發展了中國特色社會主義。《決議》還指出，黨的十二大、十三大、十四大、十五大、十六大、十七大，根據國際國內形勢發展變化，從我國發展新要求出發，一以貫之對推進改革開放和社會主義現代化建設作出全面部署，改革開放和社會主義現代化建設取得舉世矚目的偉大成就，我國實現了從生產力相對落後的狀況到經濟總量躍居世界第二的歷史性突破，實現了人民生活從溫飽不足到總體小康、奔向全面小康的歷史性跨越，推進了中華民族從站起來到富起來的偉大飛躍。

2012 年 11 月，習近平總書記在《緊緊圍繞堅持和發展中國特色社會主義學習宣傳貫徹黨的十八大精神》的署名文章中指出，堅持和發展中國特色社會主義是貫穿黨的十八大報告的一條主線，為我們這一屆中央領導集體的工作指明了方向；我們這一代共產黨人要為之付出全部智慧和力量。

　　黨的十八大以來，以習近平同志為核心的黨中央統攬偉大鬥爭、偉大工程、偉大事業、偉大夢想，推動中國特色社會主義進入新時代，推動黨和國家事業取得歷史性成就、發生歷史性變革。在這個過程中，以習近平同志為主要代表的中國共產黨人，堅持把馬克思主義基本原理同中國具體實際相結合、同中華優秀傳統文化相結合，堅持毛澤東思想、鄧小平理論、“三個代表”重要思想、科學發展觀，深刻總結並充分運用黨成立以來的歷史經驗，從新的實際出發，創立了習近平新時代中國特色社會主義思想。

　　《決議》指出：習近平同志對關係新時代黨和國家事業發展的一系列重大理論和實踐問題進行了深邃思考和科學判斷，就新時代堅持和發展什麼樣的中國特色社會主義、怎樣堅持和發展中國特色社會主義，建設什麼樣的社會主義現代化強國、怎樣建設社會主義現代化強國，建設什麼樣的長期執政的馬克思主義政黨、怎樣建設長期執政的馬克思主義政黨等重大時代課題，提出一系列原創性的治國理政新理念新思想新戰略，是習近平新時代中國特色社會主義思想的主要創立者。習近平新時代中國特色社會主義思想是當代中國馬克思主義、二十一世紀馬克思主義，是中華文化和中國精神的時代精華，實現了馬克思主義中國化新的飛躍。黨確立習近平同志黨中央的核心、全黨的核心地位，確立習近平新時代中國特色社會主義思想的指導地位，反映了全黨全軍全國各族人民共同心願，對新時代黨和國家事業發展、對推進中華民族偉大復興歷史進程具有決定性意義。

　　引人注目的是，《決議》在黨的十九大報告所作的科學概括基礎上，把習近平新時代中國特色社會主義思想科學回答的重大時代課題，由新時代堅持和發展什麼樣的中國特色社會主義、怎樣堅持和發展中國特色社會主義這一個“什麼樣”和“怎樣”，擴展為包括建設什麼樣的社會主義現代化強國、怎樣建設社會主義現代化強國，建設什麼樣的長期執政的馬克思主義政黨、怎樣建設長期執政的馬克思主義政黨在內的三個“什麼樣”和“怎樣”，從而按照客觀實際拓展了當代中國馬克思主義、二十一世紀馬克思主義新內涵，打開了“黨對中國特色社會主義建設規律認識深化和理論創新”的新境界，這是“實現了馬克思主義中國化新的飛躍”的生動體現。

同樣引人注目的是，《決議》貫通黨的十八大和十九大以來這9年黨的全部理論和實踐，把習近平新時代中國特色社會主義思想所回答的基本問題，從十九大報告概括的“8個明確”拓展為涵蓋改革發展穩定、內政外交國防、治黨治國治軍的“10個明確”，還對這10個基本問題的排列順序作了符合上述三大科學內涵的結構調整、內容充實。對於在習近平新時代中國特色社會主義思想、新時代堅持和發展中國特色社會主義的基本方略指引下，黨和國家事業在新時代取得的歷史性成就、發生的歷史性變革，《決議》分別從堅持黨的全面領導、全面從嚴治黨、經濟建設、全面深化改革開放、政治建設、全面依法治國、文化建設、社會建設、生態文明建設、國防和軍隊建設、維護國家安全、堅持“一國兩制”和推進祖國統一、外交工作等方面，作了分領域的全景式總結和呈現，充分展示了這個思想的真理的力量、實踐的偉力。同時，這也充分表明，《決議》提出的確立習近平同志黨中央的核心、全黨的核心地位，確立習近平新時代中國特色社會主義思想的指導地位，反映了全黨全軍全國各族人民共同心願，對新時代黨和國家事業發展、對推進中華民族偉大復興歷史進程具有決定性意義的論斷，是千真萬確的。“兩個確立”在不斷“深入人心”中日益“深得民心”。在向全面建成社會主義現代化強國的第二個百年奮鬥目標進軍的新征程上，這“兩個確立”的決定性意義、決定性作用必將更加充分顯現出來。

這些理論新創造和實踐新成果充分表明，同黨的十二大、十三大、十四大、十五大、十六大、十七大的時候相比，現在我們黨對中國特色社會主義建設規律的認識深刻得多了，經驗豐富得多了，貫徹我們黨的正確路線方針政策的自覺性和堅定性大大增強了。這對於在新時代更好堅持和發展中國特色社會主義是有長期指導作用的。這些理論新創造和實踐新成果還充分表明，黨的十八大報告提出的“一定要毫不動搖堅持、與時俱進發展中國特色社會主義，不斷豐富中國特色社會主義的實踐特色、理論特色、民族特色、時代特色”，以習近平同志為主要代表的中國共產黨人真正做到了；經過全黨全國各族人民持續奮鬥，我們黨實現了第一個百年奮鬥目標，在中華大地上全面建成了小康社會，歷史性地解決了絕對貧困問題，正在意氣風發向著全面建成社會主義現代化強國的第二個百年奮鬥目標邁進，關於"建成社會主義現代化強國，實現中華民族偉大復興，是一場接力跑，我們要一棒接著一棒跑下去，每一代人都要為下一代人跑出一個好成績"，以習近平同志為主要代表的中國共產黨人同樣真正做到了。

二 關於堅決維護黨中央權威和集中統一領導、確保全黨步調一致向前進的需要

以習近平同志為核心的黨中央要求緊密結合 100 年來我們黨從不夠成熟到堅定成熟、從不夠有力到堅強有力的成長過程，在《決議》中講清楚我們黨增強團結和集中統一的歷史經驗，教育引導全黨堅定不移向黨中央看齊，在黨的旗幟下團結成 "一塊堅硬的鋼鐵"，步調一致向前進。這是對黨百年奮鬥正反兩方面歷史經驗的深刻總結和精準運用。1987 年鄧小平同志說過："我們現在的路線、方針、政策是在總結了成功時期的經驗、失敗時期的經驗和遭受挫折時期的經驗後制定的。歷史上成功的經驗是寶貴財富，錯誤的經驗、失敗的經驗也是寶貴財富。這樣來制定方針政策，就能統一全黨思想，達到新的團結。"

把黨在 1945 年、1981 年、2021 年通過的三個歷史決議貫通起來看可以清楚地看到：旗幟鮮明講政治，保證黨的團結和集中統一是黨的生命，也是我們黨能夠成為百年大黨、創造世紀偉業的關鍵所在。正反兩方面歷史經驗證明，不論在黨的歷史發展的哪個階段，不管遇到什麼樣的嚴重困難和嚴峻挑戰，只要全黨同志在黨的正確路線指引下團結成 "一塊堅硬的鋼鐵"，就能夠把全黨全國各族人民團結起來，形成萬眾一心、無堅不摧的磅礴力量，戰勝一切強大敵人、一切艱難險阻，使黨和人民的事業不斷從勝利走向新的勝利，從成功走向更大成功。

保證全黨服從中央，堅決維護黨中央權威和集中統一領導，是長期執政的馬克思主義政黨政治建設的永恆課題和首要任務。毛澤東同志曾經對

黨的歷史上的兩次勝利、兩次失敗作過這樣的分析："北伐戰爭勝利了，但是到 1927 年，革命遭到了失敗。土地革命戰爭曾經取得了很大的勝利，紅軍發展到 30 萬人，後來又遭到挫折，經過長征，這 30 萬人縮小到 2 萬多人"。"經過勝利、失敗，再勝利、再失敗"，"受了那樣大的挫折，吃過那樣大的苦頭，就得到鍛煉，有了經驗，糾正了錯誤路線，恢復了正確路線"。這兩次勝利、兩次失敗最重要的經驗教訓就是：在實踐中形成一個成熟穩定的黨中央領導核心和領導集體至關重要，保證黨的團結和集中統一、維護黨中央權威和集中統一領導至關重要。

《決議》指出：1935 年 1 月，中央政治局在長征途中舉行遵義會議，事實上確立了毛澤東同志在黨中央和紅軍的領導地位，開始確立以毛澤東同志為主要代表的馬克思主義正確路線在黨中央的領導地位，開始形成以毛澤東同志為核心的黨的第一代中央領導集體，開啟了黨獨立自主解決中國革命實際問題新階段，在最危急關頭挽救了黨、挽救了紅軍、挽救了中國革命，並且在這以後使黨能夠戰勝張國燾的分裂主義，勝利完成長征，打開中國革命新局面。這在黨的歷史上是一個生死攸關的轉折點。黨的三個歷史決議之所以都把遵義會議稱為黨的歷史上一個生死攸關的轉折點，就在於從此結束了黨在幼年時期，由於沒有形成一個穩定成熟的領導核心、領導集體，導致中國革命或是從勝利走向失敗，或是從挫折走向挫折、從一條錯誤路線走向另一條錯誤路線，差別只在於是右傾機會主義還是"左"傾路線那樣的被動局面。全黨由此開始更加深刻認識到維護黨中央權威和集中統一領導的極端重要性。

但是，遵義會議之後把維護黨中央權威和集中統一領導真正變成全黨的自覺行動，還經歷了將近 4 年的曲折過程。長征途中，在全黨最需要團結的時候，張國燾卻擁兵自重、另立中央，公然走上分裂黨和紅軍的道路。抗戰初期，從蘇聯回到延安的王明，處處以共產國際的"欽差大臣"自居，對洛川會議以來黨中央在抗日統一戰線上的觀點提出種種不切實際的批評，並在黨內拉幫結派、我行我素，不聽黨中央指揮。直到黨的六屆六中全會之前召開的中央政治局會議傳達了共產國際的明確指示，才進一步鞏固了毛澤東同志在黨中央和全黨的領導地位。毛澤東同志在黨的七大總結這段歷史時說，"六中全會是決定中國之命運的"。上世紀 50 年代，在同外國政黨領導人會談時，毛澤東同志還談道，"我們中國共產黨的領導核心，從 1935 年的遵義會議到現在（1957 年），是經過艱難的過程才建立起來的"，"根據中國的經驗，領導核心是要經過長時期才能穩固的。"

1989 年 6 月，鄧小平同志也曾深刻指出："任何一個領導集體都要有一個核心，沒有核心的領導是靠不住的。""這是最關鍵的問題。國家的命運、黨的命運、人民的命運需要有這樣一個領導集體。""維護中央的權威，就是要保證中央的政令暢通，中央說話能夠算數。"

在中國特色社會主義新時代，我們黨在黨的十八屆六中全會通過的《關於新形勢下黨內政治生活的若干準則》中正式提出"以習近平同志為核心的黨中央"，此後，黨的十九大把習近平同志黨中央的核心、全黨的核心地位寫入黨章。十九大以後又提出增強"四個意識"、堅定"四個自信"、做到"兩個維護"。同時，以習近平同志為核心的黨中央還針對黨的十八大以來，黨內存在的"對黨中央重大決策部署執行不力，有的搞上有政策、下有對策，甚至口是心非、擅自行事"的問題，針對一些人無視黨的政治紀律和政治規矩、政治問題和經濟問題相互交織的"七個有之"問題，旗幟鮮明地加強黨的政治建設，健全維護黨中央權威和集中統一領導的各項制度。黨的十八屆六中全會出台的準則，黨中央出台的中央政治局關於加強和維護黨中央集中統一領導的若干規定，嚴明黨的政治紀律和政治規矩，發展積極健康的黨內政治文化，推動營造風清氣正的良好政治生態。黨中央要求黨的領導幹部提高政治判斷力、政治領悟力、政治執行力，胸懷"國之大者"，對黨忠誠、聽黨指揮、為黨盡責。黨的十九屆四中全會結合制定堅持和完善中國特色社會主義制度、推進國家治理體系和治理能力現代化若干重大問題的決定，健全黨的領導制度體系，確保黨在各種組織中發揮領導作用，建立健全黨對重大工作的領導體制，完善推動黨中央重大決策落實機制，同時強化政治監督，深化政治巡視，查處違背黨的路線方針政策、破壞黨的集中統一領導問題，清除"兩面人"，保證全黨在政治立場、政治方向、政治原則、政治道路上同黨中央保持高度一致。所有這些創新舉措，使黨中央權威和集中統一領導得到有力保證，使黨的團結統一更加鞏固。

《決議》要求全黨，深化對共產黨執政規律、社會主義建設規律、人類社會發展規律的認識，堅持黨的基本理論、基本路線、基本方略，增強"四個意識"，堅定"四個自信"，做到"兩個維護"，這是教育引導全黨汲取正反兩方面歷史經驗，堅定不移向黨中央看齊的重要舉措，必將推動全黨把講政治從外部要求轉化為內在主動，把維護黨中央權威和集中統一領導體現在行動上，做到全黨上下擰成一股繩，心往一處想、勁往一處使，確保全黨團結一致向前進，在新時代新征程上抓住歷史變革時機，把握歷史規律，掌握黨和國家事業發展的歷史主動。

三 關於推進黨的自我革命、永葆黨的生機活力、團結帶領全國各族人民為實現中華民族偉大復興的中國夢而繼續奮鬥的需要

以習近平同志為核心的黨中央要求在起草《決議》時，要深入研究 100 年來我們黨加強自身建設、保持先進性和純潔性、提高執政能力、經受住各種風險考驗而不斷發展壯大的歷史經驗，講清楚以偉大自我革命引領偉大社會革命、以偉大社會革命促進偉大自我革命的深層邏輯，講清楚黨的十八大以來圍繞增強黨自我淨化、自我完善、自我革新、自我提高能力作出的重大戰略謀劃、重大創新舉措，教育引導全黨深刻認識全面從嚴治黨、推進自我革命的重要性和必然性，使我們黨始終成為站在時代潮流最前列、站在攻堅克難最前沿、站在最廣大人民之中的堅強的馬克思主義執政黨。

這兩個"講清楚"，體現了以習近平同志為主要代表的中國共產黨人，對自我革命同社會革命辯證統一關係在認識上實踐上的高度自覺和清醒。正如《決議》指出的那樣：勇於自我革命是中國共產黨區別於其他政黨的顯著標誌。自我革命精神是黨永葆青春活力的強大支撐。先進的馬克思主義政黨不是天生的，而是在不斷自我革命中淬煉而成的。黨的偉大不在於不犯錯誤，而在於從不諱疾忌醫，積極開展批評和自我批評，敢於直面問題，勇於自我革命。

中國共產黨的百年奮鬥史，就是以偉大自我革命引領偉大社會革命、

以偉大社會革命促進偉大自我革命的歷史。黨在革命戰爭年代就自覺開創並推進了黨的建設偉大工程，在新中國成立之前，中國共產黨經歷了兩次大規模整黨。一次是1942年到1943年的延安整風，這場馬克思主義思想教育運動以及其後召開的黨的七大，使黨在思想上政治上組織上達到空前團結和統一。另一次是在1947年到1948年，在我們黨局部執政的農村地區的基層組織中開展的整黨，解決了黨內存在的成分不純和作風不純現象，改善了農村中黨與群眾的關係。新中國成立之初的1950年開展的反對官僚主義、命令主義和貪污浪費的整風整黨，以堅決懲治腐敗防範黨員幹部腐化變質，密切了黨同人民群眾的聯繫，積累了執政黨建設的初步經驗。

在改革開放和社會主義現代化建設新時期，黨開創並推進了黨的建設新的偉大工程，以《關於黨內政治生活的若干準則》為指導，健全了黨內民主集中制、實現了黨內政治生活正常化；有計劃有步驟地進行整黨，解決了黨內思想不純、作風不純、組織不純問題；黨還圍繞解決好提高黨的領導水平和執政水平、提高拒腐防變和抵禦風險能力這兩大歷史性課題，先後就加強黨同人民群眾聯繫、加強和改進黨的作風建設、加強黨的執政能力建設等重大問題作出決定，與時俱進地開展了一系列黨內集中教育活動，收到了讓黨員幹部受教育、使人民群眾得實惠的明顯成效。

黨的十八大以來，黨中央繼續推進新時代黨的建設新的偉大工程，以加強黨的長期執政能力建設、先進性和純潔性建設為主線，以黨的政治建設為統領，以堅定理想信念宗旨為根基，以調動全黨積極性、主動性、創造性為著力點，不斷提高黨的建設質量，把黨建設成為始終走在時代前列、人民衷心擁護、勇於自我革命、經得起各種風險考驗、朝氣蓬勃的馬克思主義執政黨。黨中央從制定和落實中央八項規定破題，堅持從中央政治局做起、從領導幹部抓起，以上率下改進工作作風，堅決糾治"四風"，堅定不移"打虎"、"拍蠅"、"獵狐"，堅持受賄行賄一起查，堅決整治群眾身邊腐敗問題，使黨的自我淨化、自我完善、自我革新、自我提高能力顯著增強，管黨治黨寬鬆軟狀況得到根本扭轉，反腐敗鬥爭取得壓倒性勝利並全面鞏固，消除了黨、國家、軍隊內部存在的嚴重隱患，黨在革命性鍛造中更加堅強。

我們黨以偉大自我革命引領偉大社會革命、以偉大社會革命促進偉大自我革命的深層邏輯是：一個長期執政的馬克思主義政黨，不但必須在認識客觀世界中不斷改造客觀世界，還要在持續改造客觀世界中長期改造主觀世界，以永遠在路上的高度自覺和清醒做到以偉大自我革命確保黨不變質、不變色、不變味，同時教育引導黨員幹部在偉大社會革命的鬥爭中經風雨、見世面、壯筋骨、長才幹，確保黨在新時代堅持和發展中國特色社會主義的歷史進程中始終成為堅強領導核心。偉大自我革命和偉大社會革命的深層邏輯還在於：在新時代，我們黨領導人民進行偉大社會革命，其涵蓋領域的廣泛性、觸及利益格局調整的深刻性、涉及矛盾和問題的尖銳性、突破體制機制障礙的艱巨性、進行偉大鬥爭形勢的複雜性，都是前所未有的，這就要求把黨的偉大自我革命進行到底。我們黨作為具有重大全球影響力的世界第一大黨，沒有什麼外力能夠打倒我們，能夠打倒我們的唯有我們自己。所以我們要用長期自我革命的行動回答"窰洞之問"，煉就中國共產黨人自我淨化、自我完善、自我革新、自我提高的"絕世武功"，打造中國共產黨人的"金剛不壞之身"，做到在偉大自我革命中拒腐蝕、永不沾；在偉大社會革命中難不住、壓不垮，推動中國特色社會主義事業航船劈波斬浪、一往無前。

《決議》指出，過去 100 年，黨向人民、向歷史交出了一份優異的答卷。現在，黨團結帶領中國人民又踏上了實現第二個百年奮鬥目標新的趕考之路。時代是出卷人，我們是答卷人，人民是閱卷人。我們一定要繼續考出好成績，在新時代新征程上展現新氣象新作為。這進一步啟迪我們：不但要以永遠在路上的高度自覺、高度清醒對待和推進黨的偉大自我革命，還要以永遠在路上的趕考心態和"繼續考出好成績"的精神狀態，對待和推進偉大社會革命，更加堅定、更加自覺地踐行初心使命，在新時代更好堅持和發展中國特色社會主義，為建設社會主義現代化強國、實現中華民族偉大復興建功立業。

中國產生了共產黨是
開天闢地的大事變

歐陽淞

百年奮鬥，源頭在中國共產黨的創建。

《中共中央關於黨的百年奮鬥重大成就和歷史經驗的決議》（以下簡稱《決議》）指出：“中國產生了共產黨，這是開天闢地的大事變，中國革命的面貌從此煥然一新。” 我們要通過對《決議》和習近平總書記關於黨的歷史重要論述的學習，深刻認識中國共產黨產生的歷史背景，全面理解中國共產黨產生的歷史條件，準確把握中國共產黨產生的歷史意義，從而更加深刻地認識到是歷史和人民選擇了中國共產黨，“沒有中國共產黨，就沒有新中國，就沒有中華民族偉大復興”，更加堅定不移地跟著黨走，為實現中華民族偉大復興的中國夢而不懈奮鬥。

一 深刻認識中國共產黨產生的歷史背景

中國是一個文明古國。中華民族具有 5000 多年連綿不斷的文明歷史，為人類作出了卓越貢獻。當英國從 18 世紀 60 年代初開始工業革命的時候，中國最後一個封建王朝——清朝的統治者卻仍處於夜郎自大、自我封閉的狀態之中。原來文明程度落後於中國的一些歐美國家，陸續跑到了中國的前頭。落後就要挨打。1840 年，急於向外擴張的英國發動侵略中國的鴉片戰爭，中國歷史的發展從此發生重大轉折。

鴉片戰爭以後，中國逐步成為半殖民地半封建社會，國家蒙辱、人民蒙難、文明蒙塵，中華民族遭受了前所未有的劫難。面對劫難，中國人民和中華民族奮起抗爭，以百折不撓的精神，進行了一場場反帝反封建的革命鬥爭。這正如《決議》指出的那樣：“為了拯救民族危亡，中國人民奮起反抗，仁人志士奔走吶喊，進行了可歌可泣的鬥爭。""太平天國運動、洋務運動、戊戌變法、義和團運動接連而起，各種救國方案輪番出台，但都以失敗告終。孫中山先生領導的辛亥革命推翻了統治中國幾千年的君主專制制度，但未能改變中國半殖民地半封建的社會性質和中國人民的悲慘命運。"簡要回顧《決議》提到的這些反抗、鬥爭和種種努力，對於深刻理解中國共產黨產生的歷史必然性是必要的。

據不完全統計，1842 年至 1850 年間，全國各族人民的反清起義在百次以上。太平天國農民起義是其中規模最大、時間最長的一次。1851 年，洪秀全率拜上帝教教眾在廣西桂平金田村發動起義，建號太平天國。1856 年上半年，太平天國達到了軍事上的全盛時期。1856 年 9 月，發生內部自相殘殺的天京事變，這一事變成為太平天國由盛轉衰的分水嶺。1864 年 7 月，天京陷落。太平天國起義雖然失敗了，但它沉重打擊了封建統治階級，強烈撼動了清政府的統治根基。

在清政府鎮壓太平天國起義與捻軍起義的過程中，洋務運動興起。洋務運動歷時 30 多年，雖然辦起了一批企業，建立了海軍，但甲午戰爭一役，北洋海軍的全軍覆沒，標誌著洋務運動的失敗。洋務運動所具有的封建性、依賴性、腐朽性，使其不可能為中國擺脫貧弱找到出路，也不可能避免最終失敗的命運。

甲午戰爭慘敗後，一些知識分子把向西方學習推進到一個新的維度，即不但要學習西方的科學技術，而且想學習西方的政治制度和思想文化。於是，一場變法維新的政治運動於 1898 年發生了。這場運動遭到封建守舊勢力的激烈反對，如同曇花一現，只經歷 103 天就夭折了。維新派既不敢否定封建主義，又對帝國主義抱有幻想，還懼怕人民群眾，而把實行改革的全部希望寄託在一個沒有實權的皇帝身上，這樣的維新是不可能擺脫失敗的結局的。

"戊戌六君子"的血的教訓，促使一部分人逐漸放棄改良主張，開始走上革命的道路。1911 年，以孫中山先生為代表的革命黨人發動了震驚世界的辛亥革命。武昌城頭槍聲一響，拉開了中國完全意義上的近代民族民主革命的序幕。辛亥革命極大促進了中華民族的思想解放，傳播了民主共和的理念，打開了中國進步潮流的閘門，撼動了反動統治秩序的根基，在中華大地上建立起亞洲第一個共和制國家，以巨大的震撼力和深刻的影響力推動了中國社會變革，為實現中華民族偉大復興探索了道路。由於歷史進程和社會條件的制約，由於沒有找到解決中國前途命運問題的正確道路和領導力量，辛亥革命沒有改變舊中國半殖民地半封建的社會性質和中國人民的悲慘境遇，沒有完成實現民族獨立、人民解放的歷史任務。這正如《決議》指出的那樣："中國迫切需要新的思想引領救亡運動，迫切需要新的組織凝聚革命力量。"這些都是中國共產黨得以產生的歷史背景。

二　全面理解中國共產黨產生的歷史條件

《決議》指出："十月革命一聲炮響，給中國送來了馬克思列寧主義。五四運動促進了馬克思主義在中國的傳播。在中國人民和中華民族的偉大覺醒中，在馬克思列寧主義同中國工人運動的緊密結合中，一九二一年七月中國共產黨應運而生。"《決議》的這一重要論述，不僅闡明了中國共產黨產生的外部原因，而且闡明了中國共產黨產生的內在條件；在闡述內在條件時，不僅闡明了中國共產黨產生的思想基礎，而且闡明了中國共產黨產生的階級基礎，十分全面而又精準地闡明了黨成立的歷史條件和歷史過程。

"十月革命一聲炮響，給我們送來了馬克思列寧主義，這就是當時的世界大勢。"而先進的中國知識分子之所以能夠接受馬克思主義，這既與"舊式的農民戰爭走到盡頭，不觸動封建根基的自強運動和改良主義屢屢碰壁，資產階級革命派領導的革命和西方資本主義的其他種種方案紛紛破產"這些歷史背景相關，更與新文化運動的興起等新的歷史條件相關。

新文化運動是從 1915 年 9 月陳獨秀在上海創辦《青年雜誌》（後改名《新青年》）開始的。《新青年》編輯部遷往北京後，李大釗、魯迅等加入編輯部並成為主要撰稿人。新文化運動的基本口號是擁護"德先生"和"賽先生"，即提倡民主和科學，通過批判孔學，在中國社會掀起一股思想解放的潮流。這潮流，沖決了禁錮人們思想的閘門。而這閘門一經打開，各種新思想的湧流便不可避免了。新文化運動的興起，客觀上為此後馬克思主義在中國的傳播掃清了重要障礙。

1917 年俄國爆發的十月社會主義革命，是一個具有劃時代意義的歷史事件。十月革命不僅使中國人民看到了民族解放的希望，而且推動中國人民去關心、去研究這個革命所遵循的馬克思列寧主義。

在中國早期的馬克思主義思想運動中，李大釗起著主要作用。1919年，他將《新青年》第六卷第五號編為 "馬克思研究專號"，幫助北京《晨報》副刊開闢了 "馬克思研究" 專欄。陳獨秀、毛澤東、董必武等有過不同經歷的先進知識分子，也先後走上馬克思主義的道路，馬克思主義在中國逐步進入廣泛傳播的階段。

1919 年爆發的五四運動，是中國近代史上一個劃時代的事件。五四運動的直接導火線，是巴黎和會上中國外交的失敗。消息傳到國內，激起各階層人民的強烈憤怒。1919 年 5 月 4 日，北京大學等學校的 3000 多名學生衝破反動軍警的阻攔，在天安門前集會，隨後舉行示威遊行。震驚中外的五四運動爆發。從 6 月 5 日起，上海六七萬工人為聲援學生先後舉行罷工。工人罷工推動了商人罷市、學生罷課。隨後，這場反帝愛國運動擴展到了 20 多個省、100 多個城市。迫於人民群眾的壓力，北洋政府不得不作出妥協、讓步，五四運動的直接鬥爭目標得以實現。五四運動是中國舊民主主義革命走向新民主主義革命的轉折點，它以徹底反帝反封建的革命性、追求救國強國真理的進步性、各族各界群眾積極參與的廣泛性，推動了中國社會進步，促進了馬克思主義在中國的傳播及其同中國工人運動的結合，為中國共產黨的成立做了思想上幹部上的準備。

五四運動前夕，中國的產業工人已達 200 萬左右。隨著中國工人階級開始作為獨立的政治力量登上歷史舞台和馬克思列寧主義在中國的廣泛傳播，建立一個以馬克思主義為指導的工人階級政黨的任務被提上日程。最早醞釀在中國建立共產黨的是陳獨秀和李大釗。1920 年 2 月，在護送陳獨秀離京途中，李大釗和他商討了在中國建立共產黨組織的問題。同年 3 月，李大釗在北京大學成立馬克思學說研究會。同年 5 月，陳獨秀在上海組織馬克思主義研究會。8 月，共產黨早期組織在中國工人階級最密集的中心城市上海成立。這實際上是中國共產黨的發起組織。同年 10 月，李大釗在北京成立共產黨早期組織。從 1920 年秋至 1921 年春，董必武等在武漢，毛澤東等在長沙，王盡美等在濟南，譚平山等在廣州，都成立了共產黨早期組織。在日本、法國也成立了由留學生和華僑中先進分子組成的共產黨早期組織。加上俄共（布）遠東局的支持，中國創建共產黨的條件已基本具備。

1921 年 7 月 23 日，中國共產黨第一次全國代表大會在上海法租界望志路 106 號（今興業路 76 號）舉行。參加會議的代表有：上海的李達、李漢俊，北京的張國燾、劉仁靜，長沙的毛澤東、何叔衡，武漢的董必武、陳潭秋，濟南的王盡美、鄧恩銘，廣州的陳公博，旅日的周佛海；包惠僧受陳獨秀派遣，出席了會議。他們代表著全國 50 多名黨員。由於受到暗探注意和法租界巡捕房的搜查，最後一天的會議轉移到了浙江嘉興南湖的一條遊船上舉行。中共一大確定黨的名稱為 “中國共產黨”，大會通過了黨的第一個綱領，表明中國共產黨從建黨開始就把社會主義、共產主義確定為自己的奮鬥目標，堅持用革命的手段實現這個目標。大會決定設立中央局作為中央臨時領導機構，並選舉陳獨秀為中央局書記。

中國共產黨自 1921 年成立以來，始終把為中國人民謀幸福、為中華民族謀復興作為自己的初心使命，始終堅持共產主義理想和社會主義信念，團結帶領全國各族人民為爭取民族獨立、人民解放和實現國家富強、人民幸福而不懈奮鬥，已經走過了一百年光輝歷程。中國共產黨的先驅們創建了中國共產黨，形成了堅持真理、堅守理想，踐行初心、擔當使命，不怕犧牲、英勇鬥爭，對黨忠誠、不負人民的偉大建黨精神。中國共產黨的成立，是中國近代歷史發展的必然產物，是中國人民在救亡圖存鬥爭中頑強求索的必然產物，是實現中華民族偉大復興的必然產物。中國共產黨的產生，是歷史和人民的選擇！

三　準確把握中國共產黨產生的歷史意義

“建立中國共產黨、成立中華人民共和國、推進改革開放和中國特色社會主義事業，是五四運動以來我國發生的三大歷史性事件，是近代以來實現中華民族偉大復興的三大里程碑。” 黨的成立具有極其重大而深遠的歷史意義。

習近平總書記指出："中國產生了共產黨，這是開天闢地的大事變，深刻改變了近代以後中華民族發展的方向和進程，深刻改變了中國人民和中華民族的前途和命運，深刻改變了世界發展的趨勢和格局。"習近平總書記的這一重要論述，是對黨成立偉大歷史意義的最精闢概括、最深刻闡述，為我們準確把握黨的百年歷史提供了根本遵循。

中國共產黨的產生，深刻改變了近代以後中華民族發展的方向和進程。

中華民族是世界上古老而偉大的民族，但進入近代以後，由於西方列強的入侵，由於封建統治的腐敗呈現在世界面前的是一派衰敗凋零的景象。

為了捍衛民族獨立和尊嚴，中國人民挺起脊樑，奮起抗爭，這其中，戰死沙場者有之，慷慨赴死者有之，蹈海酬國者有之，顛沛流離上下求索者有之。可是，鬥爭一次又一次失敗了，無數志士仁人只能為此抱終天之恨。

歷史充分證明："方向決定道路，道路決定命運。"沒有先進理論武裝起來的先進政黨的領導，沒有先進政黨順應歷史潮流、勇擔歷史重任、敢於作出巨大犧牲，中國人民就無法打敗壓在自己頭上的各種反動派，中華民族就無法改變被壓迫、被奴役的命運，我們的國家就無法團結統一、在社會主義道路上走向繁榮富強。而中國之所以能有今天，就是因為產生了共產黨。正是這個政黨，既堅持馬克思主義基本原理，又不斷推進馬克思主義中國化時代化，先後成功探索出新民主主義革命道路、社會主義改造和社會主義建設道路、中國特色社會主義道路，從而深刻改變了近代以後中華民族發展的方向和進程，這正如《決議》指出的那樣："腳踏中華大地，傳承中華文明，走符合中國國情的正確道路，黨和人民就具有無比廣闊的舞台，具有無比深厚的歷史底蘊，具有無比強大的前進定力。"

歷史告訴我們，歷史和人民選擇中國共產黨領導中華民族偉大復興的事業是正確的，必須長期堅持、永不動搖；中國共產黨領導中國人民開闢的中國特色社會主義道路是正確的，必須長期堅持、永不動搖；中國共產黨和中國人民扎根中國大地，吸納人類文明優秀成果、獨立自主實現國家發展的戰略是正確的，必須長期堅持、永不動搖。

中國共產黨的產生，深刻改變了中國人民和中華民族的前途和命運。

近代以後，中國人民深受帝國主義、封建主義、官僚資本主義三座大山壓迫，被西方列強辱為"東亞病夫"。一百年來，黨領導人民經過波瀾壯闊的偉大鬥爭，中國人民徹底擺脫了被欺負、被壓迫、被奴役的命運，成為國家、社會和自己命運的主人，人民民主不斷發展，14億多人口實現全面小康，中國人民對美好生活的嚮往不斷變為現實。一百年來，黨領導人民不懈奮鬥、不斷進取，成功開闢了實現中華民族偉大復興的正確道路。中國從四分五裂、一盤散沙到高度統一、民族團結，從積貧積弱、一窮二白到全面小康、繁榮富強，從被動挨打、飽受欺凌到獨立自主、堅定自信，僅用幾十年時間就走完發達國家幾百年走過的工業化歷程，創造了經濟快速發展和社會長期穩定兩大奇跡。

歷史告訴我們，一百年來，中國走過的歷程，中國人民和中華民族走過的歷程，是中國共產黨和中國人民用鮮血、汗水、淚水寫就的，充滿著苦難和輝煌、曲折和勝利、付出和收穫，這是中華民族發展史上不能忘卻、不容否定的壯麗篇章，也是中國人民和中華民族繼往開來、奮勇前進的現實基礎。飲水思源，這"活水源頭"就在中國共產黨的成立。正是中國共產黨的產生，深刻改變了中國人民和中華民族的前途和命運。

中國共產黨的產生，深刻改變了世界發展的趨勢和格局。

"大道之行，天下為公。"一百年來，黨既為中國人民謀幸福、為中華民族謀復興，也為人類謀進步、為世界謀大同。黨始終以世界眼光關注人類前途命運，從人類發展大潮流、世界變化大格局、中國發展大歷史正確認識和處理同外部世界的關係，堅持開放、不搞封閉，堅持互利共贏、不搞零和博弈，堅持主持公道、伸張正義，站在歷史正確的一邊，站在人類進步的一邊。中國共產黨團結帶領中國人民，以自強不息的奮鬥深刻改變了世界發展的趨勢和格局。黨領導中國人民成功走出中國式現代化道路，創造了人類文明新形態，拓展了發展中國家走向現代化的途徑，給世界上那些既希望加快發展又希望保持自身獨立性的國家和民族提供了全新選擇。黨推動構建人類命運共同體，為解決人類重大問題，建設持久和平、普遍安全、共同繁榮、開放包容、清潔美麗的世界貢獻了中國智慧、中國方案、中國力量，成為推動人類發展進步的重要力量。

　　歷史告訴我們，一百年來，在風雲變幻的世界舞台上，中國共產黨和中國既堅定地保持自信，也秉持謙虛態度與夥伴精神與其他政黨和國家相處。中國共產黨始終堅信，大黨之大，大國之大，不在於體量大、塊頭大、拳頭大，而在於胸襟大、格局大、擔當大。為人類不斷作出新的更大貢獻，是中國共產黨和中國人民早就作出的莊嚴承諾。中國共產黨和中國人民從苦難中走過來，深知和平的珍貴、發展的價值，將始終把促進世界和平與發展視為自己的神聖職責，為實現人類和平永續發展不斷作出貢獻！

　　百年歷史證明，歷史和人民選擇了中國共產黨，中國共產黨也沒有辜負歷史和人民的選擇。正是因為有了中國共產黨成立的開天闢地，才有新中國建立的改天換地，才有改革開放的翻天覆地，才有走向復興、實現中國夢的頂天立地，也才會有中華民族更加美好的光明前景。因此，中國共產黨的產生是一個具有里程碑意義的偉大事件，其開天闢地的偉大歷史功勳，必將永載中國共產黨的歷史、中華民族的歷史、科學社會主義的歷史、人類社會進步的歷史！

新民主主義革命偉大勝利為實現中華民族偉大復興創造了根本社會條件

蔣墨山

　　黨的十九屆六中全會通過的《中共中央關於黨的百年奮鬥重大成就和歷史經驗的決議》（以下簡稱《決議》）指出："新民主主義革命時期，黨面臨的主要任務是，反對帝國主義、封建主義、官僚資本主義，爭取民族獨立、人民解放，為實現中華民族偉大復興創造根本社會條件。" 1840 年鴉片戰爭以後，由於西方列強入侵和封建統治腐敗，中國逐步成為半殖民地半封建社會。古老而創造了燦爛文明的中華民族要實現文明賡續、偉大復興由此面臨兩大歷史任務：一個是推翻帝國主義、封建主義、官僚資本主義三座大山，求得民族獨立和人民解放；一個是徹底改變貧窮落後的面貌，實現國家富強和人民幸福。這兩大任務中，前者是後者的必要前提，只有先完成前一個任務，然後才能解決後一個問題。中國共產黨應運而生後，就把為中國人民謀幸福、為中華民族謀復興確立為自己的初心使命，並為此進行了不懈的奮鬥、犧牲、創造。黨領導人民浴血奮戰、百折不撓，創造了新民主主義革命的偉大成就，實現了民族獨立、人民解放，徹底結束了舊中國半殖民地半封建社會的歷史，徹底結束了極少數剝削者統治廣大勞動人民的歷史，徹底結束了舊中國一盤散沙的局面，徹底廢除了列強強加給中國的不平等條約和帝國主義在中國的一切特權，實現了中國從幾千年封建專制政治向人民民主的偉大飛躍，為實現中華民族偉大復興創造了根本社會條件。

一 打倒帝國主義、封建主義、官僚資本主義，建立起人民當家作主的新政權，中華民族以嶄新姿態自立於世界民族之林

《決議》指出，黨領導人民經過 28 年浴血奮戰，取得新民主主義革命的偉大勝利，"實現民族獨立、人民解放"，"中國人民從此站起來了，中華民族任人宰割、飽受欺凌的時代一去不復返了"。《決議》從社會根源和群眾基礎的角度，深刻揭示新民主主義革命打倒了帝國主義、封建主義、官僚資本主義，為實現中華民族偉大復興創造了根本社會條件。

鴉片戰爭後，中華民族陷入內憂外患的黑暗境地，遭受了前所未有的劫難。從 1840 年到 1905 年的幾十年間，西方列強通過一個比一個苛刻的不平等條約，強迫中國割地、賠款，貪婪地攫取在中國的種種特權。人民生活極端貧困，除遭受帝國主義壓迫外，還要在本國封建主義、官僚資本主義殘酷壓迫下苦苦掙扎。半殖民地半封建的近代中國，呈現在世界面前的是一派衰敗凋零的景象，"國家蒙辱、人民蒙難、文明蒙塵"。應運而生的中國共產黨深刻認識到："近代中國社會主要矛盾是帝國主義和中華民族的矛盾、封建主義和人民大眾的矛盾。實現中華民族偉大復興，必須進行反帝反封建鬥爭。"

哪裏有壓迫，哪裏就有反抗。在大革命中，反帝怒潮席捲全國，到處響起"打倒帝國主義"、"廢除不平等條約"、"撤退外國駐華的海陸空軍"、"為死難同胞報仇"的怒吼聲。黨領導的這場反帝反封建的偉大鬥爭，沉重打擊了帝國主義在華勢力。同時，工農民眾成為革命運動的主體，革命的狂飆使民主革命思想在全國範圍內得到空前的傳播。大革命失敗後，黨領導實行土地革命，廢除封建地主土地所有制，實行"耕者有其田"，使開展武裝鬥爭和建立革命政權有了廣泛的、可靠的群眾基礎。

抗日戰爭"是近代以來中國人民反抗外敵入侵第一次取得完全勝利的民族解放鬥爭"。這一時期，黨率先高舉武裝抗日旗幟，堅決維護民族獨立和尊嚴，實行正確的抗日民族統一戰線政策，放手發動人民群眾，開闢廣大的敵後戰場，建立抗日民主根據地，領導八路軍、新四軍、東北抗日聯軍和

其他人民抗日武裝，同日本侵略者進行了艱苦卓絕的鬥爭，付出了極大的犧牲，成為全民族抗戰的中流砥柱和取得抗戰勝利的決定因素。抗日戰爭的勝利，極大地推進了中國歷史進程。

解放戰爭時期，在兩條道路、兩種命運、兩個前途的大決戰中，黨高舉反封建的戰鬥旗幟，在 1947 年 7 月至 9 月的全國土地會議上通過《中國土地法大綱》，明確規定 "廢除封建性及半封建性剝削的土地制度，實行耕者有其田的土地制度"。轟轟烈烈的土地改革運動，使億萬農民在政治上、經濟上獲得了解放，並由此迸發出難以估量的革命熱情，為奪取新民主主義在全國的勝利提供源源不斷的人力、物力支持。黨領導人民解放軍進行了三年多的解放戰爭，消滅國民黨反動派 800 萬軍隊，推翻國民黨反動政府，推翻三座大山，奪取了新民主主義革命偉大勝利，建立中華人民共和國。

一部中國近代史，就是一部帝國主義列強侵略壓迫中國、欺凌奴役中國人民的苦難歷史。世界上大大小小的西方列強幾乎都直接或間接地侵略過中國，使近代中國社會深深地陷入了半殖民地的深淵。新民主主義革命的勝利，成為繼俄國十月社會主義革命和世界反法西斯戰爭勝利之後世界歷史中最重大的事件。人口約佔世界 1/4、領土面積位於世界第三的新中國，變成完全意義上的獨立主權國家，毛澤東同志說，"帝國主義者在政治上的控制權即隨之被打倒，他們在經濟上和文化上的控制權也被打倒"。

黨領導人民經過浴血奮戰，實現了黨的七大確定的 "解放全國人民，建立一個新民主主義的中國" 的奮鬥目標。新民主主義革命建立起的新中國是工人階級領導的、以工農聯盟為基礎的人民民主專政的國家政權，它的政體是實行民主集中制的人民代表大會制度，它的政黨制度是中國共產黨領導的多黨合作和政治協商制度，它的國家結構形式是統一的多民族國家和在單一制國家中的民族區域自治制度。新中國建立起中國歷史上從未有過的人民當家作主的新型政權，勞動人民的社會政治地位發生根本變化，真正成為國家的主人。

新民主主義革命的偉大勝利，徹底打倒了帝國主義、封建主義、官僚資本主義。中國人民從此站起來了，中國發展從此開啟了新紀元，曾經創造了綿延 5000 多年燦爛文明、為人類文明進步作出重大貢獻的中華民族，開始以嶄新的姿態自立於世界民族之林，並極大改變了世界政治格局。它衝破帝國主義的東方戰線，壯大了世界和平民主和社會主義的力量，鼓舞了全世界被壓迫民族和被壓迫人民爭取解放的鬥爭，深刻改變了世界歷史的進程。

二　把馬克思列寧主義基本原理同中國具體實際相結合，開闢中國革命正確道路，從根本上改變中國社會的發展方向

《決議》指出："在革命鬥爭中，以毛澤東同志為主要代表的中國共產黨人，把馬克思列寧主義基本原理同中國具體實際相結合，對經過艱苦探索、付出巨大犧牲積累的一系列獨創性經驗作了理論概括，開闢了農村包圍城市、武裝奪取政權的正確革命道路，創立了毛澤東思想，為奪取新民主主義革命勝利指明了正確方向。"《決議》從開闢正確道路的角度，深刻揭示了新民主主義革命的勝利為實現中華民族偉大復興提供了根本的路徑選擇。

大革命失敗後，黨從殘酷的現實中認識到，沒有革命的武裝就無法戰勝武裝的反革命，就無法奪取中國革命勝利，就無法改變中國人民和中華民族的命運，必須以武裝的革命反對武裝的反革命。南昌起義打響武裝反抗國民黨反動派的第一槍。黨領導舉行秋收起義、廣州起義和其他許多地區起義，但由於敵我力量懸殊，這些起義大多數失敗了。《決議》指出："事實證明，在當時的客觀條件下，中國共產黨人不可能像俄國十月革命那樣通過首先佔領中心城市來取得革命在全國的勝利，黨迫切需要找到適合中國國情的革命道路。"

以毛澤東同志為主要代表的中國共產黨人，把馬克思列寧主義基本原理同中國具體實際相結合，制定了正確的理論、綱領、路線、方針和政策，把民族革命的任務和民主革命的任務緊密地結合在一起，創立了新民主主義革命的理論和路線，開闢了農村包圍城市、武裝奪取政權的適合本國國情的正確革命道路。

新民主主義革命道路是完全從中國實際出發、爭取中國革命勝利的唯一正確道路。這條道路之所以把工作重心首先放在鄉村，不僅是由於農民是民主革命的主力軍，廣大農村是民主革命走向勝利的主要戰略基地，而且是

由於敵強我弱的形勢決定了中國民主革命的長期性，由此決定了必須在反革命力量相對薄弱的農村建立根據地，以積蓄、鍛煉和發展革命力量，經過長期的鬥爭，逐步地爭取中國革命的勝利。

在全民族抗日戰爭時期，為了回答中國向何處去的問題，毛澤東同志撰寫了《〈共產黨人〉發刊詞》、《中國革命和中國共產黨》、《新民主主義論》三篇文章，將豐富的中國革命經驗系統化，完整提出新民主主義革命的理論。毛澤東同志第一次把資產階級民主革命區別為舊民主主義革命和新民主主義革命，指出中國革命的歷史進程，第一步是進行新民主主義的革命，第二步才是進行社會主義的革命，只有完成前一個革命，才有可能去完成後一個革命，想要"畢其功於一役"是不行的。這兩個階段又必須相互銜接，"不容橫插一個資產階級專政的階段"。新民主主義革命理論既堅持了馬克思主義的基本原理，又根據中國革命實際賦予了新的內涵，是馬克思主義同中國革命實踐相結合的一面鮮艷"旗子"。

辛亥革命推翻封建帝制後，在 20 世紀前半期的很長一段時間裏，中國面臨三種可供選擇的建國方案：第一種方案先由北洋軍閥後由國民黨統治集團代表。他們主張實行地主買辦階級的專政，使中國社會繼續走半殖民地半封建的道路。第二種方案由某些中間派或中間人士代表。他們主張建立資產階級共和國，使中國社會走上獨立發展資本主義的道路。第三種方案由共產黨代表，主張建立工人階級領導的以工農聯盟為基礎的人民共和國，經過新民主主義走向社會主義。這三種方案在中國人民的實踐中反覆受到檢驗。只有第三種方案最終贏得中國最廣大的人民群眾包括民族資產階級及其政治代表在內的擁護。這昭示了"只有社會主義能夠救中國"的歷史必然。新民主主義革命的偉大勝利，從根本上改變了中國社會的發展方向，為實現由新民主主義到社會主義的轉變和建立社會主義制度、進行社會主義現代化建設，掃清了主要障礙，創造了政治前提；為實現國家富強和人民幸福，實現中華民族的偉大復興，開闢了廣闊的道路。

三　努力建設全國範圍的、廣大群眾性的、思想上政治上組織上完全鞏固的馬克思主義政黨，使黨成為保證中國革命勝利的最先進和最強大的領導力量

《決議》指出："黨的百年奮鬥鍛造了走在時代前列的中國共產黨"；在革命鬥爭中，黨加強自身建設，實施和推進黨的建設偉大工程，"努力建設全國範圍的、廣大群眾性的、思想上政治上組織上完全鞏固的馬克思主義政黨"；"實踐充分說明，歷史和人民選擇了中國共產黨，沒有中國共產黨領導，民族獨立、人民解放是不可能實現的。"《決議》從領導力量的角度，深刻揭示了在新民主主義革命偉大勝利中淬煉成鋼的中國共產黨，為實現中華民族偉大復興提供了根本的政治保證。

中國共產黨作為工人階級的先鋒隊登上政治舞台後，領導反帝反封建的革命鬥爭、爭取民族獨立和人民解放、實現振興中華的偉大使命，就歷史性地落到黨的身上。黨為了完成這一偉大使命，在革命鬥爭中，弘揚堅持真理、堅守理想，踐行初心、擔當使命，不怕犧牲、英勇鬥爭，對黨忠誠、不負人民的偉大建黨精神，緊緊圍繞黨的政治路線，加強自身建設，不斷增強黨的創造力、凝聚力和戰鬥力，成功解決了保持黨的工人階級先鋒隊性質，把黨建設成為用科學理論和革命精神武裝起來的、同人民群眾有著血肉聯繫的、思想上政治上組織上完全鞏固的馬克思主義政黨的根本問題。

1935 年 1 月召開的遵義會議開始確立以毛澤東同志為主要代表的馬克思主義正確路線在黨中央的領導地位，開始形成以毛澤東同志為核心的黨的第一代中央領導集體，開啟了黨獨立自主解決中國革命實際問題新階段，全黨開始深刻認識到維護黨中央權威和集中統一領導的極端重要性。1939 年10 月，毛澤東同志發表《〈共產黨人〉發刊詞》，提出了黨的建設的總目標、總任務，把黨的建設稱為"偉大的工程"，並指出統一戰線、武裝鬥爭、黨的建設，是黨在中國革命中戰勝敵人的三大法寶。

1941 年 5 月，毛澤東同志在延安高級幹部會議上作《改造我們的學習》的報告。1942 年 2 月，先後作《整頓黨的作風》和《反對黨八股》的講演。整風運動在全黨普遍展開。這場馬克思主義思想教育運動收到巨大成效。整

風的內容是反對主觀主義、宗派主義、黨八股以樹立馬克思主義的作風。在深入總結歷史經驗的基礎上，1945年黨的擴大的六屆七中全會通過《關於若干歷史問題的決議》，總結建黨以來特別是六屆四中全會至遵義會議前這一段黨的歷史及其基本經驗教訓，使全黨尤其是黨的高級幹部對中國民主革命基本問題的認識達到在馬克思列寧主義基礎上的一致。整風運動使實事求是的馬克思主義思想路線在全黨範圍內深入人心，運動所積累的經驗對黨的建設具有重大而深遠的意義。

黨的七大為建立新民主主義的新中國制定了正確路線方針政策，把馬克思主義中國化第一次歷史性飛躍的成果——毛澤東思想確立為黨的指導思想並寫入黨章，使全黨在思想上政治上組織上達到空前的統一和團結。黨的七大把黨在長期奮鬥中形成的優良作風概括為三大作風，即理論和實踐相結合的作風、和人民群眾緊密聯繫在一起的作風、自我批評的作風。黨的七大是全黨成熟的標誌，以“團結的大會，勝利的大會”載入黨的史冊。

經過長期革命鬥爭的千錘百煉，黨不斷發展壯大，從一個開始只有50餘名黨員的黨，到1949年9月已成為一個擁有448萬餘名黨員的全國範圍的、廣大群眾性的、思想上政治上組織上完全鞏固的馬克思主義政黨。經過28年浴血奮戰和頑強奮鬥，黨領導人民經過北伐戰爭、土地革命戰爭、抗日戰爭、解放戰爭，打敗擁有優勢裝備、窮凶極惡的國內外敵人，推翻三座大山，奪取全國政權的偉大勝利，建立了人民當家作主的中華人民共和國。歷史充分證明，在中國這樣一個半殖民地半封建的東方大國，如果沒有中國共產黨領導，民族獨立、人民解放是不可能實現的。

新民主主義革命的偉大勝利，為實現中華民族偉大復興提供了根本的領導力量。黨領導人民不懈奮鬥，實現了中國人民長期夢寐以求的建立一個獨立、自由、民主、統一、富強的新中國的願望。新民主主義革命勝利後，黨還要繼續領導中國人民在建設社會主義的過程中，走更長更艱難的道路，為實現國家富強和人民幸福的第二大歷史任務，繼續堅持不懈地英勇奮鬥。

毛澤東思想是馬克思主義中國化的第一次歷史性飛躍

黃一兵

黨的十九屆六中全會通過的《中共中央關於黨的百年奮鬥重大成就和歷史經驗的決議》（以下簡稱《決議》）指出："毛澤東思想是馬克思列寧主義在中國的創造性運用和發展，是被實踐證明了的關於中國革命和建設的正確的理論原則和經驗總結，是馬克思主義中國化的第一次歷史性飛躍。"這是對毛澤東思想的科學概括和總結。認真學習貫徹《決議》精神，對於在新的歷史條件下，繼續高舉毛澤東思想偉大旗幟，不斷把馬克思主義中國化推向前進，具有十分重要的理論和現實意義。

一 在中國革命和建設實踐中形成發展起來的科學理論

在半殖民地半封建的中國進行革命，面對的特殊國情是農民佔人口的絕大多數，落後分散的小農經濟、小生產及其社會影響根深蒂固，又遭受著西方列強侵略和壓迫，經濟文化十分落後，選擇一條什麼樣的道路才能把中國革命引向勝利是首要問題，也是馬克思主義發展史上前所未有過的難題。年輕的中國共產黨，一度簡單套用馬克思列寧主義關於無產階級革命的一般原理和照搬俄國十月革命城市武裝起義的經驗，使中國革命遭受了嚴重挫折。

在全黨為尋找中國革命道路而進行的艱苦探索中，毛澤東同志率領秋收起義部隊從進攻大城市轉為向農村進軍，是中國革命具有決定意義的新起點。在革命鬥爭實踐中，毛澤東同志科學地分析國際和國內政治形勢，系統回答了中國紅色政權為什麼能夠存在的問題，闡明了土地革命、武裝鬥爭、革命根據地建設三位一體的工農武裝割據理論，提出了中國革命要以農村為中心，開闢了正確的革命道路。《決議》指出：“以毛澤東同志為主要代表的中國共產黨人，把馬克思列寧主義基本原理同中國具體實際相結合，對經過艱苦探索、付出巨大犧牲積累的一系列獨創性經驗作了理論概括，開闢了農村包圍城市、武裝奪取政權的正確革命道路，創立了毛澤東思想，為奪取新民主主義革命勝利指明了正確方向。”

馬克思主義中國化的事業是艱巨複雜的事業，從來都不是一帆風順的。毛澤東思想的形成發展過程，貫穿了同“左”右傾錯誤作鬥爭並深刻總結這方面歷史經驗的過程。1935年召開的遵義會議，事實上確立了毛澤東同志在黨中央和紅軍的領導地位，開始確立以毛澤東同志為主要代表的馬克思主義正確路線在黨中央的領導地位，為毛澤東思想走向成熟創造了重要條件。1938年10月，毛澤東同志在黨的擴大的六屆六中全會上，明確提出“馬克思主義的中國化”的命題。1939年、1940年之交，為了系統闡明黨的理論和綱領，回答中國向何處去的問題，更好地指導抗日戰爭和中國革命，毛澤東同志發表了許多重要的理論著作，深刻總結和全面闡述中國革命的一系列重大理論問題，形成了比較系統的哲學思想、軍事思想、統一戰線思想和黨的建設思想。特別是新民主主義理論的系統闡發、黨的政策和策略的精闢論證，對指導中國革命具有重大意義。這些理論的創造，標誌了毛澤東思想的成熟。黨的七大將毛澤東思想確立為黨的指導思想並寫入黨章。在毛澤東思想指引下，黨團結帶領人民創造了新民主主義革命的偉大成就，實現了幾代中國人夢寐以求的民族獨立和人民解放，為實現中華民族偉大復興創造了根本社會條件。

新中國成立後，面對著新民主主義革命階段基本結束和社會主義革命階段的開始，毛澤東同志進一步提出並闡述了由新民主主義向社會主義過渡的理論、方針和政策，領導全黨和全國人民創造性地開闢了一條適合中國特點的社會主義改造道路，勝利完成了社會主義革命的任務，建立了社會主義制度，為我國一切進步和發展奠定了重要基礎。

社會主義基本制度確立以後，如何在中國建設社會主義，是黨面臨的嶄新課題。毛澤東同志對適合中國情況的社會主義建設道路進行了艱苦探索。《決議》指出：“毛澤東同志提出把馬克思列寧主義基本原理同中國具體

實際進行 . 第二次結合 . ，以毛澤東同志為主要代表的中國共產黨人，結合新的實際豐富和發展毛澤東思想”。1956 年 4 月，毛澤東同志在中央政治局擴大會議上作《論十大關係》的講話，初步提出了中國社會主義經濟、政治建設的若干新方針，標誌著我們黨對怎樣建設社會主義有了自己新的重要認識。這個時期，黨還提出了關於社會主義建設的一系列重要思想，許多思想至今仍有重要指導意義。也正是在毛澤東思想指引下，黨團結帶領人民創造了社會主義革命和建設的偉大成就，為實現中華民族偉大復興奠定了根本政治前提和制度基礎。

二　以獨創性的理論成果豐富和發展馬克思列寧主義

《決議》指出：“堅持和發展馬克思主義，從理論到實踐都需要全世界的馬克思主義者進行極為艱巨、極具挑戰性的努力。”毛澤東同志是馬克思主義中國化的偉大開拓者，毛澤東思想以獨創性的理論成果為馬克思列寧主義的理論寶庫增添了新的內容。

毛澤東同志從中國的歷史狀況和社會狀況出發，深刻研究中國革命的特點和中國革命的規律，發展了馬克思列寧主義關於無產階級在民主革命中的領導權的思想，創立了無產階級領導的，工農聯盟為基礎的，人民大眾的，反對帝國主義、封建主義和官僚資本主義的新民主主義革命的理論，為我們黨成為全民族的領導核心，並且創造出中國革命的新道路提供了基本依據。

毛澤東同志和中國共產黨，依據新民主主義革命勝利所創造的向社會主義過渡的經濟政治條件，採取社會主義工業化和社會主義改造同時並舉的方針，實行逐步改造生產資料私有制的具體政策，從理論和實踐上解決了在中國這樣一個佔世界人口近四分之一的、經濟文化落後的大國中建立社會主義制度的艱難任務。這個時期，毛澤東同志提出的人民民主專政的理論，大大豐富了馬克思列寧主義關於無產階級專政的學說。

社會主義制度建立以後，毛澤東同志創造性地提出了社會主義社會是一個很長的歷史階段，嚴格區分和正確處理敵我矛盾和人民內部矛盾，正確處理我國社會主義建設的十大關係，走出一條適合我國國情的工業化道路，尊重價值規律，在黨與民主黨派的關係上實行"長期共存、互相監督"的方針，在科學文化工作中實行"百花齊放、百家爭鳴"的方針等重要思想理論成果，有力推動了社會主義建設的開展。

在革命和建設實踐中，毛澤東同志系統解決了以農民為主要成分的革命軍隊如何建設成為一支無產階級性質的、具有嚴格紀律的、同人民群眾保持親密聯繫的新型人民軍隊的問題；毛澤東同志系統提出的人民戰爭思想，關於加強國防、建設現代化革命武裝力量和發展現代化國防技術等思想，都是對馬克思列寧主義軍事理論作出的極為傑出的貢獻。

毛澤東同志精闢論證了政策和策略問題的極端重要性，指出政策和策略是黨的生命，是革命政黨一切實際行動的出發點和歸宿，必須根據政治形勢、階級關係和實際情況及其變化制定黨的政策，把原則性和靈活性結合起來。毛澤東同志還在思想政治工作和文化工作方面提出了許多具有長遠意義的重要思想。

在無產階級人數很少而戰鬥力很強、農民和其他小資產階級佔人口大多數的國家，建設一個具有廣大群眾性的、馬克思主義的無產階級政黨，是極其艱巨的任務。毛澤東同志的建黨學說成功地解決了這個問題。毛澤東同志鮮明提出指導偉大的革命要有偉大的黨，黨的建設是一項"偉大的工程"，提出著重從思想上建黨的原則，堅持民主集中制，堅持理論聯繫實際、密切聯繫群眾、批評和自我批評三大優良作風，形成統一戰線、武裝鬥爭、黨的建設三大法寶；充分預見到在全國執政面臨的新挑戰，明確提出務必繼續保持謙虛、謹慎、不驕、不躁的作風，務必繼續保持艱苦奮鬥的作風，積極探索執政條件下黨的建設的重大課題。這其中的許多重要論述，至今仍有很強烈的現實針對性，是我們黨加強執政黨建設的重要思想武器。

《決議》指出："毛澤東思想的活的靈魂是貫穿於各個組成部分的立場、觀點、方法，體現為實事求是、群眾路線、獨立自主三個基本方面"。毛澤東同志把辯證唯物主義和歷史唯物主義運用於無產階級政黨的全部工作，在中國革命和建設的長期艱苦鬥爭中形成了具有中國共產黨人特色的這些立場、觀點、方法，對我們黨的理論創新和實踐創新產生了深遠影響。

在毛澤東思想形成和發展的過程中，我們黨許多卓越領導人都作出了重要貢獻。毛澤東思想是中國共產黨集體智慧的結晶。毛澤東同志的科學著作是它的集中概括。

三　繼承優秀傳統文化

《決議》指出，馬克思主義理論 "必須中國化才能落地生根、本土化才能深入人心"。毛澤東思想是 "應用馬克思列寧主義的科學方法，概括中國歷史、社會及全部革命鬥爭經驗而創造出來"，"是中國民族智慧的最高表現和理論上的最高概括"，"完全是馬克思主義的，又完全是中國的"，具有 "新鮮活潑的、為中國老百姓所喜聞樂見的中國作風和中國氣派"。

在馬克思主義中國化的發展歷程中，民族的歷史和民族的現狀、民族的形式和民族的內容從來都是不可分割的，毛澤東同志始終主張將兩者緊密結合起來。毛澤東同志曾經針對 "左" 傾教條主義錯誤指出："不論是近百年的和古代的中國史，在許多黨員的心目中還是漆黑一團。許多馬克思列寧主義的學者也是言必稱希臘，對於自己的祖宗，則對不住，忘記了。認真地研究現狀的空氣是不濃厚的，認真地研究歷史的空氣也是不濃厚的。" 延安整風運動中提出整頓學風，就是強調研究中國的現實鬥爭內容，也要研究中國的近代歷史和古代歷史，繼承優秀傳統文化，創造馬克思主義的民族形式。

毛澤東同志指出，中國幾千年的文化主要是封建文化，對封建文化一定要做具體分析。中國歷史遺留給我們的有很多好東西，但也有許多毒素和糟粕，不能無批判地兼收並蓄，"從孔夫子到孫中山，我們應當給以總結"，但 "必須將古代封建統治階級的一切腐朽的東西和古代優秀的人民文化即多少帶有民主性和革命性的東西區別開來"。"剔除其封建性的糟粕，吸收其民主性的精華，是發展民族新文化提高民族自信心的必要條件"。毛澤東同志提出並倡導的 "民族的科學的大眾的文化"，就是 "提高民族自信心" 的 "中華民族的新文化"。

"民族的" 文化就是反對帝國主義壓迫、堅持中華民族的尊嚴和獨立的，是我們這個民族的，帶有我們民族的特性。中國共產黨人必須將馬克思主義和民族的特點結合起來，經過一定的民族形式，才有用處，決不能主觀地公式地應用它。"科學的" 文化是反對一切封建思想和迷信思想，主張實事求是，主張客觀真理，主張理論和實踐一致的。"中國現時的新文化也是從古代的舊文化發展而來，因此，我們必須尊重自己的歷史，決不能割斷歷史。""大眾的" 文化是民主的，應為廣大工農群眾服務的，並逐漸成為他們的文化。對於中國的優良的歷史傳統，"我們是要繼承的，但是目的仍然是為了人民大眾"，對於過去時代的歷史文化形式，"我們也並不拒絕利用，但這些舊形式到了我們手裏，給了改造，加進了新內容，也就變成革命的為人民服務的東西了"。

毛澤東同志注重把馬克思主義基本原理同中華優秀傳統文化相結合，使馬克思主義在中華大地落地生根。

四　堅持和發展毛澤東思想

習近平總書記指出：毛澤東思想教育了幾代中國共產黨人，它培養的大批骨幹，不僅在新民主主義革命、社會主義革命、社會主義建設時期發揮了重要作用，也為新的歷史時期開創和建設中國特色社會主義發揮了重要作用。毛澤東同志的重要著作，有許多是在新民主主義革命時期和社會主義革命和建設時期寫的，但仍然是我們必須經常學習的。這不但因為歷史不能割斷，如果不了解過去，就會妨礙我們對當前問題的了解；而且因為這些著作中包含的許多基本原理、原則和科學方法，是有普遍意義的，現在和今後對我們都具有重要的指導作用。《決議》指出，毛澤東思想 "為黨和人民事業發展提供了科學指引"。我們必須繼續堅持毛澤東思想，認真學習和運用它的立場、觀點、方法來研究實踐中出現的新情況，解決新問題。鄧小平同志指出："我們要恢復毛澤東思想，堅持毛澤東思想，以至還要發展毛澤東思想，在這些方面，他都提供了一個基礎。" 正是從這個意義上，可以說毛澤東思想為此後我們黨的理論創造提供了重要思想基礎。

毛澤東同志在《實踐論》中說："客觀現實世界的變化運動永遠沒有完

結，人們在實踐中對於真理的認識也就永遠沒有完結。馬克思列寧主義並沒有結束真理，而是在實踐中不斷地開闢認識真理的道路。” 正如絕不能要求馬克思為解決他去世之後上百年、幾百年所產生的問題提供現成答案一樣，也絕不能要求毛澤東同志承擔解決他去世以後中國和世界所發生的一系列新問題的任務。真正的馬克思列寧主義者，必須根據現在的情況，認識、繼承和發展馬克思列寧主義，認識、繼承和發展毛澤東思想。毛澤東同志指出，不如馬克思，不是馬克思主義者；等於馬克思，也不是馬克思主義者；只有超過了馬克思，才是馬克思主義者。

黨的十一屆三中全會以後，我們黨堅持從中國實際出發，洞察時代大勢，把握歷史主動，進行艱辛探索，不斷推進馬克思主義中國化時代化，指導中國人民不斷推進偉大社會革命，先後創立鄧小平理論，形成 “三個代表” 重要思想，形成科學發展觀，科學回答了建設中國特色社會主義的一系列基本問題，形成中國特色社會主義理論體系，實現了馬克思主義中國化新的飛躍。

黨的十八大以來，以習近平同志為主要代表的中國共產黨人，堅持把馬克思主義基本原理同中國具體實際相結合、同中華優秀傳統文化相結合，堅持毛澤東思想、鄧小平理論、“三個代表” 重要思想、科學發展觀，深刻總結並充分運用黨成立以來的歷史經驗，從新的實際出發，創立了習近平新時代中國特色社會主義思想。這一思想是當代中國馬克思主義、二十一世紀馬克思主義，是中華文化和中國精神的時代精華，實現了馬克思主義中國化新的飛躍。

中國共產黨人和中國人民十分珍視中國革命、建設、改革和中國特色社會主義新時代偉大實踐中，把馬克思列寧主義基本原理同中國具體實際相結合、同中華優秀傳統文化相結合的一切成果，並且在新的實踐中運用和發展這些成果，以符合實際的新原理和新結論豐富和發展我們黨的理論，保證了我們的事業在馬克思列寧主義、毛澤東思想、鄧小平理論、“三個代表” 重要思想、科學發展觀、習近平新時代中國特色社會主義思想的指引下闊步前進。

黨在社會主義革命和建設中取得的獨創性理論成果和巨大成就

李言之

新中國成立後，黨領導人民自力更生、發憤圖強，在社會主義革命和建設中取得獨創性理論成果和巨大成就，為在新的歷史時期開創中國特色社會主義提供了寶貴經驗、理論準備、物質基礎。黨的十九屆六中全會通過的《中共中央關於黨的百年奮鬥重大成就和歷史經驗的決議》（以下簡稱《決議》）指出："中國共產黨和中國人民以英勇頑強的奮鬥向世界莊嚴宣告，中國人民不但善於破壞一個舊世界、也善於建設一個新世界，只有社會主義才能救中國，只有社會主義才能發展中國。" 我們要認真學習領會《決議》精神，深化對黨的歷史的主題主線、主流本質的科學認識。

一 建立和鞏固人民民主專政的國家政權，為國家迅速發展創造條件

新中國建立人民民主專政的國家政權來保衛國家安全，保障人民當家作主的各項權利，保證國家發展的社會主義方向，是以毛澤東同志為主要代表的中國共產黨人根據馬克思主義國家學說，根據我國具體情況，經過長期探索逐步形成的科學認識。新民主主義革命時期，毛澤東同志對新中國國家政權的性質、任務、特徵等基本問題作出明確闡述，指出："總結我們的經驗，集中到一點，就是工人階級（經過共產黨）領導的以工農聯盟為基礎的人民民主專政。" 革命取得全國勝利後，黨把這一原則付諸實踐，建立起人民民主專政的國家政權和新型國家的政治制度框架，實現了中國從幾千年封建專制政治向人民民主的偉大飛躍，為新中國各項事業迅速發展創造了條件，提供了根本政治保證。

1949 年 9 月 21 日至 30 日，中國人民政治協商會議第一屆全體會議在北平（今北京）舉行。會議的任務是集中全國各族人民的意志，宣告中華人民共和國的成立，制定中國人民自己的憲章，組織中國人民自己的中央政府。會議通過的《中國人民政治協商會議共同綱領》在序言中明確規定："中國人民民主專政是中國工人階級、農民階級、小資產階級、民族資產階級及其他愛國民主分子的人民民主統一戰線的政權，而以工農聯盟為基礎，以工人階級為領導。"根據這一規定，1949 年 10 月 1 日，中華人民共和國中央人民政府成立。中國歷史上從未有過的人民當家作主的新型政權建立起來了。

中央人民政府成立後，黨對全國城鄉舊的基層政權進行徹底改造，按照人民民主原則建立起各級人民政府。到 1951 年，全國共成立 29 個省、1 個民族自治區、8 個省級行政公署、13 個直轄市人民政府，140 個省轄市人民政府及 2283 個縣人民政府，初步形成上下貫通、集中高效、具有高度組織動員能力的國家行政體系。人民民主政權成為真正得到人民擁護的、在全國範圍內有效行使權力的政權。

在當時複雜嚴峻的國內外環境下，強有力的人民民主政權保證了社會主義革命和建設的順利進行。我們肅清國民黨反動派殘餘武裝力量和土匪，和平解放西藏，實現祖國大陸完全統一；鎮壓反革命，穩定社會秩序；進行偉大的抗美援朝戰爭，捍衛新中國的國家安全，團結帶領人民戰勝帝國主義、霸權主義的顛覆破壞和武裝挑釁，贏得了和平穩定的建設環境。同時，人民政權還擔負起領導、組織經濟建設的職能，解放生產力，保護和發展生產力，推動實現"新舊社會兩重天"的深刻變革，調動一切積極因素為建設社會主義而奮鬥。翻身做主人的中國人民以前所未有的熱情投身國家建設，創造了一個又一個人間奇跡。

與人民民主專政的國體相適應，我國其他政治制度也逐步建立起來。1949 年 9 月，《中國人民政治協商會議共同綱領》就我國的政體、政黨制度、國家結構形式作出明確規定，指出新中國的政體，即國家政權的組織形式是人民代表大會制度；新中國的政黨制度，是中國共產黨領導的多黨合作和政治協商制度；新中國的國家結構形式，是統一的多民族國家和在單一制國家中的民族區域自治制度。1954 年 9 月，第一屆全國人大一次會議的召開，標誌著人民代表大會制度作為我國的根本政治制度的確立。會議通過的新中國第一部憲法，把上述各項政治制度用根本大法形式確定下來，我國社會主義的政治制度體系構建起來了。

在人民民主專政的國家政權和相應的政治制度保障下，新中國沿著社會主義方向大踏步向前邁進。

二 建立社會主義制度，為我國一切進步和發展奠定重要基礎

在中國實現社會主義，是我們黨自創立時就確定的奮鬥目標。毛澤東同志在抗日戰爭時期就明確提出，中國革命分兩步走，新民主主義革命的前途是走向社會主義。新中國成立後，黨在鞏固人民政權、迅速醫治戰爭創傷的同時，自覺地在政治、經濟、文化等方面為將來向社會主義轉變準備條件。1952 年底，隨著國民經濟恢復，大規模經濟建設任務提上日程，轉變的時機與條件成熟了。

經過反覆醞釀，黨中央決定社會主義工業化和社會主義改造同時並舉，充分利用三年來所創造的經濟、政治條件，實行以多種過渡形式改造個體經濟和私人資本主義經濟的具體政策，積極而又循序漸進地完成經濟上的社會主義革命任務，初步確立社會主義的經濟基礎和經濟制度。1953 年黨正式提出過渡時期總路線："從中華人民共和國成立，到社會主義改造基本完成，這是一個過渡時期。黨在這個過渡時期的總路線和總任務，是要在一個相當長的時期內，逐步實現國家的社會主義工業化，並逐步實現國家對農業、對手工業和對資本主義工商業的社會主義改造。這條總路線是照耀我們各項工作的燈塔，各項工作離開它，就要犯右傾或 . 左 . 傾的錯誤。"

按照這條總路線指引的方向，黨探索並穩妥解決了社會主義改造的具體途徑問題，有步驟地開展對生產資料私有制的社會主義改造。通過制定和實施國民經濟發展的第一個五年計劃，社會主義工業化也開始起步。

對資本主義工商業，我們採取委託加工、計劃訂貨、統購包銷、委託經銷代銷、公私合營、全行業公私合營等一系列從低級到高級的國家資本主

義的過渡形式。黨和政府在改造的不同階段，根據生產形勢和市場變化適時調整政策，著力統籌兼顧，全面安排，確保企業生產迅速提高，市場保持穩定。對個體農業，我們遵循自願互利、典型示範和國家幫助的原則，創造了從臨時互助組和常年互助組，發展到半社會主義性質的初級農業生產合作社，再發展到社會主義性質的高級農業生產合作社的過渡形式。互助合作運動大大促進了農業生產，當時許多統計材料顯示，合作社 80％以上都增產增收。對於個體手工業的改造，也採取與農業類似的方法，一般經過手工業生產合作小組、手工業供銷生產合作社和手工業生產合作社三個階段，因地制宜，由低級到高級、由小到大、由簡單到複雜地進行。

總體來說，我國對生產資料私有制的社會主義改造是成功的。生產關係的急劇變革往往會在一段時間內引起對社會生產力的破壞。而在黨的領導下，我國循序漸進地消滅私有制，保持了社會穩定，促進了生產力的發展，受到了人民群眾的普遍擁護。1956 年，我國基本上完成對生產資料私有制的社會主義改造，基本上實現生產資料公有制和按勞分配，建立起社會主義經濟制度。

至此，我國的社會主義政治制度、經濟制度都已經建立起來。在生產資料私有制的社會主義改造過程中，社會主義教育科學文化體制也基本形成。馬克思列寧主義、毛澤東思想在全國的指導思想地位得到確立和加強，社會主義文化建設逐步展開，社會主義的社會關係及道德風尚逐步確立。依據這一客觀歷史進程，黨的八大鄭重宣告："社會主義的社會制度在我國已經基本上建立起來了。"這標誌著我國消滅了延續幾千年的封建壓迫制度，完成了社會主義革命的歷史任務。這一偉大的歷史性勝利，實現了中華民族有史以來最為廣泛而深刻的社會變革，實現了一窮二白、人口眾多的東方大國大步邁進社會主義社會的偉大飛躍，為實現中華民族偉大復興奠定了根本政治前提和制度基礎。

三 開展全面的大規模的社會主義建設，建立起獨立的比較完整的工業體系和國民經濟體系

推進國家工業化，使中國擺脫落後狀態，走上富強之路，是中國人民百年來夢寐以求的目標，也是實現民族復興偉業的必由之路。社會主義制度的建立，拉開了全面的大規模的社會主義建設的序幕，我國工業化的進程大大加快了。黨的八大提出，我們必須迅速改變國民經濟長期的落後狀態，首先要"在三個五年計劃或者再多一點的時間內，建成一個基本上完整的工業體系"。後來黨逐步認識到，提建立獨立的國民經濟體系比只提建立獨立的工業體系更為完整。1964年，第三屆全國人民代表大會第一次全體會議明確提出分兩步走實現四個現代化的戰略目標，其中的第一步就是建成獨立的比較完整的工業體系和國民經濟體系。

在黨的帶領下，我國各族人民意氣風發投身中國歷史上從來不曾有過的熱氣騰騰的社會主義建設。黨發揮集中力量辦大事的制度優勢，以五年計劃來統籌力量，規劃經濟發展方向和目標。在不長的時間裏，我國社會就發生了翻天覆地的變化，建立起獨立的比較完整的工業體系和國民經濟體系，成為在世界上有重要影響的大國，積累起在中國這樣一個社會生產力水平十分落後的東方大國進行社會主義建設的重要經驗。

工業方面，初步改變了歷史遺留下來的技術落後、畸形發展的狀況，建立起門類比較齊全、佈局趨向合理的生產體系，涉及冶金、汽車、機械、煤炭、石油、電力、通信、化學、國防等領域。工業生產能力大幅度提高，在國民經濟中的主導地位明顯增強。在遼闊的內地和少數民族地區，興建了一批新的工業基地。許多新的工業部門從無到有、從小到大迅速發展起來。主要產品的產量和生產能力大大增加，幾乎所有工業產品都比舊中國最高年產量有了成倍、幾十倍甚至上百倍的增長。從1964年開始的三線建設，提高了國家的國防能力，改善了我國國民經濟佈局。

鐵路、交通運輸等基礎設施建設方面，初步形成了全國的路網骨架。舊中國遺留下來的線路少、運輸能力低、佈局不合理的狀況有了明顯改變。除西藏外，全國各省、自治區、直轄市都通了火車。全國絕大多數縣都通了

公路。水運、空運和郵電事業也發展迅速，取得了長足進展。

農業方面，通過堅持不懈大規模興修水利，開展農田基本建設，培育推廣良種，提倡科學種田，基本生產條件有了明顯改變，較大幅度提高了糧食生產水平和抵禦自然災害的能力。我們依靠自己的力量，基本上保證了人民吃飯穿衣的需要。這在當時被世界公認是一個奇跡。

教育、科學、文化、衛生、體育事業方面，黨大力發展社會主義教育事業，構建起完整的教育體系，勞動者整體素質得到很大提高。"兩彈一星"等國防尖端科技不斷取得突破，成功爆炸原子彈、氫彈，試製並成功發射中遠程導彈和人造衛星，使全世界為之震驚。全國經濟文化建設等方面的骨幹力量大批成長起來。我國居民平均預期壽命大大延長，1949 年僅為 35 歲，1975 年提高到 63.8 歲。

獨立的比較完整的工業體系和國民經濟體系的建立，使我們取得了舊中國幾百年、幾千年所沒有取得過的進步，實現了中國經濟的歷史性跨越，對我國社會主義現代化建設具有極為深遠的歷史意義。它有效維護了國家主權和安全，為中國經濟獨立自主、持續發展提供了根本前提，為中國發展富強、中國人民生活富裕奠定了堅實基礎。

四　把馬克思列寧主義基本原理同中國具體實際進行"第二次結合"，探索在中國進行社會主義革命和建設的正確道路

如何在生產力水平落後的國家建立、鞏固、發展社會主義，馬克思主義經典作家沒有提供現成答案，世界社會主義運動中也沒有先例可循。毛澤東同志以蘇聯經驗教訓為鑒戒，提出要創造新的理論、寫出新的著作，把馬克思列寧主義基本原理同中國具體實際進行"第二次結合"，找出在中國進行社會主義革命和建設的正確道路。黨結合新的實際豐富和發展毛澤東思想，推進馬克思主義中國化，取得了一系列獨創性理論成果。

關於社會主義革命，黨創造性地開闢了一條適合中國特點的社會主義改造的道路。我們採取社會主義工業化和社會主義改造同時並舉的方針，創造一系列由初級到高級逐步向社會主義過渡的形式，從理論和實踐上解決了

在中國建立社會主義制度的艱難任務，豐富和發展了馬克思主義的科學社會主義理論。

關於社會主義建設，黨中央和毛澤東同志艱辛探索，提出一系列重要思想。

在社會主義發展規律上，提出社會主義社會是一個很長的歷史階段，可以分為不發達和比較發達兩個階段；揭示社會主義社會的矛盾規律，提出社會主義社會的基本矛盾可以經過社會主義制度本身的自我調整和完善，不斷得到解決；在社會主義改造基本完成以後，我國所要解決的主要矛盾，是人民對於經濟文化迅速發展的需要同落後的社會生產之間的矛盾，全國人民的主要任務是集中力量發展社會生產力，逐步滿足人民日益增長的物質和文化需要。

在經濟建設上，制定建設社會主義現代化強國的戰略思想，提出四個現代化的建設目標、兩步走的發展戰略；正確處理農業、輕工業和重工業的關係，走出一條適合我國國情的工業化道路；注意綜合平衡，統籌兼顧，適當安排各方面關係；堅持按勞分配和等價交換，尊重價值規律，發展社會主義商品生產；堅持自力更生為主，爭取外援為輔；強調共同富裕，同時反對平均主義。

在政治建設上，提出"造成一個又有集中又有民主，又有紀律又有自由，又有統一意志、又有個人心情舒暢、生動活潑，那樣一種政治局面"的努力目標；把正確處理人民內部矛盾作為國家政治生活的主題，要求嚴格區分和正確處理敵我矛盾和人民內部矛盾；在黨與民主黨派的關係上實行"長期共存、互相監督"的方針；堅持民族平等、團結、互助，建立和鞏固社會主義民族關係。

在文化建設上，確立和鞏固馬克思主義的指導地位；實行"百花齊放、百家爭鳴"的方針；強調思想政治工作是經濟工作和其他一切工作的生命線，實行政治和經濟的統一、政治和技術的統一、又紅又專的方針；提出建設一支宏大的工人階級知識分子隊伍，向科學進軍，努力趕超世界先進水平。

在國防和軍隊建設上，提出必須加強國防，建設現代化正規化國防軍和發展現代化國防技術；強調國防建設要服從國家經濟建設大局；保證黨對軍隊的絕對領導，加強軍隊政治工作和革命化建設；實行積極防禦戰略，確保國家安全和建設成果。

在外交上，堅持獨立自主的和平外交政策，倡導和堅持和平共處五項原則，堅定維護國家獨立、主權、尊嚴；反對帝國主義、霸權主義、殖民主義、種族主義，支持和援助世界被壓迫民族解放事業、新獨立國家建設事業和各國人民正義鬥爭；提出劃分三個世界的戰略，作出中國永遠不稱霸的莊嚴承諾。

在黨的自身建設上，提出執政條件下黨的建設的重大課題，堅持黨的領導核心地位；堅持和完善民主集中制，鞏固和加強黨的團結統一；要求全黨務必繼續保持謙虛、謹慎、不驕、不躁的作風，務必繼續保持艱苦奮鬥的作風；開展整風整黨，加強黨內教育，反對官僚主義、命令主義和貪污浪費，堅決懲治腐敗，增強黨的純潔性；警惕和防止西方敵對勢力的 "和平演變"；強調大力培養和提拔新生力量，造就革命事業接班人。

這些獨創性理論成果，系統回答了我國社會主義革命勝利後如何實現社會主義革命的問題，對如何在中國進行社會主義建設作出了可貴探索，以創造性的內容為馬克思主義寶庫增添了新的財富，為黨繼續探索並最終形成中國特色社會主義理論體系打下了基礎，至今仍有重要指導作用。

走自己的路，建設中國特色社會主義

陳　理

　　黨的十一屆三中全會以後，我們黨團結帶領人民，深刻總結新中國成立以來正反兩方面經驗，借鑒世界社會主義歷史經驗，以開闢社會主義建設新道路、開拓馬克思主義新境界的巨大政治勇氣和理論勇氣，成功開創了改革開放和社會主義現代化建設全新事業。黨的十九屆六中全會通過的《中共中央關於黨的百年奮鬥重大成就和歷史經驗的決議》深刻總結了我們黨走自己的路、建設中國特色社會主義的重大成就和歷史經驗。認真學習領會這方面內容，對於我們進一步增強走中國特色社會主義道路的自覺性和堅定性，續寫好新時代堅持和發展中國特色社會主義這篇大文章，具有十分重要的意義。

一　走自己的路，建設中國特色社會主義，是我們黨把馬克思主義基本原理同中國具體實際相結合、同中華優秀傳統文化相結合取得的根本成就

　　我們黨百年奮鬥積累了極其豐富寶貴的經驗，歸結到一點，就是把馬克思主義基本原理同中國具體實際相結合、同中華優秀傳統文化相結合，走自己的路。

　　馬克思主義是我們立黨立國、興黨強國的根本指導思想，是我們認識世界、改造世界的強大思想武器。毛澤東同志指出："指導一個偉大的革命運動的政黨，如果沒有革命理論，沒有歷史知識，沒有對於實際運動的深刻的了解，要取得勝利是不可能的。"在近代中國，為了改變中華民族悲慘屈辱的命運，中國人民和無數仁人志士進行了艱辛探索和頑強抗爭，諸多主義、主張和方案曾輪番登場，但都未能解決中國的問題。俄國十月革命後，

中國先進分子以馬克思列寧主義為指導，才找到了解決中國問題的出路。回顧我們黨百年奮鬥歷程，馬克思主義為中國革命、建設、改革提供了強大思想武器，使中國這個古老的東方大國創造了人類歷史上前所未有的發展奇跡。習近平總書記在慶祝中國共產黨成立 100 週年大會上深刻指出："中國共產黨為什麼能，中國特色社會主義為什麼好，歸根到底是因為馬克思主義行！"

馬克思主義來到中國之所以發生這樣大的作用，是因為中國共產黨人把馬克思主義基本原理同中國具體實際相結合、同中華優秀傳統文化相結合，成功探索出一條適合中國國情的道路。中國有不同於歐洲發達資本主義國家、也不同於當年俄國的獨特國情，中國革命和建設必須從中國實際出發，不能以教條主義的態度對待馬克思主義，也不能教條式地照抄照搬別國經驗、別國模式。馬克思一再告誡人們，馬克思主義理論不是教條，而是行動指南，必須隨著實踐的變化而發展。馬克思主義提供的是認識世界和改造世界的世界觀和方法論，各個國家由於實際情況存在差異，在實際運用馬克思主義基本原理的時候，需要從實際出發，要以當時的歷史條件為轉移。毛澤東同志指出，馬克思主義的 "本本" 是要學習的，但是必須同我國的實際情況相結合。正是在這種結合中，我們黨成功找到了一條適合中國國情的革命道路。盡管同樣都是武裝奪取政權，但我們黨沒有照搬俄國十月革命城市武裝起義的做法，而是從中國實際出發，採取農村包圍城市、武裝奪取政權的方式，並最終取得新民主主義革命的偉大勝利。毛澤東同志指出，馬克思列寧主義的普遍真理一經和中國革命的具體實踐相結合，就使中國革命的面目為之一新，產生了新民主主義的整個歷史階段。馬克思主義的強大真理力量和實踐力量，是在同各個國家具體的實踐相結合中發揮出來的。

"文化大革命" 結束後，中國發展又一次面臨向何處去的道路選擇。我們黨堅持把馬克思主義基本原理同中國具體實際相結合，使科學社會主義在中國煥發出新的蓬勃生機。鄧小平同志指出："要堅持馬克思主義，堅持走社會主義道路。但是，馬克思主義必須是同中國實際相結合的馬克思主義，社會主義必須是切合中國實際的有中國特色的社會主義。" 以鄧小平同志為主要代表的中國共產黨人，緊緊圍繞什麼是社會主義、怎樣建設社會主義這一根本問題，堅持以馬克思主義為指導，深刻揭示社會主義本質，確立社會主義初級階段基本路線，明確提出走自己的路、建設中國特色社會主義，科學回答了建設中國特色社會主義的一系列基本問題，制定了到 21 世紀中葉分三步走、基本實現社會主義現代化的發展戰略，成功開創了中國特色社會主義。實踐證明，我們黨既堅持馬克思主義，又從新的實踐和時代特徵出發發展馬克思主義，不斷以馬克思主義中國化最新成果指導中國革命、建設、改革是完全成功的，我們黨堅持把馬克思主義基本原理同中國具體實際相結合、同中華優秀傳統文化相結合，不斷推進馬克思主義中國化時代化是完全正確的！

二 走自己的路，建設中國特色社會主義，是我們黨對中國基本國情、中國最大實際的深刻把握

能不能正確認識中國國情，是中國革命和建設的首要問題，也是走自己的路，建設中國特色社會主義的基本前提。馬克思主義之箭，要射中中國革命和建設之的，離不開對中國實際的準確把握。毛澤東同志指出："認清中國的國情，乃是認清一切革命問題的基本的根據。"過去，在革命和建設中之所以發生這樣那樣"左"的和右的偏差，很重要的原因在於對中國基本國情缺乏清醒準確的認識，脫離實際，犯了主觀主義的錯誤。鄧小平同志指出："中國搞社會主義走了相當曲折的道路。二十年的歷史教訓告訴我們一條最重要的原則：搞社會主義一定要遵循馬克思主義的辯證唯物主義和歷史唯物主義，也就是毛澤東同志概括的實事求是，或者說一切從實際出發。"

在中國革命和建設實踐中，我們黨花了很大功夫來認識中國國情。毛澤東同志指出："我們認識中國，花了幾十年時間。"大革命時期，為了弄清楚當時農民農村實際，毛澤東同志專門花了 32 天時間對湖南湘潭、湘鄉、衡山、醴陵、長沙五縣的農民運動進行實地考察，深刻揭示了農民革命在國民革命中的重要地位、農民在國民革命中的重要作用，為我們黨把廣大農民作為中國革命依靠力量，探索農村包圍城市、武裝奪取政權的革命道路提供了重要基礎。從舊中國半殖民地半封建社會這一最大國情出發，我們黨

把馬克思主義基本原理同中國具體實際相結合、同中華優秀傳統文化相結合，創造性地提出新民主主義革命的理論，科學回答了在一個以農民為主體的、落後的半殖民地半封建的東方大國進行革命的對象、任務、性質、動力和前途等一系列基本問題，為奪取新民主主義革命的勝利提供了根本遵循。

黨的十一屆三中全會後，在探索建設中國特色社會主義道路過程中，我們黨同樣把認識中國國情擺在突出重要位置。鄧小平同志指出，要使中國實現四個現代化，至少有兩個重要特點是必須看到和必須考慮的，一個是底子薄，一個是人口多，耕地少。中國式的現代化，必須從中國的特點出發。後來，我們黨進一步提出社會主義初級階段的理論，把對當代中國基本國情的認識提高到一個新水平。我國社會主義初級階段，不是泛指任何國家進入社會主義都會經歷的起始階段，而是特指我國在生產力落後、商品經濟不發達條件下建設社會主義必然要經歷的特定階段。社會主義初級階段這個基本國情和最大實際，要求我們必須牢牢堅持黨在社會主義初級階段的基本路線，以經濟建設為中心，堅持四項基本原則，堅持改革開放，自力更生，艱苦創業，為把我國建設成為富強、民主、文明的社會主義現代化國家而奮鬥。清醒認識和正確把握社會主義初級階段基本國情，為我們更加自覺地從中國實際出發，走自己的路，建設中國特色社會主義，進一步奠定了紮實可靠的基礎。

三　走自己的路，建設中國特色社會主義，是我們黨對中國革命和建設歷史經驗的深刻總結

我們黨在領導革命、建設和改革的過程中，一貫重視總結歷史經驗，這是我們黨百年奮鬥的優良傳統和成功經驗。把馬克思主義基本原理同中國具體實際相結合、同中華優秀傳統文化相結合，走自己的路，建設中國特色社會主義，這是我們黨總結長期歷史經驗得出的基本結論。

恩格斯指出："偉大的階級，正如偉大的民族一樣，無論從哪方面學習都不如從自己所犯錯誤的後果中學習來得快。"大革命失敗後，通過總結經驗教訓，我們黨開始懂得進行土地革命和掌握革命武裝的深刻道理。延安整

風期間，毛澤東同志多次要求全黨學習黨史，認為研究黨的歷史，對研究今天的路線方針政策，加強黨內教育，推進各方面工作，都是必要的。他在中央學習組作的《如何研究中共黨史》的講話中開門見山指出："現在大家在研究黨的歷史，這個研究是必須的。如果不把黨的歷史搞清楚，不把黨在歷史上所走的路搞清楚，便不能把事情辦得更好。"自覺對黨的歷史進行系統總結，是從延安時期開始的。這反映了我們黨注重總結歷史經驗，把握運用規律，推動事業發展的歷史自覺和歷史主動。1945 年黨的六屆七中全會制定的《關於若干歷史問題的決議》，系統總結我們黨成立以後特別是黨的六屆四中全會至遵義會議前這一段黨的歷史及其經驗教訓，深刻分析了"左"傾錯誤在政治、軍事、組織、思想方面的表現和嚴重危害，高度評價了毛澤東同志把馬克思列寧主義普遍真理和中國革命具體實踐相結合所作的探索，充分肯定了以毛澤東同志為代表的正確路線，分清了是非，使全黨尤其是黨的高級幹部對中國民主革命基本問題的認識達到一致，增強了黨的團結統一。

黨的十一屆三中全會後，在深刻總結新中國成立以來正反兩方面經驗的基礎上，我們黨成功開闢出中國特色社會主義道路。鄧小平同志指出："我們現在的路線、方針、政策是在總結了成功時期的經驗、失敗時期的經驗和遭受挫折時期的經驗後制定的。歷史上成功的經驗是寶貴財富，錯誤的經驗、失敗的經驗也是寶貴財富。這樣來制定方針政策，就能統一全黨思想，達到新的團結。這樣的基礎是最可靠的。"1981 年黨的十一屆六中全會制定的《關於建國以來黨的若干歷史問題的決議》，系統總結新中國成立以來的歷史經驗，解決了既科學評價毛澤東的歷史地位和毛澤東思想的科學體系，又根據新的實際和發展要求實行改革開放、確立中國社會主義現代化建設正確道路這兩個相互聯繫的重大歷史課題，為中國向何處去指明了正確方向，為探索走自己的路，建設中國特色社會主義創造了重要條件。決議還從十個方面總結概括了黨的十一屆三中全會以來黨已經逐步確立的適合我國情況的社會主義現代化建設正確道路的主要內容，初步回答了在中國建設什麼樣的社會主義和怎樣建設社會主義這一重大問題。決議明確指出這條道路的主要點是從建國以來正反兩方面的經驗，特別是"文化大革命"的教訓中進行基本總結獲得的。這充分說明，我們黨總結過去，是為了更好地開闢未來，堅持唯物史觀和正確黨史觀來總結歷史，就能起到總結經驗、統一思想、團結一致向前看的重要作用。

四　走自己的路，建設中國特色社會主義，是我們黨重新確立解放思想、實事求是思想路線的結果

解放思想，實事求是，是馬克思主義活的靈魂，是我們黨探索中國革命和建設道路的根本思想武器。中國革命和建設道路的成功開闢，是我們黨堅持解放思想、實事求是的思想路線，破除思想僵化，擺脫傳統觀念束縛，勇於探索創新的結果。

中國革命道路的成功開闢，是在同教條主義的鬥爭中取得的。我們黨在幼年時期，曾飽嘗教條主義之苦，有過不少教訓。當時，把馬克思主義教條化、把共產國際決議和蘇聯經驗神聖化的錯誤傾向一度在黨內十分盛行，給革命事業帶來了嚴重影響。在中央革命根據地第五次反“圍剿”失敗和長征初期嚴重受挫的重大歷史關頭，我們黨召開了遵義會議，總結了第五次反“圍剿”失敗的經驗教訓，結束了“左”傾教條主義錯誤在中央的統治。我們黨把馬克思主義基本原理同中國具體實際相結合，開啟了我們黨獨立自主探索中國革命正確道路、實現馬克思主義中國化的新階段。延安整風時期，我們黨在全黨範圍開展了一次普遍的馬克思主義思想教育運動，使全黨端正了思想路線和政治路線，我們黨明確提出把馬列主義普遍真理與中國具體實踐相結合的口號，並把馬克思列寧主義與中國革命的實踐之統一的思想——毛澤東思想鄭重地寫在黨的旗幟上，為黨的七大的召開和奪取抗日戰爭勝利、全國解放戰爭勝利奠定了堅實基礎。

“文化大革命”結束後，面對過去一段時間“左”的思想的嚴重影響，鄧小平同志一再強調解放思想的問題，認為思想一僵化，不從實際出發的本本主義也就嚴重起來了。不打破思想僵化，不大大解放幹部和群眾的思想，四個現代化就沒有希望。他在《解放思想，實事求是，團結一致向前看》這篇著名講話中深刻指出：“一個黨，一個國家，一個民族，如果一切從本本

出發，思想僵化，迷信盛行，那它就不能前進，它的生機就停止了，就要亡黨亡國。”強調只有思想解放了，我們才能正確地以馬列主義、毛澤東思想為指導，解決過去遺留的問題，解決新出現的一系列問題，正確地改革同生產力迅速發展不相適應的生產關係和上層建築，根據我國的實際情況，確定實現四個現代化的具體道路、方針、方法和措施。鄧小平同志這篇講話，實際上是黨的十一屆三中全會的主題報告，拉開了我們黨解放思想，走自己路的新的征程。為了進一步推動解放思想，鄧小平同志還領導和支持了真理標準問題大討論，強調目前進行的關於實踐是檢驗真理的唯一標準問題的討論，實際上也是要不要解放思想的爭論，是思想路線問題，是政治問題，是關係到黨和國家的前途和命運的問題。只有思想路線端正了，正確的政治路線和組織路線才可能確立，改革開放才可能邁開步伐。黨的十一屆三中全會衝破長期“左”的錯誤的嚴重束縛，堅決批判“兩個凡是”的錯誤方針，高度評價關於真理標準問題討論，重新確立黨的實事求是的思想路線，實現了新中國成立以來黨的歷史上具有深遠意義的偉大轉折。廣大黨員、幹部和群眾從過去一度盛行的個人崇拜和教條主義的精神枷鎖中解脫出來，黨內外思想活躍，出現了努力研究新情況解決新問題的生動景象。這為中國特色社會主義道路的探索，創造了良好條件。實踐證明，解放思想、實事求是，凝結著辯證唯物主義和歷史唯物主義的世界觀、方法論，是黨和人民事業發展的前提，是我們黨永葆蓬勃生機的法寶。沒有解放思想、實事求是，我們黨就不可能在十年動亂結束不久作出黨和國家工作中心戰略轉移的決策，開啟我國改革開放和社會主義現代化建設新時期。沒有解放思想、實事求是，我們黨就不可能在實踐中不斷推進理論創新、實踐創新和制度創新，成功走出一條中國式現代化道路，使當代中國又一次發生天翻地覆的變化。

黨的十八大以來，以習近平同志為核心的黨中央，接過歷史的接力棒，團結帶領全黨全國各族人民，自信自強、守正創新，統籌國內國際兩個大局，統攬偉大鬥爭、偉大工程、偉大事業、偉大夢想，統籌推進“五位一體”總體佈局，協調推進“四個全面”戰略佈局，提出一系列原創性的治國理政新理念新思想新戰略，出台一系列重大方針政策，推出一系列重大舉措，推進一系列重大工作，戰勝一系列重大風險挑戰，解決了許多長期想解決而沒有解決的難題，辦成了許多過去想辦而沒有辦成的大事，推動黨和國家事業取得歷史性成就、發生歷史性變革，推動中國特色社會主義進入新時代，中華民族偉大復興展現出前所未有的光明前景。

方向決定道路，道路決定命運。中國特色社會主義是黨和人民歷經千辛萬苦、付出巨大代價取得的根本成就，是創造人民美好生活、實現中華民族偉大復興的正確道路。經過全黨全國各族人民持續奮鬥，我們勝利實現了第一個百年奮鬥目標，正在意氣風發向著全面建成社會主義現代化強國的第二個百年奮鬥目標邁進。只要我們堅定不移走中國特色社會主義道路，就一定能夠把我國建設成為富強民主文明和諧美麗的社會主義現代化強國，實現中華民族偉大復興。

形成中國特色社會主義理論體系

張來明

  黨的十九屆六中全會通過的《中共中央關於黨的百年奮鬥重大成就和歷史經驗的決議》（以下簡稱《決議》）系統回顧總結了改革開放和社會主義現代化建設新時期的輝煌歷史，對這個歷史時期黨的理論創新取得的偉大成果和偉大意義作出了深刻闡述，強調指出：「黨領導和支持開展真理標準問題大討論，從新的實踐和時代特徵出發堅持和發展馬克思主義，科學回答了建設中國特色社會主義的發展道路、發展階段、根本任務、發展動力、發展戰略、政治保證、祖國統一、外交和國際戰略、領導力量和依靠力量等一系列基本問題，形成中國特色社會主義理論體系，實現了馬克思主義中國化新的飛躍。」學習領會中國特色社會主義理論體系的形成，對深刻認識改革開放和社會主義現代化建設的偉大成就、馬克思主義中國化的偉大歷程、增強中國特色社會主義理論自信、堅持和發展習近平新時代中國特色社會主義思想具有重大意義。

一　中國特色社會主義理論體系是馬克思主義中國化進程中的一個偉大成果

  中國共產黨是一個高度重視理論創新、善於進行理論創新並且取得了豐碩理論創新成果的馬克思主義政黨。正如這次全會決議所指出，「黨之所以能夠領導人民在一次次求索、一次次挫折、一次次開拓中完成中國其他各種政治力量不可能完成的艱巨任務，根本在於堅持解放思想、實事求是、與時俱進、求真務實，堅持把馬克思主義基本原理同中國具體實際相結合、同中華優秀傳統文化相結合，堅持實踐是檢驗真理的唯一標準，堅持一切從實際出發，及時回答時代之問、人民之問，不斷推進馬克思主義中國化時代化。"

　　中國共產黨的理論創新，是一個不斷推進的歷史過程、一個自覺適應歷史任務變化和歷史階段演進的歷史過程。在新民主主義革命時期和社會主義革命和建設時期，黨進行理論創新，創立了毛澤東思想，為黨和人民事業發展提供了科學指引。在改革開放和社會主義現代化建設新時期，黨進行理論創新，形成中國特色社會主義理論體系，為新時期黨和國家事業發展提供了科學指引。黨的十八大以來，中國特色社會主義進入新時代，黨進行理論創新，創立習近平新時代中國特色社會主義思想，為新時代黨和國家事業發展提供了科學指引。

　　中國特色社會主義理論體系，就是包括鄧小平理論、"三個代表"重要思想、科學發展觀在內的科學理論體系，是對馬克思列寧主義、毛澤東思想的繼承和發展。習近平新時代中國特色社會主義思想，是對馬克思列寧主義、毛澤東思想、鄧小平理論、"三個代表"重要思想、科學發展觀的繼承和發展，是馬克思主義中國化最新成果，是當代中國馬克思主義、二十一世紀馬克思主義，是中華文化和中國精神的時代精華。要準確認識形成中國特色社會主義理論體系這一重大歷史論斷，必須把它放在我們黨推進理論創新的歷史進程中來領會和把握，深刻認識這個理論體系的實踐來源和理論來源，深刻認識這個理論體系的來龍去脈、繼承發展。

二　形成中國特色社會主義理論體系是一個理論創新的歷史過程

　　一定的理論總是適應一定的實踐要求產生的，也是必須隨著一定的實踐進展而成熟的。中國特色社會主義理論體系是適應改革開放和社會主義現代化建設的實踐要求而產生，並在引領和總結改革開放和社會主義現代化建設的實踐中逐步形成的。具體講，就是經歷了三個發展階段、創造了三大理論成果。

　　第一個階段，創立了鄧小平理論。黨的十一屆三中全會以後，以鄧小平同志為主要代表的中國共產黨人，團結帶領全黨全國各族人民，深刻總結新中國成立以來正反兩方面經驗，圍繞什麼是社會主義、怎樣建設社會主義這一根本問題，借鑒世界社會主義歷史經驗，創立了鄧小平理論，解放思想，實事求是，作出把黨和國家工作中心轉移到經濟建設上來、實行改革開放的歷史性決策，深刻揭示社會主義本質，確立社會主義初級階段基本路線，明確提出走自己的路、建設中國特色社會主義，科學回答了建設中國特色社會主義的一系列基本問題，制定了到21世紀中葉分三步走、基本實現社會主義現代化的發展戰略，成功開創了中國特色社會主義。

第二個階段，形成了"三個代表"重要思想。黨的十三屆四中全會以後，以江澤民同志為主要代表的中國共產黨人，團結帶領全黨全國各族人民，堅持黨的基本理論、基本路線，加深了對什麼是社會主義、怎樣建設社會主義和建設什麼樣的黨、怎樣建設黨的認識，形成了"三個代表"重要思想，在國內外形勢十分複雜、世界社會主義出現嚴重曲折的嚴峻考驗面前捍衛了中國特色社會主義，確立了社會主義市場經濟體制的改革目標和基本框架，確立了社會主義初級階段公有制為主體、多種所有制經濟共同發展的基本經濟制度和按勞分配為主體、多種分配方式並存的分配制度，開創全面改革開放新局面，推進黨的建設新的偉大工程，成功把中國特色社會主義推向21世紀。

第三個階段，形成了科學發展觀。黨的十六大以後，以胡錦濤同志為主要代表的中國共產黨人，團結帶領全黨全國各族人民，在全面建設小康社會進程中推進實踐創新、理論創新、制度創新，深刻認識和回答了新形勢下實現什麼樣的發展、怎樣發展等重大問題，形成了科學發展觀，抓住重要戰略機遇期，聚精會神搞建設，一心一意謀發展，強調堅持以人為本、全面協調可持續發展，著力保障和改善民生，促進社會公平正義，推進黨的執政能力建設和先進性建設，成功在新形勢下堅持和發展了中國特色社會主義。

中國特色社會主義理論體系的形成，實現了馬克思主義中國化新的飛躍，深化了我們黨對共產黨執政規律、社會主義建設規律、人類社會發展規律的認識，為全黨和全國各族人民提供了強大的思想保證和理論武裝，豐富了馬克思主義的理論寶庫。2013年1月，習近平總書記在新進中央委員會的委員、候補委員學習貫徹黨的十八大精神研討班開班式上的講話中意味深長地指出：“明白了世界和中國社會主義發展的曲折歷史，我們就要更加堅定理想信念，堅持以鄧小平理論、. 三個代表. 重要思想、科學發展觀為指導，做到倍加珍惜、始終堅持、不斷發展中國特色社會主義道路、中國特色社會主義理論體系、中國特色社會主義制度。”

三　中國特色社會主義理論體系是一個源於實踐、指導實踐並接受實踐檢驗的科學理論體系

理論的源泉和價值在於實踐，理論創新的基礎和目的在於實踐創新。說一千道一萬，中國特色社會主義理論體系之所以能形成，是因為改革開放和社會主義現代化建設偉大實踐的呼喚，是通過對改革開放和社會主義現代化建設偉大實踐的總結，包括正反兩方面經驗的總結。鄧小平理論是這樣創立的，“三個代表”重要思想、科學發展觀也是這樣形成的。沒有波瀾壯闊的改革開放和社會主義現代化建設，沒有黨和人民的創造性歷史活動，就不可能有中國特色社會主義理論體系的形成。所以，中國特色社會主義理論體系是中國特色社會主義實踐的成果，是黨和人民集體智慧的結晶。

理論的價值全在於運用。中國特色社會主義理論體系的價值最終體現為引領黨和國家事業發展。回顧歷史，我國改革開放和社會主義現代化建設取得了舉世矚目的偉大成就。就改革開放而言，我國改革從農村實行家庭聯產承包責任制率先突破，逐步轉向城市經濟體制改革並全面鋪開，確立社會主義市場經濟的改革方向，更大程度更廣範圍發揮市場在資源配置中的基礎性作用，堅持和完善基本經濟制度和分配制度。黨堅決推進經濟體制改革，同時進行政治、文化、社會等各領域體制改革，推進黨的建設制度改革，不斷形成和發展符合當代中國國情、充滿生機活力的體制機制。黨把對外開放確立為基本國策，從興辦深圳等經濟特區、開發開放浦東、推動沿海沿邊沿江沿線和內陸中心城市對外開放到加入世界貿易組織，從“引進來”到“走出去”，充分利用國際國內兩個市場、兩種資源。經過持續推進改革開放，我國實現了從高度集中的計劃經濟體制到充滿活力的社會主義市場經濟體制、從封閉半封閉到全方位開放的歷史性轉變。就社會主義現代化建設而

言，黨堅持以經濟建設為中心，堅持發展是硬道理，提出科學技術是第一生產力，實施科教興國、可持續發展、人才強國等重大戰略，推進西部大開發，振興東北地區等老工業基地，促進中部地區崛起，支持東部地區率先發展，促進城鄉、區域協調發展，推進國有企業改革和發展，鼓勵和支持發展非公有制經濟，加快轉變經濟發展方式，加強生態環境保護，推動經濟持續快速發展，綜合國力大幅提升。黨堅持黨的領導、人民當家作主、依法治國有機統一，發展社會主義民主政治，建設社會主義政治文明，積極穩妥推進政治體制改革，堅持依法治國和以德治國相結合，制定新憲法，建設社會主義法治國家，形成中國特色社會主義法律體系，尊重和保障人權，鞏固和發展最廣泛的愛國統一戰線。黨加強理想信念教育，推進社會主義核心價值體系建設，建設社會主義精神文明，發展社會主義先進文化，推動社會主義文化大發展大繁榮。黨加快推進以改善民生為重點的社會建設，改善人民生活，取消農業稅，不斷推進學有所教、勞有所得、病有所醫、老有所養、住有所居，促進社會和諧穩定。黨提出建設強大的現代化正規化革命軍隊的總目標，把軍事鬥爭準備的基點放在打贏信息化條件下的局部戰爭上，推進中國特色軍事變革，走中國特色精兵之路。改革開放和社會主義現代化建設的各方面成就都是在中國特色社會主義理論體系的指引下取得的。

實踐是檢驗真理的唯一標準。改革開放和社會主義現代化建設的偉大實踐及其成就充分證明，中國特色社會主義理論體系是一個科學理論體系，是馬克思主義中國化的寶貴成果。完全可以說，沒有中國特色社會主義理論體系，就沒有改革開放和社會主義現代化建設的偉大成就。

四　習近平新時代中國特色社會主義思想是對馬克思列寧主義、毛澤東思想、鄧小平理論、“三個代表”重要思想、科學發展觀的繼承和發展

歷史總是不斷前進的。一百年來，黨領導人民先後奪取新民主主義革命偉大勝利、完成社會主義革命和推進社會主義建設、進行改革開放和社會主義現代化建設、開創中國特色社會主義新時代。從新時期發展到了新時

代，從中國特色社會主義理論體系發展到了習近平新時代中國特色社會主義思想。這是黨領導人民推動歷史前進的一個重要方面，是黨和人民事業勝利前進的一個重要體現。

中國特色社會主義新時代，是一個在過去奮鬥基礎上開創出來的新時代，凝聚著一系列開拓創新成果。創新包括理論創新、實踐創新、制度創新、文化創新以及其他各方面創新，自然而然包括在堅持中國特色社會主義理論體系基礎上的理論創新。習近平新時代中國特色社會主義思想是黨的理論創新最新成果、馬克思主義中國化最新成果，其實踐源泉就是新時代中國特色社會主義偉大實踐，其理論源泉就是馬克思列寧主義、毛澤東思想、鄧小平理論、"三個代表"重要思想、科學發展觀。

習近平同志對關係新時代黨和國家事業發展的一系列重大理論和實踐問題進行了深邃思考和科學判斷，就新時代堅持和發展什麼樣的中國特色社會主義、怎樣堅持和發展中國特色社會主義，建設什麼樣的社會主義現代化強國、怎樣建設社會主義現代化強國，建設什麼樣的長期執政的馬克思主義政黨、怎樣建設長期執政的馬克思主義政黨等重大時代課題，提出一系列原創性的治國理政新理念新思想新戰略，是習近平新時代中國特色社會主義思想的主要創立者。黨確立習近平同志黨中央的核心、全黨的核心地位，確立習近平新時代中國特色社會主義思想的指導地位，反映了全黨全軍全國各族人民共同心願，對新時代黨和國家事業發展、對推進中華民族偉大復興歷史進程具有決定性意義。

《決議》的一個重大貢獻就是，在回顧黨的十八大以來黨和國家事業取得歷史性成就、發生歷史性變革的基礎上對習近平新時代中國特色社會主義思想作出了新的系統概括：明確中國特色社會主義最本質的特徵是中國共產黨領導，中國特色社會主義制度的最大優勢是中國共產黨領導，中國共產黨是最高政治領導力量，全黨必須增強"四個意識"、堅定"四個自信"、做到"兩個維護"；明確堅持和發展中國特色社會主義，總任務是實現社會主義現代化和中華民族偉大復興，在全面建成小康社會的基礎上，分兩步走在本世紀中葉建成富強民主文明和諧美麗的社會主義現代化強國，以中國式現代化推進中華民族偉大復興；明確新時代我國社會主要矛盾是人民日益增長的美好生活需要和不平衡不充分的發展之間的矛盾，必須堅持以人民為中心的發展思想，發展全過程人民民主，推動人的全面發展、全體人民共同富裕取得更為明顯的實質性進展；明確中國特色社會主義事業總體佈局是經濟建設、政治建設、文化建設、社會建設、生態文明建設五位一體，戰略佈局是全面建設社會主義現代化國家、全面深化改革、全面依法治國、全面從嚴治黨四個全面；明確全面深化改革總目標是完善和發展中國特色社會主義制度、推進國家治理體系和治理能力現代化；明確全面推進依法治國總目標是建設中國特色社會主義法治體系、建設社會主義法治國家；明確必須堅持和完善社會主義基本經濟制度，使市場在資源配置中起決定性作用，更好發揮政府作用，把握新發展階段，貫徹創新、協調、綠色、開放、共享的新發展理念，加快構建以國內大循環為主體、國內國際雙循環相互促進的新發展格局，推動高質量發展，統籌發展和安全；明確黨在新時代的強軍目標是建設一支聽黨指揮、能打勝仗、作風優良的人民軍隊，把人民軍隊建設成為世界一流軍隊；明確中國特色大國外交要服務民族復興、促進人類進步，推動建設新型國際關係，推動構建人類命運共同體；明確全面從嚴治黨的戰略方針，提出新時代黨的建設總要求，全面推進黨的政治建設、思想建設、組織建設、作風建設、紀律建設，把制度建設貫穿其中，深入推進反腐敗鬥爭，落實管黨治黨政治責任，以偉大自我革命引領偉大社會革命。這些戰略思想和創新理念，是黨對中國特色社會主義建設規律認識深化和理論創新的重大成果。

《決議》強調，"全黨必須堅持馬克思列寧主義、毛澤東思想、鄧小平理論、.三個代表.重要思想、科學發展觀，全面貫徹習近平新時代中國特色社會主義思想，用馬克思主義的立場、觀點、方法觀察時代、把握時代、引領時代，不斷深化對共產黨執政規律、社會主義建設規律、人類社會發展規律的認識。"這是歷史經驗的科學運用，更是開創未來的根本要求。我們要按照這個根本要求，以史為鑒、開創未來，埋頭苦幹、勇毅前進，為實現第二個百年奮鬥目標、實現中華民族偉大復興的中國夢而不懈奮鬥。

改革開放是黨的一次偉大覺醒

曲青山

　　黨的十九屆六中全會通過的《中共中央關於黨的百年奮鬥重大成就和歷史經驗的決議》指出，"改革開放是黨的一次偉大覺醒"。深刻認識、準確把握我們黨作出的這個重大歷史結論和重要政治論斷，對我們學習好黨在改革開放和社會主義現代化建設新時期的歷史經驗，繼續解放思想，銳意進取，具有重要指導意義。

　　1978 年 12 月，我們黨召開十一屆三中全會，作出把黨和國家工作中心轉移到經濟建設上來、實行改革開放的歷史性決策，實現了新中國成立以來黨的歷史上具有深遠意義的偉大轉折，開啟了改革開放和社會主義現代化的偉大征程。習近平總書記指出："我們黨作出實行改革開放的歷史性決策，是基於對黨和國家前途命運的深刻把握，是基於對社會主義革命和建設實踐的深刻總結，是基於對時代潮流的深刻洞察，是基於對人民群眾期盼和需要的深刻體悟。""改革開放是我們黨的一次偉大覺醒，正是這個偉大覺醒孕育了我們黨從理論到實踐的偉大創造。改革開放是中國人民和中華民族發展史上一次偉大革命，正是這個偉大革命推動了中國特色社會主義事業的偉大飛躍！"

一　偉大覺醒基於對黨和國家前途命運的深刻把握

　　黨的這次偉大覺醒是如何發生的？改革開放歷史性決策是怎樣作出的？任何一個歷史事件和歷史現象的出現都不是偶然的，在其背後都有著深刻的經濟、政治、社會、歷史等原因。"文化大革命"是我們黨在探索中國自己的社會主義道路的過程中出現的嚴重挫折，黨依靠自己的力量，團結帶領人民群眾，最終糾正了這一嚴重錯誤。歷史證明，中國人民是偉大的人民，中國共產黨有能力靠自己的力量糾正錯誤，中國共產黨和社會主義制度具有強大的生命力。但是，持續十年之久的"文化大革命"，暴露出當時黨和國家在體制、政策、工作等方面存在的嚴重缺陷。正如鄧小平同志在總結 1957 年以後 20 年歷史經驗時所指出的："二十年的經驗尤其是 .文化大革命. 的教訓告訴我們，不改革不行，不制定新的政治的、經濟的、社會的政策不行。"

面對當時存在的大量問題，鄧小平同志尖銳地指出："如果現在再不實行改革，我們的現代化事業和社會主義事業就會被葬送"，"我們現在真正要做的就是通過改革加快發展生產力，堅持社會主義道路，用我們的實踐來證明社會主義的優越性。" 那麼，如何尋找解決問題的辦法呢？當時擺在黨和人民面前有三條路：一條是走封閉僵化的老路；一條是走改旗易幟的邪路；一條是開闢新的發展道路。在這個重大歷史關頭，鄧小平同志領導全黨全國各族人民勇敢地面對現實，從實際出發，總結經驗，糾正錯誤，毅然決然地作出改革開放的歷史性決策，團結帶領全黨全國各族人民，從困境中重新奮起，在新中國成立以來國家建設和發展的基礎上，開創了中國特色社會主義道路。

二 偉大覺醒基於對社會主義革命和建設實踐的深刻總結

以社會主義改造完成為標誌，我國建立起社會主義基本制度，實現了新民主主義向社會主義的轉變。社會主義基本制度的建立，為當代中國一切發展進步奠定了根本政治前提和制度基礎。如何在中國建設社會主義，這是我們黨執政後面臨的一個嶄新課題。新中國成立之初，我國學習蘇聯經驗，但很快就覺察到蘇聯模式的種種局限，認識到蘇聯在建設社會主義過程中的一些缺點和錯誤。毛澤東同志及時提出"以蘇為鑒"，我們黨開始探索自己的建設社會主義的道路。以毛澤東同志《論十大關係》的發表和黨的八大召開為標誌，黨對中國社會主義建設道路的探索有了良好開端。但是，探索的道路十分艱辛，由於種種原因，其間先後出現了"大躍進"運動、人民公社化運動等錯誤，後來又發生了"文化大革命"十年內亂。在探索過程中，雖然經歷了嚴重曲折，但黨在社會主義革命和建設中取得的獨創性理論成果和巨大成就，為在新的歷史時期開創中國特色社會主義提供了寶貴經驗、理論準備、物質基礎。

黨的十一屆三中全會以後，以鄧小平同志為主要代表的中國共產黨人，團結帶領全黨全國各族人民，深刻總結新中國成立以來正反兩方面經驗，圍繞什麼是社會主義、怎樣建設社會主義這一根本問題，借鑒世界社會主義歷史經驗，創立了鄧小平理論，解放思想，實事求是，作出把黨和國家工作中心轉移到經濟建設上來、實行改革開放的歷史性決策，深刻揭示社會主義本質，確立社會主義初級階段基本路線，明確提出走自己的路、建設中國特色社會主義，科學回答了建設中國特色社會主義的一系列基本問題，制定了到 21 世紀中葉分三步走、基本實現社會主義現代化的發展戰略，成功開創了中國特色社會主義。

黨的十三屆四中全會以後，以江澤民同志為主要代表的中國共產黨人，團結帶領全黨全國各族人民，堅持黨的基本理論、基本路線，加深了對什麼是社會主義、怎樣建設社會主義和建設什麼樣的黨、怎樣建設黨的認識，形成了“三個代表”重要思想，在國內外形勢十分複雜、世界社會主義出現嚴重曲折的嚴峻考驗面前捍衛了中國特色社會主義，確立了社會主義市場經濟體制的改革目標和基本框架，確立了社會主義初級階段公有制為主體、多種所有制經濟共同發展的基本經濟制度和按勞分配為主體、多種分配方式並存的分配制度，開創全面改革開放新局面，推進黨的建設新的偉大工程，成功把中國特色社會主義推向 21 世紀。

黨的十六大以後，以胡錦濤同志為主要代表的中國共產黨人，團結帶領全黨全國各族人民，在全面建設小康社會進程中推進實踐創新、理論創新、制度創新，深刻認識和回答了新形勢下實現什麼樣的發展、怎樣發展等重大問題，形成了科學發展觀，抓住重要戰略機遇期，聚精會神搞建設，一心一意謀發展，強調堅持以人為本、全面協調可持續發展，著力保障和改善民生，促進社會公平正義，推進黨的執政能力建設和先進性建設，成功在新形勢下堅持和發展了中國特色社會主義。

三　偉大覺醒基於對時代潮流的深刻洞察

20世紀70年代末80年代初，世界形勢發生了重大變化。鄧小平同志深刻洞察世界形勢，指出："現在世界上真正大的問題，帶全球性的戰略問題，一個是和平問題，一個是經濟問題或者說發展問題。和平問題是東西問題，發展問題是南北問題。概括起來，就是東西南北四個字。"同時，他還強調，"大戰打不起來，不要怕，不存在什麼冒險的問題"，我們要抓住這個機遇，一心一意搞建設，加快發展自己。經過長期觀察和綜合分析，我們黨改變了戰爭不可避免而且迫在眉睫的觀點，對戰爭與和平問題作出新的科學判斷，明確提出了和平與發展是當今時代的主題。這個判斷準確把握了東西方關係有所緩和、世界戰爭危險逐漸減弱、科技革命浪潮不斷興起、各國爭先搶佔戰略發展制高點的趨勢和特徵，為作出對外開放的重大決策，制定新時期我國的外交方針政策提供了重要依據。

對時代潮流的深刻洞察，同追趕時代步伐是相輔相成的。粉碎"四人幫"後，我國打開了國門，當看到與西方發達國家甚至是一些周邊國家和地區存在巨大的發展差距時，給我們帶來的是震動和警醒。鄧小平同志尖銳地指出：我們"同發達國家相比較，經濟上的差距不止是十年了，可能是二十年、三十年，有的方面甚至可能是五十年"。鄧小平同志應邀出訪日本時，曾感慨地說過這樣的話，"我懂得什麼是現代化了"。對當時世界經濟發展進程的深入了解，增強了我們黨推進改革開放和加快發展的現實緊迫感責任感。因此，鄧小平同志反覆強調："我們要趕上時代，這是改革要達到的目的。"我們黨順應時代潮流，把握歷史規律，果斷實行改革開放，由此贏得了主動，贏得了發展，贏得了未來。

四　偉大覺醒基於對人民群眾期盼和需要的深刻體悟

為中國人民謀幸福，為中華民族謀復興，是中國共產黨自成立以來就確立的初心使命。我們黨來自人民、扎根人民、造福人民，一切工作以最廣大人民的根本利益為出發點和落腳點。我們黨團結帶領人民幹革命、搞建設、抓改革，目的都是為了讓人民過上幸福的生活。新中國成立後，黨團結帶領各族人民自力更生、發憤圖強，建立起獨立的比較完整的工業體系和國民經濟體系，初步滿足和解決了人民吃飯穿衣的基本生活需要。由於探索過程經歷嚴重曲折，社會主義的優越性沒有充分地發揮出來，我們的發展還比較落後，人民群眾生活的改善還比較緩慢。

鄧小平同志深刻指出：＂貧窮不是社會主義，社會主義要消滅貧窮。不發展生產力，不提高人民的生活水平，不能說是符合社會主義要求的。＂＂我們太窮了，太落後了，老實說對不起人民。＂他在廣東視察時強調，生產生活搞好了，還可以解決逃港問題。逃港，主要是生活不好，差距太大。為了滿足人民群眾的願望，我們黨制定了一系列對外開放和對內搞活的政策。人心所向的改革開放，在中國的廣袤大地全面展開了。

五　偉大覺醒是由黨的性質宗旨和理想信念所決定的

馬克思恩格斯在《共產黨宣言》中指出：＂共產黨人為工人階級的最近的目的和利益而鬥爭，但是他們在當前的運動中同時代表運動的未來。＂中國共產黨是中國工人階級的先鋒隊，同時是中國人民和中華民族的先鋒隊。黨的宗旨是全心全意為人民服務。黨的最高理想和最終目標是實現共產主義。黨在社會主義初級階段的共同理想是建設中國特色社會主義。

我們黨作為馬克思主義政黨，除了工人階級和最廣大人民群眾的利益，沒有自己特殊的利益。因此，黨就能夠擺脫以往一切政治力量只追求自身特殊利益的局限，無私無畏，敢做敢為，勇於做、能夠做其他政治力量不能做不想做也做不了的事。忠誠老實、實事求是，光明磊落、襟懷坦白，堅持真理、修正錯誤，鑄就了中國共產黨人的優良傳統和優秀品質。這也正是中國共產黨在歷史上遭受挫折，卻又能夠迅速糾錯、走出困境、扭轉危局、化險為夷，開創新局的根本原因。

六　偉大覺醒是在馬克思主義的科學指引下進行的

　　馬克思主義認為，人類的生產活動是最基本的實踐活動，是決定其他一切活動的東西。實踐是檢驗真理的唯一標準。實踐的觀點是辯證唯物論的認識論之第一的和基本的觀點。共產黨人不僅要認識世界，還要改造世界。實踐是最高最大的社會 "法官"，一切主觀的東西都必須經受實踐的檢驗，在這個 "法官" 面前接受裁決。在實踐中認識真理，發現真理，檢驗真理，發展真理，是馬克思主義哲學的一個基本原理。我們黨團結帶領人民獲得的偉大覺醒，正是從 1978 年進行的那場關於 "實踐是檢驗真理的唯一標準" 的大討論開始的。真理標準問題的大討論，廣泛展開，如火如荼，深入人心，影響深遠，拉開了中國大地上一場解放思想的帷幕。

　　實踐發展永無止境，解放思想永無止境，理論創新也永無止境。通過真理標準問題的大討論，黨堅持和發展了馬克思主義，恢復和重新確立了實事求是的思想路線，把人們的思想從長期 "左" 的禁錮和教條主義的束縛下解放出來。解放思想同改革開放相互激盪、觀念創新和實踐探索相互促進，充分顯示了思想引領的強大偉力。在改革開放中，馬克思主義給了中國共產黨和中國人民能夠覺醒、敢於覺醒、持續覺醒的強大思想武器。

七　偉大覺醒展現了人民群眾創造歷史的生動實踐

　　改革開放中的許多新生事物都是人民群眾創造的。鄧小平同志指出："群眾是我們力量的源泉，群眾路線和群眾觀點是我們的傳家寶。" 改革開放中許許多多的東西，都是由群眾在實踐中提出來的，是群眾發明的。"黨只有緊緊地依靠群眾，密切地聯繫群眾，隨時聽取群眾的呼聲，了解群眾的情緒，代表群眾的利益，才能形成強大的力量，順利地完成自己的各項任務。"

　　波瀾壯闊的改革開放歷史進程，是從農村到城市、從沿海到內地、從局部到整體漸次展開和推進的。在這個歷史進程中，人民群眾始終是改革開放的實踐者、推動者、參與者。從農村家庭聯產承包責任制的實行到鄉鎮企業的異軍突起，從人民公社制度的廢除到多種所有制經濟的發展，從“三來一補”到境外資金、技術、設備、人才的引進，從興辦經濟特區、沿海沿邊沿江沿線和內陸中心城市對外開放到加入世界貿易組織等等，改革開放中出現的每一個新突破、新事物、新成就，都凝結著人民群眾的智慧、心血和汗水。歷史表明，人民群眾是歷史的創造者，是社會變革的決定力量，是我們黨的根基、血脈和力量源泉。

八　黨的偉大覺醒孕育的偉大創造深刻改變了中國

偉大覺醒催生了改革開放，改革開放發展了中國，發展了社會主義，發展了馬克思主義。在改革開放和社會主義現代化建設新時期，我們黨團結帶領全國各族人民進行的改革開放這場新的偉大革命，破除了阻礙發展的一切舊思想舊觀念和體制機制障礙，極大地激發了廣大人民群眾的積極性、主動性、創造性，極大地解放和發展了社會生產力，極大地增強了社會發展活力，人民生活顯著改善，綜合國力顯著增強，國際地位顯著提高。我國國內生產總值先後超過意大利、法國、英國、德國，2010 年又超過日本，成為世界第二大經濟體。同時，出口超過德國，成為世界第一大出口國。成為自 18 世紀工業革命以來繼英國、美國、日本、德國之後的 “世界工廠”。我國於 1999 年跨入下中等收入國家的行列，於 2010 年跨入上中等收入國家的行列。

我們黨團結帶領中國人民創造了改革開放和社會主義現代化建設的偉大成就，我國實現了從生產力相對落後的狀況到經濟總量躍居世界第二的歷史性突破，實現了人民生活從溫飽不足到總體小康、奔向全面小康的歷史性跨越，推進了中華民族從站起來到富起來的偉大飛躍。歷史雄辯地證明，改革開放是黨和人民大踏步趕上時代的重要法寶，是堅持和發展中國特色社會主義的必由之路，是決定當代中國前途命運的關鍵一招，也是決定實現 “兩個一百年” 奮鬥目標、實現中華民族偉大復興的關鍵一招。

發展全過程人民民主

舒啟明

黨的十九屆六中全會通過的《中共中央關於黨的百年奮鬥重大成就和歷史經驗的決議》，把"發展全過程人民民主"列為習近平新時代中國特色社會主義思想重要內容，並納入黨的十八大以來黨和國家事業取得的歷史性成就進行總結，從面向未來的戰略高度作出部署。發展全過程人民民主，對於持續激發人民群眾的積極性主動性創造性，在新時代堅持和發展中國特色社會主義，齊心協力奮進新征程、創造新輝煌，具有重大而深遠的意義。

一 全過程人民民主是對我國社會主義民主理論和實踐的全新概括

2019 年 11 月，習近平總書記在上海考察時首次深刻指出，我們走的是一條中國特色社會主義政治發展道路，人民民主是一種全過程的民主。2021年 7 月，習近平總書記在慶祝中國共產黨成立 100 週年大會上強調，踐行以人民為中心的發展思想，發展全過程人民民主。10 月，習近平總書記在中央人大工作會議上再次深入闡述了全過程人民民主的重大理念，強調不斷發展全過程人民民主，對繼續推進全過程人民民主建設作出重大部署、提出明確要求。全過程人民民主重大理念的提出，豐富和發展了社會主義民主政治理論，集中概括了黨領導人民發展社會主義民主的理論和實踐成果，深刻闡明了我國人民民主的鮮明特色和顯著優勢。

人民民主是中國共產黨始終高舉的旗幟。在革命、建設、改革各個歷史時期，黨團結帶領人民從人民民主的價值、組織、制度體系上不斷進行探索和實踐。在人民民主價值上，黨堅持人民至上，始終把為中國人民謀幸福、為中華民族謀復興作為自己的初心使命，把人民當家作主作為人民民主的本質和核心，把體現人民意志、保障人民權益、激發人民創造作為人民民主的價值追求。在人民民主組織上，新民主主義革命時期，黨就在局部執政的革命根據地領導人民創造性地推進民主選舉和民主政權建設。新中國成立後，黨領導人民確立了工人階級領導的、以工農聯盟為基礎的人民民主專政的國體和人民代表大會制度的政體，並建立起同國體政體相適應的新型國家政權組織。在人民民主制度上，黨領導人民逐步建立了人民當家作主制度體系。1949 年 9 月中國人民政治協商會議第一屆全體會議召開，標誌著中國共產黨領導的多黨合作和政治協商制度正式確立，也標誌著人民政協制度正式確立。1954 年第一屆全國人民代表大會召開，建立起人民代表大會制度這一根本政治制度，進一步確立民族區域自治制度。進入改革開放和社會主義現代化建設新時期，1982 年將基層群眾自治制度寫入憲法。這些根本政治制度、基本政治制度、重要政治制度，構成堅持黨的領導、人民當家作主、依法治國有機統一的完整制度安排，從而走出了一條中國特色社會主義政治發展道路。

中國特色社會主義進入新時代，以習近平同志為核心的黨中央深化對民主政治發展規律的認識，提出全過程人民民主等一系列新思想新理念新舉措。習近平總書記強調，人民民主是社會主義的生命，沒有民主就沒有社會主義，就沒有社會主義的現代化，就沒有中華民族偉大復興。照抄照搬他國的政治制度行不通，甚至會把國家前途命運葬送掉，中國特色社會主義政治制度必須深深扎根於中國社會的土壤。社會主義民主不僅需要完整的制度程序，而且需要完整的參與實踐。要繼續推進全過程人民民主建設，把人民當家作主具體地、現實地體現到黨治國理政的政策措施上來，具體地、現實地體現到黨和國家機關各個方面各個層級工作上來，具體地、現實地體現到實現人民對美好生活嚮往的工作上來。在中國社會主義制度下，有事好商量、眾人的事情由眾人商量，找到全社會意願和要求的最大公約數，是人民民主的真諦。要堅持人民民主，更好把人民的智慧和力量凝聚到黨和人民事業中來。習近平總書記的一系列重要論述，立意高遠，內涵豐富，思想深邃，深刻闡述了關於中國特色社會主義民主政治的核心思想、主體內容、基本要求，為堅定政治自信，增強走中國特色社會主義政治發展道路的信心和決心，不斷發展全過程人民民主，推進國家治理體系和治理能力現代化提供了指引和遵循。

二 全過程人民民主在黨的十八大以來的生動實踐

黨的十八大以來，以習近平同志為核心的黨中央堅定不移走中國特色社會主義政治發展道路，堅持黨的領導、人民當家作主、依法治國有機統一，健全了全面、廣泛、有機銜接的人民當家作主制度體系，構建了多樣、暢通、有序的民主渠道，全過程人民民主建設取得新的重大進展。

（一）人民代表大會制度不斷完善。人民代表大會制度是實現我國全過程人民民主的重要制度載體。黨中央推進健全人大常委會組成人員聯繫本級人大代表機制，暢通社情民意反映和表達渠道，支持和保證人大代表依法履職。豐富人大代表連絡人民群眾的內容和形式，充分發揮人大代表作用，做到民有所呼、我有所應。人大代表中的一線工人、農民、專業技術人員代表比例和農民工代表人數均有所增加。優化人大常委會、專門委員會組成人員結構，完善人大組織制度、工作制度、議事程序。健全人大討論決定重大事項制度、各級政府重大決策出台前向本級人大報告制度。堅持正確監督、有效監督、依法監督，支持人大履行監督職責。果斷查處拉票賄選案，堅決維護人民代表大會制度權威和尊嚴。

（二）社會主義協商民主廣泛多層制度化發展。協商民主是中國特色社會主義民主政治中獨特的、獨有的、獨到的民主形式。黨中央出台加強社會主義協商民主建設的意見，系統謀劃協商民主的發展路徑，推進政黨協商、人大協商、政府協商、政協協商、人民團體協商、基層協商以及社會組織協商，極大豐富了民主形式，拓寬了民主渠道，加深了民主內涵，形成了中國特色協商民主體系。

（三）中國共產黨領導的多黨合作和政治協商制度實現新發展。在中國社會土壤中生長出來的這一制度是獨具中國特色的新型政黨制度。黨中央頒佈統一戰線工作條例等規範性文件，將"參加中國共產黨領導的政治協商"作為民主黨派基本職能之一，完善民主黨派中央對重大決策部署貫徹落實情況實施專項監督、直接向中共中央提出建議等制度，完善民主黨派和無黨派人士履行職能辦法，加強了中國特色社會主義參政黨建設。發揮人民政協作為政治組織和民主形式的效能，堅持發揚民主和促進團結相互貫通、建言資政和凝聚共識雙向發力，不斷完善專門協商機構制度。

（四）民族區域自治制度得到切實貫徹落實。黨中央堅持中國特色解決民族問題的正確道路，堅持把鑄牢中華民族共同體意識作為黨的民族工作主線，連續召開中央民族工作和西藏工作、新疆工作等系列會議，針對新情況、新問題、新挑戰，確立新時代黨的治藏方略、治疆方略，健全民族工作法律法規體系，保障各族人民享有平等自由權利以及經濟、社會、文化權利，既保證國家團結統一，又實現各民族共同當家作主。

（五）基層群眾自治制度充滿活力。人民群眾通過村民委員會、居民委員會、職工代表大會等，廣泛、直接參與社會事務管理。以城鄉村（居）民自治為核心，民主選舉、民主協商、民主決策、民主管理、民主監督為主要內容的基層群眾自治制度基本建立並不斷完善，基層直接民主深入發展。

習近平總書記強調，評價一個國家政治制度是不是民主的、有效的，主要看國家領導層能否依法有序更替，全體人民能否依法管理國家事務和社會事務、管理經濟和文化事業，人民群眾能否暢通表達利益要求，社會各方面能否有效參與國家政治生活，國家決策能否實現科學化、民主化，各方面人才能否通過公平競爭進入國家領導和管理體系，執政黨能否依照憲法法律規定實現對國家事務的領導，權力運用能否得到有效制約和監督。這"八個能否"，揭示了我國人民民主的全過程屬性，彰顯了我國人民當家作主的本質特徵和制度優勢。經過長期努力，特別是黨的十八大以來，我國社會主義民主政治制度化、規範化、程序化全面推進，在解決這些重點問題上都取得了決定性進展，人民民主更加豐富多彩，實現了內容廣泛、層次多樣、真實具體的人民當家作主，有效凝聚了最廣大人民的智慧和力量。

三　全過程人民民主的優勢和特點

習近平總書記深刻指出，我國全過程人民民主實現了過程民主和成果民主、程序民主和實質民主、直接民主和間接民主、人民民主和國家意志相統一，是全鏈條、全方位、全覆蓋的民主，是最廣泛、最真實、最管用的社會主義民主。實現民主政治的形式是豐富多彩的，不能拘泥於刻板的模式。我國全過程人民民主，原創性、獨創性地把民主選舉、民主協商、民主決策、民主管理、民主監督等各個環節相互貫通起來，具有時間上的連續性、內容上的整體性、運作上的協同性、人民參與上的廣泛性和持續性，充分保證了人民的知情權、參與權、表達權、監督權，民主真正從價值理念成為扎根中國大地的制度形態、治理機制和人民的生活方式。

（一）黨的領導是全過程人民民主的根本保證。中國共產黨領導是中國特色社會主義最本質的特徵，是中國特色社會主義制度的最大優勢。黨代表中國最廣大人民根本利益，沒有任何自己特殊的利益，從來不代表任何利益集團、任何權勢團體、任何特權階層的利益。黨領導人民進行革命推翻舊的政治體系，將“一盤散沙”的舊中國變成高度統一的新中國，建立了全新的政治體系，黨是最高政治領導力量。黨通過民主集中制把人民凝聚為有機整體、形成具有共同利益的民主主體，保證人民群眾在社會各領域真正享有完整的、不可分割的權利，使人民的意願和要求得到最廣泛、最充分的表達和反映。黨領導人民實行人民民主，就是支持和保證人民當家作主。如果沒有黨的領導，我國民主政治就會失去前提條件，雖然在一定的情況下可能會有一定形式的民主生活，但絕不會有全過程人民民主，也就不會有社會主義民主高度上的民主政治。

（二）中國社會土壤是全過程人民民主的深厚根基。全過程人民民主是由我國的歷史文化傳統、社會性質、經濟社會發展基礎決定的。我國是歷史悠久的文明古國，中華民族的優秀政治文化傳統始終具有傳承性，涉及政治價值、政治運作、政治文化、政治生活等方方面面。我國是社會主義國家，國家一切權力屬人民，已經構建起支撐中國特色社會主義制度的根本制度、基本制度、重要制度。全過程人民民主以人民代表大會制度這一根本政治制度等制度體系為保障，既保持歷史傳承，運用黨在革命、建設、改革中積累的政治經驗、形成的政治原則，又著眼解決現實問題，在文化基礎、理論基礎、實踐基礎、制度基礎各方面都深深扎根於中國社會土壤。

（三）人民廣泛持續參與是全過程人民民主的顯著特徵。我國有 960 多萬平方公里土地、14 億多人口、56 個民族，支持和保證人民當家作主，需要建造一個能夠將全體人民都容納進來的民主體系。黨領導全國各族人民從中國國情出發，創造了選舉民主和協商民主這兩種社會主義民主的重要形式。選舉民主就是人民通過選舉、投票行使權利。協商民主就是人民內部各方面在重大決策之前和決策實施之中進行充分協商，盡可能就共同性問題取得一致意見。協商民主不是間歇性、階段性的，它不僅運用於選舉環節，而且通過選舉以外的制度和方式全方位運用於各層級各方面，保持始終如一的持續性狀態，深深嵌入了中國社會主義民主政治全過程，從而保證了人民群眾在日常政治生活中有廣泛持續深入參與的權利。選舉民主和協商民主這兩種民主形式相互補充、相得益彰，共同構成了中國社會主義民主政治的制度特點和優勢。全過程人民民主擴大了人民有序政治參與，超越了“一次性消費行為”般的民主遊戲。如果人民只有在投票時被喚醒、投票後就進入休眠期，只有競選時聆聽天花亂墜的口號、競選後就毫無發言權，只有拉票時受寵、選舉後就被冷落，這樣的民主不是真正的民主。

（四）真實管用是全過程人民民主的價值所在。我們黨支持和保證人民當家作主不是一句口號、不是一句空話，而是真正落實到國家政治生活和社會生活之中、保證人民依法有效行使民主權力的一種全方位、全天候、全景式真實存在。全過程人民民主貫穿從選舉、協商、決策、管理到監督的全過程，實現經濟、政治、文化、社會、生態文明等內容的全覆蓋，促進各類國家機關都按照民主集中制的制度和原則提高能力和效率、增進協調和配合，從而切實有效地防止了資本主義民主那種選舉時漫天許諾、選舉後無人過問的現象，切實有效地防止了人民形式上有權、實際上無權的現象，切實有效地防止了互相掣肘、內耗嚴重的現象。落實全過程人民民主的過程，就是實現真正全面的、有效的人民民主的過程，就是尊重人民主人翁地位、充分調動人民積極性主動性創造性、不斷增強黨和國家生機活力的過程。

四　在新征程上深入發展全過程人民民主

當前，我們黨正團結帶領全國各族人民朝著全面建成社會主義現代化強國的第二個百年奮鬥目標邁進。發展社會主義民主是實現社會主義現代化的重要標誌，在新征程上需要與時俱進地完善和發展全過程人民民主，推進我國社會主義政治文明全面提升。

（一）加強黨對發展全過程人民民主的領導。黨的領導是人民當家作主、發展全過程人民民主的根本保證。各級黨委應認真學習貫徹習近平新時代中國特色社會主義思想，深刻理解和把握發展全過程人民民主的重大意義、基本要求，深入研究發展全過程人民民主的重要任務、重要舉措，推動全過程人民民主更加全面深入持久地發展。

（二）堅定發展全過程人民民主的政治自覺。全過程人民民主具有鮮明中國特色。堅定中國特色社會主義制度自信應當首先堅定對中國特色社會主義政治制度的自信，時刻警惕和防範西方所謂“憲政”、多黨輪流執政、“三權鼎立”等政治思潮的侵蝕影響，堅定不移走中國特色社會主義政治發展道路，增強發展全過程人民民主的信心和決心，風雨如磐不動搖。

（三）健全全過程人民民主的制度體系。全過程人民民主是一個制度化過程，需要通過一系列制度、機構、程序和功能完整體現出來。通過不斷完善全面貫徹落實人民代表大會制度、中國共產黨領導的多黨合作和政治協商制度、民族區域自治制度、基層群眾自治制度和發展社會主義協商民主的具體制度、機制和程序，構建全過程人民民主的完整操作、運轉體系，切實把民主制度的功能、優勢、作用充分體現和發揮出來。

（四）提高全過程人民民主主體的民主素質。人民是國家的主人，是人民民主的主體，全過程人民民主有賴於最廣大人民群眾民主意識、民主精神的充分培育和發展。全過程人民民主是生動具體的，需要組織、引導人民群眾擴大有序政治參與，經受民主實踐鍛煉，不斷提高思想道德素質和科學文化素質、民主素養和民主能力，以更好發揮作為民主主體的作用，提高中國式民主質量和水平。

加快構建新發展格局

韓文秀

黨的十九屆六中全會通過的《中共中央關於黨的百年奮鬥重大成就和歷史經驗的決議》，對習近平新時代中國特色社會主義思想作了"十個明確"的系統概括，其中強調要加快構建以國內大循環為主體、國內國際雙循環相互促進的新發展格局。加快構建新發展格局是黨中央著眼於實現第二個百年奮鬥目標，統籌中華民族偉大復興戰略全局和世界百年未有之大變局，根據我國發展階段、環境、條件變化作出的重大戰略謀劃，是一項關係我國發展全局的重大戰略任務，要從歷史和全局的高度準確把握並積極推進。

一 加快構建新發展格局是實現第二個百年奮鬥目標的重大戰略選擇

一個國家的發展格局總是在一定的時代背景、內外部環境、發展條件等因素作用下形成的，特定的發展格局又影響和塑造著國家發展的總體態勢。我們黨成立 100 年來，領導人民開展革命、建設和改革的偉大事業，形成了適應不同歷史階段要求的發展格局，取得了一系列重大成就和寶貴經驗。

新民主主義革命時期，我們黨領導人民進行反帝反封建的革命鬥爭，根據不同階段的實際，探索實施土地改革、減租減息、發展工商業等經濟政策，充分調動廣大勞動人民的革命和生產積極性，在舊中國非常薄弱的自然經濟基礎上，創造出支撐革命勝利的經濟力量，實現了"自己動手、豐衣足食"、"軍隊向前進、生產長一寸"，形成了革命與生產相互促進的發展格局，為革命成功奠定了物質基礎。

新中國成立後，我們黨領導人民進行社會主義革命，確立社會主義基本制度，推進社會主義建設，實現了中華民族有史以來最為廣泛而深刻的社會變革，實現了一窮二白、人口眾多的東方大國大步邁進社會主義社會的偉大飛躍。在這個時期，面對西方國家的經濟封鎖，我國選擇了獨立自主、自力更生的發展道路，通過計劃經濟體制動員和集中有限資源，主要依靠自身力量推進社會主義工業化，建立起獨立的比較完整的工業體系和國民經濟體系，形成了以國內循環為主、基本自給自足的發展格局。

黨的十一屆三中全會以後，我們黨團結帶領人民進行改革開放新的偉大革命，解放思想、銳意進取，開創、堅持、捍衛和發展了中國特色社會主義，使中國大踏步趕上時代。在這個時期，黨中央準確判斷世界大勢，作出和平與發展是當今時代的主題的戰略判斷，大力推動經濟體制改革，不斷擴大對外開放，逐步形成了市場和資源"兩頭在外"的外向型發展模式。特別是 2001 年加入世貿組織後，我國積極融入經濟全球化進程，發展成為"世界工廠"，形成以國際大循環為主導的發展格局，實現了經濟快速發展，人民生活明顯改善，綜合國力大幅提升。

在曲折中前進是事物發展變化的辯證規律，發展格局的演變同樣如此。2008 年國際金融危機是引發我國發展格局調整的重要分水嶺。面對國際金融危機嚴重衝擊，我們實施擴大內需戰略，有效應對外部市場收縮，推動宏觀經濟再平衡，內需對經濟發展的拉動作用顯著上升，我國發展格局開始由國際大循環為主導逐步向國內大循環為主體演變。

黨的十八大以來，中國特色社會主義進入新時代，黨和國家事業取得歷史性成就、發生歷史性變革，為實現中華民族偉大復興提供了更為完善的制度保證、更為堅實的物質基礎、更為主動的精神力量。在全面建成小康社會之後，我們開啟了全面建設社會主義現代化國家新征程，這標誌著我國進入了新發展階段。這個階段，世界百年未有之大變局加速演進，國內生產要素條件、需求結構、供給結構發生深刻變化，我國關鍵核心技術"卡脖子"、重要能源資源供應安全等問題凸顯，特別是新冠肺炎疫情全球大流行使全球產業鏈供應鏈面臨的風險隱患進一步暴露。面對嚴峻複雜的外部環境和深刻變化的內部發展條件，習近平總書記指出，要準確識變、科學應變、主動求變，完善戰略佈局，做到化危為機，實現高質量發展。構建以國內大循環為主體、國內國際雙循環相互促進的新發展格局，正是黨中央在黨的百年奮鬥重大成就和歷史經驗的基礎上，在全面建成小康社會、實現黨的第一個百年奮鬥目標之際，深刻把握發展大勢，對這一新的歷史課題作出的科學回答。

從國際比較看，大國經濟的顯著特徵是內需為主導、內部可循環。我國作為全球第二大經濟體和製造業第一大國，在國際形勢充滿不穩定性不確定性的背景下，依託國內大市場優勢，充分挖掘內需潛力，構建以國內大循環為主體的雙循環發展格局，有利於化解外部衝擊和外需收縮帶來的影響，有利於在極端情況下保證我國經濟基本正常運行和社會大局總體穩定，確保第二個百年奮鬥目標順利實現。因此，加快構建新發展格局具有深刻的歷史必然性和強烈的現實針對性，這是全面貫徹新發展理念的重大舉措，是發揮我國比較優勢的內在要求，是有效應對國內外環境變化、把握發展主動權的先手棋，是乘勢而上實現第二個百年奮鬥目標的重大戰略選擇。

二　加快構建新發展格局要正確處理若干重大關係

加快構建新發展格局，在認識上和工作中要正確處理若干重大關係，搞清楚新發展格局"是什麼"、"不是什麼"，防止在落實中變形走樣。

第一，正確處理國內循環與國際循環的關係。構建新發展格局具有深刻的理論和實踐內涵，主要可以從三個層次來把握。一是"循環"。國民經濟運行是一個周而復始、不斷往復的過程，關鍵在供給側要暢通，產業上下游、產供銷、農業製造業服務業、能源資源等各系統各部門能協調一致、高效順暢地流轉銜接。二是"國內大循環"。這是國民經濟循環的"主體"，要堅持擴大內需戰略，構建強大國內市場，有效釋放內需潛力，使生產、分配、流通、消費各環節更多依託國內市場，形成新的內外均衡。三是"國內國際雙循環"。我國經濟已經深度融入世界經濟，國內外市場相互依存、相互影響。經濟全球化雖然遭遇逆流，但仍是世界生產力發展的大方向，沒有哪個國家能完全離開世界市場而發展。新發展格局是開放的國內國際雙循環，不是封閉的國內單循環。要保持國民經濟循環的開放性，打通國內國際雙循環的堵點，使兩個循環相互促進、相得益彰。展望未來，在我國國民經濟循環中，國際循環部分的比例可能不像以往那樣高，比如外貿依存度、經常項目順差與國內生產總值之比可能有所降低，但它的絕對規模還會持續擴大，在全球產業分工格局中的地位會逐步上升，對國內循環質量的提升帶動作用會更加凸顯，對世界經濟的影響會持續增大，給各國帶來的發展機遇會持續增多。

第二，正確處理整體構建國內大循環與局部參與國內大循環的關係。新發展格局以國內大循環為主體，是針對全國而言的，是以全國統一大市場基礎上的國內大循環為主體，不是要求各地都搞省內、市內、縣內的自我循環。各地區要主動服務和融入構建新發展格局，找準自己在新發展格局中的定位和比較優勢，把構建新發展格局同實施區域重大戰略、區域協調發展戰略、主體功能區戰略、建設自由貿易試驗區等有機銜接起來，決不能以“內循環”名義搞地方保護和“小而全”。要進一步破除有形無形的地方保護和市場分割壁壘，共同構建高效規範、公平競爭的全國統一大市場，在積極參與國內國際雙循環中彰顯各地區各行業各企業的競爭優勢。

第三，正確處理供給側結構性改革與需求側管理的關係。我國經濟發展環境和比較優勢已經出現明顯變化，勞動力成本逐步上升，資源環境承載能力遇到瓶頸，舊的生產函數組合方式難以持續，創新在生產要素組合中的作用凸顯。構建新發展格局必須堅持以供給側結構性改革為主線，落實鞏固、增強、提升、暢通要求，消除技術瓶頸，打通循環堵點，形成更高效率和質量的投入產出關係。要用好我國國內需求潛力巨大的優勢，以強大國內市場支撐建設強大產業鏈供應鏈，增強供給與需求之間的適配性，促進國民經濟循環不斷實現量的擴大和質的提升。

第四，正確處理自立自強與開放合作的關係。構建新發展格局要求在科技等關鍵領域做到自立自強。科技創新是支撐國家現代化的基礎要件，歷史經驗表明，後發國家隨著趕超差距縮小，從發達國家引進技術的難度會越來越大，成本會越來越高。如果不想被卡在產業鏈價值鏈的中低端停滯不前，就必須堅定推動科技自立自強，防止受制於人，增強產業鏈供應鏈自主可控能力。同時，自立自強決不是回到傳統的自給自足，決不意味著什麼都自己幹。全球經濟分工已經從產業、產品分工走向價值鏈、生產環節分工，沒有一個國家能夠完全建立自己獨立的科技體系和產業鏈供應鏈。要始終堅持對外開放的基本國策，主動參與國際分工合作，結合自身優勢積極嵌入全球價值鏈創新鏈，形成你中有我、我中有你的利益格局。

第五，正確處理發展與安全的關係。構建新發展格局的重要著眼點和落腳點是實現安全發展，確保社會主義現代化行穩致遠。安全是發展的前提，發展是安全的保障，必須堅持辦好自己的事，立足國內高質量發展，以不斷壯大的綜合實力為國家安全提供更為堅強的物質支撐，實現主動安全、動態安全。同時，在構建新發展格局過程中，必須切實增強憂患意識，堅持底線思維，著力防範化解各類重大風險，高度警惕"黑天鵝"事件，嚴密防範"灰犀牛"衝擊，確保不發生系統性風險。

三　加快構建新發展格局必須抓好關鍵舉措

構建新發展格局是一項系統工程，也是一個動態演進的過程。要發揮大國經濟優勢和人力資源優勢，突出重點、抓住關鍵，搭建起新發展格局的"四樑八柱"，為推動高質量發展、全面建設社會主義現代化國家提供有力支撐。

一是推動科技自立自強。構建新發展格局最本質的特徵是實現高水平的科技自立自強。要發揮社會主義市場經濟條件下新型舉國體制優勢，強化國家戰略科技力量，集合優勢資源，著力解決制約國家發展和安全的重大難題。要完善科技創新體制機制，推進科研項目管理和評價制度改革，有力有序推進創新攻關"揭榜掛帥"等體制機制，明確路線圖、時間表、責任制，在關鍵核心技術上不斷取得新突破。要發揮企業技術創新主體作用，加強創新鏈和產業鏈對接，完善金融支持創新體系，大幅提高科研成果轉化成效。要堅持開放合作，吸引全球優質科技創新資源，搭建全球科技開放合作大舞台，加快建設世界重要人才中心和創新高地。

二是構建強大韌性的產業鏈供應鏈。我國是一個大國，既有必要、也有條件和能力維護產業鏈供應鏈安全穩定。要補短板、強弱項，圍繞核心基礎零部件和元器件、先進基礎工藝、關鍵基礎材料、產業技術基礎、基礎軟件等薄弱環節，多渠道加大支持力度，加快補齊產業鏈供應鏈短板，構建自主可控、安全可靠的國內生產供應體系。要鍛造長板，立足我國市場優勢、產業優勢、配套優勢和部分領域先發優勢，持續增強 5G、高鐵等領域的產業優勢，拉緊國內國際產業鏈的相互依存關係，形成較強的議價博弈能力。要加強統籌謀劃，優化產業佈局，防止重複建設，做到全國一盤棋。全球產業鏈供應鏈具有公共產品屬性，關係到抗疫物資、民生商品等生產供應的連續性穩定性，要推動形成維護全球產業鏈供應鏈安全、消除非經濟因素干擾的國際共識和準則。

三是堅定實施擴大內需戰略。市場資源是我國的巨大優勢，也是構建新發展格局的強大支撐。要加快培育完整的內需體系，建立起擴大內需的有效制度，促進總供給和總需求在更高水平上實現動態平衡。要著力擴大居民消費，促進傳統消費提質擴容，推動新型消費加快成長，提升居民消費結構。要發揮投資對優化供給結構的關鍵作用，支持企業加大設備更新和技改投入，發揮好政府投資引導撬動作用。要優化收入分配格局，擴大中等收入群體，紮實推動共同富裕，更好支撐供需良性循環。要加快建立高標準市場體系，清除妨礙生產要素市場化配置和商品服務流通的體制機制障礙，健全公平競爭審查，強化反壟斷規制，提升市場配置資源和經濟循環的效率。

四是實行高水平對外開放。大國經濟循環可以形成對全球生產要素的強大吸引力、國際市場的強大競爭力、資源配置的強大推動力，塑造參與國際經濟合作和競爭新優勢。要完善市場化法治化國際化營商環境，持續深化商品、服務等要素流動型開放，增強對外貿易綜合競爭力，提高雙向投資水平。要穩步拓展規則、規制、管理、標準等制度型開放，推動共建"一帶一路"高質量發展，構建國際經貿合作新格局。要重視以積極參與國際循環提升國內大循環的效率和水平，改善我國生產要素質量和配置水平，增強出口產品和服務競爭力，推動產業轉型升級，提升在全球產業鏈供應鏈創新鏈中的地位和影響。要深化雙邊、多邊、區域合作，構建面向全球的高標準自由貿易區網絡，維護多邊貿易體制，積極參與全球經濟治理體系改革。

五是強化安全發展的制度和政策保障。要貫徹落實總體國家安全觀，把安全發展貫穿構建新發展格局的全過程和各領域，形成全面可靠的發展安全保障體系。要加強跨週期政策設計和逆週期調節，重視預期管理，保持宏觀經濟穩定，防止大起大落。要與時俱進健全金融監管和市場監管，防止資本無序擴張，避免"大而不能倒"的道德風險，防範跨境資本異常流動風險。要加強糧食、能源資源等供給安全保障，實現多元化多渠道進口，加強儲備體系建設。落實外商投資安全審查辦法，在擴大對外開放中切實保障國家經濟安全。

堅持黨的全面領導

江金權

《中共中央關於黨的百年奮鬥重大成就和歷史經驗的決議》（以下簡稱《決議》）第四部分系統總結了黨的十八大以來的重大成就和新鮮經驗，其中第一條總結的是在堅持黨的全面領導上的歷史性成就、歷史性變革。堅持和加強黨的全面領導，是黨的十八大以來取得的最重要成就之一，又是黨和國家事業取得歷史性成就、發生歷史性變革的最根本保證。

一　黨的領導是黨和國家事業不斷發展的 "定海神針"

習近平總書記指出：黨的領導 "是黨和國家的根本所在、命脈所在，是全國各族人民的利益所繫、命運所繫"。"黨的領導是黨和國家事業不斷發展的．定海神針．。" 這是總結黨的百年奮鬥史得出的科學結論，具有充分的歷史依據、理論依據、現實依據，具有深刻的歷史邏輯、理論邏輯、實踐邏輯。

"萬山磅礡，必有主峰。" 我們黨是中國工人階級的先鋒隊，同時是中國人民和中華民族的先鋒隊。從誕生之日起，我們黨就始終高舉馬克思主義偉大旗幟，堅持共產主義遠大理想和社會主義信念，把為中國人民謀幸福、為中華民族謀復興作為自己的初心和使命，經歷長期浴血奮戰、艱苦奮鬥，取得了新民主主義革命、社會主義革命和建設、改革開放和社會主義現代化建設的偉大成就，領導中國特色社會主義事業進入新時代並取得歷史性成就、發生歷史性變革。黨的百年奮鬥，從根本上改變了中國人民的前途命運，開闢了實現中華民族偉大復興的正確道路，展示了馬克思主義的強大生命力，深刻影響了世界歷史進程，並把自己鍛造成為始終走在時代前列的馬克思主義執政黨。黨的百年奮鬥的巨大成就充分證明，我們黨是一個偉大、光榮、正確的馬克思主義政黨，是中華民族偉大復興事業的堅強領導核心。黨的領導地位和執政地位，是歷史的選擇、人民的選擇，我們黨始終不負這個選擇。

作為領導中國革命、建設、改革事業的核心力量，黨的領導必須是全面領導。回顧黨的歷史可以看到，什麼時候堅持了黨的全面領導，黨和人民事業就健康發展；什麼時候弱化甚至放棄黨的全面領導，黨和人民事業就受到挫折甚至失敗。在大革命時期，由於我們黨處於幼年、力量有限，在第一次國共合作中沒有保持黨的獨立性更喪失了領導權，當國民黨內反動集團叛變革命、殘酷屠殺共產黨人和革命群眾時，不能組織人民進行有效抵抗，導致大革命失敗，黨和革命力量遭受慘重損失。土地革命戰爭時期，王明"左"傾教條主義很長時間佔據黨中央領導地位，最終導致中央革命根據地第五次反"圍剿"失敗，並使中央紅軍在長征初期遭受一系列重大挫折。遵義會議在黨的歷史上是一個生死攸關的轉折點，事實上確立了毛澤東同志在黨中央和紅軍的領導地位，開始確立以毛澤東同志為主要代表的馬克思主義正確路線在黨中央的領導地位，在最危急關頭挽救了黨、挽救了紅軍、挽救了中國革命。抗日戰爭時期，我們黨率先高舉武裝抗日旗幟，推動實行第二次國共合作，倡導建立抗日民族統一戰線，通過思想引領、戰略引領等保持在抗日民族統一戰線中的領導權，黨領導的軍隊和人民始終戰鬥在抗日最前沿，成為全民族抗戰的中流砥柱，為奪取抗日戰爭勝利作出最大貢獻。在全國全面執政後，我們黨實現黨的一元化領導，為贏得抗美援朝戰爭勝利、恢復國民經濟、建立社會主義基本制度、開展社會主義建設並取得重大成就等，提供了根本政治保證。"文化大革命"時期，黨的集體領導原則被破壞，"踢開黨委鬧革命"，釀成十年內亂，使黨、國家、人民遭到新中國成立以來最嚴重的挫折和損失。黨的十一屆三中全會以後，我們黨恢復和重新確立正確的思想路線、政治路線、組織路線，始終堅持和加強黨的領導，領導全國人民開創了改革開放和社會主義現代化建設的嶄新局面。當然，在改革開放條件下，在反思黨的一元化領導出現的某些問題過程中，在如何改善黨的領導的探索中，在黨的領導的內容和方式上一度出現偏差，特別是黨的十三大以後一度取消在政府機關、經濟組織等設立黨組的制度，造成了嚴重後果，也是發生 1989 年嚴重政治風波的重要原因，其影響直到黨的十八大以後才真正消除。實踐證明，堅持黨的全面領導是事關黨和國家事業前途命運的重大問題，是中國特色社會主義事業取得成功的根本政治保證。

無數事實反覆證明，"中國共產黨所具有的無比堅強的領導力，是風雨來襲時中國人民最可靠的主心骨"。在新時代，我們要在中國特色社會主義道路上繼續推進中華民族偉大復興事業，必須堅持和加強黨的全面領導。正因為如此，黨的十八大以來，以習近平同志為核心的黨中央把堅持和加強黨的全面領導作為開創事業新局面的重中之重。

二　黨的十八大以來堅持黨的全面領導的主要做法

《決議》指出：新時代之初，"黨內也存在不少對堅持黨的領導認識模糊、行動乏力問題，存在不少落實黨的領導弱化、虛化、淡化、邊緣化問題，特別是對黨中央重大決策部署執行不力，有的搞上有政策、下有對策，甚至口是心非、擅自行事。"一些黨員幹部違反黨的政治紀律和政治規矩，搞任人唯親、排斥異己的有之，搞團團夥夥、拉幫結派的有之，搞匿名誣告、製造謠言的有之，搞收買人心、拉動選票的有之，搞封官許願、彈冠相慶的有之，搞自行其是、陽奉陰違的有之，搞尾大不掉、妄議中央的也有之。這"七個有之"嚴重衝擊黨的全面領導。針對這種情況，以習近平同志為核心的黨中央採取一系列舉措堅持和加強黨的全面領導。

第一，理論上正本清源。習近平總書記指出："中國共產黨是中國特色社會主義事業的領導核心，所以必須加強和改善黨的領導，充分發揮黨總攬全局、協調各方的領導核心作用。""中國最大的國情就是中國共產黨的領導。""中國共產黨領導是中國特色社會主義最本質的特徵，是中國特色社會主義制度的最大優勢。""黨政軍民學，東西南北中，黨是領導一切的，是最高的政治領導力量。""我們治國理政的本根，就是中國共產黨的領導和我國社會主義制度。在這一點上，必須理直氣壯、旗幟鮮明。"這些重要論述，深刻闡述了堅持黨的全面領導的極端重要性和科學內涵，澄清了重大理論是非，為統一全黨全國人民思想提供了理論指南。

第二，制度上立柱架樑。根據"黨領導一切"的定位，總結歷史經驗，按照民主集中制原則，不斷建立健全堅持黨的全面領導的制度體系。黨的十九屆四中全會明確黨的領導制度是我國的根本領導制度，強調要堅決維護黨中央權威，健全總攬全局、協調各方的黨的領導制度體系，把黨的領導落實到國家治理各領域各方面各環節。堅持黨的全面領導，最重要的是堅持黨中央集中統一領導。習近平總書記指出："中央委員會，中央政治局，中央政治局常委會，這是黨的領導決策核心。黨中央作出的決策部署，黨的組織、宣傳、統戰、政法等部門要貫徹落實，人大、政府、政協、法院、檢察院的黨組織要貫徹落實，事業單位、人民團體等的黨組織也要貫徹落實，黨組織要發揮作用。各方面黨組織應該對黨委負責、向黨委報告工作。……黨委是起領導核心作用的，各方面都應該自覺向黨委報告重大工作和重大情況，在黨委統一領導下盡心盡力做好自身職責範圍內的工作。報告一下有好處，集思廣益，群策群力，事情能辦得更好。各地區各部門黨委（黨組）要加強向黨中央報告工作，這也是一個規矩。"黨中央出台中央政治局關於加強和維護黨中央集中統一領導的若干規定，從黨的最高領導層進行制度設計。建立健全黨中央對重大工作的領導體制，嚴格執行向黨中央請示報告制度。不斷完善黨領導人大、政府、政協、監察機關、審判機關、檢察機關、武裝力量、人民團體、企事業單位、基層群眾性自治組織、社會組織等制度。比如，建立中央書記處和中央紀律檢查委員會、全國人大黨組、國務院黨組、全國政協黨組、最高人民法院黨組、最高人民檢察院黨組每年向中央政治局常委會、中央政治局報告工作，中央政治局同志每年向黨中央和習近平總書記書面述職制度。堅持黨的全面領導，就必須實現黨的領導全覆蓋。黨中央不斷調整基層黨組織的地位作用，如規定國有企業黨委（黨組）發揮領導作用，高等學校堅持實行黨委領導下的校長負責制，在公立中小學、醫院、科研院所逐步實行黨組織領導下的校（院、所）長負責制，等等，以確保黨的全面領導落實落地。堅持黨的全面領導，必須落實到黨和國家事業的各方面。習近平總書記指出："黨的領導必須是全面的、系統的、整體的，必須體現到經濟建設、政治建設、文化建設、社會建設、生態文明建設和國防軍隊、祖國統一、外交工作、黨的建設等各方面。哪個領域、哪個方面、哪個環節缺失了弱化了，都會削弱黨的力量，損害黨和國家事業。”為此，黨中央圍繞“五位一體”總體佈局、“四個全面”戰略佈局以及外交、國防、“一國兩制”等，建立健全了落實黨的全面領導的一系列重要制度、具體制度。所有這些，為堅持黨的全面領導和黨中央集中統一領導提供了制度保障。

第三，實踐上紮實推進。堅持黨的全面領導必須旗幟鮮明講政治，保證全黨服從黨中央。習近平總書記明確指出，要加強黨的政治建設，並擺在黨的建設首位。黨的十八屆六中全會通過《關於新形勢下黨內政治生活的若干準則》，為加強黨的政治建設提供了重要遵循。黨中央嚴明黨的政治紀律和政治規矩，堅決防止和反對個人主義、分散主義、自由主義、本位主義、好人主義等，發展積極健康的黨內政治文化，推動營造風清氣正的良好政治生態。深化黨和國家機構改革，健全體現和落實黨的全面領導、黨中央集中統一領導的工作體系。成立中央全面深化改革委員會、中央國家安全委員會、中央網絡安全和信息化委員會、中央財經委員會、中央全面依法治國委員會等，強化黨中央決策議事協調機構職能作用，落實黨中央對經濟建設、政治建設、文化建設、社會建設、生態文明建設和全面深化改革、國防建設等各方面工作的全面領導。黨中央要求領導幹部提高政治判斷力、政治領悟力、政治執行力，胸懷“國之大者”，對黨忠誠、聽黨指揮、為黨盡責。完善推動黨中央重大決策落實機制，強化政治監督，深化政治巡視，旗幟鮮明整治“七個有之”，嚴厲查處違背黨的路線方針政策、破壞黨的集中統一領導問題，清除“兩面人”，特別是果斷查處秦嶺、祁連山、青海木里等在環境整治中陽奉陰違的案件，產生重大警示作用。這些重大舉措，有力推動了黨的全面領導、黨中央集中統一領導的落實落地。

三　黨的十八大以來堅持黨的全面領導的主要成效

習近平總書記指出：“黨的十八大以來，我們對堅持黨的領導不僅在理論上有了新認識，而且在實踐中有了新探索，完善了黨對一切工作領導的體制機制。我們要把堅持黨的領導貫徹和體現到改革發展穩定、內政外交國防、治黨治國治軍各個領域各個方面，確保黨始終總攬全局、協調各方。"《決議》也指出："黨的十八大以來，黨中央權威和集中統一領導得到有力保證，黨的領導制度體系不斷完善，黨的領導方式更加科學，全黨思想上更加統一、政治上更加團結、行動上更加一致，黨的政治領導力、思想引領力、群眾組織力、社會號召力顯著增強。"具體說來，成效主要體現在三個方面。

第一，全黨同志思想認識更加統一。通過深入學習習近平總書記關於堅持黨的全面領導、黨中央集中統一領導的重要論述，對比黨的十八大前後的實際，全黨同志理論上更加清醒、認識上更加自覺、行動上更加堅定。全黨同志深刻認識到：中國共產黨是執政黨，黨的領導是做好黨和國家各項工作的根本保證，是我國政治穩定、經濟發展、民族團結、社會穩定的根本點，絕對不能有絲毫動搖。如果中國出現了各自為政、一盤散沙的局面，不僅我們確定的目標不能實現，而且必定會產生災難性後果。在這個重大原則問題上，頭腦要特別清醒，態度要特別鮮明，行動要特別堅決，不能有任何動搖、任何遲疑、任何含糊。全黨同志深刻認識到：堅持黨的全面領導，必須堅持黨中央集中統一領導，必須增強"四個意識"、堅定"四個自信"、做到"兩個維護"，在政治立場、政治方向、政治原則、政治道路上同以習近平同志為核心的黨中央保持高度一致。全黨同志深刻認識到：堅持黨的全面領導、黨中央集中統一領導需要全黨同志共同努力，面對各種危害根本領導制度的言行，決不能"愛惜羽毛"，必須發揚鬥爭精神，敢於鬥爭、善於鬥爭，堅定維護我們的"命根子"。

第二，黨的全面領導制度體系更加健全。不僅確立了黨的領導制度是我國的根本領導制度，而且建立健全了堅持黨的全面領導、黨中央集中統一領導的各方面重要制度、具體制度。圍繞落實民主集中制這個根本組織制度和領導制度，不僅建立健全了黨對各方面工作領導、黨中央集中統一領導的重要制度，而且通過修訂地方黨委工作條例、黨組工作條例等完善了地方黨委、黨組的領導制度和工作制度，還通過修訂國有企業、農村、高等學校等領域基層黨組織的工作法規完善了各類基層黨組織的領導制度和工作制度。現在，橫向到邊、縱向到底的堅持黨的全面領導制度體系更加成熟、更加定型，在這個根本原則問題上基本實現了制度治黨、依規治黨的要求。

第三，黨中央集中統一領導更加堅強有力。在正本清源、建章立制的同時，黨中央進一步健全完善黨的組織體系：黨中央作為全黨的大腦和中樞，負責把方向、謀大局、定政策、促改革，具有定於一尊、一錘定音的權威；黨的地方組織確保黨中央的決策部署在本地區的貫徹落實，有令即行、有禁即止；黨組貫徹落實黨中央和上級黨組織決策部署，發揮把方向、管大局、保落實的重要作用；黨的基層組織負責把黨中央和上級黨組織的決策部署貫徹落實到基層，密切聯繫群眾。這種上下貫通、執行有力的組織體系，讓黨中央"如身使臂，如臂使指"，使黨的大政方針和黨中央決策部署及時地、不折不扣地貫徹落實。黨不斷提高科學執政、民主執政、依法執政水平，充分發揮了總攬全局、協調各方的領導核心作用。黨的十八大以來黨和國家事業在攻堅克難中不斷取得巨大成就，特別是反對腐敗、脫貧攻堅、抗擊新冠肺炎疫情、應對貿易戰等重大鬥爭中取得的舉世矚目成就，充分彰顯黨的全面領導、黨中央集中統一領導的制度優勢。全黨全軍全國人民對習近平總書記和黨中央高度信賴、衷心擁戴。

　　現在，我們黨領導全國人民開始了全面建設社會主義現代化國家、實現中華民族偉大復興的新征程。新的征途上，全黨同志必須增強"四個意識"、堅定"四個自信"、做到"兩個維護"，胸懷"國之大者"，毫不動搖地堅持黨的全面領導，確保中國特色社會主義事業的航船乘風破浪、行穩致遠。

牢牢掌握意識形態工作領導權

王曉輝

意識形態決定著一個國家、一個政黨的性質，決定著舉什麼旗、走什麼路這一根本問題。黨的十九屆六中全會通過的《中共中央關於黨的百年奮鬥重大成就和歷史經驗的決議》（以下簡稱《決議》），全面總結百年來特別是黨的十八大以來黨的宣傳思想文化工作的成就和經驗，強調必須堅持以人民為中心的工作導向，舉旗幟、聚民心、育新人、興文化、展形象，牢牢掌握意識形態工作領導權，建設具有強大凝聚力和引領力的社會主義意識形態。我們要深入學習領會《決議》精神，進一步增強做好新時代意識形態工作的政治自覺、思想自覺、行動自覺，更好構築中國精神、中國價值、中國力量。

一　意識形態工作是為國家立心、為民族立魂的工作

黨的十八大以來，以習近平同志為核心的黨中央高度重視意識形態工作，強調意識形態工作是為國家立心、為民族立魂的工作，文化自信是更基礎、更廣泛、更深厚的自信，是一個國家、一個民族發展中最基本、最深沉、最持久的力量；強調能否做好意識形態工作，事關黨的前途命運，事關國家長治久安，事關民族凝聚力和向心力，意識形態工作的領導權任何時候都不能旁落。這為我們做好新時代意識形態工作提供了根本遵循。

（一）加強意識形態工作，是用黨的歷史經驗啟迪智慧、傳承發揚黨的光榮傳統的必然要求。我們黨的百年歷史，就是馬克思主義科學真理不斷得到驗證彰顯、戰勝各種謬論迷思的歷史，是社會主義意識形態不斷贏得支持認同的歷史。革命戰爭年代，黨高揚馬克思主義、篤行馬克思主義，引領團結全國人民推翻帝國主義、封建主義、官僚資本主義三座大山，贏得民族獨

立、人民解放。新中國成立後，全黨加強馬克思列寧主義、毛澤東思想教育，用社會主義思想道德滌蕩舊社會的腐朽文化和污泥濁水。為保證改革開放正確方向，黨提出堅持四項基本原則，加強理想信念教育，旗幟鮮明反對資產階級自由化。黨的十八大以來，以習近平同志為核心的黨中央把意識形態工作擺在全局工作的重要位置，積極壯大主流思想輿論，堅決同一切錯誤思潮作鬥爭，不斷鞏固馬克思主義在意識形態領域的指導地位，鞏固全黨全國人民團結奮鬥的共同思想基礎。新時代新征程，必須繼承發揚黨的優良傳統和獨特政治優勢，在集中精力進行經濟建設的同時，一刻也不能放鬆和削弱意識形態工作。

（二）加強意識形態工作，是切實做到"兩個維護"、增強黨的團結和集中統一的必然要求。以先進的意識形態、統一的思想意志將全黨團結成"一塊堅固的鋼鐵"，是確保全黨始終步調一致向前進的重要保證。黨的十八大以來，全黨把堅決維護習近平總書記黨中央的核心、全黨的核心地位，堅決維護黨中央權威和集中統一領導作為黨的政治建設的首要任務，堅持用黨的創新理論武裝全黨、用社會主義意識形態凝聚全黨，引導全黨堅定不移向黨中央看齊，自覺在思想上政治上行動上同黨中央保持高度一致，黨的團結統一更加鞏固。走好新的趕考之路，必須進一步加強意識形態工作，教育引導廣大黨員幹部堅決做到"兩個維護"，不斷提高政治判斷力、政治領悟力、政治執行力，使全黨一以貫之保持思想上的統一、政治上的團結、行動上的一致。

（三）加強意識形態工作，是築牢共同思想基礎、凝聚磅礴奮進力量的必然要求。意識形態工作是在人的頭腦裏搞建設，向來發揮著"喚起工農千百萬，同心幹"的重要作用。黨的十八大以來，社會主義意識形態的凝聚力和引領力不斷增強，為全面建成小康社會、實現第一個百年奮鬥目標注入了強大精神動力。當今世界正經歷百年未有之大變局，思想文化多元多樣多變更加凸顯、交流交融交鋒更加頻繁，意識形態工作爭取人心、凝聚人心的任務更加繁重。踏上全面建設社會主義現代化國家的新征程，必須加強思想引領和宣傳教育，進一步統一思想、凝聚力量，振奮精神、鼓舞士氣，引導全黨全國各族人民團結一心向前進。

二　我國意識形態領域形勢發生全局性、根本性轉變

改革開放以後，我們黨堅持物質文明和精神文明兩手抓、兩手硬，推動社會主義文化繁榮發展，振奮了民族精神，凝聚了民族力量。同時，拜金主義、享樂主義、極端個人主義和歷史虛無主義等錯誤思潮不時出現，網絡輿論亂象叢生，一些領導幹部政治立場模糊、缺乏鬥爭精神，嚴重影響人們思想和社會輿論環境。黨的十八大以來，在黨中央堅強領導下，宣傳思想戰線敢於鬥爭、敢於亮劍，理直氣壯弘揚新風正氣，堅決果斷消除頑瘴痼疾，意識形態領域形勢發生全局性、根本性轉變，全黨全國各族人民文化自信明顯增強，全社會凝聚力和向心力極大提升，為新時代開創黨和國家事業新局面提供了堅強思想保證和強大精神力量。

（一）強化政治責任，黨對意識形態工作的領導全面加強。旗幟鮮明堅持黨管宣傳、黨管意識形態、黨管媒體，著力解決意識形態領域黨的領導弱化問題，立破並舉、激濁揚清，就意識形態領域許多方向性、戰略性問題作出部署，確立和堅持馬克思主義在意識形態領域指導地位的根本制度，健全意識形態工作責任制，推動全黨動手抓宣傳思想工作。制定《中國共產黨宣傳工作條例》，對新時代宣傳思想工作作出制度安排和規範要求；出台《黨委（黨組）意識形態工作責任制實施辦法》，以黨內法規形式明確各級黨委（黨組）的政治責任、主體責任，並將責任落實情況納入巡視巡察安排。壓緊壓實屬地管理和主管主辦責任，推動各地各部門切實做到守土有責、守土負責、守土盡責。正是因為堅持和加強黨的全面領導，宣傳思想工作格局才得以全面重塑，宣傳思想陣地黨的領導一度被忽視、淡化、削弱的狀況才得以有效扭轉。

（二）高揚思想旗幟，全黨全國人民團結奮鬥的主心骨更加堅定。持續推動習近平新時代中國特色社會主義思想學習宣傳貫徹走深走實，推動用黨的創新理論武裝全黨、教育人民、指導實踐。組織編輯《習近平談治國理政》第一卷、第二卷、第三卷，編寫習近平新時代中國特色社會主義思想《學習綱要》、《學習問答》等輔導讀本，建設習近平新時代中國特色社會主義思想研究中心（院），建設新時代文明實踐中心，打造"學習強國"學習平台，

組織開展分眾化、對象化宣講，持續興起學習宣傳貫徹熱潮。抓住黨員領導幹部這個"關鍵少數"，提高黨委（黨組）理論學習中心組學習質量和效果。加強高校思想政治工作，建好高校馬克思主義學院，推動高校為黨育人為國育才。深化馬克思主義理論研究和建設，推進中國特色哲學社會科學學科體系、學術體系、話語體系建設。通過堅持不懈的努力，全黨在思想上政治上戰略上更加主動，"四個意識"、"四個自信"、"兩個維護"更加堅定自覺。

（三）弘揚時代強音，愛黨愛國愛社會主義的主旋律高昂響亮。廣泛開展中國特色社會主義和中國夢宣傳教育，推動理想信念教育常態化制度化，完善思想政治工作體系，激發全黨全國人民團結奮鬥的信心和力量。在全黨開展黨史學習教育，在全社會進行黨史、新中國史、改革開放史、社會主義發展史宣傳教育，建成中國共產黨歷史展覽館，開展慶祝中國共產黨成立100週年、中華人民共和國成立70週年、中國人民解放軍建軍90週年、改革開放40週年和紀念中國人民抗日戰爭暨世界反法西斯戰爭勝利70週年、中國人民志願軍抗美援朝出國作戰70週年等活動，在全社會唱響了主旋律、弘揚了正能量。高度重視傳播手段建設和創新，推動媒體融合發展，提高新聞輿論傳播力、引導力、影響力、公信力。深入宣傳統籌推進"五位一體"總體佈局、協調推進"四個全面"戰略佈局，決戰脫貧攻堅、決勝全面小康的戰略部署和重大成就，深入宣傳把握新發展階段、貫徹新發展理念、構建新發展格局、推進高質量發展的部署要求和進展成效，唱響中國共產黨好、社會主義好、改革開放好、偉大祖國好、人民軍隊好的時代主旋律，匯聚起意氣風發、勇毅前行的磅礴力量。

（四）著眼凝聚人心，社會主義核心價值觀的正能量充沛強勁。堅持以社會主義核心價值觀引領文化建設，著眼培養擔當民族復興大任的時代新人，把培育和弘揚社會主義核心價值觀作為凝魂聚氣、強基固本的基礎工程。深入實施公民道德建設工程，深化群眾性精神文明創建，推動社會主義核心價值觀入法入規，通過教育引導、輿論宣傳、文化熏陶、實踐養成、制度保障等，使社會主義核心價值觀融入社會發展各方面。建立健全黨和國家功勳榮譽表彰制度，設立烈士紀念日，選樹和宣傳道德模範、時代楷模、最美人物、身邊好人，廣泛弘揚民族精神和時代精神。注重用社會主義先進文化、革命文化、中華優秀傳統文化培根鑄魂，實施中華優秀傳統文化傳承發展工程，推動中華優秀傳統文化創造性轉化、創新性發展。堅持把社會效益放在首位、社會效益和經濟效益相統一，繁榮文藝創作，完善公共文化服務體系，推進文化事業和文化產業全面發展，努力為人民提供了更多更好的精神食糧。

（五）講好中國故事，真實立體全面的中國形象鮮亮突出。加快國際傳播能力建設，向世界講好中國故事、中國共產黨故事，傳播好中國聲音，促進人類文明交流互鑒。精心做好習近平總書記著作翻譯出版和宣介推廣，創新開展高訪外宣和系列主場外宣活動。圍繞構建人類命運共同體、共建"一帶一路"等重要理念主張，精心設計針對性強、關注度高的外宣議題，生動鮮活展示中國形象，積極回應國際社會關切，真誠親和增進國際共識。堅持"請進來"與"走出去"相結合，積極爭取知華友華力量。通過紮實有效的工作，我國國家文化軟實力、中華文化影響力明顯提升，中國作為世界和平建設者、全球發展貢獻者、國際秩序維護者的良好形象更加鮮亮。

（六）敢於擔當亮劍，意識形態領域向上向好態勢不斷鞏固。從正本清源入手加強宣傳思想工作，召開全國宣傳思想工作會議等重要會議，習近平總書記發表一系列重要講話，就一系列根本性問題闡明原則立場，廓清了理論是非，劃清了底線紅線，校正了工作導向。各級黨組織當戰士不當"紳士"，旗幟鮮明反對和抵制所謂西方憲政民主、"普世價值"、公民社會、歷史虛無主義、新自由主義等錯誤觀點，對意識形態問題頻發多發、處置不力的單位和組織嚴肅追責問責。加強意識形態陣地管理，特別是高度重視互聯網這個意識形態鬥爭主陣地、主戰場、最前沿的管理，健全互聯網領導和管理體制，堅持依法管網治網，營造清朗的網絡空間，互聯網這個最大變量正在變成事業發展的最大增量。

三　切實增強意識形態領域主導權和話語權

做好新時代意識形態工作，要堅持以習近平新時代中國特色社會主義思想為指引，高舉中國特色社會主義偉大旗幟，鞏固馬克思主義在意識形態領域的指導地位，鞏固全黨全國人民團結奮鬥的共同思想基礎，建設具有強大凝聚力和引領力的社會主義意識形態，建設具有強大生命力和創造力的社會主義精神文明，建設具有強大感召力和影響力的中華文化軟實力，努力建設社會主義文化強國。

（一）始終堅持馬克思主義在意識形態領域指導地位的根本制度。把馬克思主義在意識形態領域的指導地位作為一項根本制度明確下來，是關係黨和國家事業長遠發展、關係我國文化前進方向和發展道路的重大制度創新。要深刻把握這一根本制度的本質規定和實踐要求，切實把馬克思主義指導地位貫穿到宣傳思想工作各領域，落實到理論輿論、文化文藝、內宣外宣、網上網下、體制內體制外各項工作和各個陣地。圍繞這一根本制度完善做好意識形態工作的體制機制，切實把黨的領導、黨的意志、黨的主張貫徹到具體工作之中，確保全黨統一思想、統一意志、統一行動。

（二）著力增強社會主義意識形態的凝聚力和引領力。堅持以立為本、立破並舉，推進社會主義意識形態建設，使全體人民在理想信念、價值理念、道德觀念上緊緊團結在一起。健全用黨的創新理論武裝全黨、教育人民工作體系，推動全黨全社會深入學習領會、全面貫徹落實習近平新時代中國特色社會主義思想。緊扣實現民族復興主題堅定信心、鼓舞鬥志、匯聚力量，緊扣新時代黨的歷史任務統一思想、凝聚共識、鼓足幹勁，激勵人們同心同德奮進新征程、建設現代化。投入更大力量、更多資源解決人民群眾的急難愁盼問題，增強人民獲得感、幸福感、安全感，更好強信心、聚民心、暖人心、築同心，把廣大人民群眾牢牢凝聚在黨的周圍。

（三）全面落實意識形態工作責任制。推動各級黨委（黨組）增強維護意識形態安全的政治敏銳，強化建設社會主義意識形態的政治擔當，全面落實意識形態工作各項任務，守住管好各類意識形態陣地。對大是大非問題、政治原則問題敢抓敢管、敢於鬥爭，加強陣地建設和管理，注意區分政治原則問題、思想認識問題、學術觀點問題，旗幟鮮明反對和抵制各種錯誤觀點。對落實責任不力造成嚴重後果、影響惡劣的，該問責的問責。發揮好巡視利劍作用，抓好意識形態專項檢查，不斷提升意識形態工作的整體效能。

推動中華優秀傳統文化
創造性轉化創新性發展

傅凱華

　　中華民族五千多年文明歷史所孕育的中華優秀傳統文化，積澱著中華民族最深沉的精神追求，代表著中華民族獨特的精神標識，是中華民族生生不息、發展壯大的豐厚滋養，是中國特色社會主義植根的文化沃土，是當代中國發展的突出優勢，是我們在世界文化激盪中站穩腳跟的根基。黨的十九屆六中全會通過的《中共中央關於黨的百年奮鬥重大成就和歷史經驗的決議》，深刻總結了黨的十八大以來我們黨推進文化建設的戰略部署和重大成就，強調"推動中華優秀傳統文化創造性轉化、創新性發展"。堅定文化自信，建設文化強國，需要我們結合新的時代條件傳承好、弘揚好中華優秀傳統文化，守正創新、推陳出新，讓中華文化綻放出新的時代光彩。

一　中國共產黨是中華優秀傳統文化的忠實傳承者和弘揚者

　　我們黨團結帶領人民不懈奮鬥、創造輝煌的一百年，也是中國共產黨人自覺肩負歷史責任，堅持辯證唯物主義和歷史唯物主義，秉持客觀、科學、禮敬的態度，對中華傳統文化取其精華、去其糟粕，揚棄繼承、轉化創新，激勵中華兒女砥礪奮進的一百年。

　　新民主主義革命時期，在國家和民族生死存亡的危急關頭，中國共產黨人肩負起"我們民族一切文化、思想、道德的最優秀傳統的繼承者"的歷史重任，批判阻礙社會進步的舊思想舊道德，打開了新思想新文化湧流的閘門。我們黨積極運用傳統文化精華闡釋馬克思主義基本原理，創造性利用人民群眾喜聞樂見的民族民間文化載體和藝術樣式傳播科學真理，著力建設民族的、科學的、大眾的新民主主義文化，中華文化迸發出強大的凝聚力、感

261

召力，匯聚起中華兒女前赴後繼、改天換地的磅礡力量。

社會主義革命和建設時期，為了使中華民族"以一個具有高度文化的民族出現於世界"，我們黨全面推進文化建設，倡導古為今用、推陳出新，提出百花齊放、百家爭鳴，新建、改造一批文化機構，逐步建立中華優秀傳統文化傳承發展的制度，堅決蕩滌舊社會的落後思想和污泥濁水，推動形成革命的、健康的、朝氣蓬勃的新道德新風尚，挺立起中華民族堅韌不拔、戰天鬥地的精神脊樑。同時，在"文化大革命"中，中華優秀傳統文化傳承發展遭受嚴重曲折，留下深刻教訓。

改革開放和社會主義現代化建設新時期，針對思想文化和意識形態領域出現的新情況新問題，我們黨堅持物質文明和精神文明兩手抓、兩手都要硬，提出文藝"為人民服務、為社會主義服務"，積極構建與社會主義市場經濟相適應、與社會主義法律規範相協調、與中華民族傳統美德相承接的社會主義思想道德體系，加強文化遺產保護，有序推進文化領域改革開放，對古今中外文化作品中一切好的東西予以"鑽研、吸收、融化和發展"，中華優秀傳統文化滋養著社會主義先進文化繁榮發展，為社會主義現代化建設注入強大精神力量。

中國特色社會主義進入新時代，以習近平同志為核心的黨中央高度重視傳承弘揚中華優秀傳統文化。習近平總書記舉旗定向，親自謀劃、親自指導、親自推動中華優秀傳統文化傳承發展，深入開展調查研究，足跡遍及眾多歷史文化遺產。習近平總書記鮮明提出堅定文化自信並將其納入中國特色社會主義"四個自信"，鮮明提出"堅持把馬克思主義基本原理同中國具體實際相結合、同中華優秀傳統文化相結合"，科學闡釋中華優秀傳統文化的內涵、基因和特質，辯證揭示中華優秀傳統文化與當代文化、與世界文化之間的關係，精闢闡述中華優秀傳統文化對堅持和發展中國特色社會主義、加強社會主義核心價值觀建設、推進治國理政等基礎、根基、血脈、源泉作用和不可或缺的借鑒、滋養、啟迪意義，闡述中華優秀傳統文化在構建中華民族共有精神家園、構建人類命運共同體當中的紐帶作用、認同功能，闡述傳承發展中華優秀傳統文化必須堅持的方針原則和目標任務，突出強調堅守中華文化立場、推動中華優秀傳統文化創造性轉化、創新性發展的時代使命和責任擔當，明確要求深入挖掘闡發傳統文化精髓、構建中國文化基因理念體系、提煉展示中華文明精神標識，"使中華民族最基本的文化基因與當代文化相適應、與現代社會相協調，把跨越時空、超越國界、富有永恆魅力、具有當代價值的文化精神弘揚起來"。習近平總書記一系列重要論述，對豐富和發展馬克思主義文化建設理論作出重大原創性貢獻，把我們對中華優秀傳統文化地位作用的認識提升到了一個新高度，推動中華優秀傳統文化的創造性轉化、創新性發展迎來變革性實踐，取得突破性進展、標誌性成就，使中華文脈在賡續傳承中弘揚光大，彰顯出強大的生命力、凝聚力、影響力，增強了中國人民和中華民族內心深處的自信與自豪。

二 黨的十八大以來中華優秀傳統文化傳承發展取得歷史性成就、發生歷史性變革

黨的十八大以來，以習近平同志為核心的黨中央將"中華優秀傳統文化創造性轉化、創新性發展"擺在突出位置，推動中華優秀傳統文化與時俱進，煥發新的生機活力。

（一）堅持以文化為國家和民族之魂、國家治理之基，塑造整體推進中華優秀傳統文化傳承發展的新格局。發揮我國制度優勢，將傳承發展中華優秀傳統文化作為各級黨委和政府的重要職責，納入經濟社會發展規劃綱要和國家文化發展改革等有關規劃。中辦、國辦印發《關於實施中華優秀傳統文化傳承發展工程的意見》，明確傳承發展的總體目標、主要內容、重點任務和工作要求。印發《關於在城鄉建設中加強歷史文化保護傳承的意見》、《關於加強文物保護利用改革的若干意見》、《長城、大運河、長征國家文化公園建設方案》等配套文件，推動傳承發展的重點領域、重點工作相互銜接、形成合力。注重運用中華優秀傳統文化涵養社會主義核心價值觀，注重發揮優秀傳統思想道德的培根鑄魂作用，大力弘揚中華民族傳統美德，弘揚中華人文精神，引導全社會向上向善向美。著眼於增強中華文化認同、國家認同和民族自豪感，加強文物考古工作，組建中國歷史研究院，加強對中華民族多元一體格局、中華民族共同體歷史的研究闡釋，加強青少年中國歷史和

優秀傳統文化教育，深入開展民族團結進步宣傳教育和創建活動，加強對香港、澳門社會的愛國主義教育、中國歷史和中華文化教育，推進兩岸人文交流合作，鑄牢中華民族共同體意識。

（二）堅持以摸清文化資源家底為支點，進一步夯實傳承發展中華優秀傳統文化的工作基礎。深入開展文化資源普查梳理，讓文物說話，讓歷史說話，讓文化說話，把歷史智慧告訴人們，堅定文化自信，增進國家情懷。啟動中華文化資源普查工程，完成可移動文物、古籍、美術館藏品和戲曲劇種普查，有效提升全國文化遺產資源基礎數據的全面性準確性。據統計，全國現有不可移動文物 76.67 萬處，國有可移動文物藏品 1.08 億件（套），非物質文化遺產資源 87 萬項。我國有 42 個非物質文化遺產項目列入聯合國教科文組織名錄、居世界第一，成功申報世界遺產 56 項、居世界第二。截至 2015 年，全國有地方戲曲劇種 348 個。截至 2020 年，全國累計完成古籍普查登記數據 270 餘萬部，佔總任務的 94%；累計發佈古籍數字資源達 7.2 萬部。國家美術藏品數據庫已基本形成。目前，各項傳統文化資源的普查覆核、數據補充完善和動態調整工作正穩步推進，分級分類實施科學保護有了可靠支撐，深入研究和轉化利用已逐步駛入快車道。

（三）堅持以重大工程項目為牽引，凝聚各方合力，推動中華優秀傳統文化保護傳承走深走細走實。增強全社會文物保護意識，加大文化遺產保護力量。以中華優秀傳統文化傳承發展工程為總抓手，確定國家古籍保護、中華經典誦讀、非物質文化遺產傳承發展、中華民族音樂傳承傳播、中國傳統村落保護等 15 個重點工程項目為具體抓手，建立由中央有關部門牽頭的工程部際協調組，形成全國一盤棋。這些重大工程項目的實施，讓一些瀕危的傳統藝術得到搶救，一些古老的手藝技藝得到傳承，一些沉睡在歷史中、陳列在大地上的文物重現光彩，一些被破壞的文化生態系統逐步得到修復和優化提升，文化遺產保護上了一個大台階。2021 年 4 月，中央有關部門印發《中華優秀傳統文化傳承發展工程"十四五"重點項目規劃》，對原有重點工程項目進行調整、補充和完善，並新設農耕文化、中醫藥、古文字、城市文化生態修復、歷史文化名城名鎮名村街區和歷史建築保護利用等項目，推動優秀傳統文化更好融入經濟社會發展和人們日常生活，煥發永恆魅力和當代價值。

（四）堅持以滿足人民日益增長的美好生活需要為出發點和落腳點，不斷賦予中華優秀傳統文化新的時代內涵和現代表達形式。與全面建成小康社會進程相適應，推動優秀傳統文化融入國民教育，找到傳統文化與現代生活的連接點，滿足人民日益增長的美好生活需要。鼓勵廣大作家用傳統文化精髓滋養文藝創作，創作生產更多高揚中國精神、反映時代氣象、體現中華審美風範的優秀作品。中央和地方媒體開設專題專欄，推出一系列專題片、紀錄片，有關部門舉辦一系列文化活動、主題展覽，彰顯了中華文化的神韻風采。大型紀錄片《記住鄉愁》、《航拍中國》，電視節目《典籍裏的中國》、《中國詩詞大會》、《國家寶藏》、《唐宮夜宴》、《洛神水賦》等引起社會廣泛關注，傳統文化主題動畫片《大禹治水》、《愚公移山》、《楊家將》、《百鳥朝鳳》深受“小觀眾”喜愛，傳統戲曲進校園、進鄉村穩步推進，傳統節日文化得到全社會進一步重視，“望得見山、看得見水、記得住鄉愁”的理念日益深入人心。越來越多的人走進劇院博物館、走進歷史名城街區、走進名山大川，欣賞人文之勝，領略自然之美。文物熱、非遺熱、傳統節日熱、探索自然熱紛紛興起，全社會共同擦亮了歷史文化金名片。

（五）堅持以文明交流互鑒為平台，推動中華文明與各國文明美美與共、和合共生。深化人文領域國際合作，健全中外高級別交流機制，完善對外文化交流機構全球佈局。截至 2020 年，已在全球設立 45 家海外中國文化中心。做強“感知中國”、“歡樂春節”、“文化中國”、“四海同春”等對外文化交流活動品牌。把文化遺產作為文明傳播交流的“天然使者”，我國與 20 多個國家簽訂文化遺產領域合作協定。舉辦出入境文物展覽，與“一帶一路”沿線國家開展援外文物保護修復和聯合考古合作。亞洲文明對話大會期間，成功舉辦“大美亞細亞——亞洲文明展”，來自 49 個國家的 400 多件文化瑰寶薈萃一堂，呈現了亞洲和人類文化遺產的獨特魅力，促進了文明互學互鑒、共同發展。鼓勵支持相關機構在國外主流媒體平台開設中國專欄、中國劇場、中國專區專頁等，增進了各國人民對中國文化的認知認同。

三 在新的起點上高質量推動中華優秀傳統文化創造性轉化、創新性發展

　　中華文化既是歷史的，也是當代的；既是民族的，也是世界的。不忘本來才能開闢未來，善於繼承才能更好創新。隨著全面建設社會主義現代化國家新征程開啟，傳承發展中華優秀傳統文化迎來新的歷史機遇和挑戰，面臨一系列新課題新任務。我們要更加自覺、更加主動地推動中華優秀傳統文化同當代社會相適應、同現代化進程相協調，更好地推動創造性轉化、創新性發展。創造性轉化，就是要按照時代特點和要求，對那些至今仍有借鑒價值的內涵和形式加以改造，賦予其新的時代內涵載體和傳播渠道，激活其生命力。創新性發展，就是要按照時代的新進步新進展，對中華優秀傳統文化的內涵加以補充、拓展、完善，增強其影響力和感召力。

　　習近平總書記指出，如果沒有中華五千年文明，哪裏有什麼中國特色？如果不是中國特色，哪有我們今天這麼成功的中國特色社會主義道路？我們要牢牢守護中華民族的精神命脈，深入挖掘中華文明的精華，弘揚優秀傳統文化，將它與馬克思主義立場觀點方法結合起來，堅定不移走中國特色社會主義道路。我們黨自成立以來先後形成的一系列馬克思主義中國化成果，都把中國歷史經驗、民族智慧、文化精髓有機融入馬克思主義；反過來，馬克思主義中國化成果又用真理的力量激活了中華文明，推動中華民族在歷史進步中不斷實現文化進步。新時代我們堅持和發展中國特色社會主義，要自覺以習近平新時代中國特色社會主義思想為指導，科學對待民族傳統文化，堅持有鑒別的對待、有揚棄的繼承，古為今用、推陳出新，不斷以堅定的文化自信堅定全黨全社會的道路自信、理論自信、制度自信。要堅持一脈相承的精神追求、精神特質、精神脈絡，培育和踐行社會主義核心價值觀，拉緊維繫民族的精神紐帶，夯實國家共同的思想道德基礎。要守正創新、固本培元，推進中華優秀傳統文化與當代文化相融通，用剛健厚重先進質樸的社會主義先進文化滋養民族氣質、引領社會風尚，不斷匯聚實現中華民族偉大復興的精神力量。

　　習近平總書記指出，沒有信息化就沒有現代化。信息化把優秀傳統文

化的轉化發展引向了新的階段，要更好地認識和把握信息化大勢，搶佔先機，贏得主動。要善於運用數字技術推動中華優秀傳統文化的保護、傳播、轉化、創新，讓收藏在博物館裏的文物、陳列在廣闊大地上的遺產、書寫在古籍裏的文字都活起來。要加強文化遺產的數字化沉澱和保護，創新文化遺產展示方式，用心用情打造數字化文化產品，結合大眾特別是青少年的接受心理和習慣，運用現代科技手段豐富優秀傳統文化的時代化表達、藝術化呈現，在創新利用中延續中華文脈。要著力建設中華文化數據庫，完善文化數字化基礎設施，搭建文化數據服務平台，加快文化產業數字化佈局，發展數字化文化消費新場景，促進文化生產機構數字化轉型升級，形成線上線下融合互動、立體覆蓋的文化供給體系，更好滿足人民群眾精神文化需求。

習近平總書記指出，文明因多樣而交流，因交流而互鑒，因互鑒而發展。在世界百年未有之大變局中，我們越接近實現中華民族偉大復興的目標，越走近世界舞台中央，就越需要樹立和踐行平等、互鑒、對話、包容的文明觀，以文明交流超越文明隔閡，以文明互鑒超越文明衝突，以文明共存超越文明優越，夯實構建人類命運共同體的人文基礎。要抓住世界各國日益關注中國發展、希望了解中華文化的歷史性機遇，把優秀傳統文化中具有當代價值、世界意義的文化精髓提煉出來，把繼承傳統優秀文化又弘揚時代精神、立足本國又面向世界的當代中國文化創新成果傳播出去，展示中華文化蘊涵的堅守和平、發展、公平、正義、民主、自由的全人類共同價值，提高國家文化軟實力、中華文化影響力。要以理服人、以文服人、以德服人，深入開展中外文明對話，深化對外文化交流，以文載道、以文傳聲、以文化人，更好推動中華文化走出去，向世界闡釋推介更多具有中國特色、體現中國精神、蘊藏中國智慧的優秀文化，既開放自信也謙遜謙和，努力塑造更加可信、可愛、可敬的中國形象。

生態文明建設是關乎中華民族
永續發展的根本大計

黃守宏

　　生態環境是人類生存最為基礎的條件，是我國持續發展最為重要的基礎。實現中華民族偉大復興中國夢，必須加強生態文明建設。我們黨歷來高度重視生態環境保護，為之進行了不懈努力。黨的十八大以來，以習近平同志為核心的黨中央以前所未有的力度抓生態文明建設，大力推動生態文明理論創新、實踐創新、制度創新，創立了習近平生態文明思想，引領全黨全國推動綠色發展自覺性和主動性顯著增強，美麗中國建設邁出重大步伐，我國生態環境保護發生歷史性、轉折性、全局性變化。對此，《中共中央關於黨的百年奮鬥重大成就和歷史經驗的決議》進行了全面回顧和系統總結。我們要深入學習，全面理解和把握。

一　充分認識加強生態環境保護的重要性和緊迫性，明確生態文明建設在黨和國家事業發展全局中的重要地位

　　縱觀人類文明發展史，生態興則文明興，生態衰則文明衰，生態環境變化直接影響文明興衰演替。改革開放以來，黨日益重視生態環境保護，把節約資源和保護環境確立為基本國策，把可持續發展確立為國家戰略，採取了一系列重大舉措。同時，在經濟快速發展過程中，傳統的高投入、高消耗、高排放粗放型增長模式造成了大量生態環境問題，生態文明建設仍然是一個明顯短板，資源環境約束趨緊、生態系統退化等問題越來越突出，特別是各類環境污染、生態破壞呈高發態勢，成為國土之傷、民生之痛。比如，2014 年，全國空氣質量年均值達標的城市佔比不及 10%；地級及以上城市的地下水水質監測點中，水質為優良級的僅佔 10.8%，較差、極差級的佔比

超過 60%。我國生態環境承載能力已經達到或接近上限，獨特的地理環境也加劇了地區間的不平衡。在當今的“胡煥庸線”中，東南方約 43% 的國土居住著全國 94% 左右的人口，生態環境壓力巨大；西北方約 57% 的國土以草原、戈壁沙漠、綠洲和雪域高原為主，生態系統非常脆弱。如果不抓緊扭轉生態環境惡化趨勢，必將付出極其沉重的代價，經濟社會難以持續發展。隨著我國社會主要矛盾發生變化，人民群眾對優美生態環境需要成為這一矛盾的重要方面，熱切期盼加快提高生態環境質量。我國經濟已由高速增長階段轉向高質量發展階段，加快推動綠色發展成為必然選擇。

明者因時而變，知者隨事而制。黨的十八大以來，以習近平同志為核心的黨中央把握人類社會發展規律、傳承中華優秀傳統文化、順應時代潮流和人民意願，站在堅持和發展中國特色社會主義、實現中華民族偉大復興中國夢的戰略高度，把生態文明建設擺在全局工作的突出位置，作出一系列重大戰略部署。在“五位一體”總體佈局中，生態文明建設是重要組成部分；在新時代堅持和發展中國特色社會主義基本方略中，堅持人與自然和諧共生是一條基本方略；在新發展理念中，綠色發展是一大理念；在三大攻堅戰中，污染防治是一大攻堅戰；在到本世紀中葉建成富強民主文明和諧美麗的社會主義現代化強國目標中，美麗是一個重要目標。黨的十九大修改通過的黨章增加“增強綠水青山就是金山銀山的意識”等內容，2018 年 3 月通過的憲法修正案將生態文明寫入憲法，實現了黨的主張、國家意志、人民意願的高度統一。

二 在實踐基礎上創立的習近平生態文明思想，為推進美麗中國建設、實現人與自然和諧共生的現代化提供了科學指引和根本遵循

黨的十八大以來，以習近平同志為核心的黨中央堅持把馬克思主義基本原理同中國具體實際相結合、同中華優秀傳統文化相結合，系統總結古今中外生態環境發展變遷的經驗教訓，立足新時代生態文明建設實踐，深刻回答了為什麼建設生態文明、建設什麼樣的生態文明、怎樣建設生態文明等重

大理論和實踐問題，提出一系列原創性的新思想、新理念、新舉措，創立了習近平生態文明思想，把我們黨對生態文明建設規律的認識提升到一個新高度。習近平生態文明思想是習近平新時代中國特色社會主義思想的重要組成部分，是新時代建設社會主義生態文明的強大思想武器。

習近平生態文明思想內涵豐富、博大精深，我們要認真學習和深刻領會其精神實質、核心要義、實踐要求。要充分認識到，保護生態環境就是保護生產力，改善生態環境就是發展生產力，決不以犧牲環境為代價換取一時的經濟增長。生態環境保護和經濟發展是辯證統一、相輔相成的，建設生態文明、推動綠色低碳發展，不僅可以滿足人民日益增長的優美生態環境需要，而且可以推動實現更高質量、更有效率、更加公平、更可持續、更為安全的發展。綠水青山就是金山銀山，這是重要的發展理念，也是推進現代化建設的重大原則，指明了實現發展和保護協同共生的新路徑。綠水青山既是自然財富、生態財富，又是社會財富、經濟財富。保護生態環境就是保護自然價值和增值自然資本，就是保護經濟社會發展潛力和後勁，使綠水青山持續發揮生態效益和經濟社會效益。生態環境問題歸根結底是發展方式和生活方式問題，要從根本上解決生態環境問題，必須完整、準確、全面貫徹新發展理念，堅決摒棄損害甚至破壞生態環境的增長模式，加快形成綠色發展方式和生活方式。生態是統一的自然系統，是相互依存、緊密聯繫的有機鏈條，必須堅持山水林田湖草沙一體化保護和系統治理，統籌兼顧、整體施策、多措並舉。生態環境沒有替代品，用之不覺，失之難存，必須像保護眼睛一樣保護生態環境，像對待生命一樣對待生態環境，更加自覺地推進綠色發展、循環發展、低碳發展，堅持節約資源和保護環境的基本國策，堅持節約優先、保護優先、自然恢復為主的方針，堅持走生產發展、生活富裕、生態良好的文明發展道路。總之，我們要不斷增強學習貫徹習近平生態文明思想的政治自覺、思想自覺、行動自覺，勇做習近平生態文明思想的堅定信仰者和忠實踐行者。

三 開展加強生態環境保護的一系列根本性、開創性、長遠性工作，具有重大現實意義和深遠歷史影響

生態文明建設是一場涉及生產方式、生活方式、思維方式和價值觀念的深刻變革，黨從思想、法律、體制、組織、作風上全面發力，全方位、全地域、全過程加強生態環境保護。

深入學習宣傳習近平生態文明思想，築牢全社會加強生態環境保護的共同思想基礎。思想是行動的先導。建設生態文明，只有認識到位，行動才會自覺。黨中央持續抓緊抓好習近平生態文明思想學習宣傳闡釋工作，把生態文明納入社會主義核心價值體系，推動全民增強節約意識、環保意識、生態意識，開展全民綠色行動，綠水青山就是金山銀山的理念成為全黨全社會的共識和行動。

加強生態文明建設頂層設計，確保生態環境保護沿著正確方向前行。黨的十八大以來，黨和國家相繼出台《中共中央國務院關於加快推進生態文明建設的意見》、《生態文明體制改革總體方案》，制定了數十項涉及生態文明建設的改革方案，從總體目標、基本理念、主要原則、重點任務、制度保障等方面對生態文明建設進行全面系統部署安排，擘畫了建設美麗中國的宏偉藍圖。

構建生態文明制度體系，用最嚴格制度最嚴密法治保護生態環境。制度是管根本管長遠的。我國生態環境保護中存在的突出問題大多同體制不健全、制度不嚴格、法治不嚴密、執行不到位、懲處不得力有關。黨的十八大以來，黨中央圍繞建立健全源頭預防、過程控制、損害賠償、責任追究的生態環境保護體系，大力推動制度創新，增加制度供給，完善制度配套，強化制度執行。組織實施主體功能區戰略，建立健全自然資源資產產權制度、國土空間開發保護制度、生態文明建設目標評價考核制度和責任追究制度、生態補償制度、河湖長制、林長制、環境保護"黨政同責"和"一崗雙責"等一系列重要制度。制定修訂環境保護法、大氣污染防治法、水污染防治法、野生動物保護法等多部法律法規。全國人大常委會、最高人民法院、最高人民檢察院對環境污染和生態破壞界定入罪標準，加大懲治力度。中央生態環

境保護督察制度全面推開，成為落實生態環境保護責任的硬招實招。完善生態文明領域統籌協調機制，健全黨委領導、政府主導、企業主體、社會組織和公眾參與的現代環境治理體系，構建一體謀劃、一體部署、一體推進、一體考核的制度機制。

推動劃定和嚴守生態保護紅線、環境質量底線、資源利用上線，形成生態環境保護的剛性約束。在重點生態功能區、生態環境敏感區和脆弱區等區域劃定生態紅線，確保生態功能不降低、面積不減少、性質不改變；科學劃定並嚴格保護永久基本農田，確保耕地數量不下降、質量不降低；劃定森林、草原、濕地、海洋等領域生態紅線，有效遏制生態系統退化的趨勢。將生態環境質量只能更好、不能變壞作為底線，並在此基礎上不斷改善，對生態破壞嚴重、環境質量惡化的區域嚴肅問責。在資源利用上線方面，不僅要考慮人類和當代的需要，也要考慮大自然和後人的需要，把握好自然資源開發利用的度，不能突破自然資源承載能力。

優化國土空間開發保護格局，構築生態安全屏障。國土是生態文明建設的空間載體。黨中央立足資源環境承載能力，發揮各地區比較優勢，確立城市化地區、農產品主產區、生態功能區三大空間格局，全面推進綠色發展，推動形成節約資源和保護環境的空間格局、產業結構、生產方式、生活方式。建立以國家公園為主體的自然保護地體系，加強大江大河和重要湖泊濕地及海岸帶生態保護和系統治理，加大生態系統保護和修復力度，加強生物多樣性保護，持續開展大規模國土綠化行動，加快水土流失和荒漠化石漠化綜合治理，深入實施退耕還林還草還濕，提升生態系統質量和穩定性。

著力打贏污染防治攻堅戰，集中力量攻克人民群眾身邊的突出生態環境問題。良好生態環境是最公平的公共產品，是最普惠的民生福祉。發展經濟是為了民生，保護生態環境同樣也是為了民生。黨中央堅持以人民為中心的發展思想，持續推進精準治污、科學治污、依法治污，保持力度、延伸深度、拓寬廣度。深入實施大氣、水、土壤污染防治三大行動計劃，打好藍天、碧水、淨土保衛戰。開展農村人居環境整治，推進"廁所革命"和污水、垃圾收集處理。有序推進城鎮生活垃圾分類。全面禁止進口"洋垃圾"。開展中央生態環境保護督察，堅決查處一批破壞生態環境的重大典型案件、解決一批人民群眾反映強烈的突出環境問題。

積極參與全球環境與氣候治理，共謀全球生態文明建設之路。人類是命運共同體，保護生態環境、應對氣候變化是全球面臨的共同挑戰。作為全球生態文明建設的參與者、貢獻者、引領者，我國堅定踐行多邊主義，努力推動構建公平合理、合作共贏的全球環境治理體系。我國引領全球氣候變化談判進程，積極推動《巴黎協定》的簽署、生效、實施；率先發佈《中國落實2030年可持續發展議程國別方案》，實施《國家應對氣候變化規劃（2014—2020年）》，推動建立"一帶一路"綠色發展國際聯盟。我國作出力爭2030年前實現碳達峰、2060年前實現碳中和的莊嚴承諾，體現了負責任大國的擔當。

四　我國優異"綠色答卷"令人民滿意、世界矚目，實現美麗中國建設目標必須堅持不懈、奮發有為

在習近平生態文明思想指導下，我們全面加強生態環境保護，決心之大、力度之大、成效之大前所未有。污染防治攻堅戰階段性目標全面完成，藍天白雲重新展現，濃煙重霾有效抑制，黑臭水體明顯減少，土壤污染風險得到管控。2020年，全國地級及以上城市中，空氣質量達標城市佔比為59.9%，地下水水質達標監測點佔比為88.2%，地表水水質達標監測點佔比為97.7%。綠色經濟加快發展，產業結構不斷優化，一大批高污染企業有序退出，新能源汽車產銷量、保有量佔世界一半。能源消費結構發生重大變化，從2012年到2020年，我國煤炭消費佔能源消費總量比重由68.5%下降到56.8%，清潔能源佔比由14.5%提升至24.3%，水電、風電、光伏發電裝機規模均穩居世界首位；全面節約資源有效推進，資源能源消耗強度大幅下降，2020年，單位國內生產總值能耗比2012年累計下降24.4%，單位國內生產總值二氧化碳排放較2005年降低48.4%、超額完成向國際社會承諾目標。國土綠化持續推進，2020年底我國森林覆蓋率達到23.04%，2000年以來全球新增綠化面積約1/4來自我國。劃入生態保護紅線面積約佔我國陸地國土面積的25%，第一批國家公園保護面積達23萬平方公里；建立各類

自然保護地超過 1.18 萬個，有效保護了 90% 的植被類型和陸地生態系統、85% 的重點保護野生動物種群。人民群眾對生態文明建設的獲得感、幸福感、安全感不斷增強，2020 年全國公眾生態環境滿意度達到 89.5%，比 2017 年提高 10.7 個百分點。我國生態文明建設取得的巨大成就，也得到了國際社會廣泛肯定。

同時，我們必須清醒認識到，當前我國生態文明建設仍然面臨諸多矛盾和挑戰，生態環境穩中向好的基礎還不穩固，從量變到質變的拐點還沒有到來。我國仍是發展中國家，尚處在工業化、城鎮化進程之中，能源結構沒有得到根本性改變，重點區域、重點行業污染問題沒有得到根本解決，實現碳達峰、碳中和任務艱巨，資源環境對發展的壓力越來越大。全球生態環境治理形勢日趨複雜，給我國生態環境保護帶來新的挑戰。生態文明建設正處於壓力疊加、負重前行的關鍵期，已進入提供更多優質生態產品以滿足人民日益增長的優美生態環境需要的攻堅期，也到了有條件有能力解決生態環境突出問題的窗口期，必須再接再厲、攻堅克難，以高水平保護推動高質量發展、創造高品質生活。

生態文明建設功在當代、利在千秋。我們要在以習近平同志為核心的黨中央堅強領導下，深入貫徹習近平生態文明思想，胸懷“國之大者”，保持加強生態文明建設的戰略定力，鍥而不捨，久久為功，促進生態環境持續改善，努力建設人與自然和諧共生的現代化，實現中華民族永續發展。

人民軍隊實現整體性革命性重塑

鍾　新

　　黨的十八大以來，在黨中央、中央軍委和習近平主席堅強領導下，人民軍隊全面實施改革強軍戰略，開展了一場新中國成立以來最為廣泛、最為深刻的國防和軍隊改革，實現整體性革命性重塑。黨的十九屆六中全會通過的《中共中央關於黨的百年奮鬥重大成就和歷史經驗的決議》，充分肯定深化國防和軍隊改革取得的歷史性成就，對於動員全黨全軍聚力推進改革強軍，奮力實現黨在新時代的強軍目標、把人民軍隊全面建成世界一流軍隊，具有重大而深遠的意義。

一　深化國防和軍隊改革是建設強大人民軍隊的必由之路

　　在黨的領導下，人民軍隊走過了 94 年光輝歷程。人民軍隊一路走來，從小到大、從弱到強、從勝利走向勝利，改革創新步伐從來沒有停止過。進入新時代，黨中央、習主席統籌中華民族偉大復興戰略全局和世界百年未有之大變局，著眼實現黨在新時代的強軍目標，作出改革強軍的戰略決策，領導人民軍隊進行了一場具有劃時代意義的偉大變革。聯繫 9 年來強國強軍的生動實踐，越發體悟到深化國防和軍隊改革的時代意蘊和戰略考量。

　　（一）這是確保人民軍隊有效維護國家安全的戰略選擇。強國必須強軍，軍強才能國安。黨的十八大以來，我國進入由大向強發展的關鍵階段，國家安全內涵和外延比歷史上任何時候都要豐富，時空領域比歷史上任何時候都要寬廣，內外因素比歷史上任何時候都要複雜。面對國際戰略格局和國家安全環境的複雜深刻變化，必須建設同我國國際地位相稱、同國家安全和發展利益相適應的鞏固國防和強大軍隊。正是實施改革強軍戰略，提高了軍隊能打仗、打勝仗能力，強化了軍隊塑造態勢、管控危機、遏制戰爭、打贏戰爭的戰略功能，人民軍隊才能經受住複雜形勢和嚴峻鬥爭考驗，有效維護國家主權、安全、發展利益。可以說，深化國防和軍隊改革，佈的是富國強軍大局，立的是安全發展之基，謀的是民族復興偉業。

（二）這是人民軍隊順應世界新軍事革命潮流的主動經略。軍事領域是競爭最為激烈的領域，也是最具創新活力的領域。進入新時代，世界軍事革命迅猛發展，戰爭形態加速演變為信息化戰爭，並向智能化演進，速度之快、範圍之廣、程度之深前所未有。世界主要國家紛紛調整安全戰略、軍事戰略，調整軍隊組織形態，力求搶佔優勢、贏得先機。我軍既面臨趕超跨越的難得機遇，也面臨差距被拉大的嚴峻挑戰，必須加快國防和軍隊改革。人民軍隊搶抓機遇、奮楫勇進，深化國防和軍隊改革，大踏步趕上潮流、走到了時代前列，努力掌握軍事競爭和未來戰爭主動權。

（三）這是人民軍隊發展壯大、制勝未來的關鍵一招。中流擊水，惟改革者進，惟創新者強，惟改革創新者勝。新中國成立以來，我軍先後進行了13次比較大的改革，部隊規模和體制編制不斷調整，軍隊員額從最多時的631萬減到230萬。但長期以來受各種主客觀因素影響，改革改不下去、深不下去的局面一直沒有打破，軍隊領導指揮體制不夠科學，力量規模結構不夠合理，政策制度相對滯後，嚴重制約國防和軍隊建設。這些問題不解決，國防和軍隊現代化就難以順利實現，實現強軍目標、建設世界一流軍隊就是一句空話。針對體制性障礙、結構性矛盾、政策性問題，人民軍隊全面展開各方面改革，解決了許多長期想解決而沒有解決的難題，辦成了許多過去想辦而沒有辦成的大事，朝著組織形態現代化邁出重大步伐。

二　人民軍隊在劃時代的偉大變革中重塑重構

黨中央、習主席對深化國防和軍隊改革高度重視，堅持把這項重大改革擺在黨和國家工作全局的突出位置，放在戰略和全局的高度來謀劃推進。黨的十八屆三中全會把深化國防和軍隊改革納入全面深化改革的總盤子，上升為黨的意志和國家行為。中央軍委成立深化國防和軍隊改革領導小組，習主席擔任組長，親自領導、運籌和推動改革，提出一系列重大思想，作出一系列重大決策，部署一系列重大工作，指揮深化國防和軍隊改革“三大戰役”，人民軍隊體制、結構、格局、面貌煥然一新。

（一）率先施行軍隊領導指揮體制改革，形成軍委管總、戰區主戰、軍種主建新格局。著眼於中國特色社會主義軍事制度自我完善和發展，毫不動搖堅持黨對人民軍隊的絕對領導，全面深入貫徹軍委主席負責制，一體塑造新的領導管理體制和聯合作戰指揮體制。重塑軍委機關機構設置和職能配置，調整組建軍委機關 15 個職能部門，明確軍委機關作為軍委的參謀機關、執行機關、服務機關的職能定位，完善需求—規劃—預算—執行—評估的戰略管理鏈路，強化軍委集中統一領導和戰略謀劃、戰略管理功能。重塑嚴密的權力運行制約和監督體系，增強紀檢監察、巡視巡查、審計監督、司法監督的獨立性和權威性。重塑聯合作戰指揮體系，組建軍委聯合作戰指揮中心，重新劃設五大戰區，健全戰區聯合作戰指揮機構，實現中央軍委對全軍部隊集中統一指揮，實現諸軍兵種力量聯合運用。重塑軍兵種領導管理體制，成立陸軍領導機構，將第二炮兵更名為火箭軍，組建戰略支援部隊、聯勤保障部隊，形成完整的軍兵種領導管理體制和新型作戰力量領導體制。調整武警部隊領導指揮體制，改革預備役部隊管理體制，確保黨對全國武裝力量的絕對領導。組織架構的整體性革命性重塑，打破了長期實行的總部體制、大軍區體制、大陸軍體制，突破了軍隊發展的體制性障礙，構建起中央軍委—戰區—部隊的作戰指揮體系、中央軍委—軍種—部隊的領導管理體系，軍隊最高領導權和指揮權集中於黨中央、中央軍委，實現了領導掌握部隊和高效指揮部隊有機統一。

（二）壓茬展開軍隊規模結構和力量編成改革，打造中國特色現代軍事力量體系。著眼於有效應對各戰略方向和重大安全領域現實威脅，人民軍隊壓減數量規模、優化編成結構、發展新型力量、理順重大比例關係，構建以精銳作戰力量為主體的聯合作戰力量體系。重塑人員結構和規模比例，精簡機關和非戰鬥機構人員，大幅壓減幹部數量，減少領導職數，擴大文職人員規模，充實一線部隊，軍隊現役總員額裁減 30 萬，但作戰部隊人員總數不減反增，官兵比例明顯優化，實現“瘦身”與“強體”的有機統一。重塑力量結構，調整軍兵種結構比例，優化軍兵種、武警部隊內部力量編成，大幅壓減老舊裝備部隊，增加戰略力量和新型作戰力量比重，優化不同戰略方向力量配置。重塑部隊編成，降低合成重心，減少領導層級，打造具備多種能力和廣泛作戰適應性的部隊，部隊編成更加充實、合成、多能、靈活。重塑軍事人才培養體系和軍事科研體系，整合軍隊院校，重組科研機構，優化訓練機構，構建三位一體新型軍事人才培養體系。軍事力量體系的整體性革命性重塑，突破了原有的結構性矛盾，改變了長期以來陸戰型、國土防禦型的力量結構和兵力佈勢，人民軍隊由數量規模型向質量效能型、由人力密集型向科技密集型轉變，中國特色現代軍事力量體系初步構建，軍隊組織形態現代化邁出關鍵一步。

（三）全面實施政策制度改革，重塑中國特色社會主義軍事政策制度體系。堅持以戰鬥力為唯一的根本的標準，以調動軍事人員積極性、主動性、創造性為著力點，構建形成維護黨中央權威和集中統一領導、確保黨對軍隊絕對領導的我軍黨的建設制度，形成基於聯合、平戰一體的軍事力量運用政策制度，形成聚焦打仗、激勵創新的軍事力量建設政策制度，形成精準高效、全面規範、剛性約束的軍事管理政策制度。健全軍隊黨的建設制度，完善軍隊黨的政治建設、思想建設、組織建設、作風建設、紀律建設制度，全面規範軍隊黨的工作和政治工作。創新軍事力量運用政策制度，構建新時代軍事戰略體系，構建聯合作戰法規體系，調整完善戰備制度。重塑軍事力量建設政策制度，建立軍官職業化制度，實行統一的文職人員制度，完善兵役制度，優化軍人待遇保障制度，構建軍人榮譽體系，修訂制定軍事訓練、裝備發展、後勤建設、軍事科研、國防動員等方面法規。完善軍事管理政策制度，創新戰略管理、軍費管理制度，修訂出台軍隊基層建設、保密工作等系列法規，提高軍隊專業化、精細化、科學化管理水平。目前，中國共產黨軍隊黨的建設條例、中華人民共和國人民武裝警察法、中華人民共和國國防法、中華人民共和國海警法、中華人民共和國軍人地位和權益保障法、中華人民共和國軍事設施保護法、中華人民共和國兵役法陸續頒佈，15 項主幹政策制度相繼推出，一大批配套政策制度和重大改革舉措密集出台，軍隊戰鬥力和官兵活力進一步解放，改革效能持續釋放。

（四）深入推進跨軍地重大改革，加緊構建一體化國家戰略體系和能力。

堅持發展和安全兼顧、富國和強軍相統一，構建統籌國防建設和經濟建設的領導管理體制、工作運行機制和政策制度體系，推動重點區域、重點領域、新興領域協調發展，促進國防實力和經濟實力同步提升。完成武警部隊跨軍地改革，組建海警部隊，武警黃金、森林、水電部隊整體移交國家有關職能部門並改編為非現役專業隊伍，公安邊防、消防、警衛部隊不再列武警部隊序列，全部退出現役。在國家層面加強對退役軍人管理保障工作的組織領導，結合深化黨和國家機構改革，組建退役軍人事務部，加強退役軍人服務保障體系建設，建立健全相關政策制度和管理保障體制，形成縱向聯動、橫向協同、全國一盤棋的退役軍人工作格局。實施空管體制改革，成立中央空中交通管理委員會，調整設立辦事機構。推進國防動員體制改革，打造現代國防動員力量體系，構建在黨中央領導下軍地各司其職、密切協同的國防動員格局。全面停止軍隊有償服務，軍隊不從事經營活動的目標基本實現，在加強軍隊資產集中統管、走開軍地資產置換路子等方面取得突破，有力推動了全面從嚴治黨、全面從嚴治軍，有力促進了部隊集中精力備戰打仗，取得了顯著政治效應、軍事效應和經濟社會效應。

黨的十八大以來，深化國防和軍隊改革大開大合、大破大立、蹄疾步穩，基本完成階段性目標任務，為強軍事業注入了蓬勃生機，為推進國防和軍隊現代化提供了強大動力，為實現強軍目標、建設世界一流軍隊奠定了堅實基礎。

三　堅定不移把深化國防和軍隊改革進行到底

習主席深刻指出，改革永遠在路上。在強軍事業新征程上，面對複雜多變形勢和艱巨繁重任務，必須堅持方向不變、道路不偏、力度不減，深入實施改革強軍戰略，不斷奪取深化國防和軍隊改革新勝利。做好當前和今後一個時期深化國防和軍隊改革工作，要深入貫徹習近平強軍思想，深入貫徹新時代軍事戰略方針，持續深化國防和軍隊改革，加快人民軍隊組織形態現代化，確保到 2027 年實現建軍一百年奮鬥目標、到 2035 年基本實現國防和軍隊現代化、到本世紀中葉把人民軍隊全面建成世界一流軍隊。

（一）堅持以習近平強軍思想為根本指引。習近平強軍思想集中體現了新時代黨建軍治軍的新理念新思想新戰略，是人民軍隊的強軍之道、制勝之道。深化國防和軍隊改革實現歷史性突破，根本在於習近平強軍思想的科學引領。習主席就推進改革強軍作出一系列重要論述，深刻闡明了深化國防和軍隊改革的時代意義、本質屬性、根本引領、目標任務、核心要求、重要指向、戰略舉措和科學方法。持續深化國防和軍隊改革，必須堅持把習近平強軍思想作為總指導總遵循，一以貫之地用以武裝官兵頭腦，進一步統一思想、深化認識、匯聚意志力量；用以指導改革實踐，進一步向破解深層次矛盾問題發力；用以推動改革工作落地，高標準實現黨中央、中央軍委和習主席的決心意圖。

（二）全面落實各項既定改革決策和部署。堅決貫徹黨中央、中央軍委決策部署，接續推進改革的落實、完善、優化工作，鞏固拓展領導指揮體制改革，深化規模結構和力量編成改革，深入推進軍事政策制度改革，完成跨軍地改革相關任務，全面完成這一輪深化國防和軍隊改革目標任務。大力推進“十四五”時期國防和軍隊改革工作，加快軍兵種和武警部隊轉型建設，壯大戰略力量和新域新質作戰力量，努力打造高水平戰略威懾和聯合作戰體系。跟進推動重大改革舉措落地落實，進一步優化體制、完善機制、理順關係，充分釋放改革整體效能，全面提高軍隊組織功能、作戰效能和運行效率。紮實推進軍事管理革命，加緊轉變職能、轉變作風、轉變工作方式，優化管理流程，創新管理模式，提高國防和軍隊建設現代管理水平。推進國防科技工業體制改革，優化國防科技工業佈局，加快推動國家科技實力、工業實力向國防實力轉化。

（三）深入搞好軍隊組織形態現代化籌劃設計。緊貼我軍現代化發展進程，研究把握推進國防和軍隊現代化新“三步走”的戰略需求，搞好國防和軍隊改革研究頂層籌劃。堅持以改革推動備戰、以備戰牽引改革，緊緊圍繞部隊備戰打仗現實需要，不斷完善和創新人民軍隊的指揮體系、管理體系、力量體系、制度體系，不斷解放和發展戰鬥力。適應機械化信息化智能化融合發展趨勢深化改革，緊跟世界軍事和戰爭發展趨勢，緊跟戰爭形態之變、科技發展之變、時代演化之變，不失時機在事關戰鬥力生成的重要領域、關鍵環節改革創新，帶動軍隊建設發展模式和戰鬥力生成模式轉型。進一步完善依法治軍、從嚴治軍的體制機制，推進軍事法規法典化，實現治軍方式根本性轉變。

（四）繼續保持深化國防和軍隊改革的強大合力。深入做好改革宣傳教育引導工作，加強深化國防和軍隊改革舉措闡釋解讀，以強有力的宣傳輿論凝聚起改革強軍的正能量。軍隊高層機關和高級幹部要帶頭講政治、顧大局、守紀律、促改革、盡職責，堅決維護黨中央、中央軍委改革決策部署的權威性和嚴肅性。廣大官兵要繼續積極擁護改革、自覺投身改革，按照改革要求解放思想、轉變觀念、提高素質。中央國家機關、地方各級黨委和政府要強化大局觀念，繼續支持深化國防和軍隊改革，主動做好退役軍人、職工安置工作，齊心協力落實深化國防和軍隊改革各項任務，推動改革強軍不斷取得新進展，為實現中國夢、強軍夢作出新的更大的貢獻。

人民軍隊有效履行使命任務

劉延統

黨的十九屆六中全會通過的《中共中央關於黨的百年奮鬥重大成就和歷史經驗的決議》，對人民軍隊在各個歷史時期發揮的職能作用作出科學全面的歷史性評價，充分肯定了人民軍隊為黨和人民建立的不朽功勳，強調必須建設同我國國際地位相稱、同國家安全和發展利益相適應的鞏固國防和強大人民軍隊。在新的征程上，人民軍隊需要始終以黨的旗幟為旗幟、黨的方向為方向、黨的意志為意志，堅決聽從黨中央、中央軍委和習近平主席指揮，保持昂揚向上的奮鬥姿態和只爭朝夕的精神狀態，加快提升履行使命任務的能力，努力為實現第二個百年奮鬥目標、實現中華民族偉大復興提供戰略支撐。

一 在黨百年奮鬥的各個歷史時期，人民軍隊都忠實履行了黨賦予的使命任務

人民軍隊的使命任務同黨的初心使命緊密相連，黨和人民的需要就是我軍的不懈追求和責任擔當。人民軍隊自創建以來歷經硝煙戰火，一路披荊斬棘，付出了巨大犧牲，圓滿完成了黨和人民賦予的各項任務。

（一）新民主主義革命時期，人民軍隊以一往無前的英雄氣概同窮凶極惡的敵人進行殊死鬥爭，為奪取新民主主義革命勝利建立了歷史功勳。圍繞黨在這一時期反對帝國主義、封建主義、官僚資本主義，爭取民族獨立、人民解放的主要任務，黨明確了我軍 "戰鬥隊、工作隊、生產隊" 的主要職能和打仗、籌款子、做群眾工作 "三大任務"。土地革命戰爭時期，黨認識到必須以武裝的革命反對武裝的反革命，領導南昌起義、秋收起義、廣州起義和其他許多地區起義，進行五次反 "圍剿" 鬥爭和長征，為開闢農村包圍

城市、武裝奪取政權道路，贏得土地革命戰爭勝利作出巨大貢獻。全民族抗戰爆發後，黨及時提出抗日救國十大綱領，我軍義無反顧地承擔起抵抗日寇侵略、維護民族獨立的使命，鉗制和殲滅日軍大量兵力，殲滅大部分偽軍。抗戰勝利後，黨的政治任務是建立一個獨立、自由與富強的新中國，我軍在黨領導下經過 3 年解放戰爭，取得遼瀋、淮海、平津三大戰役和渡江戰役勝利，徹底打敗了國民黨反動派，為奪取全國政權建立了不朽功勳。

（二）社會主義革命和建設時期，人民軍隊為鞏固新生人民政權、確立中國大國地位、維護中華民族尊嚴提供了堅強後盾。適應這一時期對外反侵略、對內反顛覆的需要，我軍的使命任務由奪取全國政權轉變為鞏固人民民主專政、保衛國家安全和建設。1954 年，第一屆全國人民代表大會第一次會議通過的第一部憲法明確規定：中華人民共和國的武裝力量任務是＂保衛人民革命和國家建設的成果，保衛國家的主權、領土完整和安全＂。這一時期，我軍在黨的領導下，以英勇頑強、捨生忘死的革命英雄主義精神勝利進行抗美援朝戰爭和多次邊境自衛作戰，打出了國威軍威，捍衛了祖國萬里邊疆和遼闊海空。同時，我軍還毅然擔負起建設新中國的重要使命，很多部隊在關係國計民生的重點工程建設中發揮了突擊骨幹作用，不少部隊成建制轉業到地方後成為發展經濟的重要力量，在新中國的社會主義革命和建設中寫下了光輝一頁。

（三）改革開放和社會主義現代化建設新時期，人民軍隊為維護國家主權、統一、領土完整和國家改革發展穩定提供了可靠安全保障。黨的十一屆三中全會後，黨和國家的工作中心轉移到經濟建設上，黨中央從我國改革開放和社會主義現代化建設大局出發，賦予我軍新的使命任務。1982 年憲法明確規定，我國武裝力量的任務是＂鞏固國防，抵抗侵略，保衛祖國，保衛人民的和平勞動，參加國家建設事業，努力為人民服務＂。黨的十四大報告明確提出，我軍要＂更好地擔負起保衛國家領土、領空、領海主權和海洋權益，維護祖國統一和安全的神聖使命＂。隨著時代發展，黨中央著眼實現黨在新世紀的三大歷史任務，提出新世紀新階段軍隊歷史使命，要求我軍為黨鞏固執政地位提供重要力量保證，為維護國家發展的重要戰略機遇期提供堅強安全保障，為維護國家利益提供有力戰略支撐，為維護世界和平與促進共同發展發揮重要作用。這一時期，我軍自覺服從黨和國家工作大局，堅定不移走中國特色精兵之路，積極推進中國特色軍事變革，加快國防和軍隊建設科學發展，依法履行香港、澳門防務職責，在守衛邊疆海疆、制止社會動亂、打擊分裂破壞活動等鬥爭中發揮了重大作用，出色完成抗洪搶險、抗擊非典、抗震救災、維和護航等多樣化軍事任務。

二　黨的十八大以來，人民軍隊堅決擔當起新時代使命任務

中國特色社會主義進入新時代，我國安全的內涵外延、時空領域、內外因素都發生深刻變化，安全需求的綜合性、全域性、外向性特徵更加突出，對我軍履行使命任務提出了新的更高要求。

（一）人民軍隊在實現中華民族偉大復興關鍵階段肩負起更加艱巨繁重的使命任務。當今世界正經歷百年未有之大變局，中華民族偉大復興進入不可逆轉的歷史進程，我國發展面臨的機遇更具戰略性、可塑性，面對的挑戰更具複雜性、全局性。我國發展是和平力量的增長，一些國家卻因不適應我國快速發展而陷入種種戰略焦慮，奉行強權政治、霸權主義，從政治、經濟、科技等多方面對我國進行遏制打壓，不斷在人權、宗教、涉台、涉港、涉藏、涉疆、涉海等問題上尋釁滋事，我國面臨的安全風險呈不斷上升之勢。我國是世界上鄰國最多、陸地邊界最長、海上安全環境十分複雜的國家之一，周邊環境很不安寧，領土主權爭端、大國地緣競爭、軍事安全較量等問題凸顯，反分裂、反恐怖、反顛覆鬥爭形勢複雜，維護社會穩定的任務依然很重。隨著我國全方位對外開放和高質量共建“一帶一路”深入推進，我國形成了重大的海外利益格局，國家利益加速向太空、海洋、網絡電磁空間拓展，安全邊界更加寬廣。強國必須強軍，軍強才能國安。建設強大的人民軍隊，既是實現中華民族偉大復興的客觀要求，也是實現中華民族偉大復興的重要標誌。習主席深刻把握國際戰略形勢和我國安全環境發展變化，提出黨在新時代的強軍目標，明確新時代軍隊使命任務是為鞏固中國共產黨領導和社會主義制度提供戰略支撐，為捍衛國家主權、統一、領土完整提供戰略支撐，為維護國家海外利益提供戰略支撐，為促進世界和平與發展提供戰略支

撐。這"四個戰略支撐",拓展了人民軍隊履行使命任務的範圍,豐富了軍事力量運用的方式,明確了軍事能力建設的指向,內在地要求國防和軍隊現代化進程同國家現代化進程相適應,軍事能力同實現中華民族偉大復興的戰略需求相適應。

(二)人民軍隊在加快發展中不斷厚實履行新時代使命任務的力量手段。在當前國際政治"叢林法則"大行其道的背景下,腰杆硬才能扛重任,實力強才能底氣足。我國發展壯大必須有可靠的軍事保底手段作支撐,充分發揮人民軍隊作為國家利益捍衛者、世界和平維護者的重大作用,決不能指望僅僅通過釋放和平善意就能贏得良好國際環境,更不能指望別國"施恩"。面對新一輪世界科技革命、軍事革命加速發展,面對戰爭形態加速向智能化戰爭演變,面對世界主要大國紛紛加大軍事投入和力量佈局、著力打造新型戰爭體系的競爭態勢,我軍唯有跑出比其他國家軍隊更大的"加速度",才能贏得競爭優勢、擔起時代重任。黨的十八大以來,習主席領導全軍大力推進政治整訓,實施深化國防和軍隊改革"三大戰役",全面加強練兵備戰工作,起底糾治和平積弊,大抓實戰化軍事訓練,積極構建三位一體新型軍事人才培養體系,加快推進現代化後勤建設,加快推進武器裝備更新換代,著力提升科技創新對戰鬥力的貢獻率,在現代化總體水平、建設質量效益、自主創新能力等各方面奮勇爭先,軍隊領導指揮體制、現代軍事力量體系、軍事政策制度得到重構重塑,國防和軍隊建設 2020 年目標任務基本實現,我軍建設水平和實戰能力都上了一個大台階,強軍事業取得歷史性成就、發生歷史性變革。

(三)人民軍隊以頑強鬥爭精神和實際行動捍衛國家主權、安全、發展利益。黨的十八大以來,人民軍隊在黨的堅強領導下堅定靈活開展軍事鬥爭,在更加廣闊的空間遂行任務,強化塑造態勢、管控危機、遏制戰爭、打贏戰爭的戰略功能,展現了良好精神風貌和過硬能力素質,發揮了鋼鐵長城的重大作用。全軍有效應對外部軍事挑釁施壓,以有力行動震懾"台獨"分裂行徑,積極穩妥處置周邊熱點敏感事態,周密組織邊境管控和海上維權行動,有效遂行反恐維穩、維和護航等重大任務。通過一系列重大軍事行動,鞏固發展了我軍軍事鬥爭的有利態勢,堅決捍衛了國家領土主權和海洋權益,有力維護了國家戰略全局穩定。全軍官兵始終牢記初心使命、踐行根本宗旨，在搶險救災、疫情防控、脫貧攻堅等任務中勇挑重擔，以實際行動為黨分憂、為國興利、為民造福。

三　奮進實現第二個百年奮鬥目標新征程，人民軍隊需要加快提高全面履行新時代使命任務能力

實現第二個百年奮鬥目標，實現中華民族偉大復興，支撐我國由大向強的關鍵一躍，客觀地要求把軍事能力搞得很托底。人民軍隊要深入貫徹習近平強軍思想，深入貫徹新時代軍事戰略方針，毫不動搖堅持黨對軍隊絕對領導，增強"四個意識"、堅定"四個自信"、做到"兩個維護"，貫徹軍委主席負責制，堅持政治建軍、改革強軍、科技強軍、人才強軍、依法治軍，按照國防和軍隊現代化新"三步走"戰略安排，紮實推進"十四五"規劃建設，深化軍事鬥爭準備，大力開展實戰化軍事訓練，始終保持強大的戰略威懾和實戰能力。

（一）強化憂患意識、危機意識、打仗意識。安不可忘危，治不可忘亂。我軍歷來注重用先進的政治思想和奮鬥的革命精神灌注部隊，使官兵樹立遠大的革命理想，保持高度的戒備狀態，激發出一往無前的革命英雄主義精神。當前，我們面臨的戰爭威脅現實存在，亟待樹立戰爭今夜就打的憂患意識，強化敵情就在眼前的警覺，始終保持枕戈待旦的戰鬥狀態。現在，我軍的"鋼"多了，"氣"要更足，越是直面挑戰，越要大力培育"一不怕苦、二不怕死"的戰鬥精神，鍛造革命軍人的精神利刃，始終以"鋼"積蓄"氣"的力量、用"氣"彰顯"鋼"的威力。發揚鬥爭精神，堅定鬥爭意志，增強鬥爭本領，無論遇到什麼敵人和困難都敢於鬥爭、敢於勝利。

（二）深入推進練兵備戰。軍隊在本質上只有兩種狀態，就是打仗和準備打仗。寧可備戰千日不用，不可須臾鬆懈備戰。無論在什麼情況什麼條件下，都要緊緊圍繞練兵備戰的主責主業，堅持戰鬥力這個唯一的根本的標準，堅持全部心思向打仗聚焦、各項工作向打仗用勁。緊盯世界軍事、科技發展趨向，深入研究軍事、研究戰爭、研究打仗，與時俱進更新戰爭思

維、戰爭理念，始終保持最新最敏銳的戰爭頭腦。紮實做好各方向各領域軍事鬥爭準備，深化戰爭和作戰籌劃，堅持戰建備一體謀劃、一體推進，加強聯合作戰能力建設，優化軍事鬥爭格局和力量佈局。堅持以戰領訓、以訓促戰，突出抓好聯合訓練，推進軍事訓練轉型升級，全面提高訓練水平和打贏能力。

（三）加快提高軍隊現代化水平。黨的十九大和十九屆五中、六中全會相繼提出，要加快軍事理論現代化、軍隊組織形態現代化、軍事人員現代化、武器裝備現代化，明確了國防和軍隊現代化的主攻方向和著力重點。科學的軍事理論就是戰鬥力。要大力推進馬克思主義軍事理論創新，準確把握現代戰爭特點規律和制勝機理，構建具有時代性、引領性、獨特性的軍事理論體系。黨的十八大以來，通過深化國防和軍隊改革極大解放和發展了戰鬥力，要加快改革落地和釋能增效，推進軍事管理革命，加強軍兵種和武警部隊轉型建設。牢固樹立人才是第一資源的理念，抓好中央人才工作會議精神落實，推動軍事人員能力素質、結構佈局、開發管理全面轉型升級，鍛造高素質、專業化新型軍事人才方陣。貫徹科技是核心戰鬥力思想，堅持機械化信息化智能化融合發展，聚力推進國防科技自主創新、原始創新和自立自強，加速武器裝備升級換代和智能化武器裝備發展，不斷夯實軍事能力發展的物質技術基礎。

（四）構建一體化國家戰略體系和能力。兵民是勝利之本。戰爭的偉力之最深厚的根源存在於民眾之中。當年，淮海戰役勝利是靠老百姓用小車推出來的，渡江戰役勝利是靠老百姓用小船劃出來的，革命戰爭年代人民群眾積極參軍參戰為我軍勝利提供了不竭力量。現在，構建一體化國家戰略體系和能力，既能為國家提供安全保障，又能發揮軍事能力的溢出效應，創造"發展紅利"。要深入推進軍地規劃佈局一體設計、協同對接，加快重點區域、重點領域、新興領域融合發展，促進國防實力和經濟實力同步提升。完善國防動員體系，強化全民國防教育，鞏固軍政軍民團結，時刻準備打好新時代人民戰爭，鍛造堅不可摧的鞏固國防。

著力推進國家安全體系和能力建設

田培炎

　　黨的十八大以來，以習近平同志為核心的黨中央統籌把握中華民族偉大復興戰略全局和世界百年未有之大變局，加強國家安全戰略謀劃和頂層設計，大力推進國家安全領域理論創新、實踐創新、制度創新，開創維護國家安全的嶄新局面，為黨和國家興旺發達、長治久安提供了有力保證。黨的十九屆六中全會通過的《中共中央關於黨的百年奮鬥重大成就和歷史經驗的決議》對新時代國家安全工作作了全面總結，我們要認真學習領會，汲取經驗和智慧，堅定維護和塑造國家安全。

一　保證國家安全是頭等大事

　　改革開放以後，黨高度重視正確處理改革發展穩定關係，把維護國家安全和社會安定作為黨和國家的一項基礎性工作來抓，為改革開放和社會主義現代化建設營造了良好安全環境。進入新時代，我國面臨更為嚴峻的國家安全形勢，維護國家安全任務艱巨、責任重大、意義深遠。

　　外部風險挑戰日益增多。世界多極化深入發展，國際格局深刻演變，我國的發展壯大成為世界大變局的重要變量，引起一些西方國家戰略焦慮上升，千方百計對我國進行圍堵、打壓、遏制。經濟全球化成為不可逆轉的時代潮流，國際經濟交往更加緊密，同時保護主義、逆全球化思潮上升，對我國改革開放進程帶來負面影響。世界科學技術飛速發展，新一輪科技革命和產業變革蓄勢待發，科技領域競爭加劇，我國仍面臨一些關鍵核心技術受制於人的壓力。意識形態領域鬥爭激烈，敵對勢力西化分化圖謀一刻也沒有停止，對我國的政治抹黑、輿論"圍剿"、制度攻擊變本加厲。傳統安全威脅和非傳統安全威脅相互交織，恐怖主義、分裂主義、宗教極端勢力、重大疫情等對國家安全構成嚴重威脅。我國周邊局勢複雜敏感，熱點問題不斷，特別是域外勢力加大插手周邊事務力度，對國內安定造成直接衝擊。只有積極營造有利於我國發展的外部環境，才能有力維護國家主權、安全、發展利益。

國內安全風險集中凸顯。我國經濟社會發生深刻變化，改革進入攻堅期和深水區，社會矛盾和問題累積疊加、易發多發，安全風險呈現出鮮明特點。主要表現為，風險涉及領域日益廣泛，國家安全內涵和外延比歷史上任何時候都要豐富，時空領域比歷史上任何時候都要寬廣，我國發展的各領域、國家治理的全過程、內政外交國防的各方面，都面臨維護國家安全的繁重任務。風險之間深度關聯，各種風險關聯度高、傳導快、共振強，一定條件下很容易演化升級，使小風險演變成大風險、局部風險演變成系統風險、經濟社會風險演變成政治風險、國際風險演變成國內風險。風險呈現形態更加複雜，既有顯性風險又有隱性風險，既有週期性風險又有結構性風險，既有可以預料的風險又有難以預料的風險，既有"黑天鵝"事件又有"灰犀牛"事件，而且各類風險成因多樣、彼此交織。風險應對處置愈發艱巨，一些風險觸點多、燃點低、影響廣、危害大，處置起來機會窗口時間短、臨機決斷要求高、分寸火候拿捏難。如果不能及時有效防範重大風險或者在出現重大風險時扛不住、化不了，就會導致災難性後果，嚴重影響社會大局穩定。

人民安全需求更加強烈。國泰民安是人民群眾最基本、最普遍的願望，安全在人民對美好生活的追求中分量越來越重。人民渴望在國運昌盛、天下太平、活躍有序的環境中創造幸福生活，享受靜好歲月；渴望在勞動生產過程中有周全、牢靠、持久的安全防護和保障；渴望在衣食住行的日常生活中有高品質的供給，能夠遠離假冒偽劣、坑蒙拐騙；渴望在社會生活和交往中有讓人安心放心舒心的社會秩序、公共安全；渴望在自然災害發生時，生命財產能夠得到有效保護，損失減少到最低；渴望在走出國門求學經商、品鑒他國文明和異域風情時，有祖國及時溫馨的安全護佑。然而，現實中各類安全事故和事件給人民群眾造成的損失和危害，往往成為民生之傷、民心之痛。可以說，滿足人民群眾日益增長的安全需求，關係人心向背，關係社會和諧穩定，關係黨的執政根基的鞏固。

我國維護國家安全能力存在明顯短板。同形勢任務要求相比，維護國家安全的統籌協調機制不健全；國家安全動員、極端情況應對、重大突發事件處置等方面的管理體制和工作機制有待完善；跨境數據流動、個人信息安全保護、網絡空間管理等安全新領域規則制定存在薄弱環節；主動引領、積極塑造外部安全環境的手段和辦法不多；一些領導幹部安全意識淡薄，對安全風險隱患重視不足、麻痺大意、心存僥倖，應對風險見事遲、反應慢、應急處變本領不強；等等。解決這些問題成為新時代維護國家安全的重大課題。

以習近平同志為核心的黨中央站在黨和國家事業發展全局的戰略高度，以強烈的憂患意識和責任擔當，強調保證國家安全是頭等大事，要立足國際秩序大變局來把握規律，立足防範風險的大前提來統籌，立足我國發展重要戰略機遇期大背景來謀劃，推動全黨極大提高了對國家安全重要地位和作用的認識。

二　形成總體國家安全觀

黨的十八大以來，習近平總書記以宏闊的戰略思維和寬廣的世界眼光，敏銳洞察國家安全形勢發展變化新特點新趨勢，深入總結國家安全工作歷史經驗，創造性提出總體國家安全觀，標示著我們黨對國家安全工作規律的認識達到新的高度。總體國家安全觀內容豐富、邏輯嚴密，是一個科學的理論體系，其主要思想觀點有以下幾個方面。

堅持黨對國家安全工作的絕對領導。這是做好國家安全工作的根本原則，是維護國家安全的根本保證。要堅持黨中央對國家安全工作的集中統一領導，加強統籌協調，把黨的領導貫穿到國家安全工作各方面全過程，推動各級黨委（黨組）把國家安全責任制落到實處。

堅持中國特色國家安全道路。貫徹總體國家安全觀，堅持政治安全、人民安全、國家利益至上有機統一，以人民安全為宗旨，以政治安全為根本，以經濟安全為基礎，捍衛國家主權和領土完整，防範化解重大安全風險，為實現中華民族偉大復興提供堅強安全保障。

堅持以人民安全為宗旨。堅持國家安全一切為了人民、一切依靠人民，把黨的群眾路線貫徹到維護國家安全的全部活動之中，充分發揮廣大人民群眾積極性、主動性、創造性，始終把人民作為國家安全的基礎性力量，匯聚起維護國家安全的強大合力，切實維護廣大人民群眾安全權益，不斷增強人民群眾的安全感。

堅持統籌發展和安全。發展是安全的基礎，安全是發展的保障。堅持發展和安全並重，實現高質量發展和高水平安全的良性互動，既通過發展提升國家安全實力，又深入推進國家安全思路、體制、手段創新，營造有利於經濟社會發展的安全環境，在發展中更多考慮安全因素，努力實現發展和安全的動態平衡。

堅持把政治安全放在首要位置。政治安全是我國國家安全的根本，核心是政權安全和制度安全。必須發揚不信邪、不怕鬼的精神，同企圖顛覆中國共產黨領導和中國特色社會主義制度、企圖遲滯甚至阻斷中華民族偉大復興進程的一切勢力鬥爭到底。堅決防止其他安全領域風險向政治安全領域傳導、積聚而產生系統性、全局性風險。

堅持統籌推進各領域安全。要統籌應對傳統安全和非傳統安全、外部安全和內部安全、國土安全和國民安全、自身安全和共同安全，發揮國家安全工作協調機制作用，用好國家安全政策工具箱，有效維護政治、軍事、國土、經濟、文化、社會、科技、網絡、生態、資源、核、海外利益、太空、深海、極地、生物等領域安全。

堅持把防範化解國家安全風險擺在突出位置。增強憂患意識，做到居安思危，是我們治黨治國必須堅持的一個重大原則。要強化風險意識，堅持底線思維、未雨綢繆，寧可備而不用，不可用時無備，不斷提高風險預見、預判能力，力爭把可能帶來重大風險的隱患發現和處置於萌芽狀態。

堅持推進國際共同安全。面對錯綜複雜的國際安全威脅，任何國家都不能獨善其身，合作安全、集體安全、共同安全才是解決問題的正確選擇。要高舉合作、創新、法治、共贏的旗幟，推動樹立共同、綜合、合作、可持續的全球安全觀，加強國際安全合作，完善全球安全治理體系，共同構建普遍安全的人類命運共同體。

堅持推進國家安全體系和能力現代化。堅持系統思維，加快構建與新發展格局相適應的大安全格局。堅持以改革創新為動力,加強法治思維,構建系統完備、科學規範、運行有效的國家安全制度體系。保持戰略定力,把握國家安全工作規律,善於識變應變求變,注重科學技術運用,全面提高維護和塑造國家安全能力。

堅持加強國家安全幹部隊伍建設。堅持以黨的政治建設為統領,加強國家安全戰線黨的建設,教育引導安全幹部增強"四個意識"、堅定"四個自信"、做到"兩個維護"。要關心和愛護國家安全幹部,為他們提供便利條件和政策保障,打造絕對忠誠、絕對可靠、絕對內行、絕對守紀律的國家安全幹部隊伍。

這些重要思想凝聚著我們黨探索國家安全工作規律的智慧和心血,是新時代國家安全工作的根本遵循,必須長期堅持並不斷豐富發展。

三 推動國家安全工作實現歷史性變革

黨的十八大以來,我們黨深入貫徹總體國家安全觀,堅定不移走中國特色國家安全道路,作出一系列決策部署,出台一系列制度規定,推出一系列重大舉措,戰勝一系列重大風險挑戰,推動國家安全工作實現從分散到集中、遲緩到高效、被動到主動的歷史性變革。

國家安全領導體制和制度機制日益完善。成立國家安全委員會,堅定不移貫徹中央國安委主席負責制,完善集中統一、高效權威的國家安全領導體制,建立健全重點領域、重要專項國家安全工作協調機制和國家安全指揮體系,強化黨中央對國家安全工作的集中統一領導。大力推進國家安全立法,制定出台國家安全法、反間諜法、反恐怖主義法、網絡安全法、國家情報法、境外非政府組織境內活動管理法、核安全法、英雄烈士保護法、密碼法等一系列國家安全領域法律法規,基本形成了立足我國國情、體現時代特點、適應我國所處戰略安全環境、內容協調、程序嚴密、配套完備、運行有效的中國特色國家安全法律體系,為維護國家安全提供了有力法治保障。制定國家安全戰略綱要,完善國家安全風險評估預警機制、國家安全審查和監管制度、國家安全危機管控機制、國家應急管理機制、國家安全綜合保障體系等一系列制度機制，國家安全工作合力和整體效能進一步增強，為全社會全政府全體系動員打好國家安全總體戰提供了堅強制度保障。

政治安全進一步鞏固。堅持把維護政治安全放在首要位置，堅持黨的全面領導，深入推進全面從嚴治黨，以猛藥去疴、重典治亂的決心嚴厲懲治腐敗，消除黨、國家、軍隊內部存在的嚴重隱患，黨在革命性鍛造中更加堅強。堅持和完善中國特色社會主義制度、推進國家治理體系和治理能力現代化，著眼破除各方面體制機制弊端，全面深化改革，增強改革的系統性、整體性、協同性，推動中國特色社會主義制度更加成熟定型取得重大進展，為國家政權安全和制度安全奠定堅實基礎。健全意識形態工作責任制，敢抓敢管、敢於鬥爭，依法加強陣地管理，有力管網治網，旗幟鮮明反對和抵制各種錯誤觀點，牢牢掌握意識形態工作領導權。開展涉疆、涉藏等鬥爭，嚴密防範和嚴厲打擊敵對勢力滲透、破壞、顛覆、分裂活動，頂住和反擊外部極端打壓遏制。打出一套止暴治亂"組合拳"，堅決打擊"反中亂港"勢力，堅決防範和遏制外部勢力干預香港事務，推動香港局勢實現由亂到治的重大轉折。堅決反對"台獨"分裂行徑，反對外來干涉，有效應對外部軍事挑釁，牢牢把握兩岸關係主導權、主動權。

維護重點領域安全取得明顯成效。完善宏觀經濟治理，推動產業結構轉型升級，保障糧食安全、能源資源安全、產業鏈供應鏈安全，強化反壟斷規制，防止資本無序擴張，嚴格平台企業監管，有效維護經濟安全。積極應對科技封鎖和打壓，把科技自立自強作為國家發展的戰略支撐，強化國家戰略科技力量，健全新型舉國體制，推動關鍵核心技術攻關和自主創新取得重要成果。著力打贏污染防治攻堅戰，打好藍天、碧水、淨土保衛戰，全面禁止進口"洋垃圾"，以空前力度查處一批破壞生態環境的重大典型案件，推動我國生態環境保護發生歷史性、轉折性、全局性變化。加大地方政府債務清理和規範力度，拆解一批高風險影子銀行，穩妥有效處置明天系、安邦、華融、華信等重大金融風險案件，防範化解重大金融風險攻堅戰取得階段性成果，守住不發生系統性金融風險的底線。聚焦國家生物安全重大現實需要，強化系統治理和全鏈條防控，紮實推進生物科技創新和產業化應用，打造醫療防治、物資儲備、產能動員"三位一體"的公共衛生應急物資保障體系。堅持人民至上、生命至上，舉全黨全國全社會之力，打好新冠肺炎疫情防控人民戰爭、總體戰、阻擊戰，在世界上率先控制住疫情，在全球主要經濟體中率先恢復經濟正增長。開展安全生產專項整治，強化消防、交通、危化品、煤礦和非煤礦山等領域安全監管，安全生產秩序得到進一步規範。健全社會矛盾糾紛多元預防調處化解機制，開展掃黑除惡專項鬥爭，堅決懲治放縱、包庇黑惡勢力甚至充當保護傘的黨員幹部，防範和打擊暴力恐怖、新型網絡犯罪、跨國犯罪，為人民安居樂業營造良好環境。實施維護與拓展並重的國家海外利益安全戰略，加強"一帶一路"沿線及其他我國海外利益集中國家的安全保障，加強海外中國公民保護，促進新時代海外利益安全保障同海外利益發展相適應。深入推進興邊富民、穩邊固邊工作，堅決維護邊疆邊境安全。加快建設海洋強國，開展重點海域維權鬥爭，堅決捍衛我國海洋權益。

人民群眾安全意識普遍增強。 設立全民國家安全教育日，以總體國家安全觀為指導，全面實施國家安全法，深入開展國家安全宣傳教育和全民國防教育。堅持群眾觀點和群眾路線，拓展人民群眾參與公共安全治理的有效途徑。完善公民安全教育體系，把公共安全教育納入國民教育和精神文明建設體系，制定關於加強大中小學國家安全教育的實施意見，推動安全教育進企業、進農村、進社區、進學校、進家庭。設置國家安全一級學科，加強國家安全理論教學、研究、宣傳等陣地建設。加強安全公益宣傳，普及安全知識，培育安全文化，開展常態化應急疏散演練，支持引導社區居民開展風險隱患排查和治理，積極推進安全風險網格化管理。健全公共安全社會心理干預體系，積極引導社會輿論和公眾情緒。經過綜合施策、持續努力，全社會維護國家安全的積極性主動性明顯增強，各領域安全的人民防線進一步鞏固。

領導幹部應對安全風險本領穩步提高。 舉辦省部級主要領導幹部堅持底線思維著力防範化解重大風險專題研討班、各級領導幹部應急處突能力專題培訓班，開展經常性黨員幹部國家安全教育和知識培訓，各級領導幹部的憂患意識、底線思維、政治敏銳性進一步增強。以落實國家安全領導責任和工作責任為抓手，推動各級領導幹部更加自覺地統籌發展和安全兩件大事，努力做到守土有責、守土盡責、守土負責,責任意識、擔當精神明顯增強。引導各級領導幹部在防風險、迎挑戰的實際鬥爭中經風雨、壯筋骨、長才幹,見微知著能力、分析研判能力、隱患排查防範能力、突發事件應對能力、複雜局面駕馭能力等得到普遍提高。堅持高標準、嚴要求,加強黨的政治建設,強化思想淬煉、政治歷練、實踐鍛煉、專業訓練,把國家安全幹部隊伍打造成堅不可摧的國家安全忠誠衛士。

全面準確、堅定不移貫徹
"一國兩制"方針

沈春耀

　　"一國兩制"是中國共產黨百年奮鬥光輝歷史的重要篇章。黨的十九屆六中全會通過的《中共中央關於黨的百年奮鬥重大成就和歷史經驗的決議》，對"一國兩制"作出了基本總結和重要闡述。以史為鑒、開創未來，在新的奮鬥征程上，必須全面準確、堅定不移貫徹"一國兩制"方針，堅持依法治港治澳，推動新時代"一國兩制"實踐行穩致遠。

一　"一國兩制"是中國共產黨領導人民實現祖國和平統一的一項重要制度，是中國特色社會主義的一個偉大創舉

　　實現祖國完全統一，是中華民族根本利益所在，是全體中華兒女的共同願望和神聖職責。我們黨把完成祖國統一大業作為歷史重任，為此進行了不懈努力。1978年12月召開的黨的十一屆三中全會開啟了改革開放和社會主義現代化建設新時期。在這一背景下，鄧小平同志從我國實際出發，尊重歷史，尊重現實，創造性提出了"一個國家，兩種制度"的科學構想，開闢了以和平方式實現祖國統一的新途徑。

　　"一國兩制"科學構想最早是針對解決台灣問題提出來的，但首先運用於解決香港問題。1982年1月，鄧小平同志提出"一個國家，兩種制度"統一祖國的方針。1983年4月，黨和國家形成關於解決香港問題的十二條基本方針政策，擬準備在統一的國家之內，國家主體實行社會主義制度，個別地區實行資本主義制度，長期不變。1984年12月，中國和英國兩國政府在北京正式簽署關於香港問題的聯合聲明。1990年4月，七屆全國人大三次會議通過香港特別行政區基本法。香港基本法規定了在香港特別行政區實行

的制度和政策，是 "一國兩制" 方針政策的法律化、制度化。鄧小平同志高度評價香港基本法，稱它 "具有歷史意義和國際意義"，是 "具有創造性的傑作"。1997 年 7 月 1 日，中國政府恢復對香港行使主權，香港特別行政區成立，開啟了香港歷史新紀元。

在 "一國兩制" 方針指引下，澳門回歸祖國問題也得到順利解決。1987 年 4 月，中國和葡萄牙兩國政府在北京正式簽署關於澳門問題的聯合聲明。1993 年 3 月，八屆全國人大一次會議通過澳門特別行政區基本法。1999 年 12 月 20 日，中國政府恢復對澳門行使主權，澳門特別行政區成立，開啟了澳門歷史新紀元。

從而，通過艱巨工作和鬥爭，中國共產黨領導中國人民完全實現了長期以來中華兒女收回香港、澳門的歷史夙願，洗雪了中華民族百年恥辱。

香港、澳門回歸祖國後，重新納入國家治理體系，走上了同祖國內地優勢互補、共同發展的寬廣道路。中央政府始終堅持 "一國兩制"、"港人治港"、"澳人治澳"、高度自治方針，嚴格按照憲法和特別行政區基本法辦事。在 "一國兩制" 之下，香港、澳門兩個特別行政區依法實行高度自治，充分行使中央授予的行政管理權、立法權、獨立的司法權和終審權。港澳同胞當家作主，自行管理特別行政區自治範圍內事務，享有比歷史上任何時候都更廣泛的民主權利和自由。在中央政府大力支持下，香港、澳門持續保持繁榮穩定，自身特色和優勢得到發揮，同祖國內地的聯繫交往日益密切，各項事業持續發展，"一國兩制" 實踐取得了舉世公認的成功。

實踐充分證明，"一國兩制" 是處理歷史遺留的香港問題、澳門問題的最佳解決方案，也是香港、澳門回歸後保持長期繁榮穩定的最佳制度安排，是行得通、辦得到、得人心的。習近平總書記指出：". 一國兩制 . 是中國的一個偉大創舉，是中國為國際社會解決類似問題提供的一個新思路新方案，是中華民族為世界和平與發展作出的新貢獻，凝結了海納百川、有容乃大的中國智慧。" 堅持 "一國兩制" 方針，深入推進 "一國兩制" 實踐，符合港澳居民利益，符合國家根本利益，符合全國人民共同願望。

二　全面準確、堅定不移貫徹 "一國兩制" 方針重大舉措之一：建立健全香港特別行政區維護國家安全的法律制度和執行機制

　　"一國兩制" 實踐取得巨大成功的同時也遇到了一些新情況新問題。一個時期，受各種內外複雜因素影響，"反中亂港" 活動猖獗，香港局勢一度出現嚴峻局面。特別是 2019 年發生修例風波後的一段時間裏，"反中亂港" 勢力蓄意破壞香港社會秩序，暴力對抗警方執法，毀損公共設施和財物，癱瘓政府管治和立法會運作；公然鼓吹 "港獨"、"自決"、"公投" 等主張，從事破壞國家統一、分裂國家的活動；公然侮辱、污損國旗國徽，圍攻中央和內地駐港機構，煽動港人反中反共、歧視和排擠內地在港人員。一些外國和境外勢力肆意干涉中國內政，通過各種方式插手香港內部事務並進行滲透、搞亂，與香港 "反中亂港" 勢力勾連合流、沆瀣一氣，為其撐腰打氣、提供保護傘。這些行為和活動，嚴重挑戰 "一國兩制" 原則底線，嚴重損害法治權威，嚴重危害國家主權、安全、發展利益，必須採取有力措施依法予以防範、制止和懲治。

　　黨中央強調，必須全面準確、堅定不移貫徹 "一國兩制" 方針，堅持和完善 "一國兩制" 制度體系，維護憲法和基本法確定的特別行政區憲制秩序，落實中央對特別行政區全面管治權，維護國家主權、安全、發展利益。中央堅定支持香港特別行政區依法止暴制亂、恢復秩序，支持行政長官和特別行政區政府依法施政。

　　香港基本法第 23 條明確規定，香港特別行政區應自行立法禁止危害國家安全的有關行為和活動。然而，香港回歸 20 多年來，由於 "反中亂港" 勢力和外部敵對勢力的極力阻撓、干擾，23 條立法一直沒有完成並被一些別有用心的人嚴重污名化、妖魔化。香港原有法律中一些可用規定也難以有效執行。香港維護國家安全的制度機制存在明顯 "不設防" 問題，香港社會面臨著不容忽視的重大安全風險。

　　2019 年 10 月，黨的十九屆四中全會通過《中共中央關於堅持和完善中國特色社會主義制度、推進國家治理體系和治理能力現代化若干重大問題的

決定》。《決定》明確提出，堅持和完善 "一國兩制" 制度體系，健全中央依照憲法和基本法對特別行政區行使全面管治權的制度，完善特別行政區同憲法和基本法實施相關的制度和機制，建立健全特別行政區維護國家安全的法律制度和執行機制，堅決防範和遏制外部勢力干預港澳事務和進行分裂、顛覆、滲透、破壞活動。

根據憲法和香港基本法以及多年來 "一國兩制" 實踐，從國家層面推進特別行政區相關制度機制建設，可以有多種推進和實現方式，包括全國人大及其常委會作出決定、制定法律、修改法律、解釋法律、將有關法律列入基本法附件三和中央人民政府指令等。以習近平同志為核心的黨中央統籌全局、審時度勢，就建立健全香港特別行政區維護國家安全的法律制度和執行機制作出重大決策部署，確定採取 "決定＋立法" 的方式，分步推進和完成。2020 年 5 月 28 日，十三屆全國人大三次會議通過《全國人民代表大會關於建立健全香港特別行政區維護國家安全的法律制度和執行機制的決定》，明確若干核心要素內容並授權全國人大常委會制定相關法律。6 月 30 日，十三屆全國人大常委會第二十次會議通過《中華人民共和國香港特別行政區維護國家安全法》，決定將香港國安法列入香港基本法附件三並明確由香港特別行政區在當地公佈實施。7 月 8 日，中央人民政府依法設立駐香港特別行政區維護國家安全公署。

全國人大及其常委會通過的香港國安決定和香港國安法，是全面準確、堅定不移貫徹 "一國兩制" 方針的重大舉措，是根據憲法和香港基本法作出的具有重要憲制意義的制度安排，是 "一國兩制" 實踐發展的重要里程碑。香港國安法的公佈施行，迅速彰顯法治強大威力，一舉扭轉香港亂局、實現重大轉折，使香港社會重回正軌。香港國安決定和香港國安法對於新形勢下堅持和完善 "一國兩制" 制度體系，維護國家主權、安全、發展利益，維護香港長治久安和長期繁榮穩定，具有重大制度創新意義。

三 全面準確、堅定不移貫徹 "一國兩制" 方針重大舉措之二：完善香港特別行政區選舉制度

香港回歸以來，黨和國家始終堅持 "一國兩制"、"港人治港"、高度自治的方針，支持香港特別行政區政制發展，保障香港居民依法行使民主權利。但是，一段時間以來特別是 2019 年香港發生修例風波以來，"反中亂港" 勢力公然鼓吹 "港獨" 等分裂分離主張，通過香港選舉平台和立法會議事平台或者利用立法會議員、區議會議員等公職人員身份，肆無忌憚進行 "反中亂港" 活動，癱瘓立法會運作，阻撓政府依法施政；策劃並實施所謂 "預選"，妄圖通過選舉掌控立法會主導權，進而奪取香港管治權。一些外國和境外勢力公然干預香港事務，甚至依據其國內法律對我國有關公職人員進行所謂 "制裁"。這些行為和活動，嚴重損害香港特別行政區憲制秩序和法治秩序，嚴重挑戰憲法、香港基本法和香港國安法權威。出現這些亂象的深層原因表明，香港特別行政區選舉制度機制存在明顯的漏洞和缺陷，一些 "反中亂港" 分子借機興風作浪，不斷製造事端，煽動社會對立，惡化政治生態，破壞政府管治。因此，必須採取有力措施完善香港特別行政區選舉制度，消除制度機制方面存在的隱患和風險，確保依法施政和有效治理。

早在 1984 年 6 月，鄧小平同志就曾明確指出："港人治港有個界線和標準，就是必須由以愛國者為主體的港人來治理香港。""愛國者治港" 是 "一國兩制" 方針和基本法的應有之義。香港基本法明確要求行政長官等有關公職人員必須擁護中華人民共和國香港特別行政區基本法，效忠中華人民共和國香港特別行政區。2019 年 10 月，黨的十九屆四中全會《決定》明確提出堅持以愛國者為主體的 "港人治港"。香港國安法施行後，為維護香港特別行政區憲制秩序，全國人大常委會先後作出《關於香港特別行政區第六屆立法會繼續履行職責的決定》和《關於香港特別行政區立法會議員資格問題的決定》。2021 年 1 月，習近平主席在聽取香港特別行政區行政長官年度述職報告時強調，香港由亂及治的重大轉折，再次昭示了一個深刻道理，那就是要確保 "一國兩制" 實踐行穩致遠，必須始終堅持 "愛國者治港"，這是事關國家主權、安全、發展利益，事關香港長期繁榮穩定的根本原則。這就為

完善香港特別行政區選舉制度確定了原則、指明了方向。

香港特別行政區多年來實行的選舉制度，是根據香港基本法有關規定、全國人大常委會有關解釋和決定以及香港本地有關法律規定確定的。香港基本法第 45 條、第 68 條等作出了原則性規定，香港基本法附件一和附件二及有關修正案作出了具體性規定。中央和國家有關部門經認真研究，認為有必要從國家層面修改完善香港特別行政區選舉制度。總的思路是：從法律制度機制上全面貫徹、體現和落實 "愛國者治港" 的原則，以重新構建選舉委員會並增加賦權為核心進行總體設計，調整優化選舉委員會規模、組成和產生辦法；繼續由選舉委員會選舉產生行政長官，並賦予選舉委員會選舉產生較大比例的立法會議員和直接參與提名全部立法會議員候選人的新職能，通過選舉委員會擴大香港社會均衡有序的政治參與和更加廣泛的代表性；建立全流程資格審查機制，確保香港管治權牢牢掌握在愛國者手中。

黨中央就完善香港選舉制度、落實 "愛國者治港" 原則作出重大決策部署，確定採取 "決定＋修法" 的方式，分步推進和完成。2021 年 3 月 11 日，十三屆全國人大四次會議通過《全國人民代表大會關於完善香港特別行政區選舉制度的決定》，明確新選舉制度若干核心要素內容並授權全國人大常委會修改香港基本法附件一和附件二。3 月 30 日，十三屆全國人大常委會第二十七次會議通過修訂後的香港基本法附件一《香港特別行政區行政長官的產生辦法》和附件二《香港特別行政區立法會的產生辦法和表決程序》，並明確原附件一和附件二及有關修正案不再施行。5 月 27 日，香港特別行政區立法會通過《2021 年完善選舉制度（綜合修訂）條例》，體現 "愛國者治港" 原則的新選舉制度得以全面確立和實行。9 月 19 日，香港特別行政區舉行 2021 年選舉委員會界別分組一般選舉，順利完成了實行新選舉制度後的首場重要選舉。

全國人大及其常委會通過有關香港選舉的決定、修訂香港基本法附件一和附件二，是全面準確、堅定不移貫徹 "一國兩制" 方針的又一重大舉措，是根據憲法和香港基本法作出的又一具有重要憲制意義的制度安排，對於新時代堅持和完善 "一國兩制" 制度體系、堅持依法治港、確保香港管治權牢牢掌握在愛國愛港力量手中、確保 "一國兩制" 實踐始終沿著正確方向前進將產生重要而深遠的影響。

四 深入貫徹習近平總書記關於港澳工作的重要論述精神，推動新時代 "一國兩制" 實踐行穩致遠

　　黨的十八大以來，習近平總書記和黨中央從戰略和全局出發，對 "一國兩制"、港澳工作作出一系列重要論述和重大決策部署，推動 "一國兩制" 事業取得新經驗、實現新發展，具有重大理論和實踐創新意義，是全面準確、堅定不移貫徹 "一國兩制" 方針的根本遵循和行動指南。深入貫徹習近平總書記關於港澳工作的重要論述精神，堅定 "一國兩制" 制度自信，更好發揮 "一國兩制" 治理優勢，推動新時代 "一國兩制" 實踐行穩致遠，需要著重把握以下幾點。

　　——堅持 "一國" 是 "兩制" 的根本。"一國兩制" 是一個完整的概念。"一國" 是指中華人民共和國，香港、澳門都是國家不可分離的部分。"一國" 是實行 "兩制" 的前提和基礎，"兩制" 從屬和派生於 "一國" 並統一於 "一國" 之內。習近平總書記指出："．一國．是根，根深才能葉茂；．一國．是本，本固才能枝榮。" 必須牢固樹立一國意識，堅守一國原則，尊重 "兩制" 差異，正確把握中央和特別行政區的關係，絕不容忍任何挑戰 "一國兩制" 底線的行為。

　　——堅持憲法和基本法共同構成特別行政區的憲制基礎。全面依法治國在港澳工作方面，集中體現為堅持依法治港治澳，鞏固憲法和基本法共同構成的特別行政區憲制基礎，維護憲法和基本法確定的特別行政區憲制秩序。憲法是國家的根本法、最高法，基本法是根據憲法制定的基本法律，憲法和基本法共同構成、共同實施，是 "一國兩制" 下特別行政區制度的本質屬性和基本特徵，特別行政區不存在一個脫離國家憲法的 "憲制" 和 "法治"。

　　——堅持維護中央對特別行政區全面管治權和保障特別行政區高度自治權的有機結合。中央全面管治權和特別行政區高度自治權，在憲制上是統一的，在本質上是一致的。中央全面管治權是前提和基礎，特別行政區高度自治權是中央行使全面管治權的重要體現和實際結果。只講一方面而淡化、忽

302

略另一方面，或者把二者割裂開來、對立起來，都是不完整、不準確的，不符合 "一國兩制" 方針，不符合憲法和基本法，也不符合香港、澳門回歸後的實際情況。

——堅持和完善 "一國兩制" 制度體系。黨的十九大確立的 "14 個堅持" 的基本方略，黨的十九屆四中全會概括的 "13 個堅持" 的顯著優勢，都將堅持 "一國兩制" 列入其中，必須長期堅持。同時，形勢在發展，時代在前進，"一國兩制" 也不是一成不變的，正如習近平總書記所指出的："`一國兩制`的制度體系也要在實踐中不斷加以完善。" 沒有 "堅持"，"一國兩制" 就會失去正確方向；沒有 "完善"，"一國兩制" 就會失去生機活力，二者相輔相成、不可或缺。

——堅持港澳融入國家發展大局的方向。習近平主席在會見香港、澳門各界慶祝國家改革開放 40 週年訪問團時明確提出："在融入國家發展大局中實現香港、澳門更好發展"。這就為香港、澳門的未來發展指明了方向。全面支持香港、澳門更好融入國家發展大局，高質量建設粵港澳大灣區，推進深圳前海、珠海橫琴等粵港澳合作平台建設，豐富了新時代 "一國兩制" 實踐的內涵，為譜寫 "一國兩制" 新篇章提供了重要機遇和強大動力，將產生深遠影響。

黨的百年奮鬥從根本上改變了
中國人民的前途命運

謝伏瞻

　　黨的十九屆六中全會通過的《中共中央關於黨的百年奮鬥重大成就和歷史經驗的決議》深刻闡明了中國共產黨百年奮鬥的歷史意義。一百年來，中國共產黨踐行初心使命，團結帶領全國各族人民為爭取民族獨立、人民解放和實現國家富強、人民幸福而不懈奮鬥，書寫了中華民族幾千年歷史上最恢宏的史詩，從根本上改變了中國人民的前途命運。中國人民在黨百年奮鬥的各個階段對美好生活的嚮往不斷變為現實，更加自信、自立、自強的中國人民，極大增強了志氣、骨氣、底氣，正意氣風發向著全面建成社會主義現代化強國的第二個百年奮鬥目標闊步前進。

一　中國人民成為國家、社會和自己命運的主人

　　近代以後，深受帝國主義、封建主義、官僚資本主義三座大山壓迫的中國人民，經濟上被壓榨，政治上被剝奪，文化上被奴役，被西方帝國主義列強辱為“東亞病夫”。中國共產黨團結帶領中國人民，浴血奮戰、百折不撓，推翻了三座大山，建立了人民當家作主的中華人民共和國，實現了中國從幾千年封建專制政治向人民民主的偉大飛躍，中國人民從此站起來了，把命運牢牢掌握在自己手中。

　　人民當家作主，成為國家的主人。新中國成立後，黨和政府通過不斷豐富民主形式，拓寬民主渠道，健全人民當家作主制度體系，從各層次各領域擴大人民有序政治參與，使各方面制度和國家治理更為體現人民意志，保障人民權益，激發人民創造。1954 年，第一屆全國人民代表大會第一次會議通過的《中華人民共和國憲法》，確立了中國的根本政治制度——人民代表

大會制度，這是中國人民在人類政治制度史上的偉大創造。人民通過全國人民代表大會和地方各級人民代表大會行使國家權力；各級人民代表大會都由民主選舉產生，對人民負責，受人民監督；國家行政機關、監察機關、審判機關、檢察機關都由人民代表大會選舉產生，對人大負責，受人大監督。按照普遍、平等、直接選舉和間接選舉相結合的原則，確保人人享有平等選舉權和被選舉權。始終堅持黨的領導、人民當家作主、依法治國有機統一，積極發展全過程人民民主，將民主選舉、民主協商、民主決策、民主管理、民主監督各個環節彼此貫通起來。根據國情不斷完善選舉制度，逐步實現城鄉按相同人口比例選舉人大代表，並保證各地區、各民族、各方面都有適當數量的代表。社會主義協商民主廣泛多層制度化發展，協商內容、協商程序不斷規範，人民通過各種途徑、渠道、方式，就國家治理的重大問題，特別是事關人民切身利益的問題廣泛協商，找到全社會意願和要求的最大公約數。黨和國家制定實施重大決策，廣泛徵求和聽取各方面意見，最大限度吸納民意、匯集民智、凝聚民力。基層民主制度不斷完善，人民知情權、參與權、表達權、監督權得到充分保障。

　　人民積極參與社會治理，成為社會的主人。在中國共產黨領導下，全國廣大城鄉居民依照法律規定，選舉產生村民委員會、居民委員會，辦理本村、本社區的公共事務和公益事業。各級各類企事業單位職工根據法律規定自願組織工會，通過職工代表大會或其他形式，組織和教育職工依照憲法和法律規定行使民主權利。人民群眾可依照相關法律成立社會組織，開展社會服務工作和社會公益活動，推動社會健康有序發展。七十多年來，全國城鄉基層民主有序發展，基層群眾自治機制不斷健全，市民公約、鄉規民約、行業規章、團體章程等持續發揮積極作用，在城鄉社區治理、基層公共事務和公益事業中廣泛實行群眾自我管理、自我服務、自我教育、自我監督。民主懇談會、聽證會、網絡議政、遠程協商、"立法直通車"、"小院議事廳"、"板凳民主"等基層民主形式不斷湧現，民事民議、民定、民辦漸成風氣。社會組織管理制度不斷完善，社會治理人人參與、人人盡責的良好局面正在加快形成。

　　人民奮發有為，成為自己命運的主人。新中國成立後，中國共產黨始終致力於建設一個人人平等的公正社會，不斷推進男女平等、職業平等、民族平等，使人人都有通過辛勤勞動實現自身發展的機會。千百萬勞苦大眾破除了封建依附關係，全體工人農民特別是西藏百萬農奴翻身得解放、走上幸福路。黨和國家頒佈實施婚姻法，成立保護婦女權益的專門機構，不斷完善維護婦女平等權益的法律制度，女性的政治地位、家庭地位、經濟地位、社會地位顯著提高。黨確立民族區域自治制度，徹底否定民族壓迫和民族歧視，各民族一律平等，56 個民族交往交流交融，中華民族共同體意識日益牢固。改革開放以來，全國 6 億多農村人口進入城市工作生活，在推動國家經濟社會發展的同時也深刻改變了自身的命運。廣大勞動者無論從事什麼職業，只要愛崗敬業、勤於學習、善於實踐、踏實肯幹，都能通過自己努力實現人生夢想、改變個人命運。

二　中國人民對美好生活的嚮往不斷變為現實

江山就是人民、人民就是江山，打江山、守江山，守的是人民的心。一百年來，中國共產黨始終堅持以人民為中心的發展思想，團結帶領全國人民，為實現美好生活朝著共同富裕的目標接續奮鬥，在中華大地上全面建成了小康社會，歷史性地解決了絕對貧困問題，中國人民生活發生了翻天覆地的變化。

全體人民過上了小康生活。幾千年來，忍飢挨餓、缺吃少穿、生活困頓等問題始終困擾著中國人民，近代以後帝國主義列強對我國的侵略，給中國人民帶來無盡的苦難。新中國成立後，在中國共產黨堅強領導下，中國人民創造了經濟快速發展的奇跡，人民生活實現了由解決溫飽到總體小康、再到全面小康的歷史性跨越。特別是黨的十八大以來，以習近平同志為核心的黨中央把脫貧攻堅作為全面建成小康社會的底線任務和標誌性指標，推動精準扶貧精準脫貧，完成了消除絕對貧困的艱巨歷史任務。到 2020 年底，現行標準下 9899 萬農村貧困人口全部脫貧，832 個貧困縣全部摘帽，12.8 萬個貧困村全部出列，區域性整體貧困得到解決，創造了彪炳史冊的人間奇跡。我國居民人均可支配收入從 1949 年的 49.7 元增長到 2020 年的 3.2 萬元，從一個極端貧困的低收入國家躍升為中上等收入國家，並即將進入高收入國家行列。2020 年，全國居民恩格爾係數下降到 30.2%，消費結構從生存型逐漸向發展型、享受型轉變。人們吃穿用有餘，開始追求更高的生活品質和品位，2019 年國內旅遊人數達到 60.06 億人次，出境旅遊人數達到 15463 萬人次，中國正進入大眾旅遊時代。汽車快速進入尋常百姓家，2020 年城鄉居民每百戶家用汽車擁有量達到 37.1 輛。

　　人民群眾的獲得感幸福感安全感不斷增強。舊中國積貧積弱、民生凋敝，教育衛生事業極端落後，疫病橫行、缺醫少藥，災民、貧民、無依無靠的孤老殘幼等城鄉貧困人口眾多。在新中國成立之初，文盲率高達 80%，人均預期壽命僅為 35 歲，嬰兒死亡率超過 200‰。新中國成立後，中國共產黨堅持在發展中保障和改善民生，積極推進幼有所育、學有所教、勞有所得、病有所醫、老有所養、住有所居、弱有所扶，不斷改善人民生活、增進人民福祉。教育事業全面發展，2020 年全國學前教育毛入學率達到 85.2%，九年義務教育鞏固率達到 95.2%，高中階段、高等教育毛入學率分別達到 91.2% 和 54.4%，教育現代化發展總體水平已跨入世界中上國家行列。人民群眾的教育文化水平顯著提高，勞動年齡人口平均受教育年限達到 10.8 年。醫療衛生事業得到長足發展，覆蓋城鄉的三級醫療衛生服務網絡不斷健全，醫療技術水平和服務能力不斷提升，人民群眾普遍看得上病、看得起病、看得好病。全國人均預期壽命 2019 年達到 77.3 歲，嬰兒死亡率下降到 2020 年的 5.4‰，居民健康指標總體上優於中等偏上收入國家平均水平。我國已建成包括養老、醫療、低保、住房等在內的世界上規模最大的社會保障體系，人民群眾不分城鄉、地域、性別、職業，在面對年老、疾病、失業、工傷、殘疾以及貧困等風險時都享有相應的制度保障。截至 2020 年底，全口徑基本醫療保險參保人數 13.6 億人，參保覆蓋率穩定在 95% 以上，城鄉基本養老保險參保率提高到 95%。老有所養、老有所依、老有所樂、老有所安的目標不斷實現。殘疾人權益保障更加有力，全國 8500 萬殘疾人同步邁入小康。兒童福利和未成年人保護體系不斷完善，有力保障了兒童健康和全面發展。住房保障力度不斷加大，累計建設各類保障性住房和棚改安置房 8000 多萬套，幫助 2 億多困難群眾改善了住房條件，低保、低收入住房困難家庭基本實現應保盡保，中等偏下收入家庭住房條件有效改善。我國長期保持社會和諧穩定、人民安居樂業，人民群眾獲得感、幸福感、安全感更加充實、更有保障、更可持續。

中國人民的精神生活更加豐富。中國共產黨領導人民發展社會主義先進文化，建設社會主義文化強國，人民精神文化生活日益豐富活躍。推動公共圖書館、博物館、文化館、紀念館、美術館等免費開放，科技館、工人文化宮、婦女兒童活動中心以及青少年校外活動場所免費提供基本公共文化服務項目，公共文化服務的豐富性、便利性、均等性顯著增強。人們足不出戶就能在線享受優質公共文化服務；時尚的文化場館、高質量的文化產品、具有創意的文化活動更好滿足了人們個性化多樣化品質化國際化的文化需求；影視出版繁榮發展，人們享受到越來越多的高品質文化盛宴；中華優秀傳統文化廣泛弘揚，越來越多的人陶醉於古典藝術的芳華流韻、國家寶藏的博大精深，從中感受中華文明的源遠流長、中國歷史的燦爛輝煌。中國人民共產主義遠大理想和中國特色社會主義共同理想更加堅定，富強、民主、文明、和諧、自由、平等、公正、法治、愛國、敬業、誠信、友善的社會主義核心價值觀深入人心。愛國主義精神、改革創新精神、新時代奮鬥精神等廣泛弘揚，積極進取、開放包容、理性平和的國民心態更加成熟，全黨全社會思想上的團結統一更加鞏固。

三　中國人民更加自信自立自強

中國共產黨團結帶領全國各族人民經過百年奮鬥，使中華民族偉大復興進入了不可逆轉的歷史進程，徹底改變了國家和人民的精神面貌。更加自信、自立、自強的中國人民，在前進道路上志氣更堅、骨氣更硬、底氣更足。

黨的百年奮鬥增強了中國人民的志氣。從百年前飽受欺凌屈辱到如今實現全面小康，中國人民以昂揚向上、文明自信的姿態屹立於世界民族之林，增強了實現中華民族偉大復興的志氣。脫貧攻堅的偉大成就，實實在在改變了億萬人的生活，彰顯了中國人民改天換地的壯志雄心；抗擊新冠肺炎疫情的重大戰略成果，充分展現了中國精神、中國力量、中國擔當；奧運賽場上五星紅旗一次次升起，義勇軍進行曲一遍遍奏響，中華民族強健的體魄、文明的精神給全國人民帶來滿滿的自信。實現中華民族偉大復興邁出的每一個腳步、取得的每一項成就，都彰顯出中國人民敢於鬥爭、敢於勝利的堅定自信和堅強決心。正是有了"自信人生二百年，會當水擊三千里"的勇氣，中國人民才能毫無畏懼面對一切困難和挑戰，堅定不移開闢新天地、創造一個又一個新奇跡。中國共產黨團結帶領人民成功走出中國式現代化道路，創造了人類文明新形態，比歷史上任何時期都更接近中華民族偉大復興的目標，比歷史上任何時期都更有信心、有能力實現這個目標。在新時代新征程上，中國人民必將創造更加美好的生活，極大增強向心力、凝聚力和自豪感，為實現中華民族偉大復興匯聚起磅礴精神力量。

黨的百年奮鬥增強了中國人民的骨氣。一百年來，中國共產黨團結帶領人民，創造了讓世界刮目相看的奇跡。在經濟領域，我國用幾十年時間走完了發達國家幾百年走過的工業化歷程，成為世界第二大經濟體、製造業第一大國、貨物貿易第一大國、商品消費第二大國、外資流入第二大國，外匯儲備連續多年位居世界第一。在科技領域，新中國成立後，中國人民獨立自主、自力更生，取得"兩彈一星"、超級雜交水稻、高性能計算機、人工合成牛胰島素、青蒿素等重大成果。改革開放以來特別是黨的十八大以來，中國人民大膽探索、開拓創新、勇於實踐，積極搶佔科技競爭和未來發展制高點，解決了一大批事關國家發展全局的重大科技問題，突破了一大批關鍵核心技術，取得了深海探測、量子通信、大飛機等一大批具有世界一流水平的自主創新成果，在航空航天、人工智能、第五代移動通信網絡、移動支付、新能源汽車、金融科技等領域處於世界領先地位，打破了美西方對中國的封鎖和遏制，徹底改變了科技水平全面落後的局面，躋身創新型國家行列。國家經濟實力、科技實力、綜合國力大幅躍升，邁上一個又一個新的台階。國防和軍隊現代化取得重大成就，國家文化軟實力顯著提升，中華文化國際影響力日益彰顯，譜寫了中華民族自立自強的壯麗史詩，極大增強了中國人民的骨氣。

黨的百年奮鬥增強了中國人民的底氣。百年奮鬥，地覆天翻，面貌日新，從當牛做馬到當家作主，從民不聊生到美好生活，從絕對貧困到全面小康，中國人民從來沒有像今天這樣富裕富足、揚眉吐氣。中國人民的底氣源於中國共產黨的堅強領導，源於中國特色社會主義制度的極大優越性，源於以習近平同志為核心的黨中央領航掌舵，中國人民有了前進路上的主心骨、壓艙石、定盤星，面對再大的驚濤駭浪都能從容不迫、自信堅定。哈佛大學肯尼迪政府學院 2020 年發佈的《理解中國共產黨韌性：中國民意長期調查》報告顯示，2003 年以來，中國民眾對政府的滿意度不斷提升，對中國共產黨的滿意度超過 90%。民族有希望，國家有力量，人民有底氣，炎黃子孫在世界各地受到普遍尊重。一次次成功的撤僑行動彰顯了中國力量，詮釋了偉大祖國永遠是中國人民的堅強靠山，無論中國人在海外遇到怎樣的危險，背後都有一個強大的祖國。“此生無悔入華夏”是每一個中國人的心聲。強大的國家永遠是全中國人民最可信賴的依靠，是每一個中國人的底氣。

中國共產黨根基在人民、血脈在人民、力量在人民。中國人民在歷史進程中積累的強大能量已經充分爆發出來，煥發出前所未有的歷史主動精神、歷史創造精神。在以習近平同志為核心的黨中央堅強領導下，中國人民正信心百倍地朝著全面建成社會主義現代化強國、實現中華民族偉大復興的宏偉目標邁進，奮力書寫新時代國家發展和人民幸福的嶄新篇章。

黨的百年奮鬥開闢了實現中華民族偉大復興的正確道路

傅　華

　　實現中華民族偉大復興，凝聚了幾代中國人的夙願，體現了中華民族和中國人民的整體利益，是每一個中華兒女的共同期盼。中國共產黨自成立以來，始終把為中國人民謀幸福、為中華民族謀復興作為自己的初心使命，矢志不渝，歷久彌新。黨的十九屆六中全會通過的《中共中央關於黨的百年奮鬥重大成就和歷史經驗的決議》指出："一百年來，黨領導人民不懈奮鬥、不斷進取，成功開闢了實現中華民族偉大復興的正確道路。"這條道路穿越百年風雨，越走越光明，越走越寬廣，直抵中華民族偉大復興的光輝彼岸。

一　實現中華民族偉大復興是黨百年奮鬥的主題

　　習近平總書記指出，一百年來，中國共產黨團結帶領中國人民進行的一切奮鬥、一切犧牲、一切創造，歸結起來就是一個主題：實現中華民族偉大復興。

　　只有創造過輝煌的民族，才懂得復興的意義；只有經歷過苦難的民族，才對復興有如此深切的渴望。中華民族是世界上偉大的民族，有著5000多年源遠流長的文明歷史，為人類文明進步作出了不可磨滅的貢獻。1840年鴉片戰爭以後，中國逐步成為半殖民地半封建社會，國家蒙辱、人民蒙難、文明蒙塵，一度陷於亡國滅種的危險境地。這是近代以來中國人民夢寐以求實現民族復興的歷史原點，中國人民由此開啟了探索實現中華民族偉大復興的歷史征程。

　　為了拯救民族危亡，中國人民奮起反抗，仁人志士奔走呐喊，各種救國方案輪番出台，但都以失敗而告終。在各種政治力量中，唯有中國共產黨肩負起了實現救亡圖存和中華民族偉大復興的歷史使命。作為馬克思主義政黨，中國共產黨擺脫了以往一切政治力量追求自身特殊利益的局限，以民族復興為己任，領導中國人民展現出同敵人血戰到底的氣概、在自力更生的基礎上光復舊物的決心、自立於世界民族之林的能力，點亮了實現中華民族偉大復興的燈塔。

一百年來，中國共產黨團結帶領中國人民，創造了新民主主義革命的偉大成就，為實現中華民族偉大復興創造了根本社會條件；創造了社會主義革命和建設的偉大成就，為實現中華民族偉大復興奠定了根本政治前提和制度基礎；創造了改革開放和社會主義現代化建設的偉大成就，為實現中華民族偉大復興提供了充滿新的活力的體制保證和快速發展的物質條件；創造了新時代中國特色社會主義的偉大成就，為實現中華民族偉大復興提供了更為完善的制度保證、更為堅實的物質基礎、更為主動的精神力量。

百年奮鬥，滄桑巨變。中國從四分五裂、一盤散沙到高度統一、民族團結，從積貧積弱、一窮二白到全面小康、繁榮富強，從被動挨打、飽受欺凌到獨立自主、堅定自信，僅用幾十年時間就走完發達國家幾百年走過的工業化歷程，創造了經濟快速發展和社會長期穩定兩大奇跡。今天，中華民族向世界展現的是一派欣欣向榮的氣象，巍然屹立於世界東方。

二　實現中華民族偉大復興進入了不可逆轉的歷史進程

2012 年 11 月 15 日，剛剛在黨的十八屆一中全會上當選為中共中央總書記的習近平在新一屆中央政治局常委中外記者見面會上莊嚴宣示："我們的責任，就是要團結帶領全黨全國各族人民，接過歷史的接力棒，繼續為實現中華民族偉大復興而努力奮鬥，使中華民族更加堅強有力地自立於世界民族之林，為人類作出新的更大的貢獻。"同年 11 月 29 日，習近平總書記在參觀《復興之路》展覽時，提出"實現中華民族偉大復興，就是中華民族近代以來最偉大的夢想"重要論斷，使"中國夢"成為激勵中華兒女奮勇向前的強大精神力量。

黨的十八大以來，習近平總書記以宏闊的歷史視野、深邃的戰略思考、堅定的人民情懷，統籌中華民族偉大復興戰略全局和世界百年未有之大變局，深刻闡述中華民族偉大復興的內涵、意義、路徑、方略，創造性地將實現中華民族偉大復興納入科學社會主義實踐和共產主義征程，指引方向，揭示規律，擘畫藍圖，明確任務，團結帶領全黨全國各族人民解決了許多長期想解決而沒有解決的難題，辦成了許多過去想辦而沒有辦成的大事，推動黨和國家事業取得歷史性成就、發生歷史性變革。新時代掀開中國特色社會主義事業新篇章，摁下民族復興"快進鍵"，書寫了中華民族歷史上的新的恢宏史詩，在 5000 多年中華文明史上具有標識性意義。今天，我們比歷史上任何時期都更接近、更有信心和有能力實現中華民族偉大復興的目標。

（一）提供更為完善的制度保證。習近平總書記指出，"改革開放以來，我們總結歷史經驗，不斷艱辛探索，終於找到了實現中華民族偉大復興的正確道路，取得了舉世矚目的成果。這條道路就是中國特色社會主義。"中國特色社會主義是黨和人民歷盡千辛萬苦、付出巨大代價取得的根本成就。建設中國特色社會主義，總依據是社會主義初級階段，總佈局是五位一體，總任務是實現社會主義現代化和中華民族偉大復興。中國特色社會主義是科學社會主義理論邏輯和中國社會發展歷史邏輯的辯證統一，根植於中國大地、反映中國人民意願、適應中國和時代發展進步要求，是加快推進社會主義現代化、實現中華民族偉大復興的必由之路。中國特色社會主義最本質的特徵是中國共產黨領導，中國特色社會主義制度的最大優勢是中國共產黨領導，黨是國家最高政治領導力量，是實現中華民族偉大復興的根本保障。

黨的十八大以來，習近平總書記把制度建設擺到更加突出的位置，強調"必須以更大的政治勇氣和智慧，不失時機深化重要領域改革，堅決破除一切妨礙科學發展的思想觀念和體制機制弊端，構建系統完備、科學規範、運行有效的制度體系，使各方面制度更加成熟更加定型"。具有劃時代意義的黨的十八屆三中全會，首次提出"推進國家治理體系和治理能力現代化"這個重大命題，並把"完善和發展中國特色社會主義制度、推進國家治理體系和治理能力現代化"確定為全面深化改革的總目標，提出 300 多項涵蓋經濟、政治、社會、文化、生態、軍隊、黨的建設等各個領域的改革目標。黨的十八屆四中全會對全面依法治國作出明確部署，使法治與改革如鳥之兩翼、車之雙輪，護航黨和國家各項事業不斷向前發展。黨的十九屆四中全會全面總結中國特色社會主義制度建設的歷史性成就，第一次系統描繪出中國特色社會主義的制度圖譜。

9年來，在以習近平同志為核心的黨中央堅強領導下，神州大地開啟了一場氣勢如虹、勢如破竹的偉大變革。以制度建設為主軸，各方面先後出台2000多個改革方案，全面發力、多點突破、縱深推進，許多領域實現歷史性變革、系統性重塑、整體性重構。堅持全面從嚴治黨，以踏石留印、抓鐵有痕的勁頭抓作風建設，以零容忍的態度懲治腐敗，對黨進行了革命性鍛造、對軍隊進行了革命性重塑，校正了黨和國家的前進航向。支撐中國特色社會主義制度的根本制度不斷築牢、基本制度更加完善、重要制度不斷創新，各領域基礎性制度框架基本確立，系統完備、科學規範、運行有效的制度體系日漸成型。具有顯著優越性和強大生命力的中國特色社會主義制度，創造了讓世界刮目相看的新奇跡，築牢了民族復興不可逆轉的強大基石。

（二）奠定更為堅實的物質基礎。發展是我們黨執政興國的第一要務，是解決我國一切問題的基礎和關鍵。習近平總書記指出，"實現中華民族偉大復興的中國夢，就是要實現國家富強、民族振興、人民幸福"。以習近平同志為核心的黨中央高瞻遠矚、謀篇佈局，著眼我國社會主要矛盾轉化，堅持以人民為中心，把人民對美好生活的嚮往作為奮鬥目標，準確把握新發展階段，深入貫徹新發展理念，加快構建新發展格局，深入推進供給側結構性改革，堅定實施科教興國、創新驅動發展、區域協調發展等重大戰略，打好防範化解重大風險、精準脫貧、污染防治攻堅戰，團結帶領全黨全國各族人民砥礪前行、開拓創新，推動中國經濟進入高質量發展軌道，我國經濟實力、科技實力、國防實力和綜合國力顯著增強，國際地位、國際形象極大提升。

經過全黨全國各族人民持續奮鬥，我們實現了第一個百年奮鬥目標，在中華大地上全面建成了小康社會，歷史性地解決了絕對貧困問題，書寫了人類發展史上的偉大奇跡。經濟總量實現新飛躍，國內生產總值突破100萬億元；發展方式根本轉變，"中國製造"轉向"中國創造"；人民生活顯著改善，織就全球最大社會保障網；生態環境明顯好轉，天藍地綠水清的美麗中國容顏初顯；人民軍隊淬火成鋼，向著世界一流軍隊砥礪前行。這些變革性實踐、突破性進展、標誌性成就，在黨的百年奮鬥歷程中具有里程碑意義，為實現中華民族偉大復興奠定了更為雄厚的物質基礎。

所當乘者勢也，不可失者時也。習近平總書記指出，"當今世界正經歷百年未有之大變局，但時與勢在我們一邊，這是我們定力和底氣所在，也是我們的決心和信心所在。" 從脫貧攻堅到鄉村振興，從全面小康到共同富裕，深入實施區域重大戰略，加快構建新發展格局，我們乘勢而上開啟全面建設社會主義現代化國家新征程，為中國發展厚植根基、突破關鍵，開創民族復興的美好未來。

（三）激發更為主動的精神力量。人民有信仰，民族有希望，國家有力量。習近平總書記指出，"一個民族的復興需要強大的物質力量，也需要強大的精神力量"，"實現中國夢，是物質文明和精神文明比翼雙飛的發展過程"。黨的十八大以來，以習近平同志為核心的黨中央堅持用馬克思主義的立場、觀點、方法觀察時代、把握時代、引領時代，取得了習近平新時代中國特色社會主義思想的重大理論成果，形成了當代中國馬克思主義、二十一世紀馬克思主義，為我們提供了認識世界、改造世界的強大思想武器，讓中華民族偉大復興獲得了前所未有的歷史主動、精神主動。大力弘揚以愛國主義為核心的民族精神和以改革創新為核心的時代精神，鮮明提出中國共產黨百年奮鬥形成的以偉大建黨精神為源頭的中國共產黨人精神譜系，為堅持和發展中國特色社會主義提供強大精神動力。在全社會積極培育和踐行社會主義核心價值觀，弘揚中華民族傳統美德，把愛家和愛國統一起來，鍥而不捨、一以貫之抓好社會主義精神文明建設，為全國各族人民不斷前進提供堅強的思想保證、強大的精神力量、豐潤的道德滋養。延續歷史文脈，堅定文化自信，按照時代的新進步，推動中華文明創造性轉化和創新性發展，激活其生命力，讓中華文明同世界各國人民創造的豐富多彩的文明一道，為人類發展進步提供正確的精神指引和強大的精神動力。鑄牢中華民族共同體意識，引導各族人民牢固樹立休戚與共、榮辱與共、生死與共、命運與共的共同體理念。以全人類共同價值構建人類命運共同體，追求和平、追求幸福、奉獻世界，引領人類文明發展新紀元。

黨領導人民成功走出中國式現代化道路，創造了人類文明新形態。中國共產黨和中國人民以英勇頑強的奮鬥向世界莊嚴宣告，中華民族迎來了從站起來、富起來到強起來的偉大飛躍。

三　中華民族偉大復興的中國夢一定能夠實現

習近平總書記指出，實現中華民族偉大復興，是一場接力跑。過去一百年，黨向人民、向歷史交出了一份優異的答卷。現在，黨團結帶領中國人民又踏上了實現第二個百年奮鬥目標新的趕考之路。

黨的十九大提出"兩步走"戰略，第二個百年奮鬥目標將在 2035 年完成第一步，基本實現社會主義現代化，到那時擁有 10 多億人口的中國將進入現代化國家行列，徹底改寫人類現代化的世界版圖，為整個人類現代化提供全新選擇；將在本世紀中葉完成第二步，建成富強民主文明和諧美麗的社會主義現代化強國，到那時中國將成為綜合國力和國際影響力領先的國家，中國人民將享有更加幸福安康的生活，中華民族將以更加昂揚的姿態屹立於世界民族之林。

"其作始也簡，其將畢也必巨。"全面建設社會主義現代化國家新征程已經開啟，擺在全黨全國各族人民面前的使命更光榮、任務更艱巨、挑戰更嚴峻、工作更偉大。

當前，世界百年未有之大變局加速演進，國際力量對比深刻調整，國際環境日趨複雜，不穩定性不確定性明顯增加。從中華民族偉大復興戰略全局看，國內改革發展穩定任務艱巨繁重，中華民族偉大復興進入關鍵時期，前進道路上仍然面臨著許多難關和挑戰。正如習近平總書記所指出的，中華民族偉大復興，絕不是輕輕鬆鬆、敲鑼打鼓就能實現的。在前進道路上我們面臨的風險考驗只會越來越複雜，甚至會遇到難以想像的驚濤駭浪。實現偉大夢想必須統籌兩個大局，善於在危機中育先機、於變局中開新局，抓住機遇，應對挑戰，趨利避害，奮勇前進；必須統籌發展和安全，堅定不移維護國家統一和民族團結；必須進行偉大鬥爭，當嚴峻形勢和鬥爭任務擺在面前時，骨頭要硬，敢於出擊，敢戰能勝；必須發揚艱苦奮鬥精神，我們通過不懈奮鬥，披荊斬棘，走過了萬水千山，我們還要繼續奮鬥，勇往直前，創造更加燦爛的輝煌。

中華民族正處於一個超過以往任何時候的偉大時代，一個不斷創造出令世人驚嘆的偉大奇跡的時代。中國特色社會主義進入了新時代，中國這個古老而又現代的東方大國朝氣蓬勃、氣象萬千，中國特色社會主義道路、理論、制度、文化煥發出強大生機活力。歷史已經並將繼續證明，只有社會主義才能救中國，只有堅持和發展中國特色社會主義才能實現中華民族偉大復興。我們必須更加堅定中國特色社會主義道路自信、理論自信、制度自信、文化自信，繼續在實現中華民族偉大復興中國夢的新長征路上萬眾一心、頑強拼搏、奮勇前進。

藍圖已經繪就，前景無比光明。全體中國人民要堅持以振興中華為己任，增強歷史使命感和責任感，立足本職、胸懷全局，自覺把人生理想、家庭幸福融入國家富強、民族復興的偉業之中。讓我們更加緊密地團結在以習近平同志為核心的黨中央周圍，不忘初心、牢記使命，不畏風浪、直面挑戰，統攬偉大鬥爭、偉大工程、偉大事業、偉大夢想，以時不我待的奮進姿態，繼續向著實現中華民族偉大復興的光輝目標進發，繼續向著構建人類命運共同體的美好前景進發，繼續在人類的偉大時間歷史中創造中華民族的偉大歷史時間，全面建成社會主義現代化強國的目標一定能夠實現，中華民族偉大復興的中國夢一定能夠實現。

黨的百年奮鬥展示了馬克思主義的
強大生命力

王　輝

　　黨的十九屆六中全會通過的《中共中央關於黨的百年奮鬥重大成就和歷史經驗的決議》（以下簡稱《決議》）強調，"黨的百年奮鬥展示了馬克思主義的強大生命力"。這一論斷深刻總結了我們黨堅持理論指導和理論創新、不斷推進馬克思主義中國化時代化的歷史進程和歷史貢獻，彰顯了中國化馬克思主義強大的真理力量和實踐力量。

一　不斷實現馬克思主義中國化新飛躍，開闢馬克思主義新境界

　　馬克思主義揭示了人類社會發展規律，是認識世界、改造世界的科學真理。在人類思想史上，沒有一種思想理論像馬克思主義那樣對人類產生了如此廣泛而深刻的影響，極大推進了人類文明進程。同時，堅持和發展馬克思主義，從理論到實踐都需要全世界的馬克思主義者進行極為艱巨、極具挑戰性的努力。恩格斯說過："馬克思的整個世界觀不是教義，而是方法。它提供的不是現成的教條，而是進一步研究的出發點和供這種研究使用的方法。"馬克思主義具有與時俱進的理論品格，它並沒有結束真理，而是開闢了通向真理的道路，必須始終隨著時代、實踐、認識發展而發展。把堅持馬克思主義和發展馬克思主義統一起來，結合新的實踐不斷作出新的理論創造，這是馬克思主義永葆生機活力的奧妙所在。

　　我們黨的歷史就是一部不斷推進馬克思主義中國化的歷史，就是一部不斷推進理論創新、進行理論創造的歷史。馬克思主義必須中國化才能落地生根、本土化才能深入人心。在黨的六屆六中全會上，毛澤東同志鮮明提出

馬克思主義中國化的重大命題，指出要推動“馬克思主義的中國化，使之在其每一表現中都帶著中國的特性”。馬克思主義傳入中國後，其主張受到中國人民熱烈歡迎，並在中國大地開花結果，這與它同我國傳承了幾千年的優秀歷史文化和廣大人民日用而不覺的價值觀念融通契合直接相關。在近代中國最危急的時刻，中國共產黨人找到了馬克思列寧主義，並用馬克思主義真理的力量激活了中華民族歷經幾千年創造的偉大文明，使中華文明再次迸發出強大精神力量。回顧百年黨史，我們黨之所以能夠領導人民在一次次求索、一次次挫折、一次次開拓中完成中國其他各種政治力量不可能完成的艱巨任務，根本在於堅持把馬克思主義基本原理同中國具體實際相結合、同中華優秀傳統文化相結合，及時回答時代之問、人民之問，不斷推進馬克思主義中國化時代化。

在各個歷史時期，我們黨用鮮活豐富的中國實踐推動馬克思主義發展，不斷開闢馬克思主義發展新境界。新民主主義革命時期，以毛澤東同志為主要代表的中國共產黨人，把馬克思列寧主義基本原理同中國具體實際相結合，對經過艱苦探索、付出巨大犧牲積累的一系列獨創性經驗作了理論概括，創立了毛澤東思想。社會主義革命和建設時期，毛澤東同志提出把馬克思列寧主義基本原理同中國具體實際進行“第二次結合”，提出關於社會主義建設的一系列重要思想，形成一系列獨創性理論成果。毛澤東思想是馬克思列寧主義在中國的創造性運用和發展，是被實踐證明了的關於中國革命和建設的正確的理論原則和經驗總結，是馬克思主義中國化的第一次歷史性飛躍。

改革開放和社會主義現代化建設新時期，以鄧小平同志為主要代表的中國共產黨人、以江澤民同志為主要代表的中國共產黨人、以胡錦濤同志為主要代表的中國共產黨人，從新的實踐和時代特徵出發堅持和發展馬克思主義，科學回答了建設中國特色社會主義的發展道路、發展階段、根本任務、發展動力、發展戰略、政治保證、祖國統一、外交和國際戰略、領導力量和依靠力量等一系列基本問題，產生了鄧小平理論、“三個代表”重要思想、科學發展觀等重大理論成果，形成了中國特色社會主義理論體系，實現了馬克思主義中國化新的飛躍。

中國特色社會主義進入新時代，以習近平同志為主要代表的中國共產黨人，堅持把馬克思主義基本原理同中國具體實際相結合、同中華優秀傳統文化相結合，堅持毛澤東思想、鄧小平理論、"三個代表"重要思想、科學發展觀，深刻總結並充分運用黨成立以來的歷史經驗，從新的實際出發，創立了習近平新時代中國特色社會主義思想。這一重要思想體現了科學社會主義理論邏輯和中國社會發展歷史邏輯、實踐邏輯的統一，體現了馬克思主義基本原理同當代中國實際、中華優秀傳統文化、人類文明有益成果的有機結合，為豐富和發展馬克思主義作出重大原創性貢獻，為激活中華優秀傳統文化的生命力作出歷史性貢獻，在馬克思主義中國化進程中具有里程碑意義。《決議》以"十個明確"科學概括了這一重要思想的基本內容，指出這些戰略思想和創新理念，是黨對中國特色社會主義建設規律認識深化和理論創新的重大成果；鮮明強調習近平新時代中國特色社會主義思想是當代中國馬克思主義、二十一世紀馬克思主義，是中華文化和中國精神的時代精華，實現了馬克思主義中國化新的飛躍。

理論的生命力在於創新。我們黨在百年奮鬥中用鮮活豐富的中國實踐推動馬克思主義發展，用寬廣視野吸收人類創造的一切優秀文明成果，不斷深化對共產黨執政規律、社會主義建設規律、人類社會發展規律的認識，以持續不斷的理論創新開闢馬克思主義新境界，充分彰顯了馬克思主義的強大生命力和中國共產黨人的理論創造力。

二　用馬克思主義中國化的科學理論引領偉大實踐

習近平總書記深刻指出："中國共產黨為什麼能，中國特色社會主義為什麼好，歸根到底是因為馬克思主義行！"一百年來，我們黨始終把馬克思主義作為自己的行動指南，馬克思主義的命運同中國共產黨的命運、中國人民的命運、中華民族的命運緊緊連在一起。

馬克思主義是我們黨推進自我革命、建設堅強的馬克思主義政黨的強大思想武器。馬克思主義闡明了無產階級政黨的先進品格、政治立場、崇高理想，奠定了共產黨人堅定理想信念的理論基礎，為馬克思主義政黨建設提供了根本遵循。我們黨始終堅持馬克思主義理論指導、堅持推進理論創新，用馬克思主義中國化最新成果武裝全黨，使黨得以擺脫以往一切政治力量追求自身特殊利益的局限，以唯物辯證的科學精神、無私無畏的博大胸懷領導和推動中國革命、建設、改革，不斷堅持真理、修正錯誤。無論是處於順境還是逆境，我們黨從未動搖對馬克思主義的信仰。我們黨繼承和發展馬克思主義建黨學說，形成了關於黨的自我革命的豐富思想成果，包括加強黨性修養，從嚴管黨治黨，嚴肅黨內政治生活，堅持經常性教育和集中性教育相結合，勇於開展批評和自我批評，加強黨內監督，接受人民監督，不斷純潔黨的思想、純潔黨的組織、純潔黨的作風、純潔黨的肌體等等，不斷推進黨的建設新的偉大工程，把黨建設成為始終走在時代前列、人民衷心擁護、勇於自我革命、經得起各種風浪考驗、朝氣蓬勃的馬克思主義執政黨。

馬克思主義是我們黨推進社會革命、引領事業發展的強大思想武器。在革命、建設、改革各個歷史時期，我們黨堅持運用馬克思主義立場、觀點、方法研究解決各種重大理論和實踐問題，指引黨和人民事業不斷取得偉大成就，指引中國成功走上了全面建設社會主義現代化強國的康莊大道，創造了人類歷史上前所未有的發展奇跡。

在革命和建設實踐中，我們黨把馬克思主義基本原理同中國革命和建設的具體實際結合起來，團結帶領人民經過長期奮鬥，完成新民主主義革命和社會主義革命，建立起中華人民共和國和社會主義基本制度，進行了社會主義建設的艱辛探索，實現了中國從幾千年封建專制政治向人民民主的偉大飛躍，實現了一窮二白、人口眾多的東方大國大步邁進社會主義社會的偉大飛躍。改革開放以後，我們黨把馬克思主義基本原理同中國改革開放的具體實際結合起來，正確回答了什麼是社會主義、怎樣建設社會主義，建設什麼樣的黨、怎樣建設黨，實現什麼樣的發展、怎樣發展等重大課題，團結帶領人民進行建設中國特色社會主義新的偉大實踐，使中國大踏步趕上了時代，實現了從生產力相對落後的狀況到經濟總量躍居世界第二的歷史性突破，實現了人民生活從溫飽不足到總體小康、奔向全面小康的歷史性跨越，推進了中華民族從站起來到富起來的偉大飛躍。在中國特色社會主義新時代，我們黨把馬克思主義基本原理同新時代中國具體實際結合起來，科學回答新時代堅持和發展什麼樣的中國特色社會主義、怎樣堅持和發展中國特色社會主義，建設什麼樣的社會主義現代化強國、怎樣建設社會主義現代化強國，建設什麼樣的長期執政的馬克思主義政黨、怎樣建設長期執政的馬克思主義政黨等重大時代課題，團結帶領人民進行偉大鬥爭、建設偉大工程、推進偉大事業、實現偉大夢想，推動黨和國家事業取得全方位、開創性歷史成就，發生深層次、根本性歷史變革，中華民族迎來了從站起來、富起來到強起來的偉大飛躍。

馬克思主義深刻改變了世界，也深刻改變了中國。馬克思主義的科學性和真理性在中國得到了充分檢驗，馬克思主義的人民性和實踐性在中國得到了充分貫徹，馬克思主義的開放性和時代性在中國得到了充分彰顯。實踐證明，歷史和人民選擇馬克思主義是完全正確的，中國共產黨把馬克思主義寫在自己的旗幟上是完全正確的，堅持馬克思主義基本原理同中國具體實際相結合、不斷推進馬克思主義中國化時代化是完全正確的。

三　馬克思主義在中國的發展和實踐煥發了社會主義新的蓬勃生機

馬克思主義推動了世界社會主義發展，深刻改變了人類歷史進程。馬克思主義揭示了社會主義必然代替資本主義的歷史規律，指明了社會歷史發展的方向以及實現這一目標的正確道路和現實力量，使社會主義變成了科學。

馬克思主義中國化時代化不斷取得成功，也是中國特色社會主義的不斷成功。中國特色社會主義既堅持了科學社會主義基本原則，又根據時代條件賦予其鮮明的中國特色。習近平總書記強調，當代中國的偉大社會變革，不是簡單延續我國歷史文化的母版，不是簡單套用馬克思主義經典作家設想的模板，不是其他國家社會主義實踐的再版，也不是國外現代化發展的翻版。社會主義並沒有定於一尊、一成不變的套路，只有把科學社會主義基本原則同本國具體實際、歷史文化傳統、時代要求緊密結合起來，在實踐中不斷探索總結，才能把藍圖變為美好現實。中國特色社會主義是黨和人民歷盡千辛萬苦、付出巨大代價取得的根本成就。改革開放以來，我國綜合國力和國際地位實現前所未有的提升，人民生活水平實現前所未有的提升，中華民族正以嶄新姿態屹立於世界的東方。事實雄辯地證明：中國特色社會主義是根植於中國大地、反映中國人民意願、適應中國和時代發展進步要求的科學社會主義。

科學社會主義在 21 世紀的中國煥發出強大生機活力，在世界上高高舉起了中國特色社會主義偉大旗幟。20 世紀 80 年代末 90 年代初，蘇聯解體、蘇共垮台、東歐劇變，導致世界上第一個社會主義國家和東歐社會主義國家不復存在，世界社會主義遭受嚴重曲折。面對冷戰結束後世界社會主義出現的低潮，我們黨堅定捍衛馬克思主義，堅持中國特色社會主義道路，不但在世界上把科學社會主義的旗幟舉住了、舉穩了，而且把科學社會主義推向嶄新的階段，使馬克思主義以嶄新形象展現在世界上，使世界範圍內社會主義和資本主義兩種意識形態、兩種社會制度的歷史演進及其較量發生了有利於社會主義的重大轉變。科學社會主義在中國的成功，對馬克思主義、科學社會主義的意義，對世界社會主義的意義，是十分重大的。習近平總書記深刻指出，如果社會主義在中國沒有取得今天的成功，如果中國共產黨領導和我國社會主義制度也在蘇聯解體、蘇共垮台、東歐劇變那場多米諾骨牌式的變化中倒塌了，或者因為其他原因失敗了，那社會主義實踐就可能又要長期在黑暗中徘徊了，又要像馬克思所說的那樣作為一個幽靈在世界上徘徊了。由於中國特色社會主義不斷成功，冷戰結束後世界社會主義萬馬齊喑的局面得到很大程度的扭轉，社會主義在同資本主義競爭中的被動局面得到很大程度的扭轉，社會主義優越性得到很大程度的彰顯。中國特色社會主義正成為 21 世紀科學社會主義發展的旗幟，成為振興世界社會主義的中流砥柱。

在全面建設社會主義現代化國家、實現中華民族偉大復興的新征程上，我們黨有責任、有信心、有能力為科學社會主義新發展作出更大歷史貢獻。只要我們堅持用馬克思主義觀察時代、把握時代、引領時代，勇於結合新的實踐不斷推進理論創新、善於用新的理論指導新的實踐，繼續發展當代中國馬克思主義、二十一世紀馬克思主義，就一定能夠讓馬克思主義放射出更加燦爛的真理光芒，在中國大地上展現出更強大、更有說服力的真理力量。

黨的百年奮鬥深刻影響了
世界歷史進程

林仰之

中國共產黨百年奮鬥開闢的偉大道路、創造的偉大事業、取得的偉大成就，不論在中華民族發展史上，還是在人類文明發展史上，都具有深遠的歷史意義。黨的十九屆六中全會通過的《中共中央關於黨的百年奮鬥重大成就和歷史經驗的決議》（以下簡稱《決議》）指出：黨的百年奮鬥深刻影響了世界歷史進程。中國共產黨對世界歷史進程的深刻影響，既基於領導中國人民進行革命、建設和改革取得的偉大成就對世界的貢獻，也基於把握人類社會發展規律、促進人類進步事業的中國智慧、中國方案、中國力量對人類的貢獻。面對世界百年未有之大變局，中國共產黨團結帶領中國人民踏上向實現第二個百年奮鬥目標進軍的新征程，必將在統籌中華民族偉大復興戰略全局和世界百年未有之大變局中為世界發展和人類進步作出新的更大貢獻。

一 百年來黨以自強不息的奮鬥深刻改變了世界發展的趨勢和格局

中華民族是世界上古老而偉大的民族，創造了綿延 5000 多年的燦爛文明，為人類文明進步作出了不可磨滅的貢獻。1840 年鴉片戰爭以後，由於西方列強入侵和封建統治腐敗，中國逐步成為半殖民地半封建社會，國家蒙辱、人民蒙難、文明蒙塵，中華民族遭受了前所未有的劫難。為了拯救民族危亡，中國人民奮起反抗，在可歌可泣的偉大鬥爭中，孕育了中國共產黨。中國共產黨一經誕生，就把為中國人民謀幸福、為中華民族謀復興確立為自己的初心使命，把為人類謀進步、為世界謀大同確立為自己的神聖職責。《決議》指出："一百年來，黨既為中國人民謀幸福、為中華民族謀復興，也為人類謀進步、為世界謀大同，以自強不息的奮鬥深刻改變了世界發展的趨勢和格局。"

新民主主義革命時期，黨團結帶領人民贏得了抗日戰爭偉大勝利，為世界反法西斯戰爭勝利作出重大貢獻，捍衛了人類和平事業；打敗了蔣家王朝，徹底打碎了美國企圖掌控中國以控制整個亞洲、進而控制全世界的"整個如意算盤"；實現了民族獨立、人民解放，建立了人民當家作主的中華人民共和國，徹底廢除了列強強加給中國的不平等條約和帝國主義在中國的一切特權，深刻改變了世界政治力量的對比。中國革命的勝利極大改變了世界政治格局，鼓舞了全世界被壓迫民族和被壓迫人民爭取解放的鬥爭。

社會主義革命和建設時期，黨團結帶領人民實現了一窮二白、人口眾多的東方大國大步邁進社會主義社會的偉大飛躍，有力推動了世界社會主義從理論到實踐、從一國實踐到多國發展的進程，使社會主義革命和建設實踐拓展到世界的東方，壯大了二戰結束後形成的世界社會主義陣營。中國社會主義革命和建設的偉大成就，使社會主義成為當代人類社會發展不可逆轉的前進方向。

改革開放和社會主義現代化建設新時期，黨團結帶領人民進行改革開放和社會主義現代化建設，使中國大踏步趕上了時代，實現了從生產力相對落後的狀況到經濟總量躍居世界第二的歷史性突破，實現了人民生活從溫飽不足到總體小康、奔向全面小康的歷史性跨越，推進了中華民族從站起來到富起來的偉大飛躍，有力推動了經濟全球化進程，使遭受蘇東劇變嚴重衝擊的世界社會主義煥發出旺盛生機活力。中國的快速發展深刻改變了冷戰結束後世界格局的力量對比和世界發展趨勢，在世界上高高舉起了中國特色社會主義偉大旗幟。

中國特色社會主義新時代，黨團結帶領人民攻堅克難、自信自強、守正創新，全面實現了第一個百年奮鬥目標，順利開啟實現第二個百年奮鬥目標的新征程，黨和國家事業取得歷史性成就、發生歷史性變革，實現了從"趕上時代"到"引領時代"的偉大跨越，推動建設新型國際關係，推動共建"一帶一路"，推動構建人類命運共同體，不斷以中國的新發展為世界提供新機遇。作為負責任大國，中國是世界和平的建設者、全球發展的貢獻者、國際秩序的維護者，成為新時代推動人類社會發展的歷史車輪向著光明目標前進的重要力量。

二　黨領導人民成功走出中國式現代化道路，創造了人類文明新形態

習近平總書記指出："中國共產黨是為中國人民謀幸福的政黨，也是為人類進步事業而奮鬥的政黨。中國共產黨始終把為人類作出新的更大的貢獻作為自己的使命。"不論是為人民謀幸福，還是為人類謀進步，都離不開發展，發展是增進人民福祉、促進社會進步的根本途徑。

近代以來，現代化是世界發展的歷史潮流，實現現代化是世界各國發展普遍面臨的歷史任務。一百年來，中國共產黨"團結帶領中國人民所進行的一切奮鬥，就是為了把我國建設成為現代化強國，實現中華民族偉大復興"。現代化的歷史運動發端於西方，同資本主義發展相生相伴，由此形成的西方資本主義國家的現代化發展道路，成為許多國家發展現代化的道路和路徑選擇的依據。然而，中國的歷史和實踐表明，只有社會主義才能救中國、才能發展中國。由於什麼是社會主義現代化以及如何建設社會主義現代化，既沒有現存的理論，也沒有現存的經驗，所以，"新中國成立以後，我們黨孜孜以求，帶領人民對中國現代化建設進行了艱辛探索"，為走出一條中國式現代化道路、實現中國式現代化而頑強奮鬥。

中國式現代化，就是把現代化發展放在自己力量的基點上，根據中國自己的實際情況和自己的條件，確立適合自己的現代化目標和議程，走中國自己的現代化道路，發揮社會主義制度優越性，依靠自力更生在世界上人口規模最大的國家建設社會主義現代化。走中國式現代化道路，中國僅用幾十年的時間就走完了發達國家幾百年走過的工業化歷程，創造了經濟快速發展和社會長期穩定兩大奇跡。中國式現代化的成功實踐昭示世界："現代化道路並沒有固定模式，適合自己的才是最好的，不能削足適履。每個國家自主探索符合本國國情的現代化道路的努力都應該受到尊重。"

中國式現代化是在堅持和發展中國特色社會主義、堅定不移走中國特

色社會主義道路中形成和發展的。為了建成富強民主文明和諧美麗的社會主義現代化強國、實現中華民族偉大復興，中國式現代化建設，統籌推進經濟建設、政治建設、文化建設、社會建設、生態文明建設"五位一體"總體佈局，不斷推動物質文明、政治文明、精神文明、社會文明、生態文明協調發展，前所未有地走出了依靠獨立自主與和平發展，在擁有 14 億多人口的國家，建設不斷促進全體人民共同富裕、物質文明和精神文明相協調、人與自然和諧共生的社會主義現代化的中國式現代化道路，創造了人類文明新形態。

中國是社會主義國家，同時也是世界上歷史悠久、人口最多的發展中大國，能夠獨立自主地走出中國特色社會主義道路，能夠在自力更生、頑強奮鬥中實現世所罕見的經濟快速發展，在令世界驚嘆的同時，也給世界以新希望。中國共產黨團結帶領中國人民創造的中國式現代化道路、創造的人類文明新形態，不僅拓展了發展中國家走向現代化的途徑，給世界上那些既希望加快發展又希望保持自身獨立性的國家和民族提供了全新選擇，而且也為世界各國人民攜手構建人類命運共同體凝聚了共識、增強了信心。

三 黨不斷為解決人類重大問題貢獻中國智慧、中國方案和中國力量

作為馬克思主義政黨，中國共產黨自誕生以來，始終堅持共產主義理想，矢志為人類進步事業而奮鬥，從來沒有把眼光局限在本國本黨的狹隘範圍，而是始終胸懷天下，總是順應人類社會發展規律，在世界發展的時代潮流中把握中國的革命、建設和改革，使其成為推動世界歷史進程的偉大社會革命。毛澤東同志指出：中華民族是有"人類正義心的偉大民族"；中國是一個大國，"應當對於人類有較大的貢獻"。

在百年奮鬥中，中國共產黨始終把為中國人民謀幸福、為中華民族謀復興和為人類謀進步、為世界謀大同統一起來，做到愛國主義與國際主義相統一，中國夢同各國人民的美好夢想相聯通，既一心一意辦好自己的事情，對自己負責，為世界作貢獻，又誠心誠意為解決人類問題貢獻中國智慧、中

國方案、中國力量，推動世界發展，造福人類社會。黨的十八大後，黨領導人民攻堅克難、頑強奮鬥，在 2020 年如期完成了新時代脫貧攻堅任務，近一億農村貧困人口實現脫貧，提前十年實現聯合國 2030 年可持續發展議程減貧目標，取得了令全世界刮目相看的重大勝利，不僅造福了中國人民，實現了中國人民夢想，而且也貢獻了世界發展，創造了人類社會發展新奇跡。

在百年奮鬥中，中國共產黨始終把維護世界和平、促進人類進步事業作為自己的使命，堅持不懈為人類謀進步、為世界謀大同。在中國共產黨領導下，中國始終做世界和平的建設者，堅定走和平發展道路，無論國際形勢如何變化，無論自身如何發展，中國永不稱霸、永不擴張、永不謀求勢力範圍；始終做全球發展的貢獻者，堅持走共同發展道路，繼續奉行互利共贏的開放戰略，將自身發展經驗和機遇同世界各國分享，實現共同發展；始終做國際秩序的維護者，堅持走合作發展道路，維護以聯合國為核心的國際體系、以國際法為基礎的國際秩序，堅持同廣大發展中國家站在一起，堅定支持增強發展中國家在國際治理體系中的代表性和發言權。歷史和實踐表明，中國共產黨和中國人民始終立足全人類的共同利益，尊崇人類社會發展規律，尊重世界各國人民意願，堅持公平正義，維護世界和平，謀求共同發展，不斷為推動世界永續和平發展作出新的貢獻。

習近平總書記指出："人類只有一個地球，各國共處一個世界"，"地球是人類的共同家園，也是人類到目前為止唯一的家園"。面對層出不窮的全球性問題和挑戰，沒有哪個國家能夠獨立應對，也沒有哪個國家可以獨善其身，世界各國需要以負責任的精神同舟共濟、協調行動、攜手應對，既要跳出小圈子和零和博弈思維，也要超越國家、民族、文化、意識形態界限，樹立命運共同體意識，秉持和平、發展、公平、正義、民主、自由的全人類共同價值，堅持走團結合作之路，"在追求本國利益時兼顧他國合理關切，在謀求本國發展中促進各國共同發展"，推動構建人類命運共同體，實現共贏共享。

秉持人類命運共同體理念，中國共產黨堅持在和平共處五項原則基礎上同各國發展友好合作關係，打造了遍佈全球的夥伴關係網絡；堅持以共商共建共享為原則推動"一帶一路"建設，開拓了中國與世界實現開放共贏的路徑；堅持構建人類衛生健康共同體理念，推動抗擊新冠肺炎疫情國際合作，促進了全球公共衛生安全治理。實踐表明，只要各個民族、各個國家牢固樹立人類命運共同體意識，風雨同舟，榮辱與共，我們就能把"地球村"建設成為一個和睦的大家庭，把人類社會建設成為一個命運共同體，把世界各國人民對美好生活的嚮往變成現實。

四　黨為人類謀進步、為世界謀大同的不懈奮鬥極大促進了人類社會發展和進步

中國是世界上最大的發展中國家，中國共產黨是世界上最大的政黨。習近平總書記說過："大就要有大的樣子。中國共產黨所做的一切，就是為中國人民謀幸福、為中華民族謀復興、為人類謀和平與發展。我們要把自己的事情做好，這本身就是對構建人類命運共同體的貢獻。我們也要通過推動中國發展給世界創造更多機遇，通過深化自身實踐探索人類社會發展規律並同世界各國分享。"為此，中國共產黨要始終為世界和平安寧作貢獻，為世界共同發展作貢獻，為世界文明交流互鑒作貢獻。這既是中國共產黨一如既往為之奮鬥的使命，也是中國共產黨一如既往對世界踐行的承諾。一百年來，中國共產黨之所以能夠始終堅守為人類謀進步、為世界謀大同的使命，堅持不懈地為人類進步事業而奮鬥，最根本的就在於中國共產黨始終堅定理想信念，不忘初心、牢記使命，心繫人類命運，把中國的發展進步同全人類的發展進步緊緊聯繫在一起。

第一，堅持胸懷天下。中國共產黨始終以世界眼光關注人類前途命運，從人類發展大潮流、世界變化大格局、中國發展大歷史正確認識和處理同外部世界的關係，堅持開放、不搞封閉，堅持互利共贏、不搞零和博弈，堅持主持公道、伸張正義，站在歷史正確的一邊，站在人類進步的一邊。

第二，堅持命運與共。中國共產黨始終堅持天下一家的理念和你中有我、我中有你的命運共同體意識，堅持走合作共贏、合作發展的人間正道，秉持相互尊重、和睦相處和合作共贏原則推進大國協調合作，秉持親誠惠容理念打造周邊命運共同體，秉持正確義利觀和真實親誠理念同發展中國家團

結合作，發展全球夥伴關係，不斷為推動構建人類命運共同體作出貢獻。

第三，堅持和平發展。中國共產黨秉承中華民族崇尚和平的文化傳統和追求和平、和睦、和諧的民族精神，堅定不移走和平發展道路，堅持同各國平等相待、相互尊重，永不謀求勢力範圍，永不走"國強必霸"的老路；堅持同各國團結合作、共同發展，既要讓自己過得好，也要讓別人過得好，在共同維護和平發展中讓全世界人民都過上美好生活。

第四，堅持大國擔當。中國共產黨始終堅守中國作為世界大國應該對人類作出貢獻的信念，既依靠自己力量辦好中國人自己的事情，不斷滿足14億多中國人民對美好生活的嚮往，為世界發展作出中國貢獻，又充分發揮負責任大國作用，為解決人類重大問題，改革完善全球治理體系，建設持久和平、普遍安全、共同繁榮、開放包容、清潔美麗的世界不斷貢獻出中國智慧、中國方案、中國力量。

黨和人民事業始終是人類進步事業的重要組成部分，中國的發展離不開世界，世界的繁榮也需要中國。習近平總書記指出："世界好，中國才能好；中國好，世界才更好。"在新的征程上，中國共產黨必將一如既往地把黨和人民事業發展置於人類發展的坐標系中，把中國人民利益同各國人民利益結合起來，繼續堅持不懈為人類謀進步、為世界謀大同，以更大力度促進人類進步事業，在新的奮鬥實踐中為構建人類命運共同體作出中國貢獻。

黨的百年奮鬥鍛造了走在時代前列的
中國共產黨

程　揚

　　黨的十九屆六中全會通過的《中共中央關於黨的百年奮鬥重大成就和
歷史經驗的決議》（以下簡稱《決議》），以宏闊視野總結黨百年奮鬥的重大
歷史意義，指出“黨的百年奮鬥鍛造了走在時代前列的中國共產黨”。這是
我們黨立足千秋偉業作出的重大理論判斷，既闡明了百年重大成就的時代價
值，又揭示了取得這些成就的根本原因，對於全黨統一思想認識、增強歷史
自信，團結帶領人民走向中華民族偉大復興，具有重大理論和實踐價值。對
於這一重大歷史意義，我們可以從六個方面理解把握。

一　中國共產黨始終是時代先導，擁有強大的理論武裝

　　習近平總書記深刻指出，馬克思主義是我們立黨立國、興黨強國的根
本指導思想，是我們黨的靈魂和旗幟。在近代中國最危急的時刻，十月革命
一聲炮響，給中國送來了馬克思列寧主義，中國先進分子找到了解決中國問
題的出路。在中國人民和中華民族的偉大覺醒中，在馬克思列寧主義同中國
工人運動的緊密結合中，中國共產黨應運而生。我們黨堅持把馬克思主義基
本原理同中國具體實際相結合、同中華優秀傳統文化相結合，不斷根據新的
時代特點推進馬克思主義中國化時代化。黨的十八大以來，習近平總書記對
關係新時代黨和國家事業發展的一系列重大理論和實踐問題進行了深邃思考
和科學判斷，提出一系列原創性的新思想新理念新舉措，習近平新時代中國
特色社會主義思想成為全黨的指導思想和行動指南。理論的先進性，鑄就了
政黨的先進性。黨自成立之日起，就堅定不移加強馬克思主義理論武裝，用
馬克思主義的立場、觀點、方法，觀察時代、把握時代、引領時代。在馬

克思主義和馬克思主義中國化成果指引下，中國共產黨以追求真理的科學
精神、堅如磐石的理想信念，領導中國革命、建設、改革，團結帶領人民完
成了近代以來其他各種政治力量都不可能完成的艱巨任務，使具有 500 多年
歷史的社會主義主張在世界上人口最多的國家成功開闢出具有高度現實性和
可行性的正確道路，讓科學社會主義在 21 世紀煥發出新的蓬勃生機。這種
特質、這種優勢、這種效果，在世界政黨中是獨一無二的。中國共產黨為什
麼能，中國特色社會主義為什麼好，歸根到底是因為馬克思主義行。新時代
新征程，我們要以更寬廣的視野審視馬克思主義在當代發展的現實基礎和實
踐需要，深刻領會中國化馬克思主義既一脈相承又與時俱進的理論品質，用
不斷豐富發展的科學理論體系武裝頭腦、指導實踐，築牢團結奮進的共同理
想信念，讓馬克思主義的真理光芒引導中國共產黨走在時代前列、創造新的
偉業。

二 中國共產黨始終是時代先鋒，將先進分子凝聚在黨的旗幟下

　　中國共產黨從一開始就是作為最先進階級——工人階級的政黨登上
歷史舞台的，黨的二大明確提出我們黨要 "為無產階級做革命運動的急先
鋒"，1935 年瓦窰堡會議提出中國共產黨 "是中國無產階級的先鋒隊"，同
時 "又是全民族的先鋒隊"。改革開放以後我們黨把 "中國共產黨是中國工
人階級的先鋒隊，同時是中國人民和中華民族的先鋒隊" 作為黨的性質寫入
黨章。黨在革命、建設、改革各個歷史時期，都注重吸收、吸引中國工人階
級的先進分子和中國人民、中華民族的先進分子，各個領域、各個方面的優
秀人才，加入到黨的隊伍、團結在黨的周圍，為民族獨立、人民解放和國
家富強、人民幸福而共同奮鬥。隨著黨和人民事業勝利前進，黨的隊伍不
斷壯大、力量不斷增強，黨的先鋒隊性質在砥礪錘煉中更加鮮明奪目。《決
議》指出："黨成立時只有五十多名黨員，今天已成為擁有九千五百多萬名
黨員、領導著十四億多人口大國、具有重大全球影響力的世界第一大執政
黨。" 正是靠著這樣一支衝鋒在前的幹部隊伍和一批高素質的骨幹，團結起

一大批優秀的人才，黨在帶領人民創業奮鬥中不斷走向成熟強大。黨的十八大以來，黨中央把培養選拔黨和人民需要的好幹部作為從嚴治黨的重要任務，提出"信念堅定、為民服務、勤政務實、敢於擔當、清正廉潔"的新時代好幹部標準，使黨的幹部始終成為黨和國家事業的中堅力量。各級黨組織注重從產業工人、青年農民、高知識群體中和非公有制經濟組織、社會組織中發展黨員，嚴格黨員標準，切實加強基層黨組織和黨員隊伍建設。堅持黨管人才原則，作出人才是實現民族振興、贏得國際競爭主動的戰略資源的重大判斷，把黨內黨外、國內國外各方面優秀人才聚集到黨和人民的偉大奮鬥中來。黨要站在時代前列，必須始終成為時代先鋒。新時代新征程，我們要加強黨的組織建設特別是基層組織建設，強化理論武裝，提高黨性修養，砥礪政治品格，錘煉過硬本領，努力成為可堪大用、能擔重任的棟樑之才，以忠誠乾淨擔當的實際行動，以聚天下英才而用之的胸襟氣魄，團結帶領人民不斷奪取新的更大勝利。

三 中國共產黨始終是時代脊樑，代表最廣大人民根本利益

堅持人民主體地位，為了人民的根本利益而奮鬥，是我們黨立於不敗之地的強大根基。《決議》指出，一百年來，黨堅持性質宗旨，堅持理想信念，堅守初心使命，勇於自我革命，在生死鬥爭和艱苦奮鬥中經受住各種風險考驗、付出巨大犧牲，錘煉出鮮明政治品格，形成了以偉大建黨精神為源頭的精神譜系。不忘初心，方得始終。在革命、建設、改革各個歷史時期，中國共產黨始終把為中國人民謀幸福、為中華民族謀復興作為自己的初心使命，把人民作為真正的銅牆鐵壁，一代代優秀黨員、一批批英雄模範對黨忠誠、不負人民，既是群眾中的普通一員，又在各自崗位發揮先鋒作用，面對困難和危險挺身而出、不怕犧牲，撐起百年大黨的錚錚鐵骨。黨的十八大以來，以習近平同志為核心的黨中央堅持以人民為中心的發展思想，牢記江山就是人民、人民就是江山，把人民對美好生活的嚮往作為奮鬥目標，堅持一切為了人民，緊緊依靠人民，既維護人民長遠利益根本利益，又解決人民群眾最關心最直接最現實的利益問題，團結帶領全國各族人民持續奮鬥，如期

實現全面建成小康社會這個第一個百年奮鬥目標，正在意氣風發向著第二個百年奮鬥目標堅定邁進。新時代新征程，我們要堅持用初心使命砥礪奮鬥品質，用光榮傳統凝聚奮進力量，永遠保持對人民的赤子之心，始終深深扎根群眾、團結帶領群眾，為人民奮鬥、靠人民奮鬥，著力解決發展不平衡不充分問題和人民群眾急難愁盼問題，不斷促進社會公平正義、人民共同富裕，永遠贏得人民的信任，擁有走在時代前列的不竭力量。

四　中國共產黨始終葆有時代勇氣，鍛造出自我革命的品格

習近平總書記深刻指出，勇於自我革命，從嚴管黨治黨，是我們黨最鮮明的品格，也是我們黨最大的優勢。作為百年大黨，黨之所以能夠始終站在時代前列、引領時代風雲，根本在於勇於自我革命、永葆先進純潔。我們黨從建黨之初就嚴明紀律，堅決清除腐化變質分子；延安時期把黨的建設作為 "偉大的工程"，堅持不懈整頓黨的作風；新中國建立之際提出 "兩個務必"，要求全黨時刻保持 "趕考" 的警醒；改革開放和社會主義現代化建設新時期深刻認識到執政黨的黨風關係黨的生死存亡，提出治國必先治黨、治黨務必從嚴，推進黨的建設新的偉大工程，始終成為領導革命、建設、改革的中流砥柱。黨的十八大以來，以習近平同志為核心的黨中央以非凡的政治勇氣和強烈的責任擔當，堅持以偉大自我革命引領偉大社會革命、以偉大社會革命促進偉大自我革命，把初心使命作為自我革命的源泉動力，把政治建設擺在首位，堅定不移正風肅紀，一刻不停推進反腐敗鬥爭，全面從嚴治黨取得了歷史性、開創性成就，產生了全方位、深層次影響，構建起一套行之有效的權力監督制度和執紀執法體系，探索出一條長期執政條件下解決自身問題、跳出歷史週期率的成功道路。新時代新征程，我們要發揚徹底的自我革命精神，堅持以習近平新時代中國特色社會主義思想為指引，增強 "四個意識"、堅定 "四個自信"、做到 "兩個維護"，推動黨中央戰略部署落地見效，鍥而不捨落實中央八項規定精神，堅決鏟除侵害群眾利益的不正之風，使不敢腐、不能腐、不想腐一體推進取得更多的制度性成果和更大的治理成效，確保黨始終成為中國特色社會主義事業的堅強領導核心。

五　中國共產黨始終彰顯時代風範，勇立時代潮頭不斷創新創造

《決議》指出，創新是一個國家、一個民族發展進步的不竭動力。百年大黨恰是風華正茂，就在於我們黨具有偉大創新精神。在百年奮鬥中，堅決破除因循守舊、思想僵化，以敢為人先的銳氣，不斷推進理論創新、實踐創新、制度創新、文化創新以及其他各方面創新。依靠創新創造，我們黨成功應對了前進道路上的一個個挑戰，解決了不斷出現的新矛盾新問題，彰顯始終走在時代前列的風範。黨的十八大以來，黨中央深刻認識到，實踐發展永無止境，惟創新者進，惟創新者強，惟創新者勝，堅持和完善中國特色社會主義制度，推進國家治理體系和治理能力現代化。深刻把握我國發展要求和時代潮流，涉險灘、破堅冰，譜寫了全面深化改革的新篇章。作出中國發展仍處於重要戰略機遇期、機遇和挑戰之大都前所未有、總體上機遇大於挑戰的戰略判斷，著力把握新發展階段、貫徹新發展理念、構建新發展格局、推動高質量發展，科學回答了新時代實現什麼樣的發展、怎樣實現發展的問題。堅持發揮創新在現代化建設全局中的關鍵作用，發揮黨的領導的政治優勢和新型舉國體制的制度優勢，實施創新驅動發展戰略，推動我國發展取得舉世矚目的偉大成就。新時代新征程，我們要準確把握時代大勢、順應時代潮流，不斷增強戰略思維、辯證思維、創新思維、法治思維、底線思維，聚焦我國發展面臨的突出矛盾和問題，以全黨大學習培育全黨創新力，以體制機制變革釋放新的活力和創造力，以科技進步造就新產業和新機遇，努力佔據時代制高點。

六　中國共產黨始終引領時代，開創中國之治新境界

《決議》準確把握世界大勢、時代趨勢，指出黨正領導中國人民在中國特色社會主義道路上不可逆轉地走向中華民族偉大復興。實現中華民族偉大復興，關鍵在於堅持中國共產黨的領導。在百年奮鬥中，我們堅持黨的領導、堅持黨中央集中統一領導，確保黨在各個階段制定的路線方針政策貫徹

落實，一代接著一代幹，一棒接著一棒跑，接續推進偉大復興事業，使中華民族徹底擺脫“被開除球籍”的危險，煥發出新的蓬勃生機，成為世界和平的建設者、全球發展的貢獻者、國際秩序的維護者。黨的十八大以來，以習近平同志為核心的黨中央強調，中國特色社會主義進入新時代，我們黨一定要有新氣象新作為，強調在統攬偉大鬥爭、偉大工程、偉大事業、偉大夢想中，起決定性作用的是黨的建設新的偉大工程，強調要以前所未有的勇氣和定力推進全面從嚴治黨，黨的創造力、凝聚力、戰鬥力顯著增強，黨的執政能力和領導水平不斷提高，我們黨在波譎雲詭的時代變幻中始終保持戰略主動，中國經濟持續健康發展，成為世界經濟增長的動力源，中國之治展現新境界，我國發展不斷為人類作出新貢獻。新時代新征程，我們要胸懷國內國際兩個大局，增強堅持黨的領導、做到“兩個維護”的政治自覺，洞察時代大勢、保持戰略定力，發揮中國共產黨領導和中國特色社會主義制度優勢，百折不撓辦好自己的事，為改善全球治理貢獻中華民族的智慧和力量。

中國共產黨之所以偉大光榮正確，就在於始終走在時代前列、不斷引領時代。黨中央發出團結帶領中國人民實現第二個百年奮鬥目標的偉大號召。我們要堅定不移推進新時代黨的建設新的偉大工程，以全面從嚴治黨新成效確保黨在全面建設社會主義現代化國家進程中始終走在時代前列、在世界形勢深刻變化的歷史進程中始終走在時代前列。

傳承以偉大建黨精神為源頭的
精神譜系

紀心雨

黨的十九屆六中全會通過的《中共中央關於黨的百年奮鬥重大成就和歷史經驗的決議》指出："一百年來，黨堅持性質宗旨，堅持理想信念，堅守初心使命，勇於自我革命，在生死鬥爭和艱苦奮鬥中經受住各種風險考驗、付出巨大犧牲，錘煉出鮮明政治品格，形成了以偉大建黨精神為源頭的精神譜系"。以偉大建黨精神為源頭的精神譜系，是中國共產黨人獨特的精神標識，是中國共產黨戰勝各種艱難險阻、取得一個又一個偉大勝利的精神豐碑，是砥礪我們不忘初心、牢記使命的不竭精神動力。必須準確把握以偉大建黨精神為源頭的精神譜系的科學內涵和時代價值，繼續發揚光榮傳統、賡續紅色血脈，永遠把偉大建黨精神繼承下去、發揚光大，走好新時代趕考之路，為實現中華民族偉大復興提供強大精神力量。

一 偉大建黨精神是中國共產黨的精神之源，為我們立黨興黨強黨提供了豐厚滋養

一部中國共產黨百年歷史，就是一部黨領導人民的英勇奮鬥史，也是中國共產黨精神譜系的傳承發展史。習近平總書記在慶祝中國共產黨成立100週年大會上的講話中，首次明確概括了偉大建黨精神的科學內涵和歷史定位："一百年前，中國共產黨的先驅們創建了中國共產黨，形成了堅持真理、堅守理想，踐行初心、擔當使命，不怕犧牲、英勇鬥爭，對黨忠誠、不負人民的偉大建黨精神，這是中國共產黨的精神之源。"偉大建黨精神，以馬克思主義為思想基礎和行動指南，真實呈現了中國共產黨人堅持馬克思主義真理、堅守共產主義和社會主義的理想信念、以中國化馬克思主義指導黨

和人民的奮鬥實踐；以中華優秀傳統文化為歷史根源和豐富營養，與中華民族長期形成的特質稟賦和中華文化基因一脈相承，彰顯了中華民族獨特的精神理念和道德品格；以中國共產黨的性質宗旨和初心使命為根本要求，體現出中國共產黨始終不變質、不變色、不變味的紅色基因，展示出中國共產黨不同歷史時期的精神力量和精氣神，刻畫了中國共產黨的革命性、先進性和純潔性。偉大建黨精神，通過中國共產黨的早期建黨活動而孕育、形成，並在鬥爭中不斷豐富、發展，是黨的百年奮鬥積累的寶貴精神財富，是中國共產黨性質宗旨、理想信念、初心使命、責任擔當、精神風貌、崇高情懷、價值追求的集中體現，為我們立黨興黨強黨提供了豐厚滋養，為革命、建設、改革和新時代提供了強大精神動力，激勵一代又一代中國共產黨人團結帶領人民開闢偉大道路、創造偉大事業、取得偉大成就。

偉大建黨精神這 4 句話 32 個字，各有其特定的內容，又相互聯繫，緊密結合，構成一個有機統一的整體。

"堅持真理、堅守理想"，反映的是中國共產黨人對黨的指導思想和最終奮鬥目標的不變遵循。一個黨，一個國家，一個民族，要團結一心、同心同德、風雨無阻向前進，必須有共同的理想信念作支撐。因為理想信念之火一經點燃，就會產生巨大的精神力量。堅持馬克思主義真理，堅守共產主義理想，堅定理想信念，是共產黨人的精神追求，是共產黨人安身立命的根本。習近平總書記指出："理想信念就是共產黨人精神上的.鈣.，沒有理想信念，理想信念不堅定，精神上就會.缺鈣.，就會得.軟骨病.。"新時代的中國共產黨要進行偉大鬥爭、建設偉大工程、推進偉大事業、實現偉大夢想，就要繼續弘揚偉大建黨精神，始終堅定理想信念，用真理之力開創美好未來，以理想之光照亮奮鬥征程。

"踐行初心、擔當使命"，反映的是中國共產黨人對黨的初心使命和歷史責任的莊嚴承諾。黨的性質和宗旨決定了為中國人民謀幸福、為中華民族謀復興是中國共產黨人的初心和使命。這個初心和使命，是黨的性質宗旨、理想信念、奮鬥目標的集中體現，是激勵中國共產黨人不斷前進的根本動力。正是由於始終堅守初心和使命，我們黨才能在極端困境中發展壯大，在瀕臨絕境中突出重圍，在困頓逆境中毅然奮起，以"為有犧牲多壯志，敢教

338

日月換新天"的大無畏氣概,書寫了中華民族幾千年歷史上最恢宏的史詩。我們黨來自人民、植根人民、服務人民,必須以恆心守初心、以生命赴使命,始終堅持以人民為中心的發展思想,把人民對美好生活的嚮往作為奮鬥目標,為實現中華民族偉大復興的中國夢而不懈奮鬥。

"不怕犧牲、英勇鬥爭",反映的是中國共產黨人為信仰信念而奮鬥的英雄氣概。習近平總書記在黨史學習教育動員大會上的講話中指出:"世界上沒有哪個黨像我們這樣,遭遇過如此多的艱難險阻,經歷過如此多的生死考驗,付出過如此多的慘烈犧牲。"一百年來,無數共產黨人拋頭顱灑熱血,"未惜頭顱新故國,甘將熱血沃中華",在血雨腥風中經受考驗,在面臨危險時奮不顧身,在遭遇挫折時一往無前,生動展現了中國共產黨不怕犧牲、英勇鬥爭的鮮明精神特質。中華民族偉大復興,絕不是輕輕鬆鬆、敲鑼打鼓就能實現的,必須準備進行具有許多新的歷史特點的偉大鬥爭。只有發揚鬥爭精神,堅定鬥爭意志,增強鬥爭本領,在大是大非面前敢於亮劍,在矛盾衝突面前敢於迎難而上,在危機困難面前敢於挺身而出,在歪風邪氣面前敢於堅決鬥爭,才能以更加昂揚的奮鬥姿態走好新時代的長征路。

"對黨忠誠、不負人民",反映的是中國共產黨人為黨為民盡責奉獻的價值追求。把黨性與人民性相統一,把忠誠於黨與忠誠於人民相統一,是中國共產黨人的思想邏輯和行動邏輯。中國共產黨是中國工人階級的先鋒隊,同時是中國人民和中華民族的先鋒隊。我們黨一路走來,經歷了無數艱險和磨難,但任何困難都沒有壓垮我們,任何敵人都沒能打倒我們,靠的就是千千萬萬黨員的忠誠。對黨忠誠,必須一心一意、一以貫之,必須表裏如一、知行合一,任何時候任何情況下都不改其心、不移其志、不毀其節。我們黨為人民而生,因人民而興,與人民休戚與共、生死相依,始終代表中國最廣大人民的根本利益,沒有任何自己特殊的利益,從來不代表任何利益集團、任何權勢團體、任何特權階層的利益。只有不負人民,才能緊緊依靠人民,繼續書寫中國共產黨千秋偉業的新篇章。

偉大建黨精神具有理論的引領力、實踐的指導力、現實的號召力,充分彰顯了中國共產黨的先進性和純潔性,突顯出中國共產黨區別於其他任何政黨和團體的顯著優勢和鮮明特徵,展現了身處歷史悠久的東方大國的馬克思主義執政黨的光輝形象。

二 以偉大建黨精神為源頭的精神譜系，是黨領導人民戰勝 艱難險阻、從勝利走向勝利的精神密碼

中國共產黨一經成立，就以中國任何其他政治集團所未有的精神面貌展現在世人面前，成為馬克思主義、中華民族偉大精神、革命精神和時代精神的主要承載者。習近平總書記指出，在一百年的非凡奮鬥歷程中，一代又一代中國共產黨人頑強拼搏、不懈奮鬥，湧現了一大批視死如歸的革命烈士、一大批頑強奮鬥的英雄人物、一大批忘我奉獻的先進模範，形成了一系列偉大精神，構築起了中國共產黨人的精神譜系。中國共產黨精神譜系源於偉大建黨精神，是中國共產黨人在踐行為中國人民謀幸福、為中華民族謀復興的初心和使命中表現出的歷史主動性、歷史創造性及精神狀態、精神境界的真實反映。

中國共產黨建立豐功偉績的歷程，也是不斷培育和形成其偉大精神的過程。中國共產黨先後經歷革命、建設、改革和新時代的不同時期和歷史階段，其精神演化也展現為不同的精神主題和鮮明的時代烙印。

新民主主義革命時期，黨面臨的主要任務是，反對帝國主義、封建主義、官僚資本主義，爭取民族獨立、人民解放，為實現中華民族偉大復興創造根本社會條件。這一時期，中國共產黨人展現的精神主題是不怕犧牲、英勇鬥爭、浴血奮戰的革命精神，其精神譜系包括建黨精神；井岡山精神、蘇區精神、長征精神、遵義會議精神、延安精神、抗戰精神、紅岩精神、西柏坡精神、照金精神、東北抗聯精神、南泥灣精神、太行精神（呂梁精神）、大別山精神、沂蒙精神、老區精神、張思德精神，等等。

社會主義革命和建設時期，黨面臨的主要任務是，實現從新民主主義到社會主義的轉變，進行社會主義革命，推進社會主義建設，為實現中華民族偉大復興奠定根本政治前提和制度基礎。這一時期，中國共產黨人展現的精神主題是自力更生、艱苦奮鬥、發憤圖強的艱苦創業精神，其精神譜系包括抗美援朝精神、"兩彈一星"精神、雷鋒精神、焦裕祿精神、大慶精神（鐵

人精神）、紅旗渠精神、北大荒精神、塞罕壩精神、"兩路"精神、老西藏精神（孔繁森精神）、西遷精神、王傑精神，等等。

改革開放和社會主義現代化建設新時期，黨面臨的主要任務是，繼續探索中國建設社會主義的正確道路，解放和發展社會生產力，使人民擺脫貧困、盡快富裕起來，為實現中華民族偉大復興提供充滿新的活力的體制保證和快速發展的物質條件。這一時期，中國共產黨人展現的精神主題是解放思想、銳意進取、開拓創新的改革開放精神，其精神譜系包括改革開放精神、特區精神、抗洪精神、抗擊"非典"精神、抗震救災精神、載人航天精神、勞模精神（勞動精神、工匠精神）、青藏鐵路精神、女排精神，等等。

中國特色社會主義新時代，黨面臨的主要任務是，實現第一個百年奮鬥目標，開啟實現第二個百年奮鬥目標新征程，朝著實現中華民族偉大復興的宏偉目標繼續前進。這一時期，中國共產黨人展現的精神主題是自信自強、守正創新、砥礪奮鬥的偉大奮鬥精神，其精神譜系包括脫貧攻堅精神、抗疫精神、"三牛"精神、科學家精神、企業家精神、探月精神、新時代北斗精神、絲路精神，等等。

這些內容豐富、立體鮮活、形式多樣的精神譜系，集中體現了中華民族和中國人民長期以來形成的偉大創造精神、偉大奮鬥精神、偉大團結精神、偉大夢想精神，集中彰顯了一代又一代中國共產黨人愈挫愈奮、百折不撓的奮鬥精神，跨越百年而又血脈賡續，貫穿我們黨領導中國革命、建設、改革和新時代的歷史實踐全過程，涵蓋我們黨治國理政的各領域各方面，形成於不同的時期和特定的歷史階段，並繼續伴隨著奮進新時代的歷史進程而不斷賦予其新的時代內涵，激勵一代又一代中國共產黨人團結帶領全國各族人民不斷開闢偉大道路、創造偉大事業、取得偉大成就。

三　傳承以偉大建黨精神為源頭的精神譜系，為實現中華民族偉大復興凝聚精神力量

人無精神不立，國無精神不強，黨無精神不興。一百年來，中國共產黨之所以能夠由小到大、由弱到強，團結和帶領中國人民不斷創造歷史偉

業，深刻改變了近代以後中華民族發展的方向和進程，深刻改變了中國人民和中華民族的前途和命運，深刻改變了世界發展的趨勢和格局，就是因為在革命、建設、改革和新時代的過程中形成並不斷弘揚偉大建黨精神，構建起中國共產黨人的精神譜系，錘煉出鮮明的政治品格。在開啟實現第二個百年奮鬥目標新征程、朝著實現中華民族偉大復興的宏偉目標繼續前進的歷史新起點上，全黨同志要繼續弘揚共產黨人的紅色基因，賡續共產黨人的精神血脈，傳承以偉大建黨精神為源頭的精神譜系，永葆共產黨人的政治本色，走好實現第二個百年奮鬥目標新的趕考之路，向黨、人民和歷史交出一份新的優異答卷。

一要做理想信念的堅定信仰者。中國人民是在中華民族面臨亡國滅種、"諸路皆走不通"的危急時刻，選擇馬克思主義的。中國共產黨之所以能，中國特色社會主義之所以好，歸根到底是因為馬克思主義行。習近平新時代中國特色社會主義思想是馬克思主義中國化最新成果，是當代中國馬克思主義，二十一世紀馬克思主義。全黨同志要從黨的百年奮鬥歷史中深刻感悟馬克思主義的真理力量和實踐力量，深刻感悟習近平新時代中國特色社會主義思想的科學性和真理性，不斷增進對黨的創新理論的政治認同、思想認同、理論認同、情感認同，自覺用以武裝頭腦、指導實踐、推動工作，築牢如山的信仰、如鐵的信念、如磐的信心。

二要做初心使命的帶頭踐行者。為什麼我們黨在那麼弱小的情況下能夠逐步發展壯大起來，在腥風血雨中能夠一次次絕境重生，在攻堅克難中能夠不斷從勝利走向勝利，根本原因就在於不管是處於順境還是逆境，我們黨始終堅守為中國人民謀幸福、為中華民族謀復興這個初心使命，義無反顧向著這個目標前進，從而贏得了人民衷心擁護和堅定支持。江山就是人民，人民就是江山。全黨同志要堅守人民立場，踐行以人民為中心的發展思想，時時以黨的創新理論滋養初心、引領使命，從黨的非凡歷史中感悟初心、激勵使命，在嚴肅黨內政治生活中錘煉初心、砥礪使命，把初心使命變成銳意進取、開拓創新的精氣神和埋頭苦幹、真抓實幹的原動力。

三要做偉大事業的不懈奮鬥者。我們黨之所以能夠歷經百年而風華正茂、飽經磨難而生生不息，就是憑著那麼一股革命加拚命的強大精神。一百年來，在應對各種困難挑戰中，我們黨錘煉了不畏強敵、不懼風險、敢於鬥爭、勇於勝利的風骨和品質。今天，我們比歷史上任何時期都更接近、更有信心和能力實現中華民族偉大復興的目標，越是接近民族復興越不會一帆風順，越是接近目標越會充滿風險挑戰，必須準備付出更為艱巨、更為艱苦的努力。全黨同志要保持越是艱險越向前的英雄氣概，敢於鬥爭、善於鬥爭，逢山開道、遇水架橋，做到難不住、壓不垮，推動中國特色社會主義事業航船劈波斬浪、一往無前。

四要做人民利益的忠實維護者。無論什麼時候，共產黨人都永遠不能忘記入黨時所作的對黨忠誠、永不叛黨的誓言，把對黨忠誠、為黨分憂、為黨盡責、為民造福作為根本政治擔當，以實際行動詮釋對黨的忠誠之心、對人民的赤子之心。全黨同志要始終保持黨的性質和宗旨，堅持人民立場，增強"四個意識"、堅定"四個自信"、做到"兩個維護"，牢記"國之大者"，自覺在思想上政治上行動上同以習近平同志為核心的黨中央保持高度一致，秉持對黨忠誠的大德、造福人民的公德、嚴於律己的私德，把對黨和人民的赤誠轉化為勤勉盡責、勇創佳績的實際行動，切實以堅強黨性取信於民。

一切偉大成就都是接續奮鬥的結果，一切偉大事業都需要在繼往開來中推進。以偉大建黨精神為源頭的精神譜系，是我們過去為什麼成功的重要精神力量，也是未來我們怎樣才能繼續成功的關鍵答案。全黨同志要用歷史映照現實、遠觀未來，勿忘昨天的苦難輝煌，無愧今天的使命擔當，不負明天的偉大夢想，以更加奮發有為的精神狀態開拓黨和國家事業的光明未來，努力為黨和人民爭取更大光榮！

始終牢記江山就是人民、
人民就是江山

婁勤儉

習近平總書記指出，"江山就是人民、人民就是江山，打江山、守江山，守的是人民的心"，這是中國共產黨人民觀、執政觀的最新概括和集中表達，體現了我們黨把人民放在心中最高位置的黨性原則。黨的十九屆六中全會通過的《中共中央關於黨的百年奮鬥重大成就和歷史經驗的決議》（以下簡稱《決議》），深刻把握江山與人民的關係，從黨百年奮鬥重大成就的總結到百年奮鬥歷史意義、歷史經驗的提煉，再到對新時代的中國共產黨提出要求，都突出以人民為中心，系統回答了"過去我們為什麼能夠成功、未來我們怎樣才能繼續成功"這一重大命題，為新時代中國共產黨堅持和發展"江山就是人民、人民就是江山"，提供了經驗啟示和行動指南。

一 "江山就是人民、人民就是江山"，把握了馬克思主義的人民性和中華文化民本思想的精髓，是中國共產黨區別於其他政黨的顯著標誌

人民性是馬克思主義最鮮明的品格，"江山就是人民、人民就是江山"是我們黨對馬克思主義人民性的最新概括。馬克思、恩格斯在《共產黨宣言》中指出，"無產階級的運動是絕大多數人的，為絕大多數人謀利益的獨立的運動"。中國共產黨把江山與人民等同起來，充分說明我們打江山、守江山為的不是個人私利，而是最廣大人民的根本利益。馬克思強調"歷史活動是群眾的活動"，中國共產黨把江山與人民緊密聯繫在一起，表明我們深刻認識到打江山、守江山必須緊緊依靠人民，我們也正是在人民的擁護支持下贏得了江山，並把我國建設成為世界第二大經濟體。馬克思、恩格斯還設

想，在未來社會中"生產將以所有的人富裕為目的"、"所有人共同享受大家創造出來的福利"，中國共產黨提出"江山就是人民、人民就是江山"，說明我們把握了江山由人民共建共享的規律，在實踐中也探索出了一條"先富帶後富，最終實現共同富裕"的科學道路。

在中國幾千年的歷史文化傳統中，人民就是江山社稷之本，"民惟邦本、本固邦寧"的治國理念源遠流長。與傳統民本思想不同的是，中國共產黨的人民觀，是建立在"黨除了工人階級和最廣大人民群眾的利益，沒有自己特殊的利益"這一基礎上，堅持"一切權力屬人民"、"黨在任何時候都把群眾利益放在第一位"。黨的十八大以來，習近平總書記多次強調，"政之所興在順民心，政之所廢在逆民心"，要求全黨為人民利益不懈奮鬥，指出，"人心向背關係黨的生死存亡。贏得人民信任，得到人民支持，黨就能夠克服任何困難，就能夠無往而不勝。反之，我們將一事無成，甚至走向衰敗"。我們黨來自於人民，"打江山"為的是建立起人民當家作主的新政權，"守江山"就是更好地為民執政、建設好鞏固好人民政權，為人民創造美好幸福生活。所以，"江山"與"人民"是相互統一的。

二 "江山就是人民、人民就是江山"，引領百年大黨取得了一個又一個偉大勝利，是對黨百年奮鬥歷史經驗的深刻總結

《決議》在闡述黨百年奮鬥的歷史意義中，第一條就是"從根本上改變了中國人民的前途命運"；在總結黨百年奮鬥十條歷史經驗中，就有"堅持人民至上"。可以說，黨的百年歷史，就是一部為人民打江山、守江山的歷史。在不同歷史時期，我們黨的任務不同，但勝利完成目標任務的成功經驗，歸根結底都是堅持和把握了"江山就是人民、人民就是江山"。

新民主主義革命時期，我們黨始終高度重視群眾工作，黨的二大強調"黨的一切運動都必須深入到廣大的群眾裏面去"，黨的七大把"和人民群眾緊密地聯繫在一起的作風"確立為黨的三大優良作風之一，用以指導全黨工作。正是因為黨始終重視啟發群眾、放手發動群眾，才得到群眾的信任、擁護和支持，最終帶領群眾推翻帝國主義、封建主義、官僚資本主義三座大

山，建立了新中國。

社會主義革命和建設時期，我們黨在執政後沒有被勝利衝昏頭腦，始終站穩人民立場，建立了人民當家作主的國家制度。翻身做主人的廣大人民迸發出極大的生產熱情，在黨領導下建立起獨立的比較完整的工業體系和國民經濟體系，改變了一窮二白的落後面貌，實現了中華民族有史以來最為廣泛而深刻的社會變革。

改革開放和社會主義現代化建設新時期，我們黨深刻認識到"不發展生產力，不提高人民的生活水平，不能說是符合社會主義要求的"，並作出把黨和國家工作中心轉移到經濟建設上來、實行改革開放的歷史性決策，改革一切束縛先進生產力和群眾創造力的體制機制。家庭聯產承包、鄉鎮企業、開發區經濟等一大批群眾和基層首創經驗不斷湧現，改革開放事業蓬勃發展，實現了人民生活從溫飽不足到總體小康、奔向全面小康的歷史性跨越。同一歷史時期，第一個社會主義國家蘇聯解體，一個非常重要的原因就是蘇共嚴重脫離了人民，陷入危難時得不到人民支持。

中國特色社會主義進入新時代，我們黨統籌中華民族偉大復興戰略全局和世界百年未有之大變局，堅持以人民為中心的發展思想，既強調一切工作的目的是讓人民過上美好生活，又注重"依靠人民創造歷史偉業"，同人民一起奮鬥，全面建成了小康社會，歷史性地解決了絕對貧困問題，有效應對了中美經貿摩擦、新冠肺炎疫情等一系列重大風險挑戰，推動黨和國家事業取得歷史性成就、發生歷史性變革，乘勢而上開啟全面建設社會主義現代化國家新征程。在這次全球應對疫情的鬥爭中，"中國之治"與"西方之亂"形成鮮明對比，其背後的根本原因就在於我們黨始終堅持人民至上、生命至上，為了人民不惜一切代價。

波瀾壯闊的百年征程和奮鬥實踐雄辯證明，人民，只有人民，才是我們黨打江山、守江山的目的所在、勝利之本；只要我們始終為了人民、依靠人民，就一定能夠不斷創造出更多令人刮目相看的人間奇跡。

三 "江山就是人民、人民就是江山"，在黨的百年奮鬥實踐中不斷豐富發展，形成了系統完善、邏輯嚴密的科學的理論和實踐體系

《決議》在回顧總結黨百年奮鬥歷程中，有一條主線很鮮明，就是踐行初心使命，為人民幸福、為民族復興而不懈奮鬥，這實際上也展現了黨關於江山與人民關係的認識和實踐的整個脈絡。結合《決議》和黨史看，我們黨自成立之日起就形成了對江山與人民關係的科學認識，並在實踐中不斷深化，把握和解決不同時期我國社會主要矛盾，一步步走向成熟完善。以毛澤東同志為主要代表的中國共產黨人，把"全心全意為人民服務"確立為黨的宗旨，創立了群眾路線並確立為黨的生命線和根本工作路線；以鄧小平同志為主要代表的中國共產黨人，明確將人民擁護不擁護、贊成不贊成、高興不高興、答應不答應，作為制定各項方針政策和作出決斷的出發點和歸宿；以江澤民同志為主要代表的中國共產黨人，強調黨要始終代表中國先進生產力的發展要求、代表中國先進文化的前進方向、代表中國最廣大人民的根本利益；以胡錦濤同志為主要代表的中國共產黨人，在新的探索實踐中形成了以人為本、全面協調可持續發展的科學發展觀。這些重要思想成為了全黨上下必須長期堅持的行動遵循。

黨的十八大以來，習近平總書記立足新的歷史方位和實踐要求，創造性地提出了一系列新論斷新觀點，創造性地解決了一系列新問題，為我們黨發展完善關於江山與人民的科學體系作出了新的重大貢獻。

（一）進一步豐富發展了人民立場的內涵。立場問題是政黨的核心問題，決定了其想問題作決策的出發點。步入新時代，世界處在百年未有之大變局，形勢任務發生了很大變化，如何正確認識和把握黨的立場，現實而緊迫。習近平總書記旗幟鮮明地要求全黨始終牢記和踐行為中國人民謀幸福、為中華民族謀復興的初心使命；旗幟鮮明地強調，"人民立場是中國共產黨的根本政治立場"；旗幟鮮明地指出，"走得再遠、走到再光輝的未來，也不能忘記走過的過去，不能忘記為什麼出發"。黨的十八大以來，習近平總書記把"堅持以人民為中心"貫穿於治國理政的全部活動，並將其明確為新時

代堅持和發展中國特色社會主義的基本方略。這些論斷和實踐，深刻回答了在新時代如何牢記和踐行中國共產黨是誰、為了誰的宗旨使命問題。

（二）進一步豐富發展了人民至上的內涵。習近平總書記鮮明提出"人民對美好生活的嚮往就是我們的奮鬥目標"，作出了"我國社會主要矛盾已經轉化為人民日益增長的美好生活需要和不平衡不充分的發展之間的矛盾"這一歷史性判斷。習近平總書記強調"讓人民生活幸福是．國之大者．"，要全心全意為人民服務，盡心盡力為人民謀福祉，努力讓人民有"更好的教育、更穩定的工作、更滿意的收入、更可靠的社會保障、更高水平的醫療衛生服務、更舒適的居住條件、更優美的環境、更豐富的精神文化生活"。習近平總書記創造性提出了創新、協調、綠色、開放、共享的新發展理念，並以此為引領，實現了第一個百年奮鬥目標，極大提升了群眾獲得感幸福感安全感，同時進一步明確到 2035 年"人民生活更加美好，人的全面發展、全體人民共同富裕取得更為明顯的實質性進展"。這一系列論斷和舉措，深刻回答了在新時代中國共產黨如何實現好、維護好、發展好最廣大人民根本利益的問題。

（三）進一步豐富發展了人民主體地位的內涵。歷史是人民創造的。習近平總書記深刻把握時代使命和人民心聲，向全社會發出了實現中華民族偉大復興中國夢的號召，指出"中國夢歸根到底是人民的夢"，把 14 億多人民的奮鬥激情匯聚成同心共築中國夢的磅礴力量；深刻把握政治建設的規律，提出了"發展全過程人民民主"的重大論斷，從推進國家治理體系和治理能力現代化的高度，加快健全完善人民當家作主制度體系，充分調動了人民投身國家建設的積極性、主動性、創造性；深刻把握歷史活動的規律，指出"時代是出卷人，我們是答卷人，人民是閱卷人"，要求把人民作為黨的工作的最高裁決者和最終評判者，把對黨負責與對人民負責有機統一起來。這些論斷和要求，深刻回答了在新時代中國共產黨如何發動群眾、組織群眾、依靠群眾創造歷史的問題。

（四）進一步豐富發展了黨與人民保持血肉聯繫的內涵。習近平總書記深刻指出"民心是最大的政治"，警醒全黨"黨執政後的最大危險是脫離群眾"，反覆強調"要始終同人民群眾同呼吸、共命運、心連心"。針對群眾工作的新變化，習近平總書記親自謀劃開展了黨的群眾路線教育實踐活動、"三嚴三實"專題教育、"兩學一做"學習教育、"不忘初心、牢記使命"主題教育、黨史學習教育，顯著增強了全黨的群眾意識和在新時代踐行群眾路線的能力水平。針對群眾反感的作風問題，他強調"黨的作風是黨的形象，是觀察黨群幹群關係、人心向背的晴雨表"，並部署出台中央八項規定等，從小事小節抓起，堅持不懈反"四風"，黨心民心進一步凝聚。針對群眾最痛恨的腐敗現象，他指出"這些現象對黨同人民群眾的血肉聯繫最具殺傷力"、"必須下最大氣力解決"，並以"壯士斷腕、刮骨療毒"的決心和勇氣懲治腐敗，夯實制度體系，一體推進不敢腐、不能腐、不想腐，把權力關進制度的籠子，明確反腐敗永遠在路上。這些論斷和經驗，深刻回答了在新時代中國共產黨如何保持同人民群眾的血肉聯繫的問題。

習近平總書記關於江山與人民的新論斷新觀點新實踐，充分體現了堅持尊重社會發展規律和尊重人民歷史主體地位的一致性、為崇高理想奮鬥和為最廣大人民謀利益的一致性、完成黨的各項工作和實現人民利益的一致性，使我們黨對江山與人民關係的認識和把握達到了新高度，是新時代中國共產黨守好人民江山的根本遵循。

四 "江山就是人民、人民就是江山"，揭示了興黨強國的根本所在，必須貫徹到實現中華民族偉大復興的全過程

《決議》對新時代的中國共產黨人提出了要求，號召全黨為實現"人民富裕、國家強盛、中國美麗"的目標奮鬥。學習貫徹好《決議》，就要始終牢記"中國共產黨是什麼、要幹什麼"，始終把人民放在心中最高位置、把造福人民作為最大政績、實現好維護好發展好最廣大人民的根本利益，讓"江山就是人民、人民就是江山"在現代化建設新征程中得到充分彰顯。要在高質量發展中促進共同富裕，加快提高發展的平衡性、協調性、包容性，著力擴大中等收入群體規模，大力促進基本公共服務均等化，完善三次分配機制，更好促進人的全面發展，讓農民市民不再有明顯身份界限、城鄉生活品質不再有明顯落差，朝著全體人民共同富裕目標紮實邁進。要進一步發

展全過程人民民主，堅持黨的領導，不斷擴大人民有序政治參與，加強人權法治保障，保證人民依法享有廣泛權利和自由，把人民當家作主具體地、現實地體現到黨治國理政的政策措施上來，具體地、現實地體現到黨和國家機關各個方面各個層級工作上來，具體地、現實地體現到實現人民對美好生活嚮往的工作上來。要更好踐行黨的群眾路線，始終同人民想在一起、幹在一起，風雨同舟、同甘共苦，堅持發展為民的價值取向、民生優先的行動指向，帶著情懷幹、帶領群眾幹，做到幹部越幹越有勁頭、群眾越幹越有奔頭，幹群心連心、一家親，携手共創美好未來。要永葆“兩個先鋒隊”本色，人民群眾反對什麼、痛恨什麼，我們就堅決防範和糾正什麼，必須進一步提高政治判斷力、政治領悟力、政治執行力，全面從嚴管黨治黨，馳而不息糾治“四風”，力度不減懲治腐敗，確保我們黨始終成為全國人民的先鋒隊和主心骨，確保我們黨守護的人民江山永不變色。

不斷推進馬克思主義中國化時代化

李書磊

不斷推進馬克思主義中國化時代化，既是我們黨歷經百年奮鬥積累下來的寶貴經驗，也是我們黨在壯闊新征程上分兩步走全面建成社會主義現代化強國的根本要求。黨的十九屆六中全會通過的《中共中央關於黨的百年奮鬥重大成就和歷史經驗的決議》（以下簡稱《決議》）指出："黨之所以能夠領導人民在一次次求索、一次次挫折、一次次開拓中完成中國其他各種政治力量不可能完成的艱巨任務，根本在於堅持解放思想、實事求是、與時俱進、求真務實，堅持把馬克思主義基本原理同中國具體實際相結合、同中華優秀傳統文化相結合，堅持實踐是檢驗真理的唯一標準，堅持一切從實際出發，及時回答時代之問、人民之問，不斷推進馬克思主義中國化時代化。"這充分表明以習近平同志為核心的黨中央對理論創新創造的認識進入了新境界，為我們牢牢堅持以馬克思主義為指導，推動黨和國家事業取得新的更大成就提供了根本遵循。

一　馬克思主義中國化時代化具有重大理論意義和實踐意義

馬克思主義是我們立黨立國、興黨強國的根本指導思想，是我們黨的靈魂和旗幟。習近平總書記在"七一"重要講話中鮮明指出："中國共產黨為什麼能，中國特色社會主義為什麼好，歸根到底是因為馬克思主義行！"

（一）馬克思主義具有強大的真理力量道義力量。馬克思主義深刻揭示了自然界、人類社會、人類思維發展的普遍規律，為人類社會發展進步指明了方向；馬克思主義堅持實現人民解放、維護人民利益的立場，以實現人的自由而全面的發展和全人類解放為己任，反映了人類對理想社會的美好憧憬；馬克思主義揭示了事物的本質、內在聯繫及發展規律，是"偉大的認識

351

工具"，是人們觀察世界、分析問題的有力思想武器；馬克思主義具有鮮明的實踐品格，不僅致力於科學"解釋世界"，而且致力於積極"改變世界"。在人類思想史上，沒有一種理論能達到馬克思主義的高度，也沒有一種思想能像馬克思主義那樣對人類文明進步產生了如此廣泛而深刻的影響。這一理論猶如壯麗的日出，照亮了人類探索歷史規律和尋求自身解放的道路。

1840 年鴉片戰爭後，由於西方列強入侵和封建統治腐敗，中國逐步成為半殖民地半封建社會，國家蒙辱、人民蒙難、文明蒙塵，中華民族遭受了前所未有的劫難。中國人民不屈不撓、奮力抗爭，在救亡圖存的道路上一次次求索、一次次失敗，迫切需要新的思想引領救亡運動，迫切需要新的組織凝聚革命力量。近鄰俄國革命的勝利，給中國帶來了希望。正如毛澤東所說，"十月革命一聲炮響，給我們送來了馬克思列寧主義。"馬克思主義傳入中國後，中國共產黨的早期創立者，經過親身實踐、反覆推求、深入比較，審慎選擇了馬克思主義。中國共產黨人一旦選擇了馬克思主義，就一以貫之、堅定不移，從來沒有動搖過、改變過、放棄過。

（二）馬克思主義必須中國化時代化才能落地生根、深入人心。馬克思主義中國化，就是把馬克思主義基本原理同中國具體實際相結合、同中華優秀傳統文化相結合，深入研究和解決中國革命、建設、改革、新時代不同歷史時期的實際問題，總結中國的獨特經驗，形成具有中國風格、中國氣派的馬克思主義。馬克思主義時代化，就是把馬克思主義同時代特徵結合起來，使之緊跟時代發展步伐、不斷吸收新的時代內容、科學回答時代課題。

馬克思主義的理論品質決定了馬克思主義的中國化時代化。馬克思、恩格斯多次指出，他們的理論不是教條，而是行動的指南；對他們理論中一般原理的實際運用"隨時隨地都要以當時的歷史條件為轉移"。列寧曾指出，馬克思的理論"所提供的只是總的指導原理，而這些原理的應用具體地說，在英國不同於法國，在法國不同於德國，在德國又不同於俄國"。鄧小平也指出："絕不能要求馬克思為解決他去世之後上百年、幾百年所產生的問題提供現成答案。"這些論述說明，馬克思主義的學說始終嚴格地以客觀事實為根據，而實際生活總是在不停的變動之中。

任何科學理論，必須本土化才能真正發揮作用。中國擁有廣袤無垠的國土，生活著數量龐大且勤勞智慧的人民。中華民族是世界上偉大的民族，有著 5000 多年源遠流長的文明歷史，為人類文明作出了不可磨滅的貢獻。獨特的地理環境、悠久的文化傳統，鑄就了獨特的中國國情。馬克思主義只有與中國國情相結合、與時代發展同進步、與人民群眾共命運，才能煥發出強大的生命力、創造力、感召力。

（三）馬克思主義中國化時代化成果引領創造一系列偉大成就。一百年來，黨用馬克思主義中國化時代化的科學理論引領實踐取得舉世矚目的偉大成就，書寫了中華民族幾千年歷史上最恢宏的史詩。這些非凡業績包括，黨領導人民浴血奮戰、百折不撓，創造了新民主主義革命的偉大成就，實現了中國從幾千年封建專制政治向人民民主的偉大飛躍；自力更生、發憤圖強，創造了社會主義革命和建設的偉大成就，實現了一窮二白、人口眾多的東方大國大步邁進社會主義社會的偉大飛躍；解放思想、銳意進取，創造了改革開放和社會主義現代化建設的偉大成就，推進了中華民族從站起來到富起來的偉大飛躍；自信自強、守正創新，創造了新時代中國特色社會主義的偉大成就，使中華民族迎來了從站起來、富起來到強起來的偉大飛躍。

黨和人民的百年奮鬥展示了馬克思主義的強大生命力，不僅為中國提供了強大思想武器，而且使中國創造了人類歷史上前所未有的發展奇跡。馬克思主義沒有辜負中國，中國也沒有辜負馬克思主義。歷史和實踐證明，我們選擇馬克思主義完全正確，堅持不懈推進馬克思主義中國化時代化完全正確。

二　不斷推進馬克思主義中國化實現飛躍

在領導中國革命、建設、改革的長期實踐中，我們黨堅持把馬克思主義基本原理同中國具體實際相結合、同中華優秀傳統文化相結合，不斷推進馬克思主義中國化實現飛躍。

（一）毛澤東思想是馬克思主義中國化的第一次歷史性飛躍。在艱苦卓絕的革命鬥爭中，以毛澤東同志為主要代表的中國共產黨人，對經過艱苦探索、付出巨大犧牲積累的一系列獨創性經驗作了理論概括，開創了農村包圍城市、武裝奪取政權的正確革命道路，創立了毛澤東思想，為奪取新民主主義革命勝利指明了正確方向。在 1945 年召開的黨的七大上，毛澤東思想被確立為黨的指導思想。新中國成立後到改革開放前夕，毛澤東思想得以豐富和發展，並指導社會主義革命和建設取得偉大成就。

毛澤東思想包含關於新民主主義革命、關於社會主義革命和建設、關於革命軍隊的建設和軍事戰略、關於政策和策略、關於思想政治工作和文化工作、關於黨的建設等多方面的內容。實事求是、群眾路線、獨立自主是毛澤東思想活的靈魂，為黨和人民事業發展提供了科學指引。毛澤東思想是馬克思列寧主義在中國的創造性運用和發展，是被實踐證明了的關於中國革命和建設的正確的理論原則和經驗總結，是馬克思主義中國化的第一次歷史性飛躍。

（二）中國特色社會主義理論體系實現了馬克思主義中國化新的飛躍。黨的十一屆三中全會以後，以鄧小平同志為主要代表的中國共產黨人，團結帶領全黨全國各族人民，深刻總結新中國成立以來正反兩方面經驗，圍繞什麼是社會主義、怎樣建設社會主義這一根本問題，借鑒世界社會主義歷史經驗，創立了鄧小平理論。黨的十三屆四中全會以後，以江澤民同志為主要代表的中國共產黨人，團結帶領全黨全國各族人民，堅持黨的基本理論、基本路線，加深了對什麼是社會主義、怎樣建設社會主義和建設什麼樣的黨、怎樣建設黨的認識，形成了“三個代表”重要思想。黨的十六大以後，以胡錦濤同志為主要代表的中國共產黨人，團結帶領全黨全國各族人民，在全面建設小康社會進程中推進實踐創新、理論創新、制度創新，深刻認識和回答了新形勢下實現什麼樣的發展、怎樣發展等重大問題，形成了科學發展觀。

改革開放和社會主義現代化建設新時期，我們黨推進馬克思主義中國化時代化取得的上述系列理論成果，科學回答了建設中國特色社會主義的發展道路、發展階段、根本任務、發展動力、發展戰略、政治保證、祖國統一、外交和國際戰略、領導力量和依靠力量等一系列基本問題，形成中國特色社會主義理論體系。其中，鄧小平理論是開創之作，是最基礎的重要組成部分；“三個代表”重要思想是承上啟下的極為重要的組成部分；科學發展觀是重要創新成果。三個理論成果既一脈相承又與時俱進，既相互貫通又層層遞進，體現了新時期我們黨理論創新成果的科學性體系、階段性成果和發展性要求的內在統一。

中國特色社會主義理論體系，豐富和深化了對共產黨執政規律、社會主義建設規律、人類社會發展規律的認識，以新的思想、觀點繼承和發展了馬克思主義，實現了馬克思主義中國化新的飛躍。

（三）習近平新時代中國特色社會主義思想實現了馬克思主義中國化新的飛躍。黨的十八大以來，中國特色社會主義進入新時代。以習近平同志為主要代表的中國共產黨人，統籌把握中華民族偉大復興戰略全局和世界百年未有之大變局，堅持把馬克思主義基本原理同中國具體實際相結合、同中華優秀傳統文化相結合，堅持毛澤東思想、鄧小平理論、"三個代表"重要思想、科學發展觀，深刻總結並充分運用黨成立以來的歷史經驗，從新的實際出發，創立了習近平新時代中國特色社會主義思想。

《決議》在黨的十九大概括"八個明確"基礎上，對習近平新時代中國特色社會主義思想的主要內容進行了新概括，提出"十個明確"，充實了新的重要思想觀點，如：明確中國特色社會主義最本質的特徵是中國共產黨領導，中國特色社會主義制度的最大優勢是中國共產黨領導，中國共產黨是最高政治領導力量，全黨必須增強"四個意識"、堅定"四個自信"、做到"兩個維護"；以中國式現代化推進中華民族偉大復興；發展全過程人民民主，推動人的全面發展、全體人民共同富裕取得更為明顯的實質性進展；明確必須堅持和完善社會主義基本經濟制度，使市場在資源配置中起決定性作用，更好發揮政府作用，把握新發展階段，貫徹創新、協調、綠色、開放、共享的新發展理念，加快構建以國內大循環為主體、國內國際雙循環相互促進的新發展格局，推動高質量發展，統籌發展和安全；明確全面從嚴治黨的戰略方針，提出新時代黨的建設總要求，全面推進黨的政治建設、思想建設、組織建設、作風建設、紀律建設，把制度建設貫穿其中，深入推進反腐敗鬥爭，落實管黨治黨政治責任，以偉大自我革命引領偉大社會革命；等等，表明黨的創新理論日益豐富。《決議》還把習近平新時代中國特色社會主義思想回答的重大時代課題鮮明概括為"新時代堅持和發展什麼樣的中國特色社會主義、怎樣堅持和發展中國特色社會主義，建設什麼樣的社會主義現代化強國、怎樣建設社會主義現代化強國，建設什麼樣的長期執政的馬克思主義政黨、怎樣建設長期執政的馬克思主義政黨等"。如此就更彰顯了黨的創新理論的時代性、開放性和創造性。

習近平新時代中國特色社會主義思想是當代中國馬克思主義、二十一世紀馬克思主義，是中華文化和中國精神的時代精華，作出了許多重大原創性貢獻，進一步豐富和深化了對共產黨執政規律、社會主義建設規律、人類社會發展規律的認識，實現了馬克思主義中國化新的飛躍。

三　新時代不斷推進馬克思主義中國化時代化最重要的就是堅持和發展當代中國馬克思主義、二十一世紀馬克思主義

（一）牢牢堅持馬克思主義的指導地位。在一百年的不懈奮鬥中，我們正因始終高舉馬克思主義的光輝旗幟，才找到了正確的新民主主義革命道路、社會主義革命和建設道路、中國特色社會主義道路，從而建立並不斷發展壯大社會主義中國。新時代，堅持和鞏固馬克思主義指導地位，最重要的就是堅持和鞏固習近平新時代中國特色社會主義思想的指導地位；堅持馬克思主義在意識形態領域指導地位的根本制度不動搖，最重要的就是堅持和鞏固習近平新時代中國特色社會主義思想在意識形態領域的指導地位。

（二）不斷豐富發展當代中國馬克思主義、二十一世紀馬克思主義。時代是思想之母，實踐是理論之源。馬克思主義必定隨著時代、實踐和科學的發展而不斷發展。經過長期努力，中國特色社會主義進入新時代，中華民族偉大復興進入關鍵時期。中國正經歷著最為廣泛而深刻的社會變革，也正進行著人類歷史上最為宏大而獨特的實踐創新。習近平總書記指出："當代中國的偉大社會變革，不是簡單延續我國歷史文化的母版，不是簡單套用馬克思主義經典作家設想的模板，不是其他國家社會主義實踐的再版，也不是國外現代化發展的翻版。"習近平新時代中國特色社會主義思想是具有開放性品格的科學理論體系，必將在同中國具體實際、中華優秀傳統文化的結合中持續深化對共產黨執政規律、社會主義建設規律、人類社會發展規律的認識，不斷開闢當代中國馬克思主義、二十一世紀馬克思主義的新境界。

（三）全面貫徹落實習近平新時代中國特色社會主義思想。理論創新每前進一步，理論武裝就要跟進一步。學習貫徹習近平新時代中國特色社會主義思想是新征程上全黨全國的首要政治任務。要注重學懂弄通做實，堅持全面系統學、及時跟進學、深入思考學、聯繫實際學，切實把思想和行動統一到習近平新時代中國特色社會主義思想上來。要以學術基礎、實踐導向、國際視野、歷史比較為著力點深化研究，深刻理解這一思想的豐富內涵、核心要義、實踐要求，深刻體悟貫穿其中的人民情懷、家國情懷、天下情懷。黨的各級領導幹部要帶頭學習，把學習習近平新時代中國特色社會主義思想同學習馬克思列寧主義、毛澤東思想、中國特色社會主義理論體系貫通起來，同學習黨史、新中國史、改革開放史、社會主義發展史結合起來，同新時代堅持和發展中國特色社會主義偉大事業聯繫起來，做到學思用貫通、知信行統一，做到真學真懂真信真用。要加強傳播手段和話語方式創新，讓黨的創新理論"飛入尋常百姓家"。

堅持和發展馬克思主義，從理論到實踐都需要全世界的馬克思主義者進行極為艱巨、極具挑戰性的努力。只要我們勇於結合新的實踐不斷推進理論創新、善於用新的理論指導新的實踐，不斷推進馬克思主義中國化時代化，就一定能夠讓馬克思主義在中國大地上展現出更強大、更有說服力的真理力量。在習近平新時代中國特色社會主義思想的科學指引下，我們一定能創造新的更大奇跡，書寫更加輝煌的不朽篇章。

堅持把國家和民族發展放在
自己力量的基點上

林尚立

堅持把國家和民族發展放在自己力量的基點上，是中國共產黨堅持獨立自主的寶貴歷史經驗。黨的十九屆六中全會通過的《中共中央關於黨的百年奮鬥重大成就和歷史經驗的決議》深刻指出："黨歷來堅持獨立自主開拓前進道路，堅持把國家和民族發展放在自己力量的基點上，堅持中國的事情必須由中國人民自己作主張、自己來處理。"黨百年奮鬥的實踐表明，獨立自主是黨和人民事業不斷從勝利走向勝利的根本保證，不論過去、現在和將來，我們都要始終把國家和民族發展放在自己力量的基點上，堅持自力更生、艱苦奮鬥、自立自強，只有這樣，才能把中國發展進步的命運始終牢牢掌握在自己手中。

一 黨的百年歷史就是黨團結帶領人民堅持獨立自主、自力更生的奮鬥史

習近平總書記在慶祝中國共產黨成立 100 週年大會上的講話中指出："一百年來，我們取得的一切成就，是中國共產黨人、中國人民、中華民族團結奮鬥的結果。""一百年來，中國共產黨團結帶領中國人民進行的一切奮鬥、一切犧牲、一切創造，歸結起來就是一個主題：實現中華民族偉大復興。"在百年奮鬥中，我們黨始終立足自身，以自己的力量為基點，在獨立自主中開拓前進，在自力更生中自立自強。

獨立自主是中華民族的優良傳統，自力更生是中華民族自立於世界民族之林的奮鬥基點。不論是在幾千年的中華文明發展史上，還是在近代以來100 多年的中華民族奮鬥史上，中華民族都始終以獨立自主的探索精神走出

自己的發展道路，以自力更生的頑強意志創造輝煌歷史偉業，鑄就了人類歷史上唯一一個綿延 5000 多年至今未曾中斷的中華文明；鍛造了“有同自己的敵人血戰到底的氣概，有在自力更生的基礎上光復舊物的決心，有自立於世界民族之林的能力”的世界上偉大的民族；創造了經濟快速發展和社會長期穩定、用幾十年時間就走完發達國家幾百年走過的工業化歷程的中國現代化發展奇跡。歷史表明，“獨立自主是中華民族精神之魂”，只要守住這個魂，中華民族就能始終立於不敗之地，長盛不衰。

中國共產黨一經誕生，就把為中國人民謀幸福、為中華民族謀復興確立為自己的初心使命，秉持中華民族獨立自主精神，團結帶領人民進行偉大的革命、建設和改革，把在近代遭受前所未有劫難的中國徹底“變成一個中國人民獨立自主的中國”。在革命鬥爭中，我們黨立足半殖民地半封建的中國社會現實，獨立自主地找到了適合中國國情的革命道路，並從遵義會議開始成為獨立領導中國革命的堅強領導力量，團結帶領人民取得推翻帝國主義、封建主義、官僚資本主義三座大山的偉大勝利，創造了新民主主義革命的偉大成就，建立了中華人民共和國。在社會主義革命和建設中，我們黨團結帶領人民自力更生、發憤圖強，確立社會主義基本制度，建立了獨立的比較完整的工業體系和國民經濟體系，創造了社會主義革命和建設的偉大成就。憑藉在任何困難和壓力面前都不動搖的獨立自主精神、自力更生意志和自立自強決心，我們黨團結帶領人民進行改革開放新的偉大社會革命，成功走出了中國特色社會主義道路，使我國躍升為世界第二大經濟體，創造了改革開放和社會主義現代化建設的偉大成就。為了實現中華民族偉大復興，我們黨團結帶領人民，自信自強、守正創新，統攬偉大鬥爭、偉大工程、偉大事業、偉大夢想，創造了新時代中國特色社會主義的偉大成就。縱觀黨百年奮鬥歷程，習近平總書記深刻指出，獨立自主“是中國共產黨、中華人民共和國立黨立國的重要原則”，“是我們黨從中國實際出發、依靠黨和人民力量進行革命、建設、改革的必然結論”。

在黨百年奮鬥的不同歷史時期，黨堅持獨立自主、自力更生面臨的重大考驗和挑戰是不同的。在成功應對歷史上的重大考驗和挑戰中，黨堅持獨立自主、自力更生偉大實踐形成的基本結論是：只有把馬克思主義基本原理同中國具體實際相結合、同中華優秀傳統文化相結合，獨立自主解決黨和人民事業面臨的重大問題，才能把黨和人民事業推向前進、引向勝利；只有自力更生，自立自強，辦好自己的事，人民的幸福生活才有可靠保證，黨和人民事業才能擁有戰略主動，黨和國家才能立於不敗之地；只有堅持走自己的路，才能找到符合中國國情的正確道路，開闢出具有光明前景的康莊大道，團結帶領中國人民堅定不移沿著中國特色社會主義道路、為實現中華民族偉大復興而不懈奮鬥。

二　走自己的路是黨百年奮鬥得出的歷史結論

把國家和民族發展放在自己力量的基點上，最根本的就是要從實際出發，走出一條方向正確、符合國情、屬自己的道路。黨的百年歷史表明，道路問題是關係黨的事業興衰成敗第一位的問題，道路就是黨的生命。在黨領導人民進行革命的初期，毛澤東同志就明確指出："革命黨是群眾的嚮導，在革命中未有革命黨領錯了路而革命不失敗的。" 中國共產黨之所以能夠領導中國人民取得革命、建設、改革的一系列偉大勝利，最根本的就是始終堅持獨立自主探索前進道路，堅定不移走自己的路。習近平總書記指出："我們黨在革命、建設、改革各個歷史時期，堅持從我國國情出發，探索並形成了符合中國實際的新民主主義革命道路、社會主義改造和社會主義建設道路、中國特色社會主義道路，這種獨立自主的探索精神，這種堅持走自己路的堅定決心，是我們黨不斷從挫折中覺醒、不斷從勝利走向勝利的真諦。" 在慶祝中國共產黨成立 100 週年大會上的講話中，習近平總書記總結指出："走自己的路，是黨的全部理論和實踐立足點，更是黨百年奮鬥得出的歷史結論。"

世界上沒有放之四海而皆準的具體發展模式，也沒有一成不變的發展道路。歷史條件的多樣性，決定了各國選擇發展道路的多樣性。習近平總書記深刻指出："人類歷史上，沒有一個民族、沒有一個國家可以通過依賴外部力量、跟在他人後面亦步亦趨實現強大和振興。那樣做的結果，不是必然遭遇失敗，就是必然成為他人的附庸。" 我國是一個有悠久歷史、有獨立文明、有最多人口的東方大國，要在這樣的大國建設社會主義、實現現代化，在人類歷史上沒有先例可循，必須走中國式現代化道路、中國特色社會主義道路。習近平總書記強調指出："獨特的文化傳統，獨特的歷史命運，獨特的國情，注定了中國必然走適合自己特點的發展道路。"

在百年奮鬥中，黨和人民歷盡千辛萬苦、付出巨大代價取得的根本成就，就是成功開闢了實現中華民族偉大復興的正確道路，這就是中國特色社會主義道路。這條道路根植於中華文明5000多年成就，孕育於世界社會主義500多年發展，探索於中國人民近代以來180多年鬥爭，開闢於中國共產黨成立以來100年奮鬥，來之不易，是無數思想和智慧、探索和實踐、奮鬥和犧牲凝聚而成的，是中華民族偉大復興的必由之路，是人類文明發展史上的偉大創造。所以，習近平總書記指出："站立在960萬平方公里的廣袤土地上，吸吮著中華民族漫長奮鬥積累的文化養分，擁有13億中國人民聚合的磅礴之力，我們走自己的路，具有無比廣闊的舞台，具有無比深厚的歷史底蘊，具有無比強大的前進定力，中國人民應該有這個信心，每一個中國人都應該有這個信心。"

三　中國的事情必須由中國人民自己作主張、自己來處理

把國家和民族發展放在自己力量的基點上，最核心的就是要堅持獨立自主，堅持中國的事情必須由中國人民自己作主張、自己來處理。近代以後，中國人民深受三座大山壓迫、被西方列強辱為"東亞病夫"，毫無獨立自主可言。只有到了黨領導的革命實現了民族獨立、人民解放，中國人民才徹底擺脫了被欺負、被壓迫、被奴役的命運，成為國家、社會和自己命運的主人，贏得獨立自主權利，走上獨立自主發展道路。所以，中國共產黨高度珍惜並堅決維護中國人民經過長期奮鬥得來的獨立自主權利。鄧小平同志一再告誡人們："中國的事情要按照中國的情況來辦，要依靠中國人自己的力量來辦。獨立自主，自力更生，無論過去、現在和將來，都是我們的立足點。""任何外國不要指望中國做他們的附庸，不要指望中國會吞下損害我國利益的苦果。"習近平總書記也強調指出："中國近代以來的全部歷史告

訴我們，中國的事情必須按照中國的特點、中國的實際來辦，這是解決中國所有問題的正確之道。"

在實踐中，要做到中國的事情由中國人民自己作主張、自己來處理，我們不僅要珍惜中國人民獨立自主權利，而且要增強中國人民獨立自主能力，確保中國人民能夠依靠自己的力量把中國的事情辦好。

一是要堅持實事求是。要把國家和民族發展放在自己力量的基點上，就必須客觀地面對自己所處的現實、自己所擁有的力量，堅持一切從實際出發，實事求是。毛澤東同志早就指出："中國革命鬥爭的勝利要靠中國同志了解中國情況。" 只有了解中國的情況，實事求是，才能辦好中國的事情。習近平總書記指出："實踐反覆證明，能不能做到實事求是，是黨和國家各項工作成敗的關鍵。"

二是要堅持團結統一。要把國家和民族發展放在自己力量的基點上，就必須加強全黨全國人民的團結統一，凝聚起無堅不摧的磅礴力量。習近平總書記指出："在我們這麼一個有著 14 億人口的國家，每個人出一份力就能匯聚成排山倒海的磅礴力量，每個人做成一件事、幹好一件工作，黨和國家事業就能向前推進一步。""只要我們緊緊依靠人民，就沒有戰勝不了的艱難險阻，就沒有成就不了的宏圖大業。"

三是要堅持自力更生。中華人民共和國就是依靠自力更生建立起來的，中國人民取得的一切成就是依靠自力更生奮鬥出來的。中國人民深知，世界上沒有免費的午餐，中國是一個具有超大規模人口的大國，想發展就要靠自己苦幹實幹，社會主義是幹出來的，不能寄託於別人的恩賜，世界上也沒有誰有這樣的能力。但是，獨立自主不是閉關自守，自力更生不是盲目排外。任何一個民族、一個國家都需要學習別的民族、別的國家的長處，不斷吸收人類文明有益成果，只有這樣才能真正做到自立自強。

四是要堅持敢於鬥爭。要獨立自主，就必須有自己的主張，並以自己的主張和力量來解決處理問題。這就需要有敢於正視現實、敢於堅持真理、敢於進行鬥爭、敢於爭取勝利的信念和勇氣，做到不信邪、不怕鬼、不怕壓，始終保持昂揚鬥志和一往無前的力量。習近平總書記指出，"敢於鬥爭、敢於勝利，是中國共產黨人鮮明的政治品格"，也是中國人民和中華民族不斷創造人間奇跡的精神力量所在。

四 中國發展進步的命運必須牢牢掌握在自己手中

把國家和民族發展放在自己力量的基點上，最關鍵的就是要把國家和民族的命運牢牢掌握在自己手中。只有把命運牢牢掌握在自己手中，才能真正擁有發展的自主權和主動權，確保國家和民族實現長期穩定健康發展。習近平總書記指出："一個國家能不能富強，一個民族能不能振興，最重要的就是看這個國家、這個民族能不能順應時代潮流，掌握歷史前進的主動權。"掌握了歷史前進的主動權，也就掌握了國家和民族的前途命運。

中國特色社會主義進入新時代，在全面建設社會主義現代化國家、實現中華民族偉大復興的新征程上，要把中國發展進步的命運牢牢掌握在中國人自己手中，就必須在以下五個方面作出新的更大努力。

一是把準方向，就是把準政治方向，決不能在政治方向問題上出現偏離，否則就會犯顛覆性錯誤。習近平總書記反覆指出："政治方向是黨生存發展第一位的問題，事關黨的前途命運和事業興衰成敗。""我們所要堅守的政治方向，就是共產主義遠大理想和中國特色社會主義共同理想，.兩個一百年.奮鬥目標，就是黨的基本理論、基本路線、基本方略。"只有牢牢把準政治方向，確保在根本性問題上不出現顛覆性錯誤，我們才能把中國發展進步的命運牢牢掌握在自己手中。

二是自尊自信，就是要堅定民族自尊心和自信心，不斷增強"四個自信"，不斷增強民族自豪感，不斷增強做中國人的志氣、骨氣、底氣。我國是世界上最大的發展中國家，面對美國等西方國家的打壓，沒有民族自尊心，不珍惜自己民族的獨立，國家是立不起來的，即使立起來了，也是扛不住的。習近平總書記指出："我們的國權，我們的國格，我們的民族自尊心，我們的民族獨立，關鍵是道路、理論、制度的獨立。"所以，堅定"四個自信"對不斷增強民族自尊心和自信心具有至關重要作用。

三是自立自強，就是要始終堅持"自己動手、豐衣足食"，自力更生、奮發圖強，在獨立自主發展中實現自立自強。習近平總書記指出："一個民族之所以偉大，根本就在於在任何困難和風險面前都從來不放棄、不退縮、不止步，百折不撓為自己的前途命運而奮鬥。"中華民族崇尚自強不息，幾千年的中華民族奮鬥史表明，只要弘揚自強不息的民族精神，不斷追求自立自強，就擁有戰勝一切艱難險阻的勇氣和意志，就能在任何困難和風險面前做到不放棄、不退縮、不止步，從而把國家和民族的前途命運牢牢掌握在自己手中。

四是防範風險，就是著力防範化解危及國家前途、民族命運的重大風險挑戰。黨的十八大以來，習近平總書記不斷告誡全黨要強化底線思維，增強憂患意識，時刻牢記"安而不忘危，存而不忘亡，治而不忘亂"，時刻準備應對重大挑戰、抵禦重大風險、克服重大阻力、解決重大矛盾，注重防範化解影響我國現代化進程的重大風險，堅決打好防範化解重大風險的攻堅戰，堅定維護國家安全和社會安定，確保中華民族偉大復興的歷史進程不被遲滯、不被阻斷。

五是自主創新，就是堅持以自主創新引領發展進步、實現自立自強。創新是民族進步的靈魂，是一個國家興旺發達的不竭源泉。在科學技術為第一生產力的今天，唯有矢志不移自主創新、著力增強自主創新能力，國家和民族才能在激烈競爭中立於時代潮頭，才能在通往未來的道路上行穩致遠。習近平總書記指出："自力更生是中華民族自立於世界民族之林的奮鬥基點，自主創新是我們攀登世界科技高峰的必由之路。"實踐一再告誡我們，只有把關鍵核心技術掌握在自己手中，才能從根本上保障國家經濟安全、國防安全和其他安全。所以，習近平總書記強調，要"努力實現關鍵核心技術自主可控，把創新主動權、發展主動權牢牢掌握在自己手中"。

中國共產黨人始終堅信《國際歌》唱的：從來就沒有什麼救世主，也不靠神仙皇帝；要創造人類的幸福，全靠我們自己。只要我們始終把國家和民族發展放在自己力量的基點上，堅持獨立自主、自力更生、自立自強，就一定能夠把中國發展進步的命運始終牢牢掌握在自己手中。

走符合中國國情的正確道路

冷　溶

　　黨的十九屆六中全會通過的《中共中央關於黨的百年奮鬥重大成就和歷史經驗的決議》（以下簡稱《決議》）總結黨的百年奮鬥歷史，形成了十條寶貴經驗，其中一條就是"堅持中國道路"。道路問題直接關係黨和人民事業興衰成敗。中國特色社會主義道路是被實踐證明符合中國國情的正確道路，是創造人民美好生活和實現中華民族偉大復興的必由之路。要堅定道路自信，不管遇到多少艱難險阻，都要沿著這條道路堅定不移走下去。

一　黨在百年奮鬥中探索並形成符合中國國情的正確道路

　　《決議》指出："方向決定道路，道路決定命運。黨在百年奮鬥中始終堅持從我國國情出發，探索並形成符合中國實際的正確道路。中國特色社會主義道路是創造人民美好生活、實現中華民族偉大復興的康莊大道。"這段話清楚地告訴我們，走自己的路，是黨的全部理論和實踐的立足點，更是黨百年奮鬥得出的歷史結論。無論搞革命、搞建設、搞改革，實現中華民族偉大復興，道路都是最根本的問題。一百年來，黨領導人民不懈奮鬥、敢於犧牲、接續創造，成功開闢了實現中華民族偉大復興的正確道路。這條正確道路就是中國特色社會主義道路。

　　近代以後，創造了燦爛文明的中華民族遭遇了文明難以賡續的深重危機，呈現在世界面前的是一派衰敗凋零的景象。無數仁人志士不屈不撓、前赴後繼尋求救國救民的道路。十月革命一聲炮響，給中國送來了馬克思列寧主義，中國先進分子從中看到了解決中國問題的出路。中國共產黨應運而生。

　　新民主主義革命時期，一開始，處在幼年時期的黨並沒有認識到走自己道路的重要性，一度簡單套用馬克思列寧主義關於無產階級革命的一般原理和照搬俄國十月革命城市武裝起義的經驗。大革命的失敗，多次"左"傾錯誤特別是王明"左"傾錯誤，使黨和人民付出了巨大犧牲和沉痛代價。毛澤東同志深刻認識到，中國革命必須從中國實際出發。以毛澤東同志為主要代表的中國共產黨人，通過總結經驗教訓、深化對國情的認識，找到了農村包圍城市、武裝奪取政權的正確道路，取得了新民主主義革命的勝利，建立起人民當家作主的新中國。

社會主義革命和建設時期，黨在尋找正確道路中有成功的經驗，也經歷了艱辛和曲折。在社會主義革命過程中，黨創造了一系列適合中國特點的過渡形式，確立了社會主義基本制度。在社會主義建設中，毛澤東同志提出"以蘇為鑒"，進行了積極探索和思考，取得了寶貴成果。在不長的時間裏，我們就建立起獨立的比較完整的工業體系和國民經濟體系，獨立研製出"兩彈一星"，中國發生了翻天覆地的變化，成為在世界上有重要影響的大國。之後，由於種種原因，我們沒有找到一條完全符合中國實際的建設社會主義的道路，還發生了"文化大革命"這樣全局性、長時間的嚴重錯誤。但是，社會主義革命和建設時期的道路探索，為我們繼續探索新路打下了重要基礎，提供了重要啟示。

改革開放和社會主義現代化建設新時期，鑒於以往我們黨在道路探索中的經驗教訓，以鄧小平同志為主要代表的中國共產黨人果斷作出把黨和國家工作中心轉移到經濟建設上來、實行改革開放的歷史性決策。鄧小平同志明確提出"走自己的路，建設有中國特色的社會主義"，成功開創了中國特色社會主義道路。以江澤民同志為主要代表的中國共產黨人，面對各種風險挑戰，堅定不移捍衛中國特色社會主義，成功把中國特色社會主義推向21世紀。以胡錦濤同志為主要代表的中國共產黨人，根據新的發展要求，成功在新形勢下堅持和發展了中國特色社會主義。在這條正確道路上，人民生活實現從溫飽不足到總體小康、奔向全面小康的歷史性跨越。中華民族大踏步趕上時代，中國快速成為世界第二大經濟體。

黨的十八大以來，中國特色社會主義進入新時代。以習近平同志為核心的黨中央，準確把握中國特色社會主義歷史新方位、時代新變化、實踐新要求，對我國社會主要矛盾作出新的重大判斷，科學回答了當今時代和當代中國發展提出的一系列重大理論和現實問題，堅持和完善了中國特色社會主義。在新時代，我們黨立足中華民族偉大復興戰略全局和世界百年未有之大變局，堅持和加強黨的全面領導，堅持以人民為中心，統籌推進"五位一體"總體佈局、協調推進"四個全面"戰略佈局，立足新發展階段，貫徹新發展理念，構建新發展格局，推動高質量發展，堅持和完善中國特色社會主義制度、推進國家治理體系和治理能力現代化。我們強力推進反腐敗鬥爭、加大生態環境整治、聚焦全面脫貧攻堅、直面中美經貿摩擦、全力抗擊新冠肺炎疫情等等，解決了許多長期想解決而沒有解決的難題，辦成了許多過去想辦而沒有辦成的大事，推動黨和國家事業取得歷史性成就、發生歷史性變革，充分展現了社會主義制度的優越性。中華民族迎來了從站起來、富起來到強起來的偉大飛躍，踏上了實現第二個百年奮鬥目標新征程，實現中華民族偉大復興進入了不可逆轉的歷史進程！

從黨的百年奮鬥史中可以看到，找到一條符合中國國情的正確道路是多麼不容易。中國特色社會主義道路是在改革開放歷史新時期開創的，也是在總結黨長期奮鬥中探索並形成的"堅持中國道路"這一寶貴經驗基礎上開創的。這條道路之所以正確，之所以是創造人民美好生活、實現中華民族偉大復興的康莊大道，不但因為堅持了社會主義，而且因為堅持一切從中國實際出發，符合中國國情。正如習近平總書記指出，改革開放以來，"我們能夠創造出人類歷史上前無古人的發展成就，走出了正確道路是根本原因"。我們要聯繫黨的百年奮鬥史，深刻認識走符合中國國情正確道路的極端重要性，倍加珍惜黨和人民歷經千辛萬苦、付出巨大代價找到的中國特色社會主義道路，並在新時代新征程上不斷發展和完善。

二 中國特色社會主義道路傳承中華文明，具有深厚的歷史底蘊

我們不但要從黨的百年奮鬥史中認識中國特色社會主義道路，也要從中華民族 5000 多年歷史文化的廣闊視野中來把握這條道路，這樣才能理解

得更加深刻，才能更加堅定、更加自信。正如《決議》指出的那樣：「腳踏中華大地，傳承中華文明，走符合中國國情的正確道路，黨和人民就具有無比廣闊的舞台，具有無比深厚的歷史底蘊，具有無比強大的前進定力。」

「走符合中國國情的正確道路」，這裏說的「國情」是有豐富含義的。習近平總書記強調：「觀察和認識中國，歷史和現實都要看」。只有全面把握中國的現實和歷史，才能深刻地認識和理解中國國情。歷史是現實的根源，任何一個國家的今天都來自昨天。只有了解一個國家從哪裏來，才能弄懂這個國家今天怎麼會是這樣而不是那樣，也才能搞清楚這個國家未來會往哪裏去和不會往哪裏去。毛澤東同志在闡述新民主主義革命道路和理論時，就是首先從中華民族的歷史講起的。在《中國革命和中國共產黨》一文中，他專門用一章來講中華民族，開篇就說明了中華民族的地域、人口、歷史文化和民族特點等情況，然後通過回顧中國各個歷史時期，分析各種社會矛盾，從而深刻準確地指出了中國革命的對象、任務、動力、性質和前途等一系列內容，使新民主主義革命道路更加具有歷史穿透力、理論說服力、民族凝聚力。

對中國特色社會主義道路的理解也需要這樣來加以把握。習近平總書記指出，中國特色社會主義道路，不是從天上掉下來的。它植根於中華文化沃土、反映中國人民意願、適應時代發展進步要求，是在改革開放 40 多年的偉大實踐中走出來的，是在新中國成立 70 多年的持續探索中走出來的，是在對近代以來 180 多年中華民族發展歷程的深刻總結中走出來的，是在對中華民族 5000 多年悠久文明的傳承中走出來的。

中國是有著悠久燦爛文明的國家。中華文明是人類歷史上唯一一個綿延 5000 多年至今未曾中斷的文明，始終一脈相承，積澱著中華民族最深層的精神追求，代表著中華民族獨特的精神標識，為中華民族生生不息、發展壯大提供豐厚滋養。我們在新石器時代、青銅器時代、鐵器時代等各個時代的古代文明發展成就上都走在世界前列，在創立文字、發現和發明科技、建構和治理國家、創造和發展文化藝術等各個領域都取得了令人讚嘆的成就。四大發明曾經為人類文明進步作出巨大貢獻。中華民族是一個有志氣的民族，有同自己的敵人血戰到底的氣概，有在自力更生的基礎上光復舊物的決心，有自立於世界民族之林的能力。在中華民族幾千年的歷史中，產生了很多的民族英雄和革命領袖。近代以來，為了探求救亡圖存的正確道路，中國的先進分子帶領中國人民始終堅持在苦難和挫折中求索、在風雨飄搖中前進，敢於挽狂瀾於既倒、扶大廈之將傾，表現出了百折不撓的英雄氣概。在歷史長河中，中華民族形成了偉大民族精神和優秀傳統文化，這是中華民族長盛不衰的文化基因，也是實現中華民族偉大復興的精神力量。

習近平總書記在慶祝中國共產黨成立 100 週年大會上的講話中，首次提出“堅持把馬克思主義基本原理同中國具體實際相結合、同中華優秀傳統文化相結合”，首次提出“我們堅持和發展中國特色社會主義”，“創造了中國式現代化新道路，創造了人類文明新形態”；在 2021 年中央民族工作會議上的講話中，突出強調要築牢中華民族共同體意識；在全黨開展黨史學習教育動員大會上的講話中，著重要求樹立大歷史觀；等等。這些都是在講我們要從中華文明的高度上、廣度上、深度上，來深刻認識中國特色社會主義這條道路的深厚歷史底蘊和文化根基。他強調，“如果沒有中華五千年文明，哪裏有什麼中國特色？如果不是中國特色，哪有我們今天這麼成功的中國特色社會主義道路？我們要特別重視挖掘中華五千年文明中的精華，把弘揚優秀傳統文化同堅持馬克思主義立場觀點方法結合起來，堅定不移走中國特色社會主義道路。”

站立在 960 多萬平方公里的廣袤土地上，吸吮著中華民族漫長奮鬥積累的文化養分，擁有 14 億多中國人民聚合的磅礴之力，我們走符合中國國情的中國特色社會主義道路，沒有理由不自信。我們說要堅定中國特色社會主義道路自信、理論自信、制度自信，說到底是要堅定文化自信。文化自信是更基本、更深沉、更持久的力量，是我們走這條道路無比自信的基礎。歷史和現實都表明，一個拋棄了或者背叛了自己歷史文化的民族，不僅不可能發展起來，而且很可能上演一場歷史悲劇。當今世界，要說哪個政黨、哪個國家、哪個民族能夠自信的話，那中國共產黨、中華人民共和國、中華民族是最有理由自信的。我們要增強走中國特色社會主義道路的自信和底氣。我們所以把“堅持中國道路”作為黨百年奮鬥的寶貴經驗，一個重要的道理就在這裏。

三 堅定不移走中國特色社會主義道路，為把我國建設成為社會主義現代化強國而奮鬥

方向已經明確，道路已經開通。我們現在正在以習近平同志為核心的黨中央堅強領導下，大步行進在全面建設社會主義現代化國家的新征程上。《決議》強調："只要我們既不走封閉僵化的老路，也不走改旗易幟的邪路，堅定不移走中國特色社會主義道路，就一定能夠把我國建設成為富強民主文明和諧美麗的社會主義現代化強國。"

找到一條好的道路不容易，走好這條道路更不容易。習近平總書記指出，過去，我們照搬過本本，也模仿過別人，有過迷茫，也有過挫折，一次次碰壁、一次次覺醒，一次次實踐、一次次突破，最終走出了一條中國特色社會主義成功之路。現在，有些人議論這個道路、那個道路，有的想拉回到老路上，有的想引到邪路上去；有的是思想認識誤區，有的是別有用心。中國特色社會主義這條道路，我們看準了、認定了，必須堅定不移走下去。要始終保持清醒堅定，保持強大前進定力，不為任何風險所懼，不為任何干擾所惑，真正做到"千磨萬擊還堅勁，任爾東西南北風"。

在道路、方向、立場等重大原則問題上，我們要旗幟鮮明、態度明確，不能有絲毫含糊，一定要有定力、有主見，決不能自失主張、自亂陣腳。要清醒認識到，世界上沒有哪一個國家和民族能夠脫離本國實際、通過亦步亦趨、走別人的道路來實現自己的發展振興，也沒有一條一成不變的道路可以引導所有國家和民族實現發展振興。"鞋子合不合腳，自己穿了才知道。"中國特色社會主義這條路走得怎麼樣，人民最清楚，最有發言權，人民的獲得感、幸福感、安全感最有說服力。中國從四分五裂、一盤散沙到高度統一、民族團結，從積貧積弱、一窮二白到全面小康、繁榮富強，從被動挨打、飽受欺凌到獨立自主、堅定自信，僅用幾十年時間就走完發達國家幾百年走過的工業化歷程，創造了經濟快速發展和社會長期穩定兩大奇跡，推動我國綜合國力和國際地位實現前所未有的提升，推動我國人民生活水平實現前所未有的提升。黨的十八大以來，我國共有近 1 億貧困人口實現脫貧，千百年來困擾中華民族的絕對貧困問題歷史性地畫上句號，書寫了人類發展

史上的偉大傳奇，以不可辯駁的事實證明了中國特色社會主義道路是真正符合中國國情的康莊大道，證明了中國特色社會主義這條道路走得對、走得通、走得好。

我們強調堅定不移走中國特色社會主義道路，不是說要固步自封，我們要積極學習借鑒人類文明的一切有益成果，歡迎一切有益的建議和善意的批評，但我們絕不接受"教師爺"般頤指氣使的說教！我們要永遠記住，中國特色社會主義是社會主義，而不是其他什麼主義。我們所進行的一切完善和改進，都是在既定方向上的繼續前進，而不是改變方向，更不是要丟掉我們黨、國家、人民安身立命的根本。

歷史沒有終結，也不可能被終結。中國特色社會主義是不是好，要看事實，要看中國人民的判斷，而不是看那些戴著有色眼鏡的人的主觀臆斷。在前進道路上，我們要把黨和人民 100 年的艱辛實踐及其豐富經驗，當作時刻不能忘、須臾不能丟的立身之本，既不妄自菲薄、也不妄自尊大，毫不動搖走黨和人民在長期實踐探索中開闢出來的中國特色社會主義道路，繼續推進馬克思主義中國化時代化，堅定志不改、道不變的決心，把中國發展進步的命運牢牢掌握在自己手中！

"堅持中國道路"是 100 年來黨領導人民進行偉大奮鬥積累的寶貴歷史經驗。現在，我們已經走出一條光明大道，這就是中國特色社會主義道路。中國特色社會主義是實現中華民族偉大復興的唯一正確道路。我們還要沿著這條符合中國國情的正確道路繼續前行。站在新時代中國特色社會主義的歷史新起點上，我們要更加緊密地團結在以習近平同志為核心的黨中央周圍，倍加珍惜、長期堅持、不斷發展中國特色社會主義道路，為完成全面建成社會主義現代化強國第二個百年奮鬥目標、實現中華民族偉大復興而努力奮鬥！

不斷為人類文明進步貢獻智慧和力量

宋　濤

　　黨的十九屆六中全會通過的《中共中央關於黨的百年奮鬥重大成就和歷史經驗的決議》（以下簡稱《決議》）指出，中國共產黨既為中國人民謀幸福、為中華民族謀復興，也為人類謀進步、為世界謀大同。一百年來，我們黨始終堅守共產主義理想和社會主義信念，傳承弘揚中華優秀傳統文化，用博大胸懷吸收人類創造的一切文明成果，同世界各國人民一道，推動歷史車輪向著光明的前途前進，成為推動人類文明進步的重要力量。

一　中國共產黨為人類文明進步作出了歷史性貢獻

　　《決議》指出，中國產生了共產黨，這是開天闢地的大事變。在百年接續奮鬥中，中國共產黨不僅團結帶領中國人民開闢實現中華民族偉大復興的正確道路，使具有 5000 多年歷史的中華文明煥發出新的蓬勃生機，也為解決人類重大問題、創造人類美好未來不懈努力，同世界上一切進步力量攜手前進，為人類文明進步作出重要貢獻。

　　（一）中國共產黨始終走在時代前列，引領人類文明進步的前進方向。中國共產黨一經成立，就旗幟鮮明地把社會主義和共產主義確定為自己的奮鬥目標，黨的二大指出，黨的最高綱領是實現社會主義、共產主義。在波瀾壯闊的歷史進程中，中國共產黨始終勇立時代潮頭、走在時代前列，為開創人類美好未來而上下求索、不懈奮鬥。從 “中國應當對於人類有較大的貢獻” 到 “中國人民不僅要自己過上好日子，還追求天下大同”，中國共產黨的天下情懷一以貫之，從未改變。黨的十八大以來，以習近平同志為主要代表的中國共產黨人，從中華優秀傳統文化中汲取智慧，在準確把握時代主題、洞察世界發展大勢、掌握人類社會發展規律的基礎上，提出了人類命運共同體理念，為解答時代之問提供了中國方案。這一理念反映了各國人民的根本追求，昭示了歷史演進的正確方向，得到國際社會的廣泛認同和支持，被寫進聯合國決議、聯合國安理會文件等國際文件，並在時光磨礪和現實映照下，綻放出更加耀眼的真理光芒，成為引領時代潮流和人類前進方向的鮮明旗幟。

（二）中國共產黨獨立自主探索正確道路，豐富人類文明進步的發展路徑。獨立自主是中華民族精神之魂，是我們立黨立國的重要原則。中國共產黨歷來堅持獨立自主開拓前進道路，團結帶領中國人民，自力更生、發憤圖強，探索出中國特色社會主義這一實現中華民族偉大復興的唯一正確道路。黨歷經百年奮鬥，使中華民族迎來了從站起來、富起來到強起來的偉大飛躍，彰顯了社會主義制度的無比優越性，展示了馬克思主義的強大生命力，科學社會主義在 21 世紀的中國煥發出新的生機活力。中國特色社會主義提出的一種史無前例的中國式現代化，豐富了人類文明內涵，拓展了發展中國家走向現代化的途徑，給世界上那些既希望加快發展又希望保持自身獨立性的國家和民族提供了全新選擇，為解決人類問題貢獻了中國智慧和中國方案。作為當代中國馬克思主義、二十一世紀馬克思主義，作為中華文化和中國精神的時代精華，作為全黨全國人民為實現中華民族偉大復興而奮鬥的行動指南，習近平新時代中國特色社會主義思想為豐富和發展馬克思主義作出了重大原創性貢獻，指引中國特色社會主義道路越走越寬廣。

（三）中國共產黨矢志不渝促進共同發展，厚植人類文明進步的物質基礎。發展是執政興國之要，也是文明進步之基。中國共產黨始終堅持以人民為中心，始終堅持把中國人民的根本利益同世界人民的共同利益聯繫起來，把愛國主義同國際主義統一起來，積極倡導和促進全球發展的公平性、有效性、協同性。在中國共產黨的團結帶領下，中國實現了從高度集中的計劃經濟體制到充滿活力的社會主義市場經濟體制、從封閉半封閉到全方位開放的歷史性轉變，實現了從生產力相對落後的狀況到經濟總量躍居世界第二的歷史性突破，並以自身和平發展帶動世界共同發展，成為世界經濟增長的主要穩定器和動力源，對全球經濟增長的貢獻率連續 15 年位居世界第一。黨的十八大以來，我們黨團結帶領中國人民贏得脫貧攻堅戰的全面勝利，創造了

人類減貧史上的奇跡，為全球減貧事業作出了重大貢獻。習近平總書記統籌
國內國際兩個大局，著眼人類發展未來，提出共建"一帶一路"倡議，實現
了高水平的互通有無和高質量的優勢互補，成為當今世界深受歡迎的國際公
共產品和國際合作平台。

（四）中國共產黨堅守弘揚全人類共同價值，匯聚人類文明進步的精神
力量。中國共產黨一經成立，就既是中國先進文化的積極引領者和踐行者，
也是中華優秀傳統文化的忠實傳承者和弘揚者。黨的十八大以來，以習近平
同志為主要代表的中國共產黨人，堅持守正創新，堅持把馬克思主義基本原
理同中華優秀傳統文化相結合，堅持充分吸收和合理借鑒人類社會創造的一
切文明成果，提出了和平、發展、公平、正義、民主、自由的全人類共同價
值。這反映了世界各國人民普遍認同的價值理念，凝聚了不同文明的價值共
識，是推動人類文明進步最基本、最深沉、最持久的力量。在百年奮鬥的風
雨歷程中，中國共產黨矢志不渝地維護和平發展，堅定不移地捍衛公平正
義，堅持不懈地追求獨立解放、民主自由，推進國際關係民主化進程，彰顯
了馬克思主義政黨的政治本色。面對世界百年未有之大變局，中國共產黨始
終堅守和弘揚全人類共同價值，倡導各國以寬廣胸懷理解不同文明對價值內
涵的認識，尊重不同國家人民對價值實現路徑的探索，努力推動世界不同文
明在交流互鑒中共同進步。

二　中國共產黨成為推動人類文明進步的重要力量

一百年來，中國共產黨始終踐行為中國人民謀幸福、為中華民族謀復
興，也為人類謀進步、為世界謀大同的崇高追求，以自強不息的奮鬥深刻
改變了世界發展的趨勢和格局，成為推動人類文明進步的重要力量。黨的
十八大以來，在以習近平同志為核心的黨中央堅強領導下，我們黨把握新時
代外交工作大局，緊扣服務民族復興、促進人類進步這條主線，高舉和平、
發展、合作、共贏的旗幟，引領人類進步潮流，我們黨的國際影響力、感召
力、塑造力顯著提升。世界各國政黨高度評價中國共產黨在國際舞台上發揮
的重要作用，高度評價中國共產黨為促進人類文明進步作出的重要貢獻。

（一）中國共產黨致力於建設新型國際關係和新型政黨關係，成為構建人類命運共同體的引領力量。中國共產黨始終堅持在宏闊的時空維度中思考促進人類發展與進步的深刻命題。從提出和平共處五項原則，到作出和平與發展是時代主題的判斷，從倡導更加公正合理的國際政治經濟新秩序、倡導建設和諧世界，到不斷為維護世界和平、促進人類進步貢獻中國智慧和力量，充分彰顯了我們黨始終胸懷天下，從來沒有把眼光局限在本國本黨的範圍，而是以"大時代需要大格局，大格局呼喚大胸懷"為己任。黨的十八大以來，習近平總書記以馬克思主義政治家、思想家、戰略家的卓越政治智慧、非凡理論勇氣、深厚天下情懷，提出了一系列具有開創性、引領性意義的外交新理念新主張新倡議，形成了習近平外交思想，為新時代中國外交提供了根本遵循和行動指南，為破解人類面對的世界難題貢獻了中國智慧和中國方案。在這一思想的指導和引領下，我們黨通過各種雙邊或多邊交往渠道廣泛闡釋宣介人類命運共同體理念，致力於推動構建新型國際關係和求同存異、相互尊重、互學互鑒的新型政黨關係，打造全球夥伴關係網絡，倡導建設持久和平、普遍安全、共同繁榮、開放包容、清潔美麗的世界，推動構建人類命運共同體的實踐不斷走深走實。面對世紀疫情給人類社會造成的巨大衝擊和挑戰，我們積極開展抗擊新冠肺炎疫情國際合作，發起新中國成立以來最大規模的全球緊急人道主義行動，向眾多國家特別是發展中國家提供物資援助、醫療支持、疫苗援助和合作，向 140 多個國家 400 多個政黨和政治組織分享防控疫情和復工復產的做法和經驗。在黨的百年華誕之際，中國共產黨與世界政黨領導人峰會隆重舉行，全球 500 多個政黨和政治組織等領導人、逾萬名政黨和各界代表與會，就積極履行政黨責任、為人民謀幸福展開深入探討。習近平總書記在主旨講話中呼籲世界各國政黨承擔起引領方向、凝聚共識、促進發展、加強合作、完善治理的責任，為推動構建人類命運共同體凝聚了政黨力量、指引了實踐路徑、擘畫了光明前景。

（二）中國共產黨始終維護廣大發展中國家利益，成為促進世界經濟持續、均衡、普惠發展的重要力量。中國共產黨團結帶領中國人民取得舉世矚目的發展成就，這是當今世界新興市場國家和發展中國家群體性崛起趨勢最集中的體現，是人類進步事業的重要組成部分。同時，作為世界上最大發展中國家、最大社會主義國家的長期執政黨，中國共產黨始終對世界各國人民特別是發展中國家人民追求更好生活的願望感同身受，積極努力讓發展成果更多更好惠及各國人民。黨的十八大以來，我們秉持正確義利觀和真實親誠理念加強同廣大發展中國家團結合作，整體合作機制實現了全覆蓋，為破解全球發展難題、推動落實聯合國 2030 年可持續發展議程注入了中國力量。面對新冠肺炎疫情等全球性挑戰，習近平總書記提出"全球發展倡議"，呼籲推動實現更加強勁、綠色、健康的全球發展，共同推動全球發展邁向平衡協調包容新階段。我們黨積極回應國際社會尋求發展進步的意願，通過邀請外國政黨代表來華考察，舉辦專題宣介會、吹風會，派出宣講團等多種方式同各國政黨分享治黨治國經驗。新冠肺炎疫情發生後持續以視頻連線等方式同外國政黨開展交流，應邀幫助有需要的政黨提高治理能力，為從根本上解決發展問題增強內生動力。

（三）中國共產黨堅持和踐行真正的多邊主義，成為捍衛國際公平正義的中堅力量。中國共產黨誕生發展和成長壯大於長期反抗外敵入侵和爭取民族獨立解放的鬥爭之中，反對霸權、反對強權是我們黨與生俱來的鮮明品質。從投身世界反法西斯戰爭到支持亞非拉國家民族解放運動，從為發展中國家仗義執言到反對單邊主義、保護主義和霸凌行為，中國共產黨始終站在歷史正確的一邊，站在人類進步的一邊，堅決捍衛國際公平正義。黨的十八大以來，我們積極參與引領全球治理體系改革和建設，堅定捍衛和踐行多邊主義，堅定維護以聯合國為核心的國際體系和以國際法為基礎的國際秩序。特別是近年來面對全球治理遭受的挫折和衝擊，習近平總書記先後在二十國集團領導人峰會、上合組織成員國元首理事會會議、亞太經合組織領導人非正式會議、金磚國家領導人會晤等重大多邊場合全面系統闡述中國的全球治理觀，提出一系列應對全球性挑戰的中國主張和中國方案，得到國際社會的廣泛認同和熱烈響應。我們積極維護廣大發展中國家利益，尊重各國人民自主選擇發展道路的權利，旗幟鮮明地反對以民主、人權為藉口干涉別國內政。我們建設性參與國際和地區熱點問題的政治解決進程，在反恐、網絡安全和維護地區安全等領域發揮積極作用。面對個別國家逆歷史潮流而動，我們堅決開展鬥爭，捍衛國家利益，眾多外國政黨、政府、社會組織和有識之士等高度認同我們在台灣、涉港、涉疆、涉藏、南海、中美經貿摩擦、反對將疫情政治化等問題上的立場，主動仗義執言，形成了國際社會支持公平正義的強大聲勢，詮釋了邪不壓正、正義必勝的人間正道。中國共產黨作為全球治理體系變革的積極推動者、引領者，始終堅持同世界一切進步力量攜手並進，有力推動了國際秩序朝著更加公正合理的方向發展。

（四）中國共產黨開創中國特色社會主義這一文明新形態，成為推動不同文明超越差異、和諧共生的關鍵力量。中國共產黨把馬克思主義基本原理同中國具體實際相結合、同中華優秀傳統文化相結合，堅持和發展中國特色社會主義，創造了中國式現代化道路，創造了人類文明新形態，為人類文明發展貢獻了中國智慧和中國方案。同時，我們黨始終以開放的眼光、開闊的胸懷對待世界各國人民的文明創造，主張開放包容、交流互鑒。我們黨本著實事求是的態度，不以意識形態劃線，提出黨際關係四項原則，得到外國政黨的廣泛贊同。黨的十八大以來，我們站在世界和諧、人類進步的高度，努力推動不同國家、不同民族、不同文明相互尊重、和諧共處、共同進步，展現出虛懷若谷的風範氣度，為人類進步注入了新動力。在對外交往中，我們黨倡導建立新型政黨關係，深化與世界馬克思主義政黨與進步力量的團結合作，加強與大國大黨機制化交往，密切同周邊和發展中國家政黨交流合作，深入發展與世界各國政黨關係。目前，我們黨同世界上 500 多個政黨和政治組織保持經常性聯繫，搭建起多種形式、多種層次的國際政黨交流合作網絡，充分彰顯了我們黨強大的政治影響力和道義感召力，為促進不同文明交流互鑒作出重要貢獻。

三　在習近平新時代中國特色社會主義思想指導下為人類文明進步貢獻更多智慧和力量

在新時代新征程新的歷史起點上，中國共產黨將一如既往地以世界眼光關注人類前途命運，從人類發展大潮流、世界變化大格局、中國發展大歷史正確認識和處理同外部世界的關係，在習近平新時代中國特色社會主義思想指導下，領導中國始終做世界和平的建設者、全球發展的貢獻者、國際秩序的維護者，不斷為人類文明進步貢獻智慧和力量。

一是服務民族復興，加強方向引領，助力人類文明進步新探索的偉大事業。中華民族偉大復興是人類進步事業的重要組成部分。把中國特色社會主義事業不斷推向前進，讓中國人民享有更加幸福安康的生活，讓中華文明煥發出更加蓬勃的生命力，這本身就是對人類文明進步的重大貢獻。我們要在以習近平同志為核心的黨中央堅強領導下，統籌推進"五位一體"總體佈局，協調推進"四個全面"戰略佈局，全面深化改革和擴大開放，推進國家治理體系和治理能力現代化，不斷滿足人民美好生活新期待，不斷促進全體人民共同富裕，把中華民族偉大復興的歷史偉業持續推向前進。我們要高舉中國特色社會主義的偉大旗幟，在自己選擇的道路上昂首闊步走下去，以自身實踐探索不斷深化對共產黨執政規律、社會主義建設規律、人類社會發展規律的認識，始終走在時代前列。新時代中國特色大國外交要服務民族復興、促進人類進步，堅持以習近平新時代中國特色社會主義思想為指導，引領更多國家、更多政黨向著人類命運共同體前進，為人類文明進步事業匯聚更多力量。同時，我們要進一步樹牢鬥爭意識，堅持底線思維，在大是大非面前旗幟鮮明，在原則問題上絕不妥協退讓，以堅定的決心和有效的舉措進一步維護好國家的主權、安全、發展利益。我們要始終堅持走和平發展道路，既通過維護世界和平發展自己，又通過自身發展維護世界和平，為人類和平與發展的崇高事業不斷作出新的更大貢獻。

二是順應歷史大勢，加強理念引領，推動國際社會適應文明形態變革的時代潮流。習近平新時代中國特色社會主義思想是指引中華民族偉大復興、推動構建人類命運共同體的強大思想武器，是向國際社會提供的中國智慧、中國方案背後的精神之源和深層內涵。中國共產黨團結帶領中國人民堅持和發展中國特色社會主義，實現中華民族偉大復興進入了不可逆轉的歷史進程。隨著我們黨越來越走近世界政黨舞台中央，國際社會特別是廣大發展中國家政黨普遍期待中國共產黨為解決人類面臨的共同問題提供更多智慧和方案。我們要更好地擔負起世界上最大政黨的責任，通過深化對習近平新時代中國特色社會主義思想世界意義的研究和闡釋，回應普遍關切，聚焦突出問題，採取積極行動，努力為國際社會提供更多公共產品。要引領國際社會更好適應人類文明形態的結構性變革，更好適應新興市場國家和發展中國家的群體性崛起，更好適應中國共產黨在國際上發揮更大作用。我們將不斷深化完善全方位、多層次、寬領域、立體式對外工作佈局，積極運籌同主要大國關係，推動周邊命運共同體建設走深走實，鞏固和拓展發展中國家共同利益。我們將繼續推動世界各國超越意識形態、社會制度、發展階段差異，攜手建設持久和平、普遍安全、共同繁榮、開放包容、清潔美麗的世界。

三是倡導開放包容，加強認知引領，促進不同文明相互尊重、交流互鑒。要引領國際社會和各國政黨尊重各種文明自主演進的歷程，尊重各國根據本國國情把全人類共同價值更具體、更現實地體現到實現本國人民利益的實踐中去。要推動不同文明的交流對話、和平共處、和諧共生，把世界多樣性和文明差異性轉化為人類文明發展的活力和動力，為世界開創更加光明的未來。我們不輸入外國模式，也不輸出中國模式，不會要求別國複製中國的做法。我們將繼續通過各種方式和渠道同各國加強治國理政經驗交流，既借鑒吸收人類一切優秀文明成果，又抓住世界向東看、各國謀發展和政黨求治理的大勢，堅持守正創新講好中國共產黨的故事，為有需要的外國政黨加強自身建設、提升治國理政能力、改善民生福祉提供借鑒，不斷增進國際社會對我們黨的認知和認同，不斷增進中國與世界的相互理解，不斷增進中國人民與世界人民的彼此信任，引導國際社會形成正確的“中共觀”和“中國觀”，為中國特色社會主義爭取更多理解者、支持者和同行者，攜手推進世界政治文明發展，成就各國共同發展振興的美好願景。

四是完善全球治理，加強責任引領，在共同應對全球性挑戰中實現人類更大進步。當前，全球治理機制變革正處於歷史轉折點上。我們要以習近平新時代中國特色社會主義思想為指導，始終高舉和平、發展、合作、共贏的旗幟，積極做全球治理變革進程的參與者、推動者、引領者。要堅持共商、共建、共享的全球治理觀，以公平正義理念引領全球治理體系變革，堅持和踐行真正的多邊主義，推動國際關係民主化，堅定不移致力於提高發展中國家在國際治理體系中的代表性和發言權，堅定維護以聯合國為核心的國際體系和以國際法為基礎的國際秩序，堅定維護以聯合國憲章宗旨和原則為基礎的國際關係基本準則，為人類文明進步提供機制性保障。要推動各國把自身發展與世界共同發展結合起來，為共建"一帶一路"高質量發展提供有力支撐，推動經濟全球化朝著開放、包容、普惠、平衡、共贏的方向發展。要加強團結合作，共同應對疫情、氣候變化、恐怖主義、網絡安全等全球性問題，在事關人類前途命運的重大鬥爭中攜手戰勝挑戰。政黨在國家政治生活中發揮著重要作用，是推動人類文明進步的重要力量。中國共產黨的對外工作作為黨的一條重要戰線、國家總體外交的重要組成部分、中國特色大國外交的重要體現，要以建設新型政黨關係推動建設新型國際關係，引導更多外國政黨同我們黨攜手並行，在世界之變、時代之變、歷史之變面前，始終自覺擔負起推動構建人類命運共同體的時代使命，實現人類更大發展和進步。

時代風雲急劇變幻，更當走好人間正道。面對複雜嚴峻的國際形勢和前所未有的各種風險挑戰，我們要更加緊密地團結在以習近平同志為核心的黨中央周圍，增強"四個意識"、堅定"四個自信"、做到"兩個維護"，牢記"國之大者"，弘揚偉大建黨精神，不忘初心、砥礪前行，在促進人類文明進步的偉大事業中譜寫新的時代華章。

越是偉大的事業越需要開拓創新

穆　虹

　　黨的十九屆六中全會通過的《中共中央關於黨的百年奮鬥重大成就和歷史經驗的決議》（以下簡稱《決議》），將"堅持開拓創新"作為中國共產黨百年奮鬥積累的十條寶貴歷史經驗之一，明確指出，"創新是一個國家、一個民族發展進步的不竭動力。越是偉大的事業，越充滿艱難險阻，越需要艱苦奮鬥，越需要開拓創新。黨領導人民披荊斬棘、上下求索、奮力開拓、銳意進取，不斷推進理論創新、實踐創新、制度創新、文化創新以及其他各方面創新，敢為天下先，走出了前人沒有走出的路，任何艱難險阻都沒能阻擋住黨和人民前進的步伐。"深刻理解和準確把握這一歷史經驗，對於我們繼往開來、推動中國特色社會主義不斷走向新的勝利，意義重大而深遠。

一　偉大事業的開創需要開拓創新

　　鴉片戰爭以後，由於西方列強入侵和封建統治腐敗，中國逐步成為半殖民地半封建社會，中華民族遭受前所未有的劫難。為了拯救民族危亡，中國人民奮起反抗，各種運動接連而起，各種救國方案輪番出台，但都以失敗告終。中國迫切需要新的思想引領救亡運動，迫切需要新的組織凝聚革命力量。

　　十月革命一聲炮響，給中國送來了馬克思列寧主義，中國共產黨應運而生，肩負起實現中華民族偉大復興的歷史使命，中國革命的面目為之煥然一新。然而在建黨之初和大革命時期，由於反動勢力瘋狂鎮壓，我們黨思想理論準備不足、缺乏革命鬥爭的實踐經驗，一度簡單理解馬列主義關於無產階級革命的一般原理和照搬俄國十月革命城市武裝起義的經驗，先後受到右傾機會主義和"左"傾教條主義干擾，使中國革命遭受到嚴重挫折。殘酷事實證明，在當時處於半殖民地半封建社會、經濟文化十分落後、農民佔人口絕大多數的東方大國，不可能通過首先佔領中心城市來取得革命在全國的勝利。黨迫切需要找到一條適合中國國情的革命道路。

在中國革命生死關頭，毛澤東同志勇於堅持真理、修正錯誤，通過對革命鬥爭實踐的總結，對中國社會和內外形勢的深入調查研究，寫出《中國的紅色政權為什麼能夠存在？》、《井岡山的鬥爭》、《星星之火，可以燎原》、《反對本本主義》等名篇，探索把馬克思列寧主義基本原理同中國具體實際相結合，成功開闢了農村包圍城市、武裝奪取政權的中國革命正確道路，相繼開創了建黨、建軍、建政、建立革命統一戰線等理論，科學回答了中國革命的道路、戰略等一系列重大問題。

在革命鬥爭實踐中，以毛澤東同志為主要代表的中國共產黨人，深刻總結黨成立以來的重要經驗教訓，對經過艱辛探索、付出巨大犧牲積累的一系列獨創性成果作了理論概括，創立了毛澤東思想，將其正式確立為黨的指導思想，開啟了中國共產黨獨立自主解決中國革命實際問題的新階段。我們黨通過理論創新和實踐創新相結合，鍛造了理論聯繫實際、密切聯繫群眾、批評與自我批評三大優良作風，形成統一戰線、武裝鬥爭、黨的建設三大法寶，明確了奪取新民主主義革命勝利的方向和策略。毛澤東思想是馬克思列寧主義在中國的創造性運用和發展，打破了教條主義、經驗主義、形式主義束縛，實現了馬克思主義中國化的第一次歷史性飛躍。

正是在毛澤東思想的指引下，我們黨團結帶領人民推翻帝國主義、封建主義、官僚資本主義三座大山，奪取了新民主主義革命的偉大勝利，建立了人民當家作主的中華人民共和國，徹底結束了舊中國半殖民地半封建社會的歷史，實現了幾代中國人夢寐以求的民族獨立、人民解放，開啟了中華民族發展進步的新紀元。

二 偉大事業的發展需要開拓創新

新中國成立後，面對舊中國留下滿目瘡痍、一窮二白的爛攤子，我們黨團結帶領全國各族人民自力更生、發憤圖強、艱苦奮鬥，開展了轟轟烈烈的社會主義革命和建設，努力探索適合中國國情的社會主義發展道路，回答在一個沒有經歷資本主義發展階段、社會經濟極其落後的國家如何建設社會主義的時代之問。毛澤東同志在《論人民民主專政》、《論十大關係》、《關於正確處理人民內部矛盾的問題》等重要著作中創造性提出一系列關於中國社會主義革命和建設的重要論斷，進一步豐富和發展了毛澤東思想，推動把馬克思列寧主義基本原理同中國具體實際進行"第二次結合"。在理論創新指引下，黨領導人民進行社會主義革命，建立和鞏固工人階級領導的、以工農聯盟為基礎的人民民主專政的國家政權，提出過渡時期的總路線，制定中華人民共和國憲法，確立人民代表大會制度、黨領導的多黨合作和政治協商制度、民族區域自治制度等政治制度，完成對生產資料私有制的社會主義改造，實現生產資料公有制和按勞分配，建立起社會主義經濟制度，成功實現了中華民族有史以來最為廣泛而深刻的社會變革，為當代中國一切發展進步奠定了根本政治前提和制度基礎。黨領導人民開展社會主義建設，在不長的時間裏推動經濟社會發生翻天覆地變化，建立起獨立的比較完整的工業體系和國民經濟體系，研製成功"兩彈一星"，提出劃分三個世界的戰略，打破國際敵對勢力的封鎖，有效維護國家主權和安全，成為在世界上有重要影響的大國。這一系列獨創性理論成果和巨大成就，為在新的歷史時期開創中國特色社會主義提供了寶貴經驗、理論準備、物質基礎。

"文化大革命"結束後，面對長期"左"的錯誤給國民經濟帶來的嚴重破壞，面對世界經濟快速發展、科技進步日新月異的國際形勢，在黨和國家面臨向何處去的重大歷史關頭，以鄧小平同志為主要代表的中國共產黨人，在黨的十一屆三中全會上作出把黨和國家工作中心轉移到經濟建設上來、實行改革開放的歷史性決策，開啟了改革開放和社會主義現代化建設新時期，實現了新中國成立以來黨的歷史上具有深遠意義的偉大轉折。黨領導解放思想、開展真理標準問題大討論，在黨的十一屆六中全會上制定《關於建國以來黨的若干歷史問題的決議》，深刻總結新中國成立以來正反兩方面經驗，借鑒世界社會主義歷史經驗，徹底否定"文化大革命"，摒棄"兩個凡是"，重新確立馬克思主義的思想路線、政治路線、組織路線。圍繞"什麼是社會主義、怎樣建設社會主義"這一根本問題，鄧小平同志鮮明指出，"貧窮不是社會主義","社會主義的本質,是解放生產力,發展生產力,消滅剝削,消除兩極分化,最終達到共同富裕","不堅持社會主義,不改革開放,不發展經濟,不改善人民生活,只能是死路一條"。改革開放是我們黨的一次偉大覺醒,孕育了從理論到實踐的一系列開拓創新。黨從建設我國社會主義的實踐和時代特徵出發,堅持和發展馬克思主義,創立了鄧小平理論,形成"三個代表"重要思想、科學發展觀,構建中國特色社會主義理論體系,實現了馬克思主義中國化新的飛躍。從黨的十二大到黨的十七大,黨把握和平與發展時代主題,堅持"一個中心、兩個基本點"的社會主義初級階段基本路線,堅定不移推進改革開放和社會主義現代化建設,掀起了波瀾壯闊的改革大潮。改革從農村到城市,開放從沿海到全方位,明確社會主義市場經濟的改革方向,把對外開放確立為基本國策,大膽地闖、大膽地試,成功開闢了中國特色社會主義道路。通過改革開放的偉大實踐,我國實現了從高度集中的計劃經濟體制到充滿活力的社會主義市場經濟體制、從封閉半封閉到全方位開放的歷史性轉變,取得舉世矚目的偉大成就,創造了經濟快速發展和社會長期穩定"兩大奇跡",使中華民族大踏步趕上時代。

黨的十八大以來,以習近平同志為主要代表的中國共產黨人,立足我國發展新的歷史方位、歷史階段、歷史任務,創立了習近平新時代中國特色社會主義思想,並將其確立為黨和國家必須長期堅持的指導思想。這一思想所蘊含的一系列原創性新理念新思想新戰略,是對中國特色社會主義建設規律認識深化和理論創新的重大成果,為豐富和發展馬克思主義作出新的貢獻,實現了馬克思主義中國化新的飛躍。以習近平同志為核心的黨中央全面審視國際國內新形勢,以巨大政治勇氣和智慧,統攬偉大鬥爭、偉大工程、偉大事業、偉大夢想,統籌推進"五位一體"總體佈局,協調推進"四個全面"戰略佈局,以黨的偉大自我革命引領偉大社會革命,大膽探索創新,把握正確方向,堅持黨的領導、人民當家作主、依法治國的有機統一,實現了改革發展穩定的有機統一。黨的十八屆三中全會作出全面深化改革重大決策,

提出改革的總目標是完善和發展中國特色社會主義制度,推進國家治理體系和治理能力現代化,實現了改革從局部探索、破冰突圍到系統集成、

全面深化的轉變，完成了一系列體制機制創新，開創了改革開放全新局面。經過奮力開拓、銳意進取，我們黨團結帶領人民戰勝一系列重大風險挑戰，勝利實現了第一個百年奮鬥目標，在中華大地上全面建成了小康社會，歷史性地解決了絕對貧困問題，做出實現第二個百年奮鬥目標的戰略部署，解決了許多長期想解決而沒有解決的難題，辦成了許多過去想辦而沒有辦成的大事，黨和國家各項事業取得歷史性成就、發生歷史性變革，彰顯了中國特色社會主義的強大生機活力，為實現中華民族偉大復興提供了更為完善的制度保證、更為堅實的物質基礎、更為主動的精神力量。中華民族迎來了從站起來、富起來到強起來的偉大飛躍。

黨的百年奮鬥實踐表明，推進中國革命、建設、改革事業，實現中華民族偉大復興，是一個接續奮鬥的歷史過程，走的是前人沒有走過的道路，沒有現成經驗可以照搬，中國的實際問題必須靠我們黨獨立自主來解決。面對不同歷史時期的背景條件、主要任務和社會主要矛盾，只要我們堅持黨的領導，堅持解放思想、實事求是的思想路線，敢破敢立、敢闖敢鬥，開拓創新、銳意改革，以創新為不竭動力，就能夠披荊斬棘、勇往直前，戰勝任何艱難險阻和風險挑戰，不斷把偉大事業推向前進。

三　偉大事業的未來需要開拓創新

中國特色社會主義是前無古人的偉大事業，改革開放和社會主義現代化建設還有很長的路要走。黨的十九大開啟了全面建設社會主義現代化國家新征程，實現中華民族偉大復興進入了不可逆轉的歷史進程。在前進道路上，將有許多可以預料和難以預料的艱難險阻，還將進行許多具有新的歷史特點的偉大鬥爭。習近平總書記強調，開拓創新永遠是中國共產黨人應該具有的歷史擔當。我們要統籌中華民族偉大復興戰略全局和世界百年未有之大變局，始終挺立時代潮頭，胸懷"國之大者"，把開拓創新作為一種常態，堅持一切從實際出發，保持銳意創新的勇氣、敢為人先的銳氣、蓬勃向上的朝氣，以新作為開創新局面，奮力開拓中國特色社會主義更加廣闊的光明前景。

繼續推進實踐基礎上的理論創新。習近平總書記強調，理論的生命力在於創新。只有與時俱進地豐富和發展馬克思主義，才能更好堅持馬克思主義。我們黨之所以能夠領導人民幹革命、搞建設、抓改革、促復興，克服各種艱難險阻、戰勝各種風險挑戰，根本在於堅持解放思想、實事求是、與時俱進、求真務實，把馬克思主義基本原理同中國具體實際相結合、同中華優秀傳統文化相結合，不斷推進馬克思主義中國化時代化。習近平新時代中國特色社會主義思想是當代中國馬克思主義、二十一世紀馬克思主義，是馬克思主義中國化的最新成果。站在新的歷史起點上，必須堅持以習近平新時代中國特色社會主義思想為指導，用新理論指導新實踐，勇於結合新實踐不斷推進理論創新，更好體現時代性、把握規律性、富於創造性，不斷開闢馬克思主義新境界。

繼續以開拓創新推進國家治理體系和治理能力現代化。中國特色社會主義制度是黨和人民在長期實踐探索中形成的科學制度體系，推進國家治理體系和治理能力現代化，把我國制度優勢更好轉化為國家治理效能，是當代中國的時代命題，也是長期的歷史任務。全面深化改革是推動中國特色社會主義自我革新、自我完善，不斷走向成功的動力源泉。習近平總書記強調，實現中華民族偉大復興，必須合乎時代潮流、順應人民意願，勇於改革開放，讓黨和人民事業始終充滿奮勇前進的強大動力。新時代改革開放具有許多新的內涵和特點，其中很重要的一點就是制度建設分量更重。改革只有進行時，沒有完成時，要將改革進行到底。站在新的歷史起點上，必須堅持守正和創新相統一，以堅持和完善中國特色社會主義制度、推進國家治理體系和治理能力現代化為主軸，不斷推動全面深化改革向廣度和深度進軍，堅決破除傳統觀念和利益固化羈絆，把改革重點放到系統集成、協同高效上來，提升改革綜合效能，固根基、揚優勢、補短板、強弱項，著力推進創造性引領性改革，推動各項制度更加成熟更加定型，永葆中國特色社會主義制度的旺盛生機活力。

繼續將開拓創新作為引領各領域發展的動力。創新是引領發展的第一動力，是建設現代化經濟體系的戰略支撐。習近平總書記強調，抓創新就是抓發展，謀創新就是謀未來。從全球範圍看，新一輪科技革命和產業變革迅猛發展，科學技術越來越成為推動經濟社會發展的主要力量，創新驅動是大勢所趨。站在新的歷史起點上，必須圍繞建設社會主義現代化強國目標，緊扣社會主要矛盾變化，立足新發展階段，完整、準確、全面貫徹新發展理念，深刻把握高質量發展要求，把創新擺在國家發展全局的核心位置，深入實施創新驅動發展戰略，營造一流創新生態，加強國家創新體系建設，培育經濟發展新動能，推動以科技創新為核心的全面創新，形成以創新為主要引領和支撐的經濟體系和發展模式，加快構建以國內大循環為主體、國內國際雙循環相互促進的新發展格局，持續推進質量變革、效率變革、動力變革，著力解決發展不平衡不充分問題，促進共同富裕，激發和尊重基層首創精神，調動全社會創新熱情，為實現第二個百年奮鬥目標和中華民族偉大復興的中國夢提供更為堅實的支撐。

百年大黨，千秋基業，其命維新，其志惟堅。《決議》對黨百年奮鬥的重大成就和歷史經驗作出了全面精闢的回顧總結，對不忘初心、牢記使命，在新時代繼續推進偉大事業提出明確要求。只要我們順應時代潮流，回應人民要求，把握歷史主動，勇於改革、開拓創新，準確識變、科學應變、主動求變，永不僵化、永不停滯，就一定能夠創造出更多令人刮目相看的人間奇跡。

堅持敢於鬥爭　勇於自我革命

肖　培

黨的十九屆六中全會通過的《中共中央關於黨的百年奮鬥重大成就和歷史經驗的決議》（以下簡稱《決議》），深刻把握黨的事業發展和自身建設規律，將"堅持敢於鬥爭"、"堅持自我革命"凝練為中國共產黨百年奮鬥的歷史經驗，揭示了百年大黨風華正茂的基因密碼，體現了以史為鑒、開創未來的高度自覺。敢於鬥爭、自我革命緊密相連，鬥爭是自我革命的實踐形式，敢於善於鬥爭方能徹底自我革命；自我革命是敢於鬥爭的根本前提，勇於自我革命才能贏得鬥爭勝利。堅持好運用好黨長期奮鬥形成的寶貴經驗，對於在新征程上掌握歷史主動，向全面建成社會主義現代化強國的第二個百年奮鬥目標邁進具有重大意義。

一　勇於自我革命、敢於善於鬥爭，源自黨的初心使命

（一）初心使命是黨自我革命的不竭動力。為中國人民謀幸福、為中華民族謀復興，是黨百年奮鬥始終不變的初心使命，是激勵中國共產黨人奮勇前行的動力之源，是習近平新時代中國特色社會主義思想的根本出發點和落腳點。《決議》概括的"十個明確"集中體現黨的性質宗旨，既承載中國共產黨人的初心使命，又彰顯著新時代的歷史擔當。我們黨除了人民利益沒有任何自己的特殊利益，從來不代表任何利益集團、任何權勢團體、任何特權階層的利益，所付出的一切努力、進行的一切鬥爭、作出的一切犧牲，都是為了人民幸福和民族復興，這是我們黨敢於自我革命的勇氣之源、底氣所在。正因為無私，才能經常地徹底地檢視自身，並向黨內被利益集團、權勢團體圍獵裹挾的人開刀。有了對初心使命的執著堅定，就有了勇於鬥爭、淨化自我的頑強意志。一百年來，我們黨在毫不懈怠的自我革命中忠實踐行初

心使命，始終保持和發展馬克思主義政黨的先進性純潔性，始終同人民群眾同甘共苦、生死與共，從而獲得最廣泛最深厚最持久的力量源泉，團結帶領人民創造出彪炳史冊的奇跡。

（二）勇於自我革命是我們黨最大優勢。"自知者英，自勝者雄。" 勇於自我革命是黨歷經百年奮鬥錘煉出的最鮮明品格，是區別於世界其他政黨的獨特標識。《決議》指出："先進的馬克思主義政黨不是天生的，而是在不斷自我革命中淬煉而成的。黨歷經百年滄桑更加充滿活力，其奧秘就在於始終堅持真理、修正錯誤。黨的偉大不在於不犯錯誤，而在於從不諱疾忌醫，積極開展批評和自我批評，敢於直面問題，勇於自我革命。"面對各個歷史時期的風險考驗，我們黨始終堅持刀刃向內，堅決同一切弱化黨的先進性、損害黨的純潔性的問題作鬥爭，祛病療傷，激濁揚清，以自身的始終過硬，確保黨始終成為時代先鋒、民族脊樑、人民的主心骨。以偉大自我革命引領偉大社會革命貫穿黨的百年奮鬥歷程，成為中國革命、建設、改革不斷走向勝利的根本保證。黨在革命性鍛造中不斷增強的政治領導力、思想引領力、群眾組織力、社會號召力，是黨領導人民實現中華民族偉大復興的力量所在。

（三）保持旺盛革命鬥志是黨的鮮明風骨品格。《決議》指出，敢於鬥爭、敢於勝利，是黨和人民不可戰勝的強大精神力量；自我革命精神是黨永葆青春活力的強大支撐。鬥爭精神是馬克思主義固有的理論品格和實踐要求，為民族、國家、人民利益而鬥爭是我們黨與生俱來的風骨。黨在內憂外患中誕生、在歷經磨難中成長、在攻堅克難中壯大，黨和人民取得的一切成就，都是通過不斷鬥爭取得的，是用鮮血和生命鑄就的。偉大鬥爭鍛造了黨堅忍不拔的意志、無私無畏的勇氣、不怕犧牲的精神、百折不撓的品質。正是因為黨始終保持徹底的革命精神，在生死鬥爭和艱苦奮鬥中鑄就了壓倒一切困難而不被困難所壓倒的決心和勇氣，才能在極端困境中發展壯大，在瀕臨險境中突出重圍，在困頓逆境中不斷奮起，永葆青春、永富朝氣。

（四）全面從嚴治黨是實現偉大復興的根本保障。實現中華民族偉大復興，千鈞重擔關鍵在黨，關鍵在黨要管黨、全面從嚴治黨。建黨百年，不論面臨的環境多麼複雜、肩負的任務多麼艱巨，也不論取得了多大勝利、事業有了多大發展，我們黨始終堅持嚴字當頭，把黨的建設、管黨治黨擺在重要地位，鍛造出當今世界最強大的馬克思主義執政黨，引領中華民族迎來從站起來、富起來到強起來的偉大飛躍，不可逆轉地走向偉大復興。越是接近宏偉目標，越要保持冷靜清醒，越要堅持自我革命，在嚴的主基調中不斷自我淨化、自我完善、自我革新、自我提高，確保黨不變質、不變色、不變味，確保黨在新時代堅持和發展中國特色社會主義的歷史進程中始終成為堅強領導核心。

二　把新時代黨的自我革命不斷引向深入

（一）勇於進行具有許多新的歷史特點的偉大鬥爭。《決議》指出，必須"把握新的偉大鬥爭的歷史特點，抓住和用好歷史機遇，下好先手棋、打好主動仗，發揚鬥爭精神，增強鬥爭本領"。黨在不同歷史階段有不同的歷史任務，鬥爭的內容和形式也呈現出不同的階段性特徵。黨的十八大以來，我們黨領導人民進行偉大鬥爭、建設偉大工程、推進偉大事業、實現偉大夢想，涵蓋領域的廣泛性、涉及矛盾和問題的尖銳性、觸及利益格局調整的深刻性、突破體制機制障礙的艱巨性、攻堅克難的複雜性都是前所未有的。以習近平同志為核心的黨中央發揚歷史主動精神，在事關中國特色社會主義前途命運的大是大非問題上旗幟鮮明，在改革發展穩定工作上堅定不移，在全面從嚴治黨上堅如磐石，在維護國家核心利益上寸步不讓，特別是堅決打贏脫貧攻堅戰，打贏藍天碧水淨土保衛戰，打贏抗擊疫情人民戰爭、總體戰、阻擊戰，堅決頂住和反擊外部極端打壓遏制。在黨中央堅強領導下，黨和人民沒有在困難面前低頭，沒有在挑戰面前退縮，經受住了來自政治、經濟、意識形態、自然界等方面的風險挑戰考驗，推動黨和國家事業取得歷史性成就、發生歷史性變革。

（二）以黨的自我革命引領偉大社會革命。習近平總書記深刻總結黨的建設歷史經驗，創造性提出"黨的自我革命"這一重大命題，強調要把新時代堅持和發展中國特色社會主義這場偉大社會革命進行好，我們黨就必須勇於進行自我革命，把黨建設得更加堅強有力。黨中央充分發揮黨的領導和黨的建設的決定性作用，同黨內思想不純、政治不純、組織不純、作風不純等突出問題作堅決徹底的鬥爭，著力防範化解黨自身面臨的脫離群眾、禍起蕭牆、紀律鬆弛、不負責任、腐化墮落等風險，有力推進全面深化改革，破除體制機制桎梏，促進制度成熟定型，確保全黨永不僵化、永不停滯，在革故鼎新中不斷開闢未來。事實證明，偉大社會革命鍛造和成就了偉大的黨，偉大自我革命保障和推動了偉大事業，我們黨在偉大鬥爭中不斷實現自身建設和各項事業新發展新超越，向著強黨強國的目標奮勇前進。

（三）全面從嚴治黨是一場偉大自我革命。新時代黨的自我革命極其鮮明地體現在全面從嚴治黨力挽狂瀾，從根本上扭轉了管黨治黨寬鬆軟狀況，校正了黨和國家前進的航向，解決了黨和國家事業發展帶有全局性、根本性、方向性的問題。黨中央堅持打鐵必須自身硬，把全面從嚴治黨納入"四個全面"戰略佈局。習近平總書記以"我將無我、不負人民"的赤子情懷，以"得罪千百人、不負十四億"的使命擔當，以"刀刃向內、自剜腐肉"的堅定意志，推進新時代黨的建設新的偉大工程，以嚴明的紀律管黨治黨，以零容忍的態度懲治腐敗，以優良的作風凝聚黨心民心，構建起黨和國家監督體系，取得反腐敗鬥爭壓倒性勝利並全面鞏固，黨在革命性鍛造中更加堅強。新時代全面從嚴治黨取得歷史性、開創性成就，產生全方位、深層次影響，形成了一整套黨自我淨化、自我完善、自我革新、自我提高的制度體系，探索出一條長期執政條件下解決自身問題、跳出歷史週期率的成功道路。

（四）反腐敗是輸不起也決不能輸的鬥爭。反腐敗鬥爭是全面從嚴治黨的關鍵任務，是具有許多新的歷史特點的偉大鬥爭的重要戰場。黨中央堅持無禁區、全覆蓋、零容忍，堅持重遏制、強高壓、長震懾，堅持受賄行賄一起查，堅持有案必查、有腐必懲，以"惡竹應須斬萬竿"的決心膽魄，堅定不移正風肅紀、反腐懲惡，一體推進不敢腐、不能腐、不想腐，譜寫了中國歷史未有、世界歷史罕見的反腐敗鬥爭新篇章。從 2012 年 12 月到 2021 年 6 月，在黨中央堅強領導下，紀檢監察機關共立案審查調查省部級以上領導幹部 393 人、廳局級幹部 2.2 萬人、縣處級幹部 17.4 萬餘人、鄉科級幹部 63.1 萬人。事實證明，反腐敗是一場順應人民期盼、純潔黨的肌體、真正贏得黨心民心的鬥爭。通過全面從嚴治黨、嚴厲懲治腐敗，黨群幹群關係顯著好轉，黨的面貌為之一新，人民群眾對黨更加信賴，對中國特色社會主義充滿信心。

（五）戰勝風險挑戰沒有鬥爭精神不行。習近平總書記指出，在重大風險、強大對手面前，唯有主動迎戰、堅決鬥爭才有生路出路，逃避退縮、妥協退讓只能是死路一條。我們共產黨人的鬥爭，從來都是奔著矛盾問題、風險挑戰去的。黨中央堅決糾正一度盛行的愛惜羽毛、語焉不詳、好人主義、怕事躲事問題，要求黨員幹部面對大是大非敢於亮劍，面對矛盾敢於迎難而上，面對危險敢於挺身而出，面對失誤敢於承擔責任，面對歪風邪氣敢於堅決鬥爭，形成了堅持鬥爭原則與講究鬥爭藝術相統一、勇於開拓創新與保持戰略定力相統一的重要經驗。中華民族偉大復興進入關鍵期，面臨的風險挑戰明顯增多，只要我們保持越是艱險越向前的英雄氣概和鬥爭精神，在複雜形勢面前不迷航、在艱巨鬥爭面前不退縮，就一定能夠戰勝一切可以預見和難以預見的風險挑戰，創造更加光明的美好未來。

三　永葆自我革命精神，不斷奪取偉大鬥爭新勝利

（一）深化自我革命，推進偉大工程。把黨的建設作為偉大工程推進是我們黨的一大創舉。從 82 年前毛澤東同志提出黨的建設“偉大的工程”，到 27 年前黨的十四屆四中全會提出黨的建設“新的偉大的工程”，再到 2018 年 1 月習近平總書記提出“新時代黨的建設新的偉大工程”，黨的自我革命一以貫之、不斷深入。推進新時代黨的建設新的偉大工程，必須立足新時代新發展階段的歷史方位，著眼全面建設社會主義現代化強國總目標，全面貫徹新時代黨的建設總要求，堅持黨要管黨、全面從嚴治黨戰略方針，以“兩個維護”為最高政治原則，以黨的政治建設統領思想建設、組織建設、作風建設、紀律建設，把制度建設貫穿其中，深入推進反腐敗鬥爭，健全黨統一領導、全面覆蓋、權威高效的監督體系，增強抵禦風險和拒腐防變能力，提高黨的執政能力和領導水平。

（二）增強全面從嚴治黨永遠在路上的政治自覺。黨面臨的最大風險挑戰來自自身，全面從嚴治黨必須一刻不鬆、堅定向前。要堅持以習近平新時

代中國特色社會主義思想為指引，聚焦“兩個維護”加強政治監督，引導全黨不斷提高政治判斷力、政治領悟力、政治執行力，全面準確有效落實黨的理論路線方針政策和黨中央決策部署。要層層壓實管黨治黨政治責任，鍥而不捨落實中央八項規定精神，持續整治群眾身邊的腐敗和不正之風，強化監督執紀問責，把嚴的主基調長期牢固地堅持下去，決不能滋生已經嚴到位、嚴到底、嚴到頭了的念頭或情緒。要更加堅定地推進反腐敗鬥爭，構建黨中央統一領導、各級黨委統籌指揮、紀委監委組織協調、職能部門高效協同、人民群眾支持參與的反腐敗工作體制機制，保持高壓態勢，深化系統施治，使不敢腐、不能腐、不想腐一體化推進有更多的制度性成果和更大的治理成效，走出一條依靠黨中央集中統一領導、依靠中國特色社會主義制度優勢和法治優勢反對腐敗的道路。

（三）始終保持共產黨人敢於鬥爭的風骨氣節、操守膽魄。我們黨依靠鬥爭創造歷史，更要依靠鬥爭贏得未來。《決議》指出：“為了人民、國家、民族，為了理想信念，無論敵人如何強大、道路如何艱險、挑戰如何嚴峻，黨總是絕不畏懼、絕不退縮，不怕犧牲、百折不撓。”新征程上，我們面臨的各種鬥爭是長期的，將伴隨實現第二個百年奮鬥目標全過程，並且一個目標實現了，新的鬥爭又將開始。要增強憂患意識、始終居安思危，準確把握我國社會主要矛盾變化帶來的新特徵新要求，勇敢面對錯綜複雜的國際環境帶來的新風險新挑戰，審慎果斷解決矛盾問題，千方百計克服困難阻力，打好化險為夷、轉危為機戰略主動戰。共產黨人講黨性、講原則就要講鬥爭，要主動檢視自我、打掃政治灰塵，勇於開展批評和自我批評，增強政治免疫力，淨化政治生態。領導幹部要經受嚴格的思想淬煉、政治歷練、實踐鍛煉、專業訓練，在複雜嚴峻的鬥爭中經風雨見世面，做敢於鬥爭、善於鬥爭的戰士。

（四）不斷增強自我淨化、自我完善、自我革新、自我提高能力。黨的十八大以來，習近平總書記就堅持自我淨化、自我完善、自我革新、自我提高作出一系列重要論述，是習近平新時代中國特色社會主義思想的重要內容。從百年黨史看，大浪淘沙是歷史規律。參加黨的一大的 13 人中，有矢志不渝的奮鬥者，有慷慨赴死的犧牲者，也有脫黨叛變的變節者。正是在不斷的淨化淘汰中，我們黨始終保持了健康的肌體、蓬勃的朝氣。新時代進行偉大鬥爭，必須以徹底的自我革命精神，充分發揮全面從嚴治黨引領保障作用，在不懈鬥爭中淨化隊伍，在自我超越中實現執政能力整體性提升，確保中國特色社會主義事業航船劈波斬浪、一往無前。

走好實現第二個百年奮鬥目標
新的趕考之路

梁言順

黨的十九屆六中全會通過的《中共中央關於黨的百年奮鬥重大成就和歷史經驗的決議》（以下簡稱《決議》）指出："現在，黨團結帶領中國人民又踏上了實現第二個百年奮鬥目標新的趕考之路。"這是立足黨的百年歷史新起點、接續推進中華民族偉大復興的政治宣言書，是激勵全黨全國各族人民開啟全面建設社會主義現代化國家新征程、向第二個百年奮鬥目標進軍的時代動員令。我們要認真學習、深刻領會，在新的趕考之路上繼續考出好成績，在新時代新征程上展現新氣象新作為。

一　走好新的趕考之路是黨面臨的重大時代課題

新中國成立前夕，黨中央從西柏坡動身前往北京時，毛澤東同志提出"進京趕考"的重大命題，並豪邁地說，我們決不當李自成，我們都希望考個好成績。當時，我們黨領導人民即將完成以農村包圍城市、最後奪取全國勝利的革命任務，掌握全國政權、建立新中國的歷史任務擺在了黨的面前。面對這個重大歷史轉折，黨中央和毛澤東同志深刻認識到，必須使全黨同志在勝利面前保持清醒頭腦，在奪取全國政權後經受住執政考驗，防止出現驕傲自滿、貪圖享樂、脫離群眾而導致人亡政息的危險。"進京趕考"是圍繞建立什麼樣的新中國、怎樣建立新中國，如何實現全面執政、執好政等重大歷史課題提出來的，體現了我們黨對即將誕生的人民政權實現長治久安的深謀遠慮和跳出"其興也勃焉，其亡也忽焉"歷史週期率的遠見卓識。

黨的十八大以來，習近平總書記在不同場合反覆強調"趕考"，告誡全黨我們面臨的挑戰和問題依然嚴峻複雜，黨面臨的"趕考"遠未結束。各級領導幹部和全體黨員要繼續把人民對我們黨的"考試"、把我們黨正在經受和將要經受各種考驗的"考試"考好，以"趕考"的清醒和堅定答好新時代的答卷。在慶祝中國共產黨百年華誕的重大時刻，在開啟全面建設社會主義現代化國家新征程的關鍵節點，習近平總書記鮮明提出，"中國共產黨團結帶領中國人民又踏上了實現第二個百年奮鬥目標新的趕考之路"，這既是向全黨發出的政治號召，又賦予了"趕考"新的時代內涵，體現了習近平總書記深沉的憂患意識、高度的歷史自覺和強烈的責任擔當，體現了以習近平同志為核心的黨中央對"趕考"的認識不斷深入、理論不斷成熟、實踐不斷豐富。

《決議》立足新時代新征程新使命，對習近平總書記關於"新的趕考之路"的重要論斷作了重申和強調。新的趕考之路是針對新時代堅持和發展什麼樣的中國特色社會主義、怎樣堅持和發展中國特色社會主義，建設什麼樣的社會主義現代化強國、怎樣建設社會主義現代化強國，建設什麼樣的長期執政的馬克思主義政黨、怎樣建設長期執政的馬克思主義政黨等重大時代課題提出來的，包含著對我國幾千年歷史治亂規律的深刻洞察，包含著對黨的百年奮鬥重大成就和歷史經驗的深刻總結，包含著對執政70多年的政黨永葆先進性和純潔性的深刻憂思，包含著對蘇共等世界上一些大黨老黨由於沒有經受住執政考驗而喪失執政地位慘痛教訓的深刻鏡鑒，包含著在全面建成小康社會、實現第一個百年奮鬥目標之後，向著全面建成社會主義現代化強國的第二個百年奮鬥目標邁進的深遠謀劃，對於全黨以史為鑒、開創未來，為實現中華民族偉大復興目標不懈奮鬥，具有重大而深遠的意義。

二　準確把握走好新的趕考之路的豐富內涵和實踐要求

《決議》明確提出："時代是出卷人，我們是答卷人，人民是閱卷人。"這一重要論述從理論與實踐的結合上深刻回答了新的趕考之路上"誰來出卷"、"誰來答卷"、"誰來閱卷"等根本問題，為深入理解和把握走好新的趕考之路提供了重要遵循和有力指導。

（一）時代是出卷人，強調新的趕考之路具有新的時代特點，體現了不同歷史時期趕考之路在主題上的一脈相承和內容上的與時俱進。實現中華民族偉大復興是黨百年奮鬥一以貫之的主題，也是趕考之路上不變的考題。時代的發展和執政環境的變化不斷為這一考題注入新的內容。從世情看，世界百年未有之大變局加速演進，新一輪科技革命和產業變革深入發展，國際力量對比深刻調整，"東升西降"態勢顯現，國際形勢的不穩定性不確定性明顯增加，新冠肺炎疫情影響廣泛深遠，經濟全球化遭遇逆流，世界進入動盪變革期。美國等西方國家對我國全方位遏制打壓不會消停，境內外敵對勢力實施西化、分化戰略和滲透、顛覆、破壞活動從未停止，我們面臨的各種鬥爭不是短期的而是長期的，至少要伴隨實現第二個百年奮鬥目標全過程。從國情看，中華民族偉大復興進入關鍵時期，我國已轉向高質量發展階段，未來發展具有多方面優勢和條件，但發展不平衡不充分問題突出，重點領域關鍵環節改革任務仍然艱巨，創新能力還不適應高質量發展要求，農業基礎還不穩固，生態環保、社會治理等方面還有不少弱項。從黨情看，黨的自身建設上還存在一些不匹配、不適應的地方，"四大考驗"、"四種危險"依然嚴峻複雜，一些弱化黨的先進性、損害黨的純潔性的問題具有很大的危險性和破壞性，特別是黨風廉政上的一些問題具有反覆性和頑固性，稍不注意就會反彈回潮、前功盡棄。形勢逼人，挑戰逼人，使命逼人。這就要求我們增強緊迫感，適應時代之變，順應時代之需，回應時代之問，在危機中育先機、於變局中開新局，善於抓住機遇，積極應對挑戰，努力創造無愧於時代的新業績。

（二）我們是答卷人，強調中國共產黨和每一名黨員都是趕考者，都是新時代答卷人，體現了我們黨敢於擔當的政治品格和矢志民族復興的使命情懷。黨的百年奮鬥史就是一部不斷交出優異答卷的接力趕考史。一百年來，黨領導人民浴血奮戰、百折不撓，創造了新民主主義革命的偉大成就；自力更生、發憤圖強，創造了社會主義革命和建設的偉大成就；解放思想、銳意進取，創造了改革開放和社會主義現代化建設的偉大成就；自信自強、守正創新，創造了新時代中國特色社會主義的偉大成就。特別是黨的十八大以來，以習近平同志為核心的黨中央統攬偉大鬥爭、偉大工程、偉大事業、偉大夢想，推動黨和國家事業取得歷史性成就、發生歷史性變革，為實現中華民族偉大復興提供了更為完善的制度保證、更為堅實的物質基礎、更為主動的精神力量。中華民族迎來了從站起來、富起來到強起來的偉大飛躍，實現中華民族偉大復興進入了不可逆轉的歷史進程。今天，我們比歷史上任何時期都更接近、更有信心和能力實現中華民族偉大復興的目標。前景光明遼闊，但前路不會平坦，必須準備付出更為艱巨、更為艱苦的努力。這就要求我們增強責任感，胸懷"兩個大局"，牢記"國之大者"，繼續擔當歷史使命，掌握歷史主動，不斷把中華民族偉大復興的歷史偉業推向前進；增強憂患意識，始終居安思危，勇於進行具有許多新的歷史特點的偉大鬥爭，堅決戰勝任何有可能遲滯甚至阻斷中華民族偉大復興進程的重大風險挑戰；牢記打鐵必須自身硬的道理，增強全面從嚴治黨永遠在路上的政治自覺，勇於自我革命，繼續推進新時代黨的建設新的偉大工程，確保黨不變質、不變色、不變味，為走好新的趕考之路提供堅強保證。

（三）人民是閱卷人，強調人民是我們黨的工作的最高裁決者和最終評判者，體現了黨堅持人民至上的根本立場和全心全意為人民服務的根本宗旨。檢驗我們一切工作的成效，最終都要看人民是否真正得到了實惠，人民生活是否真正得到了改善。中國共產黨根基在人民、血脈在人民、力量在人民。黨團結帶領人民進行革命、建設、改革，根本目的就是為了讓人民過上好日子。黨的十八大以來，以習近平同志為核心的黨中央堅持把人民群眾的小事當作治國理政的大事，從人民群眾關心的事情做起，從讓人民群眾滿意的事情做起，帶領人民不斷創造美好生活。當前，社會主要矛盾發生深刻轉變，人民對美好生活提出了更多需要、更高期待，評卷的標準和要求隨之提升。必須清醒認識到，民生保障還存在短板，城鄉區域發展和收入分配差距較大，鞏固拓展脫貧攻堅成果任務艱巨，人民群眾在就業、教育、醫療、居住、養老等方面還面臨不少難題。這就要求我們增強使命感，堅持以人民為中心的發展思想，堅持為人民執政、靠人民執政，堅持發展為了人民、發展依靠人民、發展成果由人民共享，解決好人民最關心最直接最現實的利益問題，更好滿足人民對美好生活的嚮往，不斷增強人民群眾獲得感、幸福感、安全感，推動全體人民共同富裕取得更為明顯的實質性進展。

三　努力在新的趕考之路上交出更加優異答卷

全面建成社會主義現代化強國、實現中華民族偉大復興是一場接力跑。新的征程上，我們要認真落實《決議》要求，牢記習近平總書記的"趕考"告誡，自覺接過歷史接力棒，在時代大考中續寫新的歷史輝煌。

（一）走好新的趕考之路，必須緊跟領路人。中國共產黨是領導我們事業的核心力量，黨的核心是國家的掌舵者、人民的領路人。黨的十八大以來，面對錯綜複雜的國際形勢、艱巨繁重的國內改革發展穩定任務，特別是突如其來的新冠肺炎疫情，習近平總書記和黨中央高瞻遠矚、沉著應對，從容駕馭各種複雜局面，勇於戰勝國內外各種風險挑戰，交出了一份人民滿意、世界矚目、可以載入史冊的精彩答卷。之所以能夠一次次贏得勝利，關鍵在黨，關鍵在黨中央權威，關鍵在核心。習近平總書記在黨中央權威中起決定性作用，不愧為黨中央的核心、全黨的核心。有習近平總書記這樣偉大的領路人，是黨和國家之幸、人民之幸、中華民族之幸；有習近平總書記掌舵領航，無論遇到什麼樣的大風大浪都一定能夠劈波斬浪、勇往直前。新的趕考之路上，我們必須毫不動搖堅持黨的全面領導，增強"四個意識"，堅定"四個自信"，做到"兩個維護"，不斷提高政治判斷力、政治領悟力、政治執行力，切實把"兩個維護"體現在堅決貫徹落實黨中央決策部署的行動上，體現在履職盡責、做好本職工作的實效上，體現在黨員、幹部的日常言行上，確保黨在新的趕考之路上始終成為堅強領導核心和最可靠的主心骨。

（二）走好新的趕考之路，必須用科學理論指引前進方向。習近平新時代中國特色社會主義思想是當代中國馬克思主義、二十一世紀馬克思主義，是中華文化和中國精神的時代精華，是從新時代中國特色社會主義偉大實踐中產生的理論結晶。實踐充分證明，這一科學理論是實現中華民族偉大復興的指路明燈，是引領中國特色社會主義從勝利走向勝利的前進燈塔；這一科學理論以其璀璨的真理光芒照亮新時代新征程，已經指引黨和國家事業取得了重大成就，必將指導我們譜寫社會主義現代化建設更加輝煌的篇章。新的趕考之路上，我們要堅持不懈學習貫徹習近平新時代中國特色社會主義思想，在學懂弄通做實、深化消化轉化上下更大功夫，深刻感悟其強大真理力量、實踐力量、道義力量，深刻把握貫穿其中的馬克思主義立場觀點方法、道理學理哲理，深刻領會"中國共產黨為什麼能，中國特色社會主義為什麼好，歸根到底是因為馬克思主義行"，在深學細悟篤行中進一步堅定對馬克思主義的信仰、對中國特色社會主義的信念、對實現第二個百年奮鬥目標的信心，切實把學習貫徹成果轉化為走好新的趕考之路的生動實踐。

（三）走好新的趕考之路，必須不忘來時的路。一切向前走，都不能忘記走過的路。看清楚過去為什麼能夠成功，才能弄明白未來我們怎樣才能繼續成功。在百年接力趕考中，黨和人民歷經千辛萬苦、付出巨大代價開創的中國特色社會主義道路，是創造人民美好生活、實現中華民族偉大復興的康莊大道。新的趕考之路上，我們必須毫不動搖堅持和發展中國特色社會主義，堅定不移走自己的路，既不走封閉僵化的老路，也不走改旗易幟的邪路，以中國式現代化推進中華民族偉大復興。堅持黨的基本理論、基本路線、基本方略，堅持系統觀念，統籌推進"五位一體"總體佈局、協調推進"四個全面"戰略佈局，立足新發展階段、貫徹新發展理念、構建新發展格局、推動高質量發展，全面深化改革開放，促進共同富裕，推進科技自立自強，發展全過程人民民主，保證人民當家作主，堅持全面依法治國，堅持社會主義核心價值體系，堅持在發展中保障和改善民生，堅持人與自然和諧共生，統籌發展和安全，加快國防和軍隊現代化，協同推進人民富裕、國家強盛、中國美麗，不斷推動構建人類命運共同體，努力使中國特色社會主義展現更加強大、更有說服力的真理力量。

（四）走好新的趕考之路，必須始終保持"趕考"姿態。"趕考"，重點在"趕"，強調永葆革命精神、革命鬥志；落點在"考"，強調鍛造過硬本領、優良作風。一百年來，黨在生死鬥爭和艱苦奮鬥中經受住各種風險考驗、付出巨大犧牲，錘煉出鮮明政治品格，形成了以偉大建黨精神為源頭的精神譜系，這為我們走好新的趕考之路提供了強大精神動力和豐厚精神滋養。新的趕考之路上，我們要弘揚偉大建黨精神，牢記初心使命，堅定理想信念，踐行黨的宗旨，繼續為實現人民對美好生活的嚮往不懈奮鬥，努力為黨和人民爭取更大光榮。要全面增強執政本領，既政治過硬又本領高強，練好內功、提升修養，不斷提高 "趕考" 的能力水平。要永遠保持謙虛謹慎、不驕不躁、艱苦奮鬥的作風，勇於變革、勇於創新，永不僵化、永不停滯，始終保持永不懈怠的精神狀態、一往無前的奮鬥姿態，鼓起奮進新征程、建功新時代的精氣神，繼續在這場歷史性考試中接受考驗，努力向歷史、向人民交出新的更加優異的答卷。

永遠保持黨同人民群眾的血肉聯繫

孟祥鋒

　　黨的十九屆六中全會通過的《中共中央關於黨的百年奮鬥重大成就和歷史經驗的決議》（以下簡稱《決議》）全面總結黨的百年奮鬥重大成就和歷史經驗，強調要永遠保持黨同人民群眾的血肉聯繫，提出要"站穩人民立場，堅持人民主體地位，尊重人民首創精神，踐行以人民為中心的發展思想，維護社會公平正義，著力解決發展不平衡不充分問題和人民群眾急難愁盼問題，不斷實現好、維護好、發展好最廣大人民根本利益，團結帶領全國各族人民不斷為美好生活而奮鬥"。貫徹好全會精神，必須深刻認識保持同人民群眾血肉聯繫是黨的優良傳統和政治優勢，對標對表習近平總書記相關重要論述和要求，堅持人民至上，把全心全意為人民服務的根本宗旨落實到行動上。

一　保持黨同人民群眾血肉聯繫是黨的優良傳統和政治優勢

　　人民群眾是我們黨的力量之源和勝利之本。能否始終保持黨同人民群眾的血肉聯繫，決定著黨和國家事業的盛衰興亡。我們黨自成立之日起，就把為中國人民謀幸福、為中華民族謀復興確立為自己的初心使命，在長期實踐中確立和堅持全心全意為人民服務的根本宗旨和黨的群眾路線，保持了同人民群眾的血肉聯繫。

　　我們黨的百年歷史，就是一部與人民心心相印、與人民同甘共苦、與人民團結奮鬥的歷史。大革命失敗後，30多萬犧牲的革命者中大部分是跟隨我們黨鬧革命的人民群眾；土地革命戰爭時期，人民群眾就是黨和人民軍隊的銅牆鐵壁；抗日戰爭時期，我們黨廣泛發動群眾，使日本侵略者陷入了人民戰爭的汪洋大海；淮海戰役勝利是靠老百姓用小車推出來的，渡江戰役勝利是靠老百姓用小船划出來的；社會主義革命和建設的成就是人民群眾幹出來的；改革開放的歷史偉劇是億萬人民群眾主演的。可以說，革命、建設、改革的一切成就，都是我們黨領導人民群眾共同奮鬥的結果，都是堅持黨的群眾路線、密切黨同人民群眾聯繫的結果。

黨的十八大以來，以習近平同志為核心的黨中央堅持一切為了人民、一切依靠人民，在密切黨同人民群眾聯繫方面採取了一系列富有開創性、戰略性的重大舉措，推動把改革發展成果更多更公平惠及全體人民，把 14 億多中國人民凝聚成推動中華民族偉大復興的磅礴力量。部署實施一系列保障和改善民生重大工作，打贏脫貧攻堅戰，歷史性地解決了絕對貧困問題，如期實現全面建成小康社會目標。堅持人民至上、生命至上，奪取了抗擊新冠肺炎疫情鬥爭重大戰略成果。特別是堅持全面從嚴治黨，紮實開展黨的群眾路線教育實踐活動、“不忘初心、牢記使命”主題教育、黨史學習教育等黨內集中學習教育，持之以恆正風肅紀、反腐懲惡，顯著改善了黨群幹群關係。經過持續努力，全黨貫徹黨的群眾路線的自覺性和堅定性明顯增強，黨在群眾中的威信和形象進一步樹立，黨心民心進一步凝聚，推動黨和國家事業取得歷史性成就、發生歷史性變革。

歷史和現實充分證明，我們黨是全心全意為人民服務的黨，是堅持立黨為公、執政為民的黨，始終保持同人民群眾血肉聯繫是我們黨的最大政治優勢。離開這一政治優勢，黨的事業就不可能取得成功，黨的執政地位就不可能鞏固。現在，我們已經踏上實現第二個百年奮鬥目標新的趕考之路，必須按照黨的十九屆六中全會要求，更加自覺地貫徹黨的根本宗旨和群眾路線，進一步密切黨同人民群眾的聯繫，團結凝聚億萬人民為全面建設社會主義現代化國家而奮鬥。

二　全面準確把握習近平總書記關於保持黨同人民群眾血肉聯繫的重要論述

黨的十八大以來，習近平總書記圍繞堅持黨的根本宗旨、貫徹黨的群眾路線，作出一系列重要論述。永遠保持黨同人民群眾的血肉聯繫，首先要深入學習、準確把握這些重要論述和要求。

（一）江山就是人民，人民就是江山。習近平總書記指出，黨的最大政治優勢是密切聯繫群眾，黨執政後的最大危險是脫離群眾；民心是最大的政治，一個政黨，一個政權，其前途和命運最終取決於人心向背；江山就是人民、人民就是江山，打江山、守江山，守的是人民的心；老百姓是天，老百姓是地，忘記了人民，脫離了人民，我們就會成為無源之水、無本之木，就會一事無成。

（二）堅持人民至上的根本政治立場。習近平總書記指出，人民立場是馬克思主義政黨區別於其他政黨的顯著標誌；我們黨始終代表最廣大人民根本利益，沒有任何自己特殊的利益，從來不代表任何利益集團、任何權勢團體、任何特權階層的利益；必須始終以百姓心為心，把人民利益擺在至高無上的位置。

（三）人民對美好生活的嚮往就是我們的奮鬥目標。2012 年 11 月 15 日，習近平總書記在十八屆中央政治局常委同中外記者見面時指出："人民對美好生活的嚮往，就是我們的奮鬥目標。"習近平總書記強調，讓人民生活幸福是"國之大者"，我們推動經濟社會發展，歸根到底是為了不斷滿足人民群眾對美好生活的需要；必須把為民造福作為最重要的政績，不斷增強群眾獲得感、幸福感、安全感。

（四）堅持以人民為中心的發展思想。習近平總書記指出，以人民為中心的發展思想體現了我們黨全心全意為人民服務的根本宗旨，體現了人民是推動發展的根本力量的唯物史觀；共享理念實質就是堅持以人民為中心的發展思想，要堅持全民共享、全面共享、共建共享、漸進共享；要堅持發展為了人民、發展依靠人民、發展成果由人民共享，努力促進全體人民共同富裕取得更為明顯的實質性進展。

（五）人民是我們黨執政的最大底氣。習近平總書記指出，人民是歷史的創造者，是真正的英雄，人民擁護和支持是黨執政最牢固的根基；人民群眾中蘊藏著治國理政、管黨治黨的智慧和力量，必須始終相信人民，緊緊依靠人民，始終同人民群眾想在一起、幹在一起；要發展全過程人民民主，充分調動廣大人民積極性、主動性、創造性。

（六）人民是黨的工作的最高裁決者和最終評判者。習近平總書記指出，時代是出卷人，我們是答卷人，人民是閱卷人；人民群眾最有發言權，黨的執政水平和執政成效都不是由自己說了算，必須而且只能由人民來評判，最終都要看人民是否真正得到了實惠，人民生活是否真正得到了改善，人民權益是否真正得到了保障。

（七）追求我將無我、不負人民的精神境界。2019 年 3 月 22 日，習近平總書記在會見意大利眾議長菲科時說道："我將無我，不負人民。我願意做到一個．無我．的狀態，為中國的發展奉獻自己。" 習近平總書記強調，我們共產黨人為的是大公、守的是大義、求的是大我，要以人民利益為重、以人民期盼為念；要心中始終裝著老百姓，真正解決好 "我是誰、為了誰、依靠誰" 的問題。

習近平總書記的這些重要論述，內容豐富、思想深刻，集中體現了黨的理想信念、性質宗旨、初心使命的根本要求，深刻回答了我們黨為什麼人、靠什麼人的根本問題，為我們貫徹黨的根本宗旨和群眾路線提供了根本遵循。

習近平總書記作為黨中央的核心、全黨的核心，是從人民中走出來的、對人民懷有深厚感情的人民領袖。黨的十八大以來，習近平總書記在講話中談到最多的是人民群眾，考察調研中接觸最多的是人民群眾，決策部署中關注最多的還是人民群眾。他 50 多次調研脫貧攻堅工作，足跡遍佈全國 14 個集中連片特困地區，經常翻山越嶺、風雨兼程，深入貧困戶家中了解真實情況，細心周到地關心他們的生產生活。習近平總書記親民、愛民、為民的崇高品格，為全黨樹立了光輝典範，贏得人民群眾高度認同和衷心擁戴。學習領會習近平總書記關於始終保持黨同人民群眾血肉聯繫的重要論述和要求，不僅要準確把握其內涵要義和精神實質，更要深入學習習近平總書記至深至厚的人民情懷。要通過深刻感悟習近平總書記對人民的殷殷赤子之心，加深對保持黨同人民群眾血肉聯繫極端重要性的認識，增強踐行黨的初心使命、做好群眾工作的自覺性和堅定性。

三　把全心全意為人民服務的根本宗旨落實到行動上

保持同人民群眾血肉聯繫，關鍵是要以實際行動踐行全心全意為人民服務的根本宗旨。按照《決議》精神，要著重把握以下幾方面要求。

（一）從人民群眾中汲取智慧和力量。歷史活動是人民群眾的事業，人民群眾中蘊藏著無窮的智慧和力量。毛澤東同志曾經把我們黨肩負的歷史使命比作"挖山"，把人民大眾比作"上帝"，指出要像愚公移山那樣去"感動上帝"，匯聚起人民大眾的力量把山挖掉。今天，要完成黨在新時代的宏偉藍圖、實現偉大夢想，一刻也不能離開尊重群眾、依靠群眾。要增強群眾觀點、堅持群眾路線，自覺拜群眾為師，激發群眾首創精神，把群眾中成千上萬個"諸葛亮"的智慧集聚起來，找到解決改革發展穩定難點堵點問題的思路辦法。要完善群眾參與決策機制，深入調查研究，充分聽取群眾意見，使制定的每一項政策、措施都符合實際，符合群眾的願望和要求。要發揮全過程人民民主的優勢，健全全面、廣泛、有機銜接的人民當家作主制度體系，豐富民主形式、拓寬民主渠道，凝聚動員群眾以主人翁精神為實現黨在現階段的目標任務而奮鬥。

（二）讓全體人民共享改革發展成果。這是社會主義的本質要求，是堅持黨的根本宗旨的應有之義。在決勝全面建成小康社會中，我們堅持"一個都不能少"；全面建設社會主義現代化國家，也應當強調"一個都不能掉隊"。黨的十九屆五中全會順應時代發展和人民願望，提出要使"全體人民共同富裕取得更為明顯的實質性進展"。促進共同富裕，要引導廣大群眾發揚奮鬥精神，深刻認識好日子是奮鬥出來的道理，依靠自己的雙手勤勞致富、科學致富、守法致富。要落實好黨中央關於推動高質量發展的各項部署，夯實共同富裕的物質基礎，持續做大"蛋糕"；同時深化收入分配制度改革，增加低收入群體收入，擴大中等收入群體比重，加快形成橄欖型分配格局，努力分好"蛋糕"。要更加關注城鄉困難群體，有針對性地加大幫扶工作力度，在弱有所扶上不斷取得新進展。要鞏固拓展脫貧攻堅成果，全面推進鄉村振興，讓農民在現代化進程中趕上來。要堅持盡力而為量力而行，把改善民生建立在經濟發展和財力可持續的基礎之上，不能急於求成、吊高群眾胃口，更不能好大喜功、寅吃卯糧。

（三）切實解決群眾急難愁盼問題。急難愁盼問題是為民服務的著力點。隨著我國社會主要矛盾的變化，廣大群眾對美好生活的嚮往更加強烈，在急難愁盼問題上也有新的表現。要深入落實黨中央各項惠民政策，認真研究解決就業、教育、醫療、社保、住房、養老、食品安全、生態環境、社會治安等方面的突出問題，不斷增強群眾的獲得感、幸福感、安全感。由於各地情況和發展水平不同，群眾的利益問題往往千差萬別，要梳理分析那些帶有共性的問題，通過制定完善相關政策推動解決；對一些群眾的個性化問題，要拿出既符合政策規定又讓群眾滿意的解決辦法。服務群眾是一個持續推進、不斷深入的過程，舊問題解決了還會有新問題不斷產生，要密切關注和及時掌握新情況，豐富解決問題的工具箱。在這次黨史學習教育中，各地區各部門紮實開展“我為群眾辦實事”實踐活動，為群眾解決了許多難題，要深化拓展活動成果，推動為群眾辦實事制度化常態化。

（四）創新群眾工作體制機制和方式方法。為群眾服好務，既要站穩立場、端正態度，又要提高能力和水平。黨的十八大以來，廣大黨員幹部服務群眾的自覺性明顯增強，成效越來越好。同時要看到，隨著經濟社會發展，群眾工作的對象、環境、內容都在發生深刻變化，迫切需要把握新形勢下群眾工作的特點和規律，不斷改進作風，提高做好群眾工作的本領。現在，一些黨員幹部為民服務還存在不上心、不盡力、不得法的問題，有的不願、不會做群眾工作，有的對群眾反映的問題消極應付、推諉扯皮，有的甚至對群眾粗暴蠻橫、利用職權損害和侵佔群眾利益，這些問題都要認真解決。要把解決思想問題與解決實際問題、解決眼前問題與解決長遠問題結合起來，增強服務群眾的精準度、精細度。要創新黨員幹部直接聯繫群眾、了解社情民意、維護群眾權益、接受群眾監督等方面的制度機制，把黨的政治優勢和組織優勢轉化為群眾工作效能。現在群眾大多是網民，要善於利用互聯網了解群眾訴求，健全網絡公共服務平台，走好網上群眾路線。要在服務群眾的同時做好教育引導工作，把黨和政府的相關政策措施講清楚，對群眾的一些不合理要求加強引導，防止做群眾的尾巴。要支持群團組織更好發揮橋樑紐帶作用，健全聯繫廣泛、服務群眾的群團工作體系，更好把各界群眾緊密團結在黨的周圍。

（五）始終保持人民公僕政治本色。黨的作風正，人民的心氣順，黨和人民就能同甘共苦。人民群眾最痛恨腐敗，腐敗問題對黨的傷害最直接，與黨的性質宗旨水火不容。經過黨的十八大以來持續努力，反腐敗鬥爭取得壓倒性勝利並全面鞏固，但不正之風樹倒根存，拒腐防變永遠在路上。要深入貫徹黨中央關於深化全面從嚴治黨的決策部署，持之以恆正風肅紀反腐，堅決糾治形式主義、官僚主義，繼續整治享樂主義和奢靡之風，一體推進不敢腐、不能腐、不想腐，使黨永葆清正廉潔的政治本色。秉公用權才能贏得人心，為政清廉才能取信於民。黨員領導幹部要加強黨性修養和道德涵養，正確處理公和私、義和利、是和非、正和邪、苦和樂的關係，牢記初心使命，堅守共產黨人精神高地，始終與人民同呼吸、共命運、心連心。要發揚自我革命精神，始終保持對 "腐蝕"、"圍獵" 的警覺，帶頭做到清正廉潔、艱苦奮鬥，自覺抵制特權思想和特權現象，當好新時代的人民公僕。

銘記生於憂患死於安樂
做到常懷遠慮居安思危

唐方裕

　　黨的十九屆六中全會通過的《中共中央關於黨的百年奮鬥重大成就和歷史經驗的決議》（以下簡稱《決議》）系統總結黨的百年奮鬥重大成就和歷史經驗，深刻指出："今天，我們比歷史上任何時期都更接近、更有信心和能力實現中華民族偉大復興的目標。同時，全黨必須清醒認識到，中華民族偉大復興絕不是輕輕鬆鬆、敲鑼打鼓就能實現的，前進道路上仍然存在可以預料和難以預料的各種風險挑戰"。全會要求全黨必須銘記生於憂患、死於安樂，常懷遠慮、居安思危；始終謙虛謹慎、不驕不躁、艱苦奮鬥；決不在根本性問題上出現顛覆性錯誤，以咬定青山不放鬆的執著奮力實現既定目標，以行百里者半九十的清醒不懈推進中華民族偉大復興。落實全會要求，應當深刻認識生於憂患、死於安樂和常懷遠慮、居安思危對於中華民族永續發展和我們黨的事業興旺發達的積極意義和重要作用，在實現中華民族偉大復興的征程上，結合實際把這一價值理念和人文精神進一步發揚光大。

一　生於憂患、死於安樂，常懷遠慮、居安思危，植根於悠遠精深的中華文化，是具有積極意義的價值理念和人文精神

　　生於憂患、死於安樂，常懷遠慮、居安思危，內含一種自覺的壓力和動力，孕育著清醒、警覺、奮進和堅韌，對涵養中華民族先進分子的浩然正氣和高尚情懷發揮了重要作用，產生了積極影響。

　　打開中華傳統典籍，憂患意識源遠流長、綿延不絕。一部《詩經》"憂"字出現近百次，其中 "靡不有初，鮮克有終"、"戰戰兢兢，如臨深淵，如履薄冰" 等詩句，反覆提醒人們心存戒懼、謹慎從事。《周易》中最早出

現"憂患"一詞，泰與否、損與益、既濟與未濟等概念相反相成，"自強不息"、"安不忘危"、"泰極生否"、"朝乾夕惕"等表述發人深省。歷代仁人志士基於對自然和社會的深刻洞察、對人民疾苦的深切同情、對國家和民族的深沉摯愛，創造了大量飽含憂患意識的經典名言。比如，"禍兮福之所倚，福兮禍之所伏"；"人無遠慮，必有近憂"；"生於憂患，死於安樂"；"安得廣廈千萬間，大庇天下寒士俱歡顏"；"禍患常積於忽微，而智勇多困於所溺"；"先天下之憂而憂，後天下之樂而樂"；"天下興亡，匹夫有責"；等等。

縱覽中國歷史，數千年王朝更迭，就是一部"生於憂患，死於安樂"的興衰成敗史。商紂王沉湎酒池肉林而罔顧危機四伏、萬民咒罵，導致國滅身亡。越王勾踐臥薪嘗膽，十年生聚，終雪敗辱之恥。唐太宗視魏徵"居安思危、戒奢以儉"的呈文為逆耳忠言，虛心納諫，成就"貞觀之治"。清朝統治者閉關鎖國、夜郎自大，屢屢錯過世界科技革命浪潮和發展機遇，結果落後挨打、喪權辱國。類似例證，不勝枚舉。歷史反覆證明，"憂勞可以興國，逸豫可以亡身"。一個朝代如果有自覺的憂患意識，就往往政治上清醒洞明、奮發有為；反之，則容易陷入驕奢淫逸、麻痺昏聵，離敗亡也就不遠了。

還要看到，憂患意識、居安思危已廣泛滲入百姓日常生活，具有深厚的社會基礎和綿長的生命力。很多耳熟能詳的成語和民間諺語，像積穀防饑、曲突徙薪、未雨綢繆，"不怕一萬，就怕萬一"；"小洞不補，大洞吃苦"；"船到江心補漏遲"；"小心駛得萬年船"；"長將有日思無日，莫待無時想有時"等，都蘊含勞動人民樸素的憂患意識，成為人們日用而不覺的思維習慣和行為方式。

總之，憂患意識作為中華民族獨具特色的價值理念和人文精神，已經鑴刻在中華文明的基因深處，始終砥礪著中華民族奮勇前進。

二　我們黨是居安思危、富於憂患意識的黨，黨的百年奮鬥史就是一部激發全黨全民族憂患意識並不斷將其轉化為革命建設改革偉大力量的光輝歷史

《決議》指出，中國共產黨"在內憂外患中誕生、在歷經磨難中成長、在攻堅克難中壯大，為了人民、國家、民族，為了理想信念，無論敵人如何強大、道路如何艱險、挑戰如何嚴峻，黨總是絕不畏懼、絕不退縮，不怕犧牲、百折不撓"。我們黨之所以能夠這樣，原因有很多，始終具有強烈的憂患意識是其中重要一條。與中華民族歷史上的憂患意識相比，共產黨人的憂患意識有著更高的境界、更寬的視野、更強的擔當。

革命戰爭年代，我們黨在生與死、血與火的考驗面前，始終葆有高度清醒的憂患自覺。1937年盧溝橋事變發生後，黨中央第二天就發出"平津危急！華北危急！中華民族危急！"的時代強音，激發全民族救亡圖存的強烈憂患。延安整風運動中，黨中央號召學習《甲申三百年祭》一文，警醒全黨"引為鑒戒，不要重犯勝利時驕傲的錯誤"。在黨的七大上，毛澤東同志鄭重提醒全黨"準備吃虧"、"準備困難"，強調"要在最壞的可能性上建立我們的政策"。在黨的七屆二中全會上，面對全國勝利已成定局的大好形勢，毛澤東同志又告誡全黨警惕資產階級"糖衣炮彈"攻擊，明確提出"兩個務必"。正是以這樣的憂患意識和使命擔當，我們黨團結帶領人民浴血奮戰、百折不撓，奪取了新民主主義革命的偉大勝利。

新中國成立後，百廢待舉，百業待興。毛澤東同志慨嘆我們"一輛汽車、一架飛機、一輛坦克、一輛拖拉機都不能造"，深刻指出，"我們應當以有可能挨打為出發點來部署我們的工作，力求在一個不太長久的時間內改變我國社會經濟、技術方面的落後狀態，否則我們就要犯錯誤"，反覆警示全黨全民族防止被"開除球籍"的危險。改革開放後，鄧小平同志強調："我們要把工作的基點放在出現較大的風險上，準備好對策。"進入新世紀，黨中央深刻揭示全黨面臨的"四大考驗"和"四種危險"，提出"只有居安思危、勇於進取，黨才能始終走在時代前列"。正是以這樣的憂患意識和使命擔當，我們黨團結帶領人民實現由一窮二白、人口眾多的東方大國大步邁進

社會主義社會的偉大飛躍，並在此基礎上成功開創、堅持、捍衛、發展了中國特色社會主義，使中國大踏步趕上了時代。

黨的十八大以來，以習近平同志為核心的黨中央著眼中華民族偉大復興戰略全局和世界百年未有之大變局，要求全黨增強憂患意識，時刻準備進行具有許多新的歷史特點的偉大鬥爭。習近平總書記在黨的十九大報告中，9 次提到 "風險" 一詞；在新進中央委員會的委員、候補委員和省部級主要領導幹部學習貫徹習近平新時代中國特色社會主義思想和黨的十九大精神研討班上，強調增強憂患意識、防範風險挑戰要一以貫之，並列舉了 8 個方面16 種具體風險；在省部級主要領導幹部堅持底線思維著力防範化解重大風險專題研討班上，系統強調了提高防控能力、著力防範化解重大風險的重大意義、重點任務和工作責任；在慶祝中國共產黨成立 100 週年大會上，再次強調全黨 "必須增強憂患意識、始終居安思危"。這些重要論述和要求，賦予憂患意識以新的時代內涵，教育激勵全黨團結帶領人民成功應對和妥善處置中美戰略博弈、新冠肺炎疫情、重大金融風險、香港 "修例" 風波、所謂南海仲裁案等一系列重大風險挑戰，推動黨和國家事業取得歷史性成就、發生歷史性變革。

回顧黨的百年奮鬥史，我們深刻感悟到，正是一代代共產黨人心懷憂黨憂國憂民意識，肩扛救國富國強國重任，才能在苦難輝煌的百年征程中一次次激發起全民族的昂揚鬥志，團結帶領全國各族人民攻克一個又一個難關，創造一個又一個奇跡，使中華民族站起來、富起來進而不可逆轉地強起來。

三 在實現第二個百年奮鬥目標的新征程上，我們黨面臨複雜嚴峻的風險挑戰，必須始終銘記生於憂患、死於安樂，做到常懷遠慮、居安思危

經過全面建成小康社會，我們黨正團結帶領人民向著全面建成社會主義現代化強國的第二個百年奮鬥目標邁進。前進道路上，各式各樣的漩渦、暗流、險灘絕不會少。從世情看，世界百年未有之大變局加速演進，全球動

盪源和風險點明顯增多，世界經濟增長持續乏力，發展鴻溝日益擴大，地區熱點問題此起彼伏，冷戰思維和強權政治沉渣泛起，傳統安全和非傳統安全威脅交織蔓延，我國發展將面臨一個更加不穩定不確定的世界。從國情看，隨著我國發展階段和社會主要矛盾變化，區域不平衡、人口老齡化、意識形態、公共安全、極端氣候、自然災害等風險因素進一步增多，宗教、涉疆、涉藏、涉台、涉港等方面的鬥爭將更加複雜尖銳。從黨情看，長期執政條件下我們黨面臨的"四大考驗"是長期的複雜的、"四種危險"是尖銳的嚴峻的，各種有損黨的先進性和純潔性的因素還有不少，滋生腐敗、形成"四風"的社會土壤還未徹底淨化。

特別需要注意的是，類似新冠肺炎疫情這樣的"黑天鵝"事件，一旦出現就來勢洶洶，具有很大的危害性、連鎖性，如果應對不力，就容易造成各種風險挑戰交織疊加，並可能向政治風險傳導，使小風險變成大風險、局部風險變成系統風險，嚴重影響事業發展全局，甚至遲滯中華民族偉大復興的進程。

習近平總書記反覆強調，實現中華民族偉大復興，必須準備付出更為艱巨、更為艱苦的努力。面向未來，我們應當立足世情國情黨情，始終保持如履如臨的謹慎、居安思危的憂患，時刻準備以大概率思維應對小概率事件。只有真正做到既解近憂、又懷遠慮，才能不斷化險為夷、轉危為機。

四　正視黨內在樹立和增強憂患意識方面存在的問題和不足，使常懷遠慮、居安思危成為全黨普遍自覺的意識和修養

總的看，黨內大多數同志能夠正確認識形勢，保持頭腦清醒，具有較強的憂患意識。但是，面對我們黨長期執政形成的有利條件，面對改革開放和社會主義現代化建設不斷推進的可喜局面，面對政通人和、安定團結的盛世環境，黨內一些同志包括有的領導幹部淡化甚至丟掉了憂患意識。主要表現在：有的安於現狀，盲目樂觀，缺乏進取動力；有的囿於眼前，輕視長遠，對各種風險挑戰缺乏應對準備；有的顧重小我，不謀大局，不關心國家前途、民族命運和群眾疾苦；有的貪圖享受，攀比闊氣，追求奢侈生活；有

的掩蓋矛盾，迴避問題，習慣於聽喜不聽憂、報喜不報憂；有的害怕困難，意志薄弱，經不起挫折和成功的考驗。這些雖然不是黨內思想和行為的主流，但所帶來的不良影響是不容忽視的。

認真研究並有效解決黨內在樹立和增強憂患意識方面存在的問題和不足，使常懷遠慮、居安思危成為全黨普遍自覺的意識和修養，是學習運用黨的百年奮鬥歷史經驗、順利推進中華民族偉大復興一項重要而緊迫的任務。落實《決議》要求，重點應從以下幾方面努力。

第一，增強對黨的歷史使命的神聖感敬畏心。中華民族偉大復興，凝結著數代仁人志士的美好夙願，寄託著國家的追求、民族的嚮往、人民的期盼。經過幾代共產黨人的艱辛求索和犧牲奉獻，民族復興迎來了光明前景，這是何等的令人欣喜和自豪。今天，歷史的接力棒傳到了我們手中，我們的表現和作為，將直接影響民族復興的進程，這又是何等重大的責任和使命。新征程上，共產黨人應當以對國家民族前途命運高度負責的精神，滿懷神聖感、永葆敬畏心，錨定遠大目標，以永不懈怠的精神狀態和一往無前的奮鬥姿態砥礪前行，自覺把思想和言行同黨的歷史使命緊密聯繫起來，矢志不渝為實現民族復興偉業而奮鬥，真正做到不負重託、不辱使命。

第二，始終謙虛謹慎、不驕不躁。增強憂患意識，內在要求我們對成敗得失保持清醒，在勝利和順利面前力戒驕嬌二氣，絕不能有半點驕傲自滿、急躁冒進。現在，黨和國家各項事業蒸蒸日上，我國正日益走近世界舞台中央。越是身處盛世，我們越應當牢記"滿招損、謙受益"的道理，常懷憂患之心，多慮長遠之事，做到"終日乾乾、夕惕若厲"，而不能躺在過去的功勞簿上沾沾自喜，不能因為取得驕人成績而鬆弛懈怠，更不能在一片喝彩聲、讚揚聲中得意忘形。

第三，加強學習實踐，增強擔當本領。習近平總書記強調，我們共產黨人的憂患意識，就是憂黨、憂國、憂民意識，這是一種責任，更是一種擔當。增強憂患意識，離不開辨別風險的過硬本領，離不開應對挑戰的擔當作為。如果丟掉了學習和實踐、擔當和實幹，即使整天憂心忡忡也無濟於事，那種只在口頭的憂患並不是真正的憂患。新時代的共產黨人，應當把心存憂患、勇挑重擔化為思想自覺和行動自覺，以"人在事上練、刀在石上磨"的決心和韌勁，經受嚴格的思想淬煉、政治歷練、實踐鍛煉、專業訓練，切實提高識別、防範、化解各種風險挑戰的能力和水平，練就大心臟、寬肩膀、鐵脊樑，遇險不亂、處變不驚，事不避難、義不逃責，在火熱的實踐熔爐中百煉成鋼。

第四，以強烈的鬥爭精神應對風險挑戰，做到難不住、壓不垮。風險挑戰面前，視而不見不行，躲避退讓也不行，逡巡躊足同樣不行，唯有敢於鬥爭、善於鬥爭，才能闖關奪隘、應對有力。新時代的共產黨人，應當摒棄一切畏首畏尾、一切消極懈怠、一切瞻前顧後，始終保持狹路相逢勇者勝、不破樓蘭終不還、越是艱險越向前的大無畏氣概，增強鬥爭意識，提高鬥爭本領，講究鬥爭藝術，把握鬥爭規律，不在艱難險阻前低頭，不在泰山壓頂下退縮，逢山開道、遇水架橋，推動中國特色社會主義事業航船劈波斬浪、一往無前。

第五，保持艱苦奮鬥政治本色。艱苦奮鬥是我們黨的傳家寶，幹革命、搞建設、抓改革，站起來、富起來、強起來，靠的都是艱苦奮鬥，正所謂"逆水行舟用力撐，一篙鬆勁退千尋"。雖然我們全面建成了小康社會，我國已經是世界第二大經濟體，但我們仍處於並將長期處於社會主義初級階段，我國仍然是世界最大的發展中國家，社會主要矛盾是人民日益增長的美好生活需要和不平衡不充分的發展之間的矛盾，經濟社會發展、科技創新、環境保護、能源資源利用等方面還有不少短板弱項，全面建設社會主義現代化國家的任務艱巨繁重。我們共產黨人，應當從偉大建黨精神和黨的精神譜系中汲取精神養料，永葆艱苦奮鬥政治本色，無論什麼時候、什麼情況下都拚搏奮進、不耽於享樂，都厲行節約、不奢侈浪費，矢志以頑強奮鬥、永遠奮鬥譜寫新時代新征程的鏗鏘樂章。

繼續推進新時代黨的建設
新的偉大工程

姜信治

　　黨的十九屆六中全會通過的《中共中央關於黨的百年奮鬥重大成就和歷史經驗的決議》（以下簡稱《決議》）提出，"全黨必須銘記生於憂患、死於安樂，常懷遠慮、居安思危，繼續推進新時代黨的建設新的偉大工程"。這是以習近平同志為核心的黨中央，統籌把握中華民族偉大復興戰略全局和世界百年未有之大變局，科學總結我們黨百年奮鬥的歷史經驗，堅持以偉大自我革命引領偉大社會革命，對加強新時代黨的建設作出的戰略擘畫。

一　新時代黨的建設新的偉大工程決定全局影響深遠

　　習近平總書記強調，"偉大鬥爭，偉大工程，偉大事業，偉大夢想"，"其中起決定性作用的是黨的建設新的偉大工程"。《決議》統攬"四個偉大"，明確提出這一重大任務，並把黨的建設上升為習近平新時代中國特色社會主義思想的"一個明確"專門強調，賦予新時代黨的建設崇高歷史使命和重大全局意義。

　　（一）深入學習貫徹習近平新時代中國特色社會主義思想的重要實踐。偉大領袖領航偉大時代，偉大思想引領偉大征程。習近平新時代中國特色社會主義思想是當代中國馬克思主義、二十一世紀馬克思主義，是中華文化和中國精神的時代精華，實現了馬克思主義中國化新的飛躍。實踐是最客觀的書寫者，我們是最切身的見證者。黨的十八大以來，我們黨之所以能夠領導人民創造了新時代中國特色社會主義的偉大成就，中國人民之所以極大增強了志氣、骨氣、底氣，中華民族之所以迎來了從站起來、富起來到強起來的偉大飛躍，不可逆轉地走向偉大復興，最根本的是有習近平總書記領航掌舵，有習近平新時代中國特色社會主義思想科學指引。黨確立習近平同志黨中央的核心、全黨的核心地位，確立習近平新時代中國特色社會主義思想的指導地位，反映了全黨全軍全國各族人民共同心願，對新時代黨和國家事業發展、對推進中華民族偉大復興歷史進程具有決定性意義。繼續推進新時代黨的建設新的偉大工程，就是要使全黨增強"四個意識"、堅定"四個自信"、做到"兩個維護"，學懂弄通做實習近平新時代中國特色社會主義思想，不斷提高馬克思主義理論水平和運用能力，始終保持統一的思想、堅定的意志、協調的行動、強大的戰鬥力。

（二）鞏固拓展新時代黨的建設成就的必然選擇。黨的十八大以來，習近平總書記緊緊圍繞"建設什麼樣的長期執政的馬克思主義政黨、怎樣建設長期執政的馬克思主義政黨"這一重大時代課題，提出一系列原創性的新理念新思想新戰略，黨中央出台一系列重大方針政策，推出一系列重大舉措，推進一系列重大工作，堅持和加強黨的全面領導，堅持新時代黨的建設總要求和新時代黨的組織路線，堅持黨要管黨、全面從嚴治黨，堅持把黨的政治建設擺在首位，堅持思想建黨和制度治黨同向發力，堅持貫徹新時代好幹部標準，堅持強基固本，堅持正風肅紀、嚴懲腐敗，推動黨的建設取得根本性、全局性、戰略性的重大成就。繼續推進新時代黨的建設新的偉大工程，就是要把黨的十八大以來黨的建設成就和經驗鞏固好、堅持好、發展好，把黨建設成為始終走在時代前列、人民衷心擁護、勇於自我革命、經得起各種風浪考驗、朝氣蓬勃的馬克思主義執政黨。

（三）落實全面從嚴治黨戰略方針的迫切需要。《決議》從黨的指導思想的主要內容上明確提出"全面從嚴治黨的戰略方針"，這在黨的歷史上是第一次，標誌著我們黨對管黨治黨規律的認識提高到了新的水平。先進的馬克思主義政黨，是在不斷自我革命中淬煉而成的。黨的十八大以來，我們黨推進全面從嚴治黨取得顯著成效，但黨面臨的"四大考驗"、"四種危險"是長期的、尖銳的，影響黨的先進性、弱化黨的純潔性的因素也是複雜的、多方面的，黨內存在的思想不純、政治不純、組織不純、作風不純等突出問題尚未得到根本解決，一些已經解決的問題還可能反彈，新情況新問題不斷出現。"逆水行舟用力撐，一篙鬆勁退千尋。"繼續推進新時代黨的建設新的偉大工程，就是要始終保持"趕考"的清醒，以永遠在路上的堅定和執著，把全面從嚴治黨進行到底，堅決清除一切損害黨的先進性和純潔性的因素，清除一切侵蝕黨的健康肌體的病毒，確保黨不變質、不變色、不變味，在新時代堅持和發展中國特色社會主義的歷史進程中始終成為堅強領導核心。

（四）完成新時代黨的歷史使命的根本保證。偉大的事業之所以偉大，不僅因為這種事業是正義的、宏大的，而且因為這種事業不是一帆風順的。今天，我們比歷史上任何時期都更接近、更有信心和能力實現中華民族偉大復興的目標，但是中華民族偉大復興絕不是輕輕鬆鬆、敲鑼打鼓就能實現的。當前，世界百年未有之大變局加速演進，不穩定性不確定性明顯上升，我國發展不平衡不充分問題仍然突出，前進道路上仍然存在可以預料和難以預料的各種風險挑戰，甚至會遇到難以想像的驚濤駭浪。復興征程千難萬險，前途命運全繫於黨。繼續推進新時代黨的建設新的偉大工程，就是要不斷提高黨的執政能力和領導水平，使全黨大力弘揚偉大建黨精神，常懷遠慮、居安思危，敢戰能勝、勇毅前行，做到難不住、壓不垮，推動中國特色社會主義事業航船劈波斬浪、一往無前。

二　準確把握推進新時代黨的建設新的偉大工程的重點任務

黨的十八大以來，習近平總書記深邃洞察發展大勢，以偉大歷史主動精神和強烈責任擔當，繪就了新時代黨的建設宏偉藍圖，指明了大政方針，確立了工作佈局，明確了政策舉措。我們要不斷提高政治判斷力、政治領悟力、政治執行力，付諸行動、推動落實。

（一）突出抓好黨的政治建設這個根本性建設。加強黨的政治建設是我們黨作為馬克思主義政黨的鮮明特徵和政治優勢。習近平總書記明確提出"以黨的政治建設為統領"的重大命題，這是對馬克思主義建黨學說的獨創性貢獻。加強黨的政治建設，目的是堅定政治信仰，強化政治領導，提高政治能力，淨化政治生態，實現全黨團結統一、行動一致；首要任務是保證全黨服從中央，堅持黨中央權威和集中統一領導；根本要求是堅決做到"兩個維護"。"兩個維護"是全黨在革命性鍛造中形成的共同意志，是戰勝前進道路上一切艱難險阻的根本優勢，是必須始終堅守的最高政治原則和根本政治規矩。做到"兩個維護"，必須是全面的，引導各級黨組織和廣大黨員、幹部在思想上政治上行動上全方位向習近平總書記看齊、向黨中央看齊，表裏如一、知行合一；必須是具體的，體現在不折不扣貫徹落實習近平總書記重要講話、重要指示批示精神和黨中央決策部署的行動上，體現在履職盡責、做好本職工作的實效上，體現在黨員、幹部的日常言行上；必須是堅定的，黨中央提倡的堅決響應，黨中央決定的堅決照辦，黨中央禁止的堅決杜絕，任何時候任何情況下都做到政治立場不移、政治方向不偏，確保全黨在以習近平同志為核心的黨中央堅強領導下，團結成"一塊堅硬的鋼鐵"，步調一致向前進。

（二）深入推進新時代黨的創新理論武裝。注重思想建黨、理論強黨，是我們黨的鮮明特色和光榮傳統。黨的十八大以來，我們黨堅持集中性教育和經常性教育相結合，理論武裝成效顯著，要進一步抓常抓深抓實。要把學習貫徹習近平新時代中國特色社會主義思想作為首要政治任務，作為黨委（黨組）理論學習中心組學習的主要內容和黨員、幹部學習的中心內容，作為各級黨校（行政學院）等黨員、幹部教育培訓機構的主課，突出縣處級以上領導幹部這個重點，示範帶動全體黨員、幹部的理論學習全面加強、全面深化。要同學習黨史、新中國史、改革開放史、社會主義發展史結合起來，引導黨員、幹部從黨帶領人民成功走出中國式現代化道路、創造了人類文明新形態的偉大成就中，從"東升西降"的中外比較、今非昔比的歷史比較、成功與挫折的正反比較中，領悟真理的偉力，堅定信仰的力量。要弘揚理論聯繫實際的馬克思主義學風，引導黨員、幹部虔誠而執著、至信而深厚，自覺做習近平新時代中國特色社會主義思想的堅定信仰者、忠實實踐者。

（三）築牢黨長期執政的組織體系。黨是"組織的總和"。我們黨按照馬克思主義建黨原則，建立起了包括黨的中央組織、地方組織、基層組織在內的嚴密組織體系，其中地方黨委 3199 個，黨組、工委 14.7 萬個，基層黨組織 486.4 萬個。這是世界上任何其他政黨都不具有的強大優勢。習近平總書記指出，"只有黨的各級組織都健全、都過硬，形成上下貫通、執行有力的嚴密組織體系，黨的領導才能.如身使臂，如臂使指."。要堅持"造形"和

"鑄魂"一體推進，著力固根基、揚優勢、補短板、強弱項，提高各級黨組織政治領導力、思想引領力、群眾組織力、社會號召力。要抓好"最初一公里"，把中央和國家機關建設成為講政治、守紀律、負責任、有效率的模範機關；抓好"中間段"，把地方黨委建設成為堅決聽從黨中央指揮、管理嚴格、監督有力、班子團結、風氣純正的堅強組織；抓好"最後一公里"，實現黨的組織和黨的工作全面有效覆蓋，把各領域基層黨組織建設成為實現黨的領導的堅強戰鬥堡壘。要源源不斷把各方面先進分子特別是優秀青年吸收到黨內來，充分發揮黨員先鋒模範作用。

（四）造就忠誠乾淨擔當的高素質專業化幹部隊伍。治國之要，首在用人。黨的十八大以來，習近平總書記鮮明提出新時代好幹部標準、充分發揮黨組織領導和把關作用、精準科學選人用人等重要要求，幹部工作實現從理論到實踐的重大進步。要突出政治標準，做深做實政治素質考察把關，大力選拔堅定貫徹習近平新時代中國特色社會主義思想，堅決做到"兩個維護"，政治判斷力、政治領悟力、政治執行力強的幹部，對政治上不合格的"一票否決"。要改進培養選拔，注重在基層一線和困難艱苦環境中培養鍛煉幹部、在重大任務和重大鬥爭一線發現使用幹部，放眼各條戰線、各個領域、各個行業選拔優秀幹部，培養造就大批堪當時代重任的接班人。要從嚴管理監督，堅持真管真嚴、敢管敢嚴、長管長嚴，改進考核評價、強化日常管理、完善巡視巡察，讓幹部習慣於在嚴格管理中工作生活。要激勵擔當作為，旗幟鮮明為政治堅定、敢抓敢管、不怕得罪人的幹部撐腰鼓勁。要深入實施新時代人才強國戰略，全方位培養、引進、用好人才，加快建設世界重要人才中心和創新高地。

（五）以釘釘子精神持之以恆正風肅紀反腐。人民群眾最痛恨腐敗和不正之風。黨的十八大以來，黨中央強化監督執紀問責，以落實中央八項規定精神整飭作風，以嚴明紀律加強約束，以"打虎"、"拍蠅"、"獵狐"反腐懲惡，黨風政風和社會風氣為之一新。正風肅紀反腐只有進行時，沒有完成時。要堅持嚴的主基調，突出"關鍵少數"，實行更高的標準，進行更嚴的管理，特別是管住管好一把手。要毫不鬆懈糾治"四風"，建立長效機制，鍥而不捨落實中央八項規定精神，持續治理形式主義、官僚主義。要把紀律挺在前面，強化政治紀律和組織紀律，帶動各項紀律全面嚴起來，促使黨員幹部增強嚴的意識和紀律觀念。要堅定不移推進反腐敗鬥爭，不斷實現不敢腐、不能腐、不想腐一體推進戰略目標。要深化黨性黨風黨紀教育，嚴肅黨內政治生活，引導黨員幹部解決好世界觀、人生觀、價值觀這個"總開關"問題，築牢拒腐防變的思想道德防線。

（六）推動黨的建設制度體系更加成熟定型。習近平總書記強調，"推進全面從嚴治黨，既要解決思想問題，也要解決制度問題"。黨的十八大以來，黨中央強化制度治黨、依規治黨，深化黨的建設制度等改革，形成比較完善的黨內法規體系，要持續努力，深入推進以黨章為根本的黨的制度建設。要提高制度制定質量，把中央要求、群眾期盼、實際需要、新鮮經驗結合起來，精準科學建章立制，形成內容協調、程序嚴密、配套完備、有效管用的黨內法規制度體系。要提高制度執行力，健全權威高效的制度執行機制，把制度優勢轉化為治理效能，防止出現"破窗效應"。要提高制度協調性，加強黨內法規備案審查，維護黨內法規體系協調統一，形成黨內法規和國家法律相輔相成、相互促進、相互保障的格局。

三　全面提高新時代黨的建設新的偉大工程質量

黨的十八大以來，習近平總書記鮮明提出要"不斷提高黨的建設質量"，強調這"是著眼於永葆黨的先進性和純潔性提出來的，是新時代黨的建設必須努力達到的要求"。要從理念、機制、方法、能力上優化提升，推動新時代黨的建設高質量發展。

（一）胸懷"國之大者"。自覺把黨的建設放到黨的工作大局中去思考、去定位、去把握、去推進，時刻關注黨中央在關心什麼、強調什麼，全面及時主動對標對表，牢牢把握正確政治方向。緊緊圍繞統籌推進"五位一體"總體佈局、協調推進"四個全面"戰略佈局，緊緊圍繞立足新發展階段、貫徹新發展理念、構建新發展格局、推動高質量發展，搞培訓、選幹部、聚人才、抓基層、轉作風、正綱紀、懲腐敗、建制度，用服務保障大局的實際成效檢驗黨的建設成效。

（二）**堅持系統觀念**。強化戰略思維、辯證思維、創新思維、底線思維，加強前瞻性思考、全局性謀劃、戰略性佈局、整體性推進。深入研究"兩個大局"交織互動給黨的建設帶來的新機遇新挑戰，統籌考慮短期應對和中長期發展，既在戰略上佈好局，也在關鍵處落好子。深入研究黨中央決策部署對黨的建設提出的新任務新要求，錨定坐標方位，聚力跟進落實。深入研究黨的各方面建設新進展新情況，聚焦重點問題，加強政策協同，激發整體效應。

（三）**強化務實擔當**。黨建工作的高質量，關鍵在於從實際出發，擔當作為、開拓創新。要實事求是，重實際、說實話、辦實事、求實效，一事當前，勞心焦思、不遑晝夜，堅決反對形式主義、官僚主義。要改進方法，堅持守正和創新相統一、問題導向和目標導向相統一、自上而下指導和尊重基層首創精神相統一，打破思維定勢和路徑依賴。要勇於擔當，敢於堅持真理、修正錯誤，敢於發現問題、解決問題，敢於防範風險、化解矛盾，用務實和擔當詮釋對黨忠誠、提升工作境界。

（四）**壓實政治責任**。習近平總書記強調，"不明確責任，不落實責任，不追究責任，從嚴治黨是做不到的"。要牢牢牽住責任制這個"牛鼻子"，黨委(黨組)切實把黨建當作分內之事、應盡之責，與中心工作同謀劃、同部署、同推進、同考核；黨委（黨組）書記履行第一責任人職責，既掛帥又出征，真正把擔子擔起來；班子成員履行"一崗雙責"，明責履責盡責；有關部門聚焦主責主業、發揮職能作用，每條戰線、每個領域、每個環節黨建工作抓具體、抓深入，推動管黨有方、治黨有力、建黨有效。

把各方面優秀人才集聚到黨和人民的
偉大奮鬥中來

李炎溪

《中共中央關於黨的百年奮鬥重大成就和歷史經驗的決議》（以下簡稱《決議》）指出：“要源源不斷培養造就愛國奉獻、勇於創新的優秀人才，真心愛才、悉心育才、精心用才，把各方面優秀人才集聚到黨和人民的偉大奮鬥中來。”這是以習近平同志為核心的黨中央深刻認識我國進入新發展階段，立足社會主要矛盾變化帶來的新特徵新要求，著眼於全面建設社會主義現代化國家，在人才工作方面作出的重大戰略部署。我們應認真學習，準確理解，全面貫徹《決議》精神，努力在加快人才強國建設中展現更大擔當和作為。

一　把各方面優秀人才集聚到黨和人民的偉大奮鬥中來意義重大

人才是創新之核、發展之要、強國之基。把各方面優秀人才集聚到黨和人民的偉大奮鬥中來，是黨的十八大以來黨中央治國理政的重大戰略舉措。黨的十八大以來，在各級黨委和政府以及全社會共同努力下，人才工作取得了巨大成就，積累了寶貴經驗。堅持黨對人才工作的全面領導，加強對人才的團結、引領、服務，著力集聚愛國奉獻的各方面優秀人才；堅持人才引領發展的戰略地位，把人才資源開發放在最優先位置，著力夯實創新發展的人才基礎；堅持面向世界科技前沿、面向經濟主戰場、面向國家重大需求、面向人民生命健康，更好服務黨和國家工作大局；堅持聚天下英才而用之，實行更加積極、更加開放、更加有效的人才政策，不斷提高全球配置人才資源能力；堅持全方位培養、引進、用好人才，統籌推進各類人才隊伍建設，大力建設戰略人才力量；堅持深化人才發展體制機制改革，向用人主體授權，為人才鬆綁，構建具有吸引力和國際競爭力的人才制度體系；堅持大興識才愛才敬才用才之風；堅持弘揚愛國奉獻精神和科學家精神。通過這些工作和經驗積累，黨對人才工作的領導全面加強，人才隊伍快速壯大，人才素質整體提升，人才效能持續增長，人才比較優勢穩步增強。

（一）完成黨的執政使命、鞏固黨的執政地位的必然要求。國以才立，業以才興；千秋基業，人才為本。廣大人才是工人階級的重要組成部分，是黨執政興國的重要基礎和依靠力量，是黨和政府科學民主決策的思想庫，是經濟社會快速發展的助推器，在黨和國家事業中具有極其重要的作用。黨和國家各個歷史時期取得的偉大成就，都離不開各方面人才的執著追求、忘我工作和聰明才智。習近平總書記在最近召開的中央人才工作會議上，從統籌中華民族偉大復興戰略全局和世界百年未有之大變局的戰略高度，對人才事業發展作出一系列重要指示，深刻闡明新時代人才發展的重大問題，極大豐富和發展了中國特色社會主義人才理論，為新時代人才事業發展指明了前進方向、提供了根本遵循。當前，世界正經歷百年未有之大變局，國際環境日益複雜，新冠肺炎疫情影響廣泛深遠，經濟全球化遭遇逆流，世界進入動盪變革期。國內進入新發展階段，開啟全面建設社會主義現代化國家、向第二個百年奮鬥目標進軍的新征程，需要完成的任務越來越重、要求越來越高，需要解決的問題越來越多、難度越來越大。在這異常複雜的環境下，黨要長期執政，始終保持生機與活力，必須最大限度把各方面人才團結在黨的周圍、集聚到黨和人民的偉大奮鬥中來，充分調動廣大人才的積極性。

（二）實現民族振興、贏得國際競爭的戰略選擇。人才是衡量一個國家綜合國力的重要指標。綜合國力的競爭說到底是人才的競爭，誰能培養和吸引更多優秀人才，誰就能在日趨激烈的國際競爭中搶得先機。縱觀現代國家崛起的軌跡，以人才引領發展在國家實現趕超中起著關鍵作用。現代化進程中，19世紀末美國全面趕超英國，20世紀50年代日本對標美國實行趕超，70年代韓國追趕歐洲發達國家，無一例外都是通過全面提高人才數量和質量，大量引領創新實現的。一些發達國家，也只有不斷凝聚優秀人才，堅持自主創新，才能堅持領跑，避免被反超。近年來，我國人才隊伍不斷壯大，人才對經濟社會發展貢獻程度明顯提高。但與發達國家甚至一些發展中國家相比，人才規模、質量、結構乃至創新成效上的差距還不小。我們要認真貫徹《決議》要求，深入實施新時代人才強國戰略，把人才引領發展落實到具體行動中，把人才作為創新的第一資源。在國家頂層設計上，要把人才規劃、政策、投入、制度設計於經濟社會發展最前端，著眼創新發展育才聚才用才，促進人才事業與經濟社會發展深度融合，為我國轉變發展方式、升級產業結構打造發展"新引擎"和動力"倍增器"，從而贏得國際競爭新優勢。

（三）實現中華民族偉大復興宏偉目標的迫切需要。《決議》指出："今天，我們比歷史上任何時期都更接近、更有信心和能力實現中華民族偉大復興的目標。"也比歷史上任何時期都更渴求人才，更希望把各方面優秀人才集聚到黨和人民的偉大奮鬥中來。在實現中國夢"關鍵一程"上，人才越來越站在經濟社會發展最前端，越來越與國家民族事業同頻共振。我國經濟經過改革開放 40 多年的快速發展，任何資源消耗、投資驅動、規模擴張的發展模式空間已越來越小，轉型升級成為擺在我們面前的一座"大山"。一些國家的經驗教訓充分證明，依靠科技和人才實施創新驅動發展，是避免陷入"中等收入陷阱"的戰略選擇。進入新世紀以來，世界主要發達國家競相將人才競爭上升為國家戰略，競爭日趨激烈。迄今已有 20 多個發達國家制定了新興人才發展戰略，啟動 100 餘項專門計劃培養和引進人才。我們必須密切跟蹤、迎頭趕上，加快從要素驅動發展為主向創新驅動發展轉變，更加突出人才在科技創新中的支撐引領作用，大力集聚和培養各方面優秀人才，尤其是一大批創新人才，為實現創新驅動發展戰略提供強大支撐。

二 把各方面優秀人才集聚到黨和人民的偉大奮鬥中來需要多方面努力

把各方面優秀人才集聚到黨和人民的偉大奮鬥中來是一項難度較大的任務，需要各方面努力。目前應重點做好以下工作：

（一）對標戰略需求大力培養匯聚急需緊缺人才。習近平總書記在中央人才工作會議上強調，要堅持面向世界科技前沿、面向經濟主戰場、面向國家重大需求、面向人民生命健康，這是集聚人才的目標方向。黨的十九大報告緊扣我國社會主要矛盾變化，提出要堅定實施科教興國戰略、人才強國戰略、創新驅動發展戰略、鄉村振興戰略、區域協調發展戰略、可持續發展戰略、軍民融合發展戰略等七大戰略。此外，還提出建設科技強國、質量強國、航天強國、網絡強國、交通強國、海洋強國、數字強國、智慧社會等，都需要各行各業強有力的人才支撐。應突出需求導向，把人才匯聚與重大戰略實施、區域發展戰略同步謀劃、同步推進，做到重大戰略部署到哪裏，人才集聚就跟進到哪裏，黨和國家事業急需緊缺什麼樣人才，就優先匯聚什麼樣人才。既為黨和國家事業發展造就源源不斷的人才大軍，也為廣大人才施展才華提供廣闊的事業平台。

（二）加快形成有吸引力的引才用才機制。習近平總書記著眼黨和國家事業需要，強調國家發展靠人才，民族振興靠人才，要求實行更加積極、更加開放、更加有效的人才政策，聚天下英才而用之。要以更加積極舉措發現吸引人才。自第一次科技革命爆發以來，國際人才競爭越來越激烈，世界各國紛紛採取有效舉措發現和吸引優秀人才，助力國家富強。美國在19世紀，隨著人均國內生產總值逐步接近英國，開始更加注重依靠人才和創新驅動發展。當時，美國新建一大批高等院校及職業技術學院，建立國家科學院，制定移民法案，招攬了一大批外國優秀人才，使美國取代歐洲迅速成為世界科技中心。現在，美國科學家和工程師約1/3來自國外，科學與工程博士約2/3是外國國民，他們為美國經濟社會發展作出了重要貢獻。我們要充分借鑒國際有益經驗，有效發揮市場機制和用人單位主體作用，更加精準有效地發現吸引人才。

以更加有效的政策保障人才。人才是國之重寶，既要發現使用又要珍惜呵護。有關統計表明，自然科學家發明的最佳年齡段是25—45歲，峰值是37歲。中青年時期既是人才創新創造的"旺盛期"，也是最需要支持保障的"成長期"。在期待中青年人才產出重要創新成果的同時，也要下功夫激勵保障，促進人才加速成長、放手創造。我們要按照習近平總書記關於加強人才支持保障的重要指示精神，著力創造待遇適當、保障有力、後顧無憂的生活環境，為人才心無旁騖鑽研業務創造良好條件，讓人才得到充分尊重和合理回報。要努力營造有利於青年優秀人才脫穎而出的培養支持機制，為青年人才快速成長、脫穎而出和發揮作用打通"綠色通道"。拓展青年人才發展空間，構建人盡其才的發展環境。

（三）創新人才順暢流動機制。人才的活力在合理、公正、暢通、有序地流動。加大黨政人才、企事業單位人才交流力度，進一步暢通非公企業、社會組織人員進入黨政機關、國有企事業單位渠道是大勢所趨，是把各方面優秀人才集聚到黨和人民的偉大奮鬥中來的關鍵性舉措。在這方面我們既做了大量工作，取得明顯成效，又存在不少差距，需要加大力度、建立和完善政策。黨的十八大以來，以公共服務品質提升引導人才合理流動。推進基本公共服務均等化，確保常住人口享有與戶籍人口同等的教育、就業創業、社會保險、醫療衛生、住房保障等基本公共服務，穩步提升社會保險關係轉移接續、異地醫保結算、外地戶籍子女入學等便利條件。以檔案服務改革暢通人才職業轉換。加強公共服務機構、公共人才服務機構等檔案管理服務機構建設，為流動人才提供規範、簡便的人事檔案管理服務，加快檔案管理服務信息化建設，逐步實現檔案轉遞線上申請、異地通辦、研究制定各類民生檔案服務等具體制度和舉措，促進了人才合理流動。但在暢通各方面人才流動上還存在思想認識不統一、政策規定不明晰、程序辦法不健全等問題，需要加大力度、完善政策，把各方面社會優秀人才吸引到黨政機關、企事業單位中來，使黨政人才、企事業單位管理人才視其人才特點和工作需要順暢流動。

鼓勵引導人才向艱苦一線流動。要繼續堅持以"到最艱苦的地方去、到祖國和人民最需要的地方去"，作為引領人才流動的鮮明導向。樹立讓人才"政治上受重視、社會上受尊重、經濟上得實惠"的政策導向，強化引領人才向艱苦一線流動的政策驅動力，針對黨政人才、專業技術人才、企業經營管理人才等各類人才特點和發展需要，分類施策，讓人才在艱苦一線待得住、用得上、幹得好。

（四）深化人才發展體制機制改革。要大力破除人才培養、使用、評價、服務、支持、激勵等方面的體制機制障礙，破除"四唯"現象，加快構建具有全球競爭力的人才制度體系。著力轉變政府人才管理職能。根據政社分開、政事分開和管辦分離要求，強化政府人才宏觀管理、政策法規制定、公共服務、監督保障等職能。強化政府制定規劃和抓大事職責，充分發揮人才規劃、重大人才工程、政策在人才發展中的導向作用。要根據需要和實際向用人主體充分授權，發揮用人主體在人才培養、引進、使用中的積極作用。用人主體要發揮主觀能動性，增強服務意識和保障能力，確保下放的權限接得住、用得好。全面落實企事業單位和社會組織的用人自主權，減少人才聘用、選拔、評價、激勵等過程中的行政干預。健全專業化、市場化、社會化、信息化的人才管理服務體系。推動政府部門所屬人才服務機構改革，構建統一、開放的人才公共服務體系。放寬人才服務准入限制，鼓勵發展高端人才獵頭等專業服務機構，鼓勵有條件的人才服務機構跨國經營，積極培育各類專業社會組織和人才中介服務機構，有序承接政府轉移的人才培養、評價、流動、激勵等職能。

（五）為人才發揮作用、施展才華提供更加廣闊的天地。習近平總書記最近指出，要建立以信任為基礎的人才使用機制，允許失敗、寬容失敗，完善科學家本位的科研組織體系，完善科研任務“揭榜掛帥”、“賽馬”制度，實行目標導向的“軍令狀”制度，鼓勵科技領軍人才掛帥出征。要大力培養使用戰略科學家。要堅持長遠眼光，有意識地發現和培養更多具有戰略科學家潛質的高層次複合型人才，形成戰略科學家成長梯隊。要為各類人才搭建幹事創業的平台，構建充分體現知識、技術等創新要素價值的收益分配機制，讓事業激勵人才，讓人才成就事業。既要用事業激發其創新勇氣和毅力，也要重視必要的物質激勵，使他們“名利雙收”。要用好企業家。推動企業家積極投身創新事業，依法保護企業家的財產權和創新收益，消除他們的後顧之憂，激發他們的創新激情。

要用當適任，用當其時，用當盡才。要把人才素質能力與崗位需求結合起來，把人才放到合適的崗位上，使人才的作用和天賦得到充分發揮。要在人才發揮作用的最佳時期為他們提供施展才華的平台。要擇其長而用之，加強對各類人才的評鑒，既避免大材小用、浪費人才，也避免小材大用、貽誤事業。

不求所有，但求所用。集聚人才、引進人才、使用人才，本質是引進智力、使用成果，把人才的創造性勞動轉化為現實生產力。人在哪裏不重要，是哪裏人不重要，關鍵是能解決問題、發揮作用。要加強人才國際交流，堅持全球視野、世界一流水平，堅定實施海外高層次人才引進計劃，千方百計引進那些能為我所用的頂尖人才。中西部地區要堅持以用為本，不求所在、但求有為，柔性引進、彈性管理、個性服務，增強人才互聯互通，促進人才智力共享、成果共享、收益共享。

（六）加強對人才的政治引領和政治吸納。政治引領吸納是把各方面優秀人才集聚到黨和人民的偉大奮鬥中來極為重要的方面，也是我們黨的優勢。在充分調動人才積極性的同時，帶著感情將各方面人才組織起來、團結凝聚起來，引導他們與黨同心同德、愛國報國。要引導人才自覺把個人理想融入國家發展偉業，堅定不移聽黨話、跟黨走，胸懷“國之大者”，為實現中華民族偉大復興的中國夢貢獻智慧和力量。堅持用黨的創新理論、我國國家制度和國家治理體系優勢、社會主義核心價值觀等團結教育引導廣大人才，增強他們對黨的政治認同感和向心力，將黨的政治主張轉化為廣大人才的自覺行動，實現“增人數”和“得人心”的有機統一。

做好黨委聯繫專家工作。專家是我國人才隊伍中的傑出群體。要落實掌握名單、建立聯繫、發揮作用、搞好服務的總要求，不斷增強黨在廣大專家中的凝聚力和號召力，把廣大專家團結、凝聚到黨和國家事業中來。要完善黨委聯繫專家名單，加強專家信息庫建設，對專家工作變動、職務調整、作出貢獻、獲得獎勵等情況，及時更新調整。要完善家訪制度，經常聽取和反映專家提出的意見建議。要滿腔熱情為專家服務，幫助專家解決工作和生活中遇到的困難和問題。要發揮專家在建設創新型國家中的引領作用、在人才培養中的示範作用，引導專家加強學風建設，堅持學術誠信，追求真理、嚴謹治學，淡泊名利、潛心研究，肩負起歷史賦予的科技創新重任。

加強專家人才國情研修和國情考察。通過各種形式，組織專家認真學習習近平新時代中國特色社會主義思想，了解黨的路線方針政策和治黨治國治軍方略。組織中青年專家深入基層開展國情考察，深入經濟建設和改革開放一線，了解基本國情及現代化建設取得的偉大成就，接受革命傳統教育。

責任編輯　阿　江

封面設計　a_kun

書　　名　《中共中央關於黨的百年奮鬥重大成就和歷史經驗的決議》輔導讀本

編　　者　文件起草組

出　　版　三聯書店（香港）有限公司

　　　　　香港北角英皇道 499 號北角工業大廈 20 樓

　　　　　Joint Publishing (H.K.) Co., Ltd.

　　　　　20/F., North Point Industrial Building,

　　　　　499 King's Road, North Point, Hong Kong

發　　行　香港聯合書刊物流有限公司

　　　　　香港新界荃灣德士古道 220-248 號 16 樓

印　　刷　美雅印刷製本有限公司

　　　　　香港九龍觀塘榮業街 6 號 4 樓 A 室

版　　次　2022 年 1 月香港第一版第一次印刷

規　　格　16 開（170 mm × 240 mm）440 面

國際書號　ISBN 978-962-04-4930-7

　　　　　Published & Printed in Hong Kong

本書由人民出版社授權出版，僅限中國大陸以外地區銷售